Erdogan Ercivan

# Das
# Sternentor
# der
# Pyramiden

## Geheime Wege in den Kosmos

**bettendorf**

Die Deutsche Bibliothek – CIP-Einheitsaufnahme
Ercivan, Erdogan:
Das Sternentor der Pyramiden: Geheime Wege in den Kosmos/
Erdogan Ercivan. – 3. Aufl. – München; Essen; Ebene Reichenau:
Bettendorf, 2000
ISBN 3-88498-096-3

1. Auflage März 1997
2. Auflage Juni 1997
3. Auflage April 2000 – Sonderproduktion
4. Auflage Oktober 2000 – Sonderproduktion
5. Auflage März 2001 – Sonderproduktion

ISBN 3-88498-096-3
© 1997 by bettendorf'sche verlagsanstalt
München · Essen · Ebene Reichenau
Gesetzt aus der 11/14 Punkt Garamond
Umschlaggestaltung: ARTelier, München
Satz: CreativSatz München
Druck und Bindung: Wiener Verlag, Himberg
Printed in Austria

# INHALT

| | |
|---|---|
| VORWORT | 7 |
| 1 DAS LAND DER ÄGYPTER | 9 |
| 2 DER PYRAMIDEN-IRRTUM | 39 |
| 3 DIE ZUKUNFT WAR GESTERN | 82 |
| 4 DIE ERBAUER DER PYRAMIDEN-MECHANIK | 121 |
| 5 DIE VÄTER DER ÄGYPTER | 155 |
| 6 DAS STERNENTOR DER PYRAMIDEN | 185 |
| 7 DIE GEHEIMNISSE DER SPHINX | 231 |
| 8 DER SPIEGEL DES TORWÄCHTERS | 256 |
| ANHANG 1 RUDOLF GANTENBRINK UND CO | 291 |
| ANHANG 2 DIE ÄGYPTISCHEN DYNASTIEN | 302 |
| DANKSAGUNG | 333 |
| BILDNACHWEIS | 335 |
| LITERATURVERZEICHNIS | 335 |
| REGISTER | 339 |

# VORWORT

»Um die Zukunft besser zu verstehen, müssen wir unsere Vergangenheit gründlicher erforschen!«

Schon seit undenklichen Zeiten versuchen die Menschen, Berichte über ihre Tätigkeiten zu bewahren, wobei die Methoden zwar verschieden, der Zweck aber immer derselbe war. Verschiedene Mythen von Himmelfahrten deuten immer auf die Bestrebungen unserer Urahnen hin, das Leben außerordentlicher Menschen unsterblich zu halten. Obwohl nicht einmal unsere Schulwissenschaft die Gründe dieser Glaubensvorstellungen unserer Ahnen richtig versteht, erliegen wir oft unserer religiösen Erziehung und glauben stets, die wahren Antworten bereits zu kennen. Deshalb begehen wir einen Fehler immer wieder mit Vorliebe. Wir glauben, es sei alles schon entdeckt, was es auf dieser Welt zu entdecken gibt. Aber je mehr wir von der Welt um uns erleben und erfahren, desto mehr Fragen stellen sich, die eine verständliche Antwort verlangen.

Seit frühester Zeit haben die Menschen auch zum Himmel emporgeblickt. Dabei lernten wir die Bahnen von Sonne, Mond und die Positionen der Sterne kennen. In Verbindung zu der Rotationsachse unserer Erde teilten schon unsere steinzeitlichen Urahnen den Sternenhimmel in die Abschnitte des Tierkreises ein und gaben den Sternbildern ihre heutigen Namen, die wir immer noch benutzen. Eigenartigerweise blieb es aber nicht nur bei den Namen des Tierkreises, auch andere Sterne, die mit den mächtigen Göttern in Verbindung standen, fanden ihre Berücksichtigung und erhielten göttliche Namen, die jedoch in unserer Zeit wieder in Vergessenheit gerieten. Einer dieser göttlichen Sterne war der *Orion*, der unzweifelhaft einer der schönsten am Himmel ist. Schon die Sumerer nannten ihn ur.u.anna (Licht des Himmels), woraus sich später der Name Orion entwickelte. Aber auch die alten Ägypter standen in einer besonderen Verbindung zu diesem Stern, den sie *Sah* nannten, was in diesem Buch eine gewisse Schlüsselrolle spielt.

Nach fast 200 Jahren Forschung ist die Ägyptologie zwar längst zu einem eigenen Wissenschaftszweig geworden, doch die unzähligen Rätsel der ägyptischen Vergangenheit konnten bis heute immer noch nicht aufgeklärt werden. Allein wenn wir die majestätische Größe der rätselhaften Bauten wie die Sphinx, die Pyramiden und die Tempel mit ihren unzähligen Hieroglyphen betrachten, flößen sie uns Ehrfurcht ein. Deshalb stellen sich ernsthafte Forscher und wißbegierige Laien immer dieselbe Frage:

**Welche antike Kultur war im Stande, diese Bauwunder zu entwerfen oder zu erbauen?**

Jahrzehntelang hat man versucht, diese Frage zu beantworten, aber keine der bisherigen Ansichten und Theorien lieferte ein akzeptables Ergebnis. Die Antworten waren in aller Regel widersprüchlich! Schon jener antike Autor (Apulejus 200 n. u. Z.) hatte recht, der wehmütig prophezeite:

*»Oh Ägypten, Ägypten, von deinem Wissen werden nur Fabeln übrig bleiben, die den späteren Geschlechtern wie unglaubliche Worte auf Stein vorkommen …!«*

**Was ist uns heute überhaupt bekannt aus dem Land der alten Ägypter?**

Von all den Königen und Kanzlern, Prinzen und Priestern, die uns Denkmäler hinterlassen haben, wissen wir nur eines mit voller Bestimmtheit: dass sie nicht so hießen, wie wir sie heute nennen. Obwohl diese Tatsache jeder Ägyptologe kennt, sind viele der Ansicht, dass es in Ägypten nichts Dramatisches mehr zu entdecken gibt. Dabei haben gerade die Ägyptologen vieles außer acht gelassen, so dass die größten Entdeckungen der letzten zehn Jahre von Amateuren gemacht wurden.

Lassen Sie uns gemeinsam diesen Spuren folgen und einige wichtige Bausteine zum *Riesenpuzzle Ägypten* beitragen. Dabei gelingt es uns auch mit Sicherheit, *das Sternen-Geheimnis der Pyramiden* zu lösen.

# 1 Das Land der Ägypter

Der Wunsch nach Zeugnismaterial, um für die Menschheit eine richtige Chronologie zu rekonstruieren, ist eines der angestrebten Ziele unserer offiziellen Schulwissenschaft. Doch dabei ist es in der Historie auch oftmals zu Betrügereien gekommen, was die konservativen Vertreter unserer Lehrmeinung widerstandslos hinnahmen. Der berühmteste Fall war wohl der, als im Jahre 1912 von den Briten Doktor Charles Dawson und Professor Sir Arthur Smith-Woodward der sogenannte Piltdown-Schädel einer breiten Anzahl von Wissenschaftlern präsentiert wurde und förmlich über Nacht seine Anerkennung als das fehlende Bindeglied in der Evolutionstheorie zwischen Primaten (Herrentiere) und Menschen einnahm. Dabei bestand diese Rekonstruktion aus einem Teilgebiss eines Orang-Utans, einem Bruchstück eines menschlichen Schädels und einer restlichen Masse von modelliertem Gips. Erst im Jahre 1953, nach über 40-jähriger Beständigkeit in unserer Lehrmeinung, konnte dieser Weltbetrug durch die Hilfe von moderneren Untersuchungsverfahren enthüllt werden. Als Vertreter des Britischen Museums von London und Vertreter der Universität Oxford (Abteilung für Anatomie) gab Professor Le Gros Clark folgende Erklärung:

*»Entweder hat sich jemand einen gelungenen Streich erlaubt, oder jemand hat die beiden Piltdown-Funde bewusst gefälscht.«*

Aber auch die Chronik über die erste gegründete Zivilisation ist heute noch von einem Schleier bedeckt und kann nur mühsam freigelegt werden. Auch in diesem Forschungszweig gab es unter den Lehrmeinungsvertretern schwarze Schafe, die ihre Forschungsergebnisse regelrecht zusammenbastelten, um entweder nur ihre eigenen Taschen zu füllen oder eine gewisse Anerkennung zu erlangen.

Für unsere Historiker gibt es nämlich keine schwierigere Aufgabe, als die Beobachtung des allmählichen Aufkeimens einer Kultur zu verfolgen, um deren Werdegang so richtig wie nur möglich zu rekonstruieren. Dies geschieht deshalb, weil in aller Regel entweder gar keine oder nur dürftige schriftliche Zeugnisse dieser Vorgänge erhalten sind. Und genau vor solch einem Problem stehen wir meistens auch im Land der Ägypter.

Schon seit langer Zeit hatte der Glanz des alten Pharaonen-Reiches der Ägypter, das immer in einem geheimnisvollen Dunkel lag, eine heftige Neugier bei den Europäern geweckt. Das einzige Material, mit dem man einen Zugang zu der tausendjährigen Kultur der alten Ägypter fand, befand sich nur in wenigen Museen. Sie waren schon sehr früh mit dem mächtigen römischen Imperium nach Europa gelangt. Die Römer bewunderten den kulturellen Reichtum Ägyptens und fühlten sich gerade von den Hieroglyphen angezogen, deren Bedeutung sie zwar nicht verstanden, die sie aber für tiefgehende mythische Zeichen hielten. Deshalb hatten die Römer ein großes Interesse an der ägyptischen Götterwelt und begannen schon vor 2000 Jahren mit dem Import von Götterstatuen sowie anderen ägyptischen Kulturdenkmälern.

Mit dem Beginn der Neuzeit (*Renaissance* 15./16. Jahrhundert) waren viele europäische Reisende auf dem Wege ins Heilige Land der Bibel (Jerusalem), was die neuzeitliche Gesellschaftsordnung bestimmte. Viele dieser frühzeitlichen Entdecker wagten sich auch in das damals von den Türken besetzte Ägypten. Einer der Reisenden, der sogar bis *Assuan* vordringen konnte, war der Jesuitenpater Claude Sicard (1677–1727), der von seiner Reise außer einiger wenig veröffentlichten Berichte auch die erste ägyptische Landkarte mitbrachte. Doch vor Sicards Ägyptenbesuch war im Jahre 1646 von dem Oxforder Astronomen John Greaves eine Monographie (Einzeldarstellung) über die Pyramiden (*Pyramidographica*) erschienen, die er von seinem Schreibtisch aus erarbeitet hatte. Auch wenn diese Arbeiten nicht den wissenschaftlichen Wert besaßen, war es doch von Vorteil, dass gerade die Gelehrten des 17. Jahrhunderts in den Besitz koptischer Original-Manuskripte gelangten. Denn mit dem bereits 1643 erschienenen Werk »Lingua aegyptiaca restituta« von dem deutschen Jesuiten Athanasius Kircher (1602–1680) kann man den Beginn einer ernstzunehmenden Erforschung der ägyptischen Sprache in ihrer spätesten

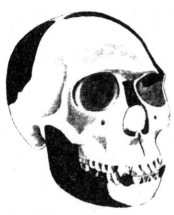

Abb. 001 Piltdownschädel

Phase sehen. Diese Gelehrten der Renaissance, die den Weg der alten Weisheit ergründen wollten, nannten sich *Apollonius*. Kirchner schildert in seinem Werk, wie ein zweiter Apollonius, der Pietro della Valle hieß, die koptischen Schriften nach Europa brachte und wie er damit in Kontakt kam:

*»... Man suchte im Ausland eine Person, die in der Lage wäre, dieses Unterfangen in Angriff zu nehmen, insbesondere in Frankreich, wo das Studium der fremden Sprachen und Literaturen außerordentlich lebhaft betrieben wird. Schließlich wurde ich, der ich Frankreich als meine zweite Heimat erwählt hatte, dazu gedrängt, diese Aufgabe zu übernehmen, obwohl ich mich ihr wirklich nicht gewachsen fühlte ...«*

Ohne die Erkenntnisse der koptischen Sprache wäre an die Entzifferung der ägyptischen Hieroglyphen noch lange Zeit nicht zu denken gewesen.

Heute beanspruchen viele Staaten das Vorrecht, zur Gründung der Ägyptologie den Grundstein gelegt zu haben, was wir aber richtigerweise nur den Franzosen zusprechen können. Die Franzosen wollten vor etwa 200 Jahren in Ägypten eine französische Kolonie gründen, um die Vorherrschaft ihrer Republik bis in den Orient auszudehnen. Als die Franzosen am 2. Juli 1798 unter der Führung von Napoleon Bonaparte I. die ägyptische Stadt Alexandria erstürmten, konnten sie schon am 21. Juli in der Schlacht bei den Pyramiden von Giseh (arab. el-Giza) einen entscheidenden Sieg feiern. Hierbei wurde auch der berühmte Spruch von Napoleon geboren:

*»Soldaten, von diesen Pyramiden schauen vierzig Jahrhunderte auf euch herab ...«.*

Das Kriegsglück blieb den Franzosen aber nicht treu, denn am 1. August versenkte Englands Admiral Lord Nelson die aus 200

Schiffen bestehende Flotte Napoleons. Bei Abukir schnitt Nelson die Franzosen dann von Heimat und Nachschub ab, wonach er die französische Armee gefangen nahm. Schon am 25. August 1798 verließ Napoleon Ägypten wieder und kehrte eilends nach Frankreich zurück. Napoleons Unternehmen erwies sich zwar militärisch als ein Fiasko, doch gleichzeitig begründete gerade dieser Feldzug eine neue Wissenschaft. Denn außer einer Armee von 35000 Mann mit Waffen und Gerätschaften, Pferden und Proviant gehörten zu Napoleons Begleitung auch etwa 500 Zivilisten, unter denen sich auch 167 Gelehrte befanden. Einer dieser Gelehrten war der französische Baron Dominique-Vivant de Denon (1747–1825), der Napoleon als Kriegszeichner nach Ägypten begleitet hatte. Angesichts der Faszination, die die Pyramiden und andere Spuren der altägyptischen Vergangenheit bei dem Baron ausgelöst hatten, erwachte bei ihm großes Interesse an der jahrtausendealten Kultur der Menschen, die einst in Ägypten gelebt hatten. Denon verbrachte ein Jahr in Ägypten und zeichnete was ihm vor die Augen kam. Wieder zurück in Frankreich veröffentlichte er dann im Jahre 1802 sein Buch »*Reise nach Ober- und Unterägypten*«, worin auch 141 seiner Zeichnungen publiziert wurden.

Seinem Erstlingswerk folgte dann unter der Leitung von Edme François Jomard zwischen 1809 und 1827 das vierundzwanzigbändige Werk »*Beschreibung Ägyptens*« mit der Schilderung der Biologie, Geographie, Kultur und Geschichte der alten Ägypter. Auch die Bauwerke der Ägypter fanden in den Beschreibungen des Barons ihre Berücksichtigung und legten somit den Grundstein für den Wissenschaftszweig der *Ägyptologie*. Bei den Schriftzeichen der alten Ägypter stieß man jedoch auf eine scheinbar unüberwindbare Grenze. Denn die ägyptischen *Hieroglyphen* (Heilige Einkerbungen) konnte noch niemand lesen, geschweige denn entziffern.

**Wie sollte man eine vernünftige Ägypten-Forschung betreiben, wenn man doch nicht in der Lage war, die schriftlichen Zeugnisse der ägyptischen Vergangenheit zu entschlüsseln?**

Man glaubte lange, die Hieroglyphen seien eine reine Bilderschrift, in der jedes Zeichen ein geheimnisvolles Symbol bedeutete. So wurden in junger Vergangenheit denn auch die abenteuerlichsten Vorlesungen über Hieroglyphen gehalten. Dabei war der Schlüssel zur Lösung dieses Rätsels ein schwarzer großer Basaltstein, der im Jahre 1799 bei dem Dorf Rosette (Fort St. Julien) im Nildelta von einem Soldaten bei Schanzarbeiten gefunden wurde. Mit der Entzifferung dieses Fundes konnte die stumm gebliebene Schrift der alten Ägypter wieder zum Reden gebracht werden.

(Abb.:002 Stein von Rosette)

**Warum aber war dieser Stein so besonders interessant?**

Mit der Herrschaft des Pharao Psammetichos 1. (664–610 v.u.Z.) hatte zwischen Ägypten und den Griechen ein großer Handelsverkehr begonnen. Die Pharaonen gingen sogar soweit, dass im Nildelta westlich der Stadt Sais die griechische Kolonie Naukratis gegründet wurde, die die Monopolstellung für den griechisch-ägyptischen Handel hatte. Darum stammen die bedeutsamsten Dokumente aus saitischer Zeit auch nicht aus ägyptischen, sondern aus griechischen Quellen. Der von dem Soldaten entdeckte *Stein von Rosette* ist so eine wichtige Quelle. Er trägt einen Beschluss der versammelten ägyptischen Priesterschaft aus dem Jahr 196 v.u.Z., um König Ptolmeaios V. zu ehren. Dieser 762 Kilo schwere Basaltstein wird auch als *Dreisprachenstein* bezeichnet, weil er Inschriften in drei Sprachen trägt:

a) in **Hieroglyphen**,
b) in **Demotisch** (eine verkürzte Form der Hieroglyphen) und
c) in **Griechisch**.

In Deutschland und vielen anderen Ländern der Welt war man nun bemüht, diese Inschriften des Basaltsteines zu entziffern. Die griechische Schrift war schnell übersetzt, doch die Hieroglyphen und die demotische Inschrift des Dreisprachensteins konnten immer noch nicht entziffert werden.

(Abb.:003 Schriftarten)

Der deutsch-dänische Archäologe Gustav Zoega war schließlich einer der ersten, der sich um das Jahr 1800 mit den altägyptischen Schriftzeichen näher beschäftigte. Er konnte zwar die Hieroglyphen nicht entziffern, kam jedoch zu einer nicht unwesentlichen Erkennnis, auf der sich später aufbauen ließ. Zoega lieferte den Hinweis, dass die ovale Einrundung (Kartusche) gewisser Schriftzeichen auf den Namen eines Pharaos deuten. Auch der britische Naturforscher Thomas Young, der sich ab 1814 in Ägypten aufhielt, hat einen Teil zu den Lautwerten der Hieroglyphen beigetragen. Inzwischen hatte man nämlich auf der Nilinsel *Philae* einen zweiten Schriftstein gefunden und 1819 nach Europa gebracht. Auf diesem Stein, dem sogenannten *Obelisken von Philae*, waren nur noch zwei Inschriften, eine in Griechisch und die andere in Hieroglyphen. Wie schon lange vor ihm Zoega vermutet hatte, bemerkte Young auf dem Obelisken, dass fünf der Zeichen in den Einrundungen sich in ihren Lautwerten wiederholten. Er identifizierte den Nahmen *Thut-moses* und bestimmte die Hieroglyphenzeichen für *f* und *t* des ägyptischen Alphabets. Doch erst durch den Scharfsinn des Franzosen Jean-François Champollion (1790–1832), der bereits mit 19 Jahren Professor für Geschichte an der Universität von Grenôble (Südfrankreich) wurde, konnte die Historie der alten Ägypter durch die umfassende Entzifferung der Hieroglyphen am 14. September 1822 beginnen. Aber auch Deutschland konnte einen Erfolg vermelden. Im Jahre 1810 ist in Berlin ein Lehrstuhl für die Hieroglyphensprache geschaffen worden, weil sich der preußische König Friedrich Wilhelm I. (1797–

1888) persönlich für die Orientalistik interessierte. Nach Champollion gelang dem Berliner Ägyptologen Professor Heinrich Brugsch (1827–1894) dann, bereits im Alter von 16 Jahren, die Entzifferung der demotischen Schrift. Genau in dieser turbulenten Zeit trat ein weiterer Deutscher ins Feld der Ägyptologen – Carl Richard Lepsius (1810–1884). Der in Naumburg geborene Sprachforscher (Philologe) bekam die Leitung der Berliner Universität und konnte sich stets an einer großzügigen Unterstützung des preußischen Königs erfreuen. Nachdem Lepsius 1837 eine Abhandlung über die Hieroglyphen veröffentlicht hatte und Jean-François Champollions *Wegweisung* für das Vorgehen mit der ägyptischen Schrift bestätigte, leitete er in den Jahren 1842 bis 1845 die berühmte »*Preußische Expedition*«, die sich vom nördlichen Delta bis zum Sudan erstreckte.

Lepsius kam im September 1842 in Ägypten an, und obwohl die Hauptaufgabe der Preußischen Expedition das Kopieren von Inschriften, die Vermessung von Bauwerken und die Suche nach wertvollen Gegenständen war, die die Berliner Sammlungen bereichern sollten, brachten gerade die preußischen Grabungen außergewöhnliche Pharaonengräber zum Vorschein. Neben seiner soliden Ausbildung und seiner Begeisterungsfähigkeit zeichneten Lepsius vor allen Dingen Strenge und Organisationstalent aus. Dieser große Gelehrte übertraf alle seine Vorgänger und legte einen Meilenstein für die Ägyptologie.

Durch die gesammelten Erkenntnisse konnte die im alten Ägypten gesprochene Sprache zu den semitisch-hamitischen Sprachen zugeordnet werden. Doch obwohl die altägyptische Sprache mit der Entzifferung der Hieroglyphen gut erforscht zu sein scheint, kennt heute kaum ein Ägyptologe den wirklichen Lautstand ihrer Wörter, da nur die Konsonanten (Mitlaute) geschrieben wurden.

### Was konnte man über Land und Kultur der alten Ägypter in Erfahrung bringen?

Einer der ausführlichsten Berichte über Land und Kultur der alten Ägypter stammte vorerst nicht aus den Hieroglyphen, sondern von dem griechischen Geschichtsschreiber *Herodot*. Herodot wurde um das Jahr 485 v.u.Z. in Halikarnassos, der heutigen

Kleinstadt Bodrum/Türkei geboren und starb im Alter von 55 Jahren in Thurri, einer ehemaligen griechischen Kolonie am Golf von Tarent. In seinem ersten Buch seiner neunbändigen *Historien* berichtet der Grieche über Land, Leute, Bräuche, Fauna, Geschichte, Kunst und Geographie von Ägypten, woraus wir folgendes erfahren:

Historien I, 35

»... *Die Ägypter sind, gleichwie ihr Himmel fremder Art ist, und gleichwie ihr Fluß eine ganz andere Natur hat als die übrigen Flüsse, auch in ihren Sitten und Gebräuchen gerade umgekehrt wie alle anderen Völker. So zum Beispiel: die Weiber sind auf dem Markt und treiben Handel und Gewerbe, die Männer sitzen daheim und weben; es weben aber andere Leute also, dass sie den Einschlag von oben einschlagen, die Ägypter aber von unten; die Lasten tragen die Männer auf den Köpfen und die Weiber auf den Schultern; die Weiber lassen ihren Urin im Stehen und die Männer im Sitzen, ihre Notdurft verrichten sie in den Häusern, und sie essen auf der Gasse, denn sie denken so: was unanständig, aber notwendig ist, das muß man im Verborgenen tun, was aber nicht unanständig, vor aller Welt; ein Weib versieht Priesterdienste weder bei einem Gott noch bei einer Göttin, sondern Männer; die Söhne brauchen ihre Eltern nicht zu ernähren, die Töchter aber müssen es, wenn sie auch nicht wollen ...*«

Der kleine Auszug aus den Historien spiegelt in etwa die ägyptische Lebensart wieder, die von unseren Historikern auch in dieser Form Bestätigung findet. Wir konnten aber auch eine Menge über das ägyptische Königtum in Erfahrung bringen, da die schriftlichen Zeugnisse hierbei am umfangreichsten sind. Aus den Urkunden der alten Ägypter und den Inschriften auf Tempelwänden sowie auf Gedenksteinen wissen wir, dass bei den jeweiligen Königen eine fortlaufende Zählung nach größeren Zeiträumen, wie nach Dynastien oder Jahrhunderten nicht angewendet wurde. Lediglich die Ereignisse, die unter den regierenden Königen hervortraten, wurden für die Berechnung in Zahlen oder Jahren verfasst, so dass sie in die Listen der Könige mit Angabe ihrer Regierungsjahre eingeflossen sind.

(Abb.:004 Königskartusche)

Die Könige verfügten in der Regel über bis zu fünf Titel, von denen jeweils zwei in den Königs-Kartuschen eingeschlossen wurden und deren Übersetzung den Anfang und das Ende des jeweiligen Königs andeuteten. Der zweite dieser Namen war immer derjenige, den der König schon als Prinz geführt hatte. Die meisten dieser Namen (z.B. Ramses, Thutmosis) hatten stets eine religiöse Bedeutung, durch den die Könige die Verbindung zu ihren höchsten Gottheiten erlangten. Laut unseren Ägyptologen entstanden die Götter des alten Ägypten fast ausschließlich aus Stammes-Schutzgöttern, denen immer eine bestimmte Macht zugeschrieben wurde. Im Laufe der Zeit wurden sie danach an ganz bestimmten Plätzen, im ganzen Lande den bevorzugteren Götterfiguren zugeordnet. Doch die eigentlichen Hauptgötter der Ägypter bildeten eine Achtheit, deren Auftreten sich bis in die Urzeit zurück verfolgen läßt.

**Wann begann die Zivilisation der Ägypter?**

Im alten Ägypten lebten vor etwa 23000 Jahren hochgebildete Persönlichkeiten, die man als Götter bezeichnet, denen zudem außergewöhnliche Regierungszeiten bescheinigt werden. Es sind Berichte aus den Überlieferungen eines ägyptischen Priesters Namens *Manetho*. Der Priester lebte zwischen 325–245 v.u.Z. in *Sebennytos*, einer kleinen Stadt im Nildelta, und versetzt die Ägyptologen in Erstaunen, da Manetho von einer Gründerzeit der Götter spricht, die zwar auch aus anderen Quellen bekannt ist, jedoch zeitlich bisher nicht so genau eingeordnet werden konnte. Unsere Archäologen stufen die Gründung der ersten ägyptischen Dynastie mit König *Menes* ein, der Ägypten zwischen 3000 und 2955 v. u. Z. regierte. In Wahrheit ist den Archäologen keine Zeit der Ägypter wirklich bekannt, in der sie den Beginn ihrer Zeit nennen, als die erste Dynastie gegründet worden ist, wie zum Beispiel bei den Christen, dem Islam oder im Judentum. Obwohl die Bezeichnung *Dynastie* und die zeitliche Einstufung von König Menes zum großen Teil von Manethos Überlieferungen übernommen wurde, haben unsere Archäologen die Zeittafel der vorhergegangenen *Herrscher*, für unsere Lehrmeinung ohne Beachtung gelassen. Nach den Überlieferungen des weisen Priesters Manetho begann die erste Dynastie mit sieben göttlichen Herrschern:

| | | |
|---|---|---|
| **Ptah** | – seine Regierungszeit betrug | 9000 Jahre |
| **Ra** | – seine Regierungszeit betrug | 1000 Jahre |
| **Schu** | – seine Regierungszeit betrug | 700 Jahre |
| **Geb** | – seine Regierungszeit betrug | 500 Jahre |
| **Osiris** | – seine Regierungszeit betrug | 450 Jahre |
| **Seth** | – seine Regierungszeit betrug | 350 Jahre |
| **Horus** | – seine Regierungszeit betrug | 300 Jahre |

Auch die zweite Dynastie bestand aus göttlichen Herrschern, denen die Gottheit *Thot* mit insgesamt zwölf Göttern voranging, die 1570 Jahre über Ägypten herrschten. Danach folgt die dritte Dynastie mit dreißig Halbgöttern und einer Regierungszeit von 3650 Jahren.

Abb.:005 Götter)

Jetzt, so Manetho, blieb Ägypten für 350 Jahre gespalten und ohne Herrscher. Aus dieser Zeit stammt die erste ägyptische Hauptstadt *Thinis*, die am Oberlauf des Nils in unmittelbarer Nähe der großen Flussschleife bei Theben lag. Das ist gleichzeitig die Gegend, wo die Gräber der frühesten ägyptischen Herrscher entdeckt wurden. Dieser Zeit folgt dann im Jahre 3100 v.u.Z. König Menes, der Ober- und Unterägypten wieder vereinigte, indem er das große Reich der Ägypter gründet.

Die Archäologen benennen ihre Zeitangaben im Vergleich zu älteren Quellen vorbehaltlich mit plusminus 150 Jahren und kommen deshalb zu unterschiedlichen Datierungen gegenüber Manetho oder anderen Gelehrten der Antike. Manetho selbst hingegen behauptete, dass er seine Daten von älteren Schriften aus der Bibliothek von *Heliopolis* (Sonnenstadt) abgeschrieben habe. Unsere Historiker begegnen diesen Angaben aber mit Unverständnis und verlagern sie gerne ins Land der Märchen. Ich bin jedoch der Meinung, dass der Priester, dem wesentlich bessere Quellen zur Verfügung gestanden haben, durchaus versucht hat, uns über Ereignisse zu berichten, die einen historischen Hintergrund hatten, was sich durch den Einsatz von modernsten Untersuchungsmethoden immer öfter bestätigt. Denn zu den Erfolgen der Geister des vorherigen Jahrhunderts, haben wir heute noch die Technik hinzugewonnen. Deshalb sind auch durch die Hilfe von Computern und Messinstrumenten erstaunliche Neuigkeiten ans Tageslicht getreten. Denn bislang nahmen unsere Forscher an, dass Ägypten frühestens vor 13000 Jahren anfing, durch nomadische Einwanderungen besiedelt zu werden. Doch nach den neuesten Erkenntnissen unserer Archäologen und Geologen ist der Fluss, der Ägypten durchzieht, seit mehr als 25000 Jahren besiedelt. Das hieße, dass die Bevölkerung doppelt so alt wäre.

In diesem Zusammenhang bekommt die Geographie des Landes der alten Ägypter noch einmal eine Bedeutung, die schon immer von besonderem Interesse war und uns ein besseres Verständnis über das Leben der Ur-Ägypter ermöglicht. Der Name *Misr* ist der Name, den die Ägypter heute für ihr Land benutzen, was sich mit *Mais* übersetzen läßt. Die Bezeichnung, die der griechische Historiker *Homer* Ägypten verliehen hatte, lautete *Aigyptios*, was wir übernahmen und mit Ägypten übersetzten. Der Name *Het-ka-Ptah* (das Geistige Haus des Ptah), war die ägyptische Bezeichnung für die Stadt Memphis, was wohl Homer animierte, Ägypten diesen Namen zu geben. Die alten Ägypter selbst nannten ihre Heimat *kemet*, das schwarze Land, oder auch einfach nur *ta*, das Land, wie auch der Nil bei ihnen sowohl *hapi* als auch einfach *jotru*, der Fluss hieß.

(Abb.:006 Landkarte)

Die Stromoase des Nils durchzieht Ägypten auf 1550 Kilometer und gliedert das Land in Unterägypten (*Mehu*), das bei Kairo (arab. Misr el-Kahire) beginnende Nildelta und Oberägypten (*Schmaw*) mit dem Becken von Al Faijum, westlich des Nils, das drei Viertel des Landes einnimmt. Seine stärkste Ausdehnung hat das Kulturland natürlich im Delta, wo es sich zu einem grünen Fächer öffnet, dessen größte Breite etwa 250 Kilometer beträgt. Wie schon Herodot richtig vermutete, war dieses Gebiet ursprünglich ein Meerbusen. Überhaupt darf man nicht annehmen, dass die Karte des Altertums genau dieselbe war wie die heutige. Durch Frost, durch die Kohlensäure des Regenwassers sowie spaltende Bakterien verwittern die Gesteine und verwandeln sich in Humus. Dann nagt noch das fließende Wasser an ihnen und die Winde verleihen dem Ganzen den letzten Schliff. Außerdem finden fortwährend Hebungen und Senkungen des Landes statt. Viele Orte, die früher einmal Häfen waren, liegen heute landeinwärts, andrerseits gibt es Gebirge und Täler, die heute unter Wasser liegen. Das Delta wächst noch heute immer mehr ins Mittelländische Meer hinein. Hinzu kommt, dass über neunzig Prozent des Landes der Ägypter aus einer Wüstenlandschaft besteht, was aber nicht immer so war. Denn aus historischen Dokumenten, wie zum Beispiel dem Papyrus *Ipuwer* oder den Hieroglyphenzeichen des Palastes von *Medinet Abu*, wird uns über einen Stern berichtet, der große Zerstörungen im Land verursachte. Auch aus den Chroniken von Pharao Ramses III. wird über einen Kometen berichtet, der den *Höllenbrand* verursachte, wobei ganz Libyen und große Teile Ägyptens seither in eine schreckliche Sandwüste verwandelt wurden. Keiner unserer Ägyptologen weiß, was der Pharao damit eigentlich ausdrücken wollte, aber sicher ist, dass um das Jahr 1226 v.u.Z. der *Hallesche Komet* an der Erde vorbeigezogen sein muß.

## Wie sieht das Land heute aus?

Heute sind die Winter mild und die Sommer heiß und trocken, und Niederschläge fallen nur in den Mittelmeerrandgebieten zu den Wintermonaten. Neben Akazien, Tamarisken, Gräsern und Kräutern sind in den Oasen (bebaute Senke) und an den Ufern des Nils, auch Dattelpalmen und Keulenbäume als Windschutz am häufigsten vertreten. Ägypten ist nach einem Wort Herodots:

»... *ein Geschenk des Nils* ...«.

Das was Herodot damit meinte, war die geographische Umgebung der Ägypter! Denn die wohl hervorstechendste geographische Eigenart Ägyptens ist schon immer seine isolierte Lage gewesen, die an eine Insel erinnert. Vom Westen sorgte die libysche und vom Osten die arabische Wüste für einen natürlichen Schutz vor Fremdeinflüssen. Auch vom Süden durch die Katarakte und im Norden durch das Delta, das sich zur Anlage von Häfen sehr wenig eignet und im Winter von heftigen Stürmen heimgesucht wird, wurde diese Einkesselung Ägyptens unterstützt. Auch das trockene Klima in Ägypten war der Bevölkerung wegen dem Nilwasser immer gleichgültig geblieben. Ägypten gehört nämlich zur Passatzone, dem regenlosen Gürtel der Erde. Deshalb regnet es in Oberägypten überhaupt nicht. Der an etwa 25 Tagen zur Winterzeit im Delta vorkommende Regen findet immer nur kurz statt, doch dafür sind es heftige Sturzgüsse, die die Ägypter sehr beeindruckt haben müssen, da sie sich in ihren Bildersprachen niedergeschlagen haben. Denn wenn ein König eine Stadt eroberte, so heißt es:

»... *nahm er sie wie eine ›Wasserwolke‹* ...«.

Im August 1996 konnte eine Gruppe von ägyptischen und amerikanischen Archäologen einen unterirdischen Tempel von König Ramses II. entdecken. Eine der bereits freigelegten Tempelwände im westlichen Nildelta in Kom Hamada ist völlig intakt und mit Inschriften übersät. Mit den Tempelinschriften will man endlich die legendären Pharaonenkriege vor rund 3250 Jahren gegen die Libyer aufklären. Ramses II. war einer der ägyptischen Könige, der seinen Namen auch an Bauanlagen anbringen ließ, obwohl sie von einem anderen König erbaut wurden. Auch über König Ramses II. heißt es:

*»... er ist ein lautbrüllendes Unwetter für die Fremdländer«.*

Durch lange Beobachtungszeiträume muss das Nilvolk ein Wissen erworben haben, womit sich die Gegebenheiten des Landes nutzen ließen, die regelmäßig eine reichhaltige Ernte ermöglichten. Laut den Archäologen sollen vor etwa 13000 Jahren die steinzeitlichen Ägypter ursprünglich aus den Karpaten sowie aus arabischen Gegenden kommend sich am Nil angesiedelt haben, um sich dann mit den späteren nomadischen Einwanderern zu vermischen. Doch die meisten prähistorischen Ansiedlungen und Gräber, die bis vor einem halben Jahrhundert von Archäologen untersucht wurden, lagen am Rand der Wüste. Aus jüngsten Radiokarbondatierungen wissen wir ziemlich genau, dass die Mehrzahl dieser Siedlungen aus dem 5. und 4. Jahrtausend vor unserer Zeitrechnung stammen. Das ist die Epoche, die in Ägypten als prädynastische Zeit bezeichnet wird. Doch die frühen Archäologen waren der Meinung, dass erst in dieser Epoche angefangen wurde, Landwirtschaft zu betreiben. Ihrer Überzeugung nach waren die ersten Siedler zunächst nicht in der Lage, die *Schwemmlandebene* zu besiedeln und Dörfer zu bauen. Sie meinten, dies sei erst möglich gewesen, als die Menschen gelernt hatten, die Becken trockenzulegen und zu bewässern.

Obwohl die Archäologen des 19. Jahrhunderts Tausende von Gräbern an zahlreichen Stätten am Rande des Tals öffneten, fanden sie hierbei nur selten Überreste von Siedlungen. Meist handelte es sich um winzige Dörfer, die verstreut angelegt waren. Manchmal waren es sogar nur jahreszeitlich bewohnte Lager der Hirten oder der am Wüstenrand lebenden Nomaden. Die Anzahl der entdeckten Gräber lässt jedoch darauf schließen, dass mehr Menschen in dieser Gegend gelebt haben müssen, als es sich aufgrund der entdeckten geringen Siedlungen am Wüstenrand vermuten läßt. Es müssen somit auch Siedler in Dörfern innerhalb der Schwemmlandebene gewohnt haben. Derartige Stätten waren den frühen Archäologen nicht bekannt, da sie unter hohen Ablagerungen von Nilschlamm oder unter meterdicken Schuttschichten versteckt lagen.

Um 1960 setzte eine neue Ära der archäologischen Forschung in Ägypten ein. Mit dem Baubeginn am Assuanstaudamm stand fest, dass weite Gebiete am Nil vom Wasser überflutet werden. Dieses geplante Bauvorhaben sorgte dafür, dass um das Gebiet geologische Untersuchungen vorgenommen wurden, die neue Ergebnisse hervorbrachten. Die Ebene bei Kom Ombo (Ombos), etwa 50 Kilometer nördlich von Assuan, erwies sich als ideales Gebiet, um zu rekonstruieren, wie das Niltal vor etwa 15000 Jahren aussah. Aus dieser Zeit stammen Hunderte von prähistorischen Stätten um Kom Ombo. Wir verfügen heute somit über ein einigermaßen gesichertes Bild von Land und Leuten jener Zeit.

So wurden Steinwerkzeuge wie Äxte, Messer, Bohrköpfe und Pfeilspitzen in großer Anzahl an den Lagerstätten gefunden, die uns eine Sesshaftigkeit dieser Bevölkerung bestätigen. Durch sorgfältige Klassifizierung dieser Werkzeuge mit Hilfe von Computern lassen sich zahlreiche verschiedene Gruppen unterscheiden. Andere bestimmte Werkzeugtechniken gehen sogar auf frühere Völker zurück, die schon vor 25000 oder mehr Jahren am Nil siedelten.

**Waren die Ur-Ägypter wirklich nur Steinzeitmenschen?**

An einer Ausgrabungsstätte am nördlichen Ende der Ebene von Kom Ombo wurde eine große Menge an Geflügelknochen gefunden, woraus man auf das Bestehen von kontrollierter Tierzüchtung schließen kann. Das bestätigt uns wiederum die Sesshaftigkeit der damaligen Bevölkerung. Auch ein Mahlstein, der zum Mahlen von Fleisch und Kosmetikpigmenten benutzt wurde, weist ein Alter von 14500 Jahren, und ein weiterer sogar von 17000 Jahren auf. Aus Felsabbildungen der nahe gelegenen Wüstenregion und selbst mitten in der Sahara lassen sich die Farben erkennen, die nicht nur zur Kosmetik benutzt wurden.

**Kannten die Menschen Ägyptens womöglich auch schon die Kunst des Schreibens?**

Wissenschaftler vermuten, dass die Anfänge der Schrift prähistorische Jäger erfanden, indem sie ihre Beute verfolgten und anfänglich nur die Tatzenabdrücke der gejagten Tiere an Felsen malten. In Frankreich wurden aus der Zeit des Magdalénien (letzte Kulturstufe der Altsteinzeit um 18 000 v. u. Z.) bereits 1924 Steintafeln mit merkwürdigen Gravierungen entdeckt, bei denen es sich ohne Zweifel um Buchstaben oder Wörter handelt, womit sie als Schrift eingegliedert werden müssen. Die Schrift ist mit der altgriechischen oder phönizischen vergleichbar, jedoch bis heute nicht zu entziffern gewesen. Aber auch auf den Kanarischen Inseln (Nord-West-Afrika) existieren Symbole und Zeichen (Petroglyphen), die eine Hinterlassenschaft der blauäugigen und blonden Urbevölkerung, der *Guanchen*, sind. Diese Symbole konnte man ebenfalls bis heute nicht entziffern. Dabei geht ihr Alter sogar bis zu 35 000 Jahre in die Urzeit zurück, die gar nicht so urig gewesen zu sein scheint, wie allgemein angenommen wird. Die frühe Existenz der steinzeitlichen Schrift bescheinigt dieser Bevölkerung gleichzeitig eine Sesshaftigkeit. Auch im Land der Ägypter können wir nicht ausschließen, dass sich einige ägyptische Populationen bereits um 12 500 v. u. Z. erfolgreich im Pflanzenanbau versucht haben, was auch die Tierhaltung mit einschloss. Aus dieser Gegebenheit lässt sich beweisen, dass die vordynastischen Ägypter nicht nur steinzeitliche Jäger waren, sondern Bauern. Diese Art intensiver Beschäftigung mit den pflanzlichen Nahrungsmitteln war auch in Vorderasien die Vorstufe für die Entstehung der Landwirtschaft. Die Menschen im prähistorischen Ägypten entwickelten den Ackerbau jedoch nicht weiter.

### Aber weshalb?

Kurz bevor unsere unmittelbaren Vorfahren auf der Erde erschienen, fanden auf unserem Planeten große Umwälzungen statt. Die Erde ging von einem Zustand mit konstantem Klima zu einem Klima mit periodischem Wechsel von Eis- und Zwischenzeiten (Intergalazialen) über. Die Eiszeiten waren immer länger als die wärmeren Zwischenzeiten. Während die Winterzeiten mindestens 90 000 Jahre andauerten, betrugen die kurzen Warmzeitperioden höchstens 13 500 Jahre.

Bei der letzten Eiszeit umhüllten riesige Eisberge die Hälfte unseres Planeten bis zum 45. Breitengrad, wo der Meeresspiegel um etwa 170 Meter tiefer als heute lag. Das Alte Testament sowie die

Chroniken anderer Völker bieten uns hierfür wahrscheinlich eine Erklärung. Sie berichten über eine weltumfassende Sintflut, die die Erde heimsuchte. Unsere Geologen bringen die Sintflut mit dem Ende der letzten Eiszeit in Verbindung. Doch die Sumerer nennen uns sogar den genauen Zeitpunkt dieser Katastrophe und sagen:

(Abb.:007 Globus)

*»Das Sternbild des Löwen hat die Wasser der Tiefe bemessen.«*

Diese Zeitangabe entspricht den Ereignissen zwischen 10817 und 8664 v.u.Z. Nach neuesten geologischen Untersuchungen der *National Geographic Society* in Washington D.C. wurde auch das Niltal um 10500 v.u.Z. über 500 Jahre lang von einer Folge verheerender Hochwasser heimgesucht. Dazu sagt der Ägypter Professor Fakri Hassan:

*»Am Ende der Eiszeit um 10500 v.u.Z. durchlebte Ägypten dramatische Veränderungen. Unvorstellbar hohe Flutwellen durchstreiften das Delta und das Niltal, und löschten alles Leben aus.«*

Diese Tatsache erklärt uns wahrscheinlich auch, weshalb aus dieser Zeit nur wenige Siedlungen existieren und warum die Entwicklung der Landwirtschaft nicht weiterführte. Wir können aber auch einen anderen Weg gehen, um einen Zugang zu der chronologischen Gliederung der ägyptischen Geschichte zu finden. Wir können die Astrologie zu Hilfe nehmen, die die Grundlage aller Kalender bildet. Denn die Erklärung unserer Wissenschaftler, dass der Kalender von Bauern erfunden wurde, damit sie durch ein Steuerungselement wüßten, wann die Saat vorbereitet wird, um sie dann entsprechend zu ernten, ist immer noch eine nicht bewiesene Annahme. Bis heute konnte keine logische Begründung durch Fakten geliefert werden, die diese Annahme beweist.

>*Wenn das Gestirn der Plejaden, der Atlastöchter emporsteigt, dann beginne die Ernte, doch pflüge, wenn sie hinabgehen. Vierzig Nächte und Tage hindurch sind diese verborgen, doch wenn im Kreislauf des Jahres sie wieder erscheinen, dann beginne, die Sichel zur neuen Ernte zu wetzen!*«

Dieser Vers stammt aus »*Werke und Tage*« vom griechischen Philosophen *Hesiod* (700 v.u.Z.), worin er die Ernteanweisungen gibt, die vom Lauf der Gestirne abhängig waren. Nach unseren modernen astronomischen Kenntnissen sind sie jedoch ungenau. Denn zwischen dem Abenduntergang und dem Morgenaufgang der *Plejaden* (Siebengestirn im Sternbild des Stiers) liegen 40 Nächte und nur 39 Tage. Hesiod war allerdings kein Naturwissenschaftler, sondern berichtete nur aus der Erfahrung. Meiner Ansicht nach brauchten Bauern auch keinen förmlichen Kalender, um die Jahreszeiten zu kennen. Hinzu kommt, dass es auch primitive Gesellschaften geschafft haben, sich über Generationen hinweg ohne Kalender zu ernähren. Meiner Meinung nach war der Kalender eine rein religiöse Erfindung, um den genauen Zeitpunkt von Festen vorauszubestimmen, damit die Götter der Vergangenheit geehrt werden konnten. Hinzu kommt, dass die Ägypter schon vor Tausenden von Jahren über ein astronomisches Wissen verfügten, das von uns lediglich wiederentdeckt wurde.

**Über welche astronomischen Erkenntnisse verfügten die Ägypter?**

Die Kreisbahn, die die Sonne im Laufe eines Jahres am Himmel von Westen nach Osten durchläuft, nennt man Zodiakus, Tierkreis oder Ekliptik. Am 21. März, bei Frühlingsanfang, befindet sich die Sonne in seinem Äquinoktialpunkt. Dies ist einer der beiden Tage des Jahres, an denen die Nachtstunden den Stunden des Tages gleichen. Das Gegenstück dieses Frühlingspunktes ist der Herbstnachtgleichenpunkt am 21. September. Dieses astrologische Wissen über die *Präzession* war auch den Völkern Mesopotamiens bereits seit den ältesten Zeiten bekannt. Die Tatsache nämlich, dass bei Frühlingsanfang die Sonne nicht alljährlich an der selben Stelle des Tierkreises steht, sondern dass dieser Punkt ebenfalls den ganzen Zodiakus durchläuft, und zwar in entgegengesetzter Richtung zur Ekliptik.

Der griechische Astronom *Hipparch von Alexandria* (180–125 v.u.Z.) fand um 150 v.u.Z. durch den Vergleich mit früheren Beobachtungen heraus, dass der Frühlingspunkt sich im Laufe eines Jahrhunderts um mehr als einen Grad nach Westen verschiebt. Spätere Astronomen bestimmten die Differenz noch genauer mit 71,74 Jahren für einen Grad. In 25826,6 Jahren vollbringt der Frühlingspunkt einen vollen Umlauf von 360 Grad. Diesen Zeitraum nennen wir das Große oder Platonische Jahr. Selbstverständlich handelt es sich bei allen diesen Vorgängen nur um scheinbare Bewegungen. In Wirklichkeit ist die tägliche Rotation des Himmelsgewölbes durch die Drehung der Erde um ihre Achse verursacht, wobei der Jahreslauf der Sonne durch die Sonnendrehung der Erde und die Präzession der Äquinoktien durch eine Richtungsänderung der Erdachse wandert.

Die auf der Ekliptik liegenden zwölf Sternbilder nannten schon die Sumerer *leuchtende Herde*. Sie bilden den Tierkreis und bestimmen die Zeitabschnitte:

| | | |
|---|---|---|
| **Widder** | 2208,22 v.u.Z. und | 23618,38 n.u.Z. |
| **Stier** | 4360,44 v.u.Z. und | 21466,16 n.u.Z. |
| **Zwillinge** | 6512,66 v.u.Z. und | 19313,94 n.u.Z. |
| **Krebs** | 8664,87 v.u.Z. und | 17161,73 n.u.Z. |
| **Löwe** | 10817,09 v.u.Z. und | 15009,51 n.u.Z. |
| **Jungfrau** | 12969,30 v.u.Z. und | 12857,30 n.u.Z. |
| **Waage** | 15121,52 v.u.Z. und | 10705,08 n.u.Z. |
| **Skorpion** | 17273,74 v.u.Z. und | 8552,86 n.u.Z. |

| | | |
|---|---|---|
| Schütze | 19425,95 v.u.Z. und | 6400,65 n.u.Z. |
| Steinbock | 21578,17 v.u.Z. und | 4248,43 n.u.Z. |
| Wassermann | 23730,38 v.u.Z. und | 2096,22 n.u.Z. |
| Fisch | 25882,60 v.u.Z. und | 56,00 v.u.Z. |

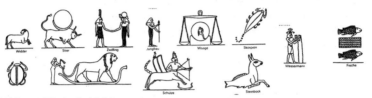

(Abb.:008 Tierkreisabbildungen)

Man nennt die Sternkonstellationen auch Zeichen. Jedes von ihnen entspricht einem Abschnitt der Ekliptik, einem Sonnenbahnstück von 30 Grad. Infolge der Präzession verschiebt sich der Aspekt in 30 mal 71,74 = 2152,2166 Jahren um ein solches Bogenstück, und zwar rückläufig. Ungefähr alle zwei Jahrtausende tritt also die Erde in ein neues Zeichen. Unsere Historiker können nur noch die Herrschaft von drei bis vier Sternenbildern konstatieren. Die ältesten erhaltenen Urkunden stammen aus der Periode des Stiers. Aber das ganze System ist viel älter und zeigt deutliche Spuren der vorangegangenen Ära, wo der Frühlingspunkt sich in den Zwillingen befand. Der Zodiakus (Tierkreisabbildung) aus einem alten Tempel von Dendera in Oberägypten zeigt die Situation gegen heute um mehr als 60 Grad verschoben. Die Stierzeit befand sich damals in ihrem letzten Stadium. Als Hipparch die Zeichen erneut einführte, ging gerade die Widderzeit zu Ende, und wir stehen heute am Ausgang der Fischezeit. Die Regentschaft der Zwillinge begann etwa um 6513 v.u.Z., die des Stiers um 4361 v.u.Z., die des Widders um 2209 v.u.Z., die der Fische um 56 v.u.Z. und sie wird in einem Jahrhundert in die des Wassermanns übergehen. Die Sternenkonstellationen bestimmten immer das aufgebrochene neue Zeitalter. Auch der »*Fisch*« stellt das Symbol der Christenheit dar, in dem wir uns noch etwa 100 Jahre befinden.

Unsere Urahnen benutzten die Präzessionstechnik aber auch bei der Ausrichtung ihrer religiösen Baudenkmäler auf der ganzen Erdkugel, indem sie sich an der geometrischen Astronomie orientierten. Auch alle in Ägypten befindlichen Bauten hatten immer einen Bezug zu den Sternen. Kein Mensch, nicht einmal ein ganzes Volk hätte dieses Wissen auf Anhieb verstehen – geschweige denn – anwenden können. Es sei denn, dass die Ägypter über Techniken verfügten, die unseren Observatorien glichen, womit ausführliche Himmelsbeobachtungen durchgeführt werden konnten.

Außer den Kenntnissen über die Verschiebung der Erdachse besaßen die Ägypter auch einen Kalender, der wie heute zwar 365 Tage hatte, aber von unserem doch etwas abwich. Die Ägypter teilten das Jahr in drei Perioden zu je vier Monaten mit je dreißig Tagen ein, denen noch fünf Schalttage hinzugefügt wurden.

Die ersten vier Monate waren die Monate der *Überschwemmung* und hießen: *Thot, Phaopi, Athyr* und *Choiak* (Mitte Juli – Nov.).

Die zweiten vier Monate waren die Monate der *Wachstumszeit* und hießen: *Tyhbi, Mechir, Phamenoth* und *Pharmuti* (Mitte Nov. – März).

Und die dritten vier Monate waren die Monate der *Hitzezeit* und hießen: *Pachon, Payni, Ephi* und *Mesori* (Mitte März – Juli).

Das ägyptische Jahr war jedoch um sechs Stunden kürzer als unser heutiges Jahr, wodurch es alle vier Jahre vom astronomischen Jahr um einen Tag abwich. Obwohl die Ägypter diesen Fehler kannten, schafften sie keine Abhilfe, so wie die Römer oder wir heute mit der Einführung des Schaltjahres. Die ständige Verschiebung des Jahresanfangs bewirkte aber, dass das Sonnenjahr erst nach 1460 Jahren mit dem astronomischen Jahr wieder zusammenfallen konnte. Diese Periode von 1460 Jahren bezeichneten die Ägypter als *Sothis-Periode*, was gleichzeitig mit dem göttlichen Sothis-Stern in Verbindung stand.

Der Sothis-Stern ist der uns unter dem Namen *Sirius* bekannte Doppelstern im *Großen Hund*, dessen Aufgang nach unserem Kalender am 19. Juli erscheint. Unsere Ägyptologen bringen den Zeitpunkt des Sirius-Aufgangs mit dem Hochwasser des Nils in Verbindung. Demnach sollen die Ägypter in dem Sirius-Aufgang die Ursache der Nil-Schwemme gesehen haben. Er basiert auf der periodischen Wiederkehr des Sirius nach seiner saisonbedingten

Abwesenheit. Die Zeitspanne zwischen diesen Aufgängen beträgt genau 365,250 Tage. Somit ist das Sirius-Jahr nur 12 Minuten länger als unser Sonnenjahr (365,242 Tage). Das Sirius-System ist aber etwas geheimnisvoller als es unsere Ägyptologen bisher angenommen hatten. Die Sonne Sirius wird nämlich deshalb als Doppelstern bezeichnet, weil sie noch einen schweren unsichtbaren Begleiter besitzt, der den Sirius A alle 50 Jahre umkreist und mit bloßem Auge unmöglich gesehen werden konnte. Auch bei den Arabern war ein Stern im Großen Hund unter dem Namen »*Gewicht*« bekannt, der als außergewöhnlich schwer galt. Aber auch die Totenkultzeremonien der alten Ägypter standen immer mit dieser Art von göttlichen Sternen in Verbindung.

(Abb.:009 Sirius/Isis)

In dem großen Tempel von Philae ist eine Initiationszeremonie abgebildet, die im Gegensatz zu sonst recht naturalistischen Reliefdarstellungen eine symbolhafte Szenerie des Totenkultes der alten Ägypter wiedergibt. Die symbolhafte Wiedergabe erklärt sich damit, dass dieser Kult einer strengsten Geheimhaltung unterlag. Im Jahre 250 n.u.Z. beschäftigte sich auch der griechische Philosoph und Mystiker *Plotin* mit diesem Kult, jedoch ohne Einzelheiten ihrer Geheimnisse zu enträtseln. Dafür gab er folgenden Grund an:

> »*In diesen Geheimkulten gilt es als Gesetz, dass keines der Geheimnisse an einen Nichteingeweihten verraten werden darf.*«

Zu diesem Kult gesellt sich ab der fünften Dynastie auch jene Bestattungsform der Mumienmacher, die sich um 2400 v.u.Z. in der Kultur der Ägypter durchsetzt. Es war aber keine neue Erfindung, sondern wurde wieder Bestandteil des Totenkults. Man versuchte, die Körper der Verstorbenen in ihrem natürlichen Aussehen zu bewahren. Mit der Technik der Mumifizierung beschäftigten sich aber nicht nur Archäologen und Kunsthistoriker, vor allem Chemiker und Physiker hatten immer großes Interesse an der in der Menschheitsgeschichte beispiellosen Einbalsamierungstechnik.

## Was war der Totenkult?

Das frühe Ägypten war in 42 Gaue aufgeteilt, die ähnlich wie unsere Bundesländer oder unsere Bezirke einem Regierungsbeamten (*Nomoj*) unterstellt waren, von denen auf Oberägypten 22 und auf Unterägypten 20 entfielen. Jeder Gau hatte seinen eigenen Hauptgott (Dämonen oder Totenrichter) und seine eigenen Traditionen. Mit seinen Nachbarn lebte er oft in Hass, und wenn einmal die Reichsgewalt schwach wurde, so zerfiel der Staat bald wieder in einzelne kleine Fürstentümer. Wie die Gaue hießen ist zum großen Teil unverständlich, da bei den meisten Namen dieser Verwaltungsbezirke nicht mit Lauten geschrieben wurde, sondern nach uralter Sitte durch Bilder, die zudem eine Art Wappen darstellten.

Die Regierungsbeamten der Ägypter waren Oberpriester, die über ein göttliches Wissen verfügten. Sie alle waren Asse in der Mathematik, Astronomie, Magie und im Bauwesen. Auch der Aufenthalt der 42 Heiligen Bücher Ägyptens war in die einzelnen Gau-Tempel verteilt, wo sie immer zu Rate gezogen werden konnten. Die 42 Bücher gehen auf die Gelehrsamkeit des Gottes Thot zurück, der sie verfasst haben soll. Unter anderem enthielten sie auch »*die Geheimnisse der Steine*«, was eine Anspielung auf die ägyptischen Bauanlagen, wie die Pyramiden und Tempel, darstellt.

Die Ägypter glaubten nach dem irdischen Tod an ein Weiterleben im Totenreich. Deshalb war es für sie ein unerträglicher Gedanke, dass sie irgendwo in der Fremde sterben könnten. Doch wenn dies trotz aller Vorsorge eintrat, konnten sie fest damit rechnen, von ihren Angehörigen in die Heimat geholt zu werden. Aber trotzdem war nicht jedem Ägypter der Eintritt in das Totenreich vergönnt.

Wenn jemand verstorben war, wurde er in 70 Tagen mumifiziert und in Leinen gewickelt. Danach hat man den Mumien-Sarkophag am östlichen Ufer des Nils auf ein flaches Schiff gestellt und in Begleitung größerer Schiffe eine Überfahrt nach Westen getätigt, indem man dabei folgenden Spruch aufsagte:

»*Wende nach Westen, zu dem Land der Gerechten. Die Weiber auf dem Schiff weinen sehr. In Frieden zum Westen. Du Gepriesener, komm in Frieden. Wenn der Tag zur Ewigkeit geworden ist, dann sehen wir dich wieder. Siehe, du gehst dahin zu dem Lande, das die Menschen vermischt …*«

Bei dem danach folgenden Bestattungsritual wurde dann von einem Priester die wichtige Augen- und Mundöffnung vollzogen, wodurch dem Verstorbenen in seinem neuen Leben essen und sehen ermöglicht werden sollte. Das war eine wichtige Voraussetzung, um Unsterblichkeit zu erlangen. Wenn die Totenzeremonie vollendet wurde, musste sich der Verstorbene vor dem Totengericht für sein irdisches Leben verantworten. Sollte der Verstorbene die Prüfung nicht bestehen, bedeutete dies den unwiderruflichen Untergang desjenigen. Er starb ein zweiten Tod.

Das Totengericht fand an einem Ort statt, der die »*Halle der Wahrheit*« genannt wurde. Der Gott *Osiris* stellte den obersten Richter bei diesem Gerichtsverfahren. Außer Osiris nahmen auch 42 Gaugötter den Toten in ein strenges Verhör, wobei der hundsköpfige Gott *Anubis* die Waage bediente, auf der rechts die positiven und links die negativen Taten im irdischen Leben des Verstorbenen gegenüber gestellt wurden. In jüngerer Zeit wurden die Gaugötter zu Dämonen verfremdet, wahrscheinlich weil sie so schreckliche Namen hatten wie: *Blutfresser, Feuerbein, Flammenatem, Flammenauge, Knochenbrecher, Weißzahn, Weitschritt, Wendekopf* und so weiter.

(Abb.:010 Gericht)

Der Schriftführer des Verfahrens war die Gottheit Thot, der alle Geschehnisse des Prozesses festhielt. Nach dem Glauben der Ägypter wurde der Tote zunächst von dem Gott Anubis in die »Halle der Wahrheit« geführt, in der er seine Verteidigungsrede hielt, die seine Unschuld unterlegen sollte. Nachdem der Verstorbene die Halle betreten hatte, mußte er höflich die Götter und die Dämonen begrüßen und dann seine Rede führen. Die Dämonen waren ausschließlich für die Vertretung der 42 möglichen Sünden zugegen, die der Verstorbene in seinem irdischen Leben begehen konnte. Nach dieser Rede und einem Kreuzverhör durch die Dämonen übernahm der Gott Anubis die Fortsetzung des Geschehens. Die Gottheit legte das Herz des Toten auf eine Waagschale, und auf die andere wurde eine Figur der Göttin der Wahrheit und des Rechts *Maat* gelegt. Blieb die Waage im Gleichgewicht, so hatte der Mensch die Prüfung bestanden und durfte somit in das Totenreich einziehen, in dem es nur sündenfreie Menschen gab. Horus nahm den Neuankömmling an der Hand und stellte ihn seinem Vater Osiris als neues Mitglied der Unterwelt vor. Sollte sich die Waage jedoch zu ungunsten des Verstorbenen senken, so hatte der Mensch die Prüfung nicht bestanden und wurde von einem krokodilköpfigen Ungeheuer verschlungen.

**War das ägyptische Totengericht der Eingang zum Paradies, was wir auch aus der Bibel kennen?**

Den Ort, wo die Verstorbenen hinkamen, nannten die alten Ägypter »*Wernes*« oder auch »*Schetit*«. Der letztere Ort wird in den Unterweltsbüchern neben der *Duat* (Dat) als die häufigste Bezeichnung des Totenreiches verwendet, worauf wir in Kapitel 6 noch einmal eingehen werden. »*Wernes*« hingegen ist der erste Bezirk, den der Sonnengott in der eigentlichen Unterwelt erreicht. Dieser Ort galt im Glauben der Ägypter als ein fruchtbares, von Wasser und Äckern erfülltes Gefilde und kann durchaus mit dem biblischen Paradies verglichen werden. Beim Eintritt ins biblische Paradies muss sich der Mensch jedoch keiner Prüfung unterziehen. Im Islam hingegen wird von einer ähnlichen Prüfung berichtet. Nach dem Tod und der Bestattung eines Mohammedaners steigen die beiden Engel *Munkar* und *Nakir* in das Grab des Verstorbenen, um ihm vier Fragen zu stellen. Sind die Antworten falsch, wird der Tote mit eisernen Keulen geschlagen. Sind die Antworten jedoch richtig, kommt die Seele in die »*Posaune des Gerichtsen-*

gels« oder in die »*Kröpfe der grünen Vögel*«, wo sie 40 Tage ruht. Nun kommt das Gericht vor dem Thron *Allahs*, zudem auch die Schutzengel des Verstorbenen herbeieilen, die seine täglichen Taten zu Lebzeiten in Bücher eingetragen haben, die sie ihm nun übergeben. Der Verstorbene hält das Buch mit seinen gerechten Taten in der rechten und das mit den ungerechten in der linken Hand. Jetzt muss der Mensch über die Himmelsbrücke *Schirat* gehen, die scharf wie ein Schwert und dünner als ein Haar ist. Sie führt über einen tiefen Abgrund über dem Höllenfeuer direkt ins Paradies. Sollten die ungerechten Taten auf dem Weg ins Paradies überwiegen, so fällt der Verstorbene direkt in die Hölle (Unterwelt).

Bei den Ägyptern gab es aber auch Hilfestellungen. Denn schon zu Lebzeiten bereiteten sich die Ägypter auf ihr Gerichtsverfahren vor. Drei Hilfen konnten die Lebenden ihrem Verstorbenen mit auf den letzten Weg geben:

1) das **Totenbuch**
2) den **Herzskarabäus**
3) die **Uschebtis**.

Die genannten Dinge dienten alle als Hilfe für die Verteidigung des Verstorbenen. Das Totenbuch enthielt viele Verteidigungsreden, die als Vorlage dienten, die der Verstorbene als Prüfling mit eigenen Worten ergänzen konnte, um seine Unschuld zu beteuern.

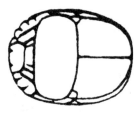

(Abb.:011 Skarabäus)

Wenn der Tote vor dem Gericht von dem Gott Anubis zur Waage gerufen wurde, verlangten die Dämonen sein Herz. Als Herzersatz konnte jedoch der Herzskarabäus auf die Waagschale gelegt werden. Er enthielt ein Verzeichnis all der guten Taten des Verstorbenen, verschwieg jedoch all seine Sünden. Der Tote, dem der Skarabäus als Grabbeigabe mitgegeben wurde, hatte somit im Totengericht nichts zu befürchten. Die Uschebtis hingegen stellten kleine Holz- und Steinfiguren dar, die dem Verstorbenen im Jenseits die Arbeit erleichtern sollten. Denn der Tod galt bei den Ägyptern nicht als Ende, sondern nur als Übergang zu einem anderen, womöglich besseren Leben. Und das sollte so angenehm wie möglich verlaufen. Wenn dem Toten im Jenseits gleiche Arbeiten wie im irdischen Leben auferlegt wurden, konnte er einen Uschebti für sich arbeiten lassen. In den Gräbern reicher Leute sind auch deshalb bis zu 750 Uschebtis beigelegt gewesen, die wahrscheinlich als Beigabe von den Angehörigen dem Verstorbenen mit auf diese Reise gegeben wurden.

(Abb.:012 Uschebtis)

**Wie aber kam man in das Jenseits?**

Aus Tempelinschriften, Sargtexten sowie den Pyramidentexten, die uns über Zeitmessungen und das Kalendersystem im alten Ägypten berichten, erfahren wir, dass sich die Himmelskörper in Schiffen über die Hemisphäre bewegen. Auch die Götter oder die nach ihrem Tode vergöttlichten Pharaonen wurden stets in solchen Schiffen dargestellt, mit denen die Verstorbenen über die vier Ecken des Himmels segelten. Im Jahre 1954 endeckten der Architekt Kamal el-Mallach und einige Archäologen am Fuße der Großen Pyramide ein 43,5 Meter langes Gefährt, worin der Pharao *Cheops* symbolisch seine Reise ins Jenseits, zu den unvergänglichen Sternen (Zirkumpolarsterne) antreten musste. Die Ägypter nannten sie »*auche mu Seku*«, was »*die Sterne, die niemals abnehmen*« bedeutet.

Es war allerdings ein für die Hochseefahrt konzipiertes Schiff, was symbolisch den Götterschiffen nachempfunden wurde. Auch wenn unsere Ägyptologen es als annähernd sicher ansehen, dass in Ägypten ursprünglich eine dem ganzen Lande gemeinsame Religion nicht bestanden hat, so vertreten sie doch geschlossen die Meinung, dass gewisse Vorstellungen in allen Gauen gleich verbreitet gewesen sind. Zum Beispiel, dass Ra der Sonnengott stets auf seinem Schiff über den Himmel fuhr. In diesem Zusammenhang bekommt ein altes religiöses Motiv des Mittelmeerraumes wieder große Bedeutung. Die Überlieferungen über die »*göttlichen Rude-*

rer«, die man in allen antiken Kulturen wiederfinden kann. Aus dem Totenbuch »*Amduat*« (*Das, was in der Dat ist*) erfahren wir, dass der Sonnengott bei seiner zwölfstündigen Nachtfahrt einer Fülle von Wesen und Phänomenen begegnet, bespielsweise in der ...

7. Stunde = *die Überwindung des Apophis*
8. Stunde = *die Zuweisung der Gegenstände*
9. Stunde = *das Anhalten der Sonnenbarke und ihrer Ruderer*

(Abb.: 012 Cheops-Boot)

Der in England lebende amerikanische Orientalist Robert Kyle Grenville Temple geht in seinem Buch »*Das Sirius-Rätsel*« auf die Argonauten-Sage ein und bringt sie mit dem Sirius-System in Verbindung. Die Geschichte der griechischen Helden-Sage handelt von Jason und seinen 50 Begleitern (Ruderer), die auf dem Schiff »*Argo*« nach Kolchis fahren, um das aus dem Fell des goldenen Widders bestehende »*Goldene Vlies*« zu erobern. Und genau in der Angabe der Zahl 50 sowie anderen Verknüpfungen erkennt Temple einen Bericht über den unsichtbaren Sirius-Begleiter, den wir heute *Sirius B* nennen, und der den Sirius A in 50 Jahren umkreist. Tatsächlich bedeutet das griechische Wort *Argos* der »*hundertäugige Wächter*«, der über die Geliebte des *Zeus*, *Iwo*, wachte. Iwo wiederum wird ständig von Zeus' Gemahlin *Hera* verfolgt, bis sie in eine Kuh verwandelt wird und in Ägypten ihre Ruhe findet. Die Göttin Hathor, die als die Mutter der Göttin Isis angesehen wurde, war kuhköpfig und gleichzeitig die Herrscherin des 6. Oberägyptischen Gaues von Dendera. Diese Geschehnisse und deren Bedeutungen erläutern wir in den späteren Kapiteln, doch schauen wir zunächst auf die Zahl 42, die bei den Ägyptern ziemlich oft Verwendung findet.

(Abb.:013 Papyrus/Flug der Barke)

Das sumerische Wort MAG.AN wird in der Regel als das Land Arabien oder Ägypten angesehen. Der Sumerologe Samuel Noah Kramer ist in seinem Buch »*Geschichte beginnt in Sumer*« davon überzeugt, in dem Wort *Magan* die Bezeichnung für das alte Ägypten zu erkennen. Wenn dem so ist, bekommt die Reiseerzählung aus dem Epos des sumerischen Helden Gilgamesch, auf der Suche nach Unsterblichkeit, einen ganz anderen Sinn.

»*Die Länder Magan und Tilmun blickten zu mir herauf. Ich Enki, machte das Tilmun-Schiff himmelhoch. Das frohe Schiff von Meluhha trägt Gold und Silber.*«

Außer dem *Tilmun-Schiff* und dem *Meluhha-Schiff* kannten die Sumerer noch ein drittes. Gilgamesch und sein Freund Enkidu reisen nämlich in einem *Magan-Schiff* in die Unterwelt und bekommen dort eine Waffenrüstung, die 50 Minen wiegt. Desweiteren wird Gilgamesch von 50 Helden begleitet, die ähnlich wie die 50 Anunnaki-Götter aus dem sumerischen Schöpfungsepos »*Enuma Elisch*« in einem Schiff sitzen. Somit muß Gilgamesch ein ägyptisches Schiff benutzt haben, wo auch die Ereignisse dieser Sage in der ägyptischen Mythologie wurzeln könnten. Wenn wir nämlich den 42 ägyptischen Dämonen noch die Götter Achtheit dazu rechnen, findet sich ebenfalls die Zahl 50 wieder.

### Wen stellten die Dämonen dar?

Wenn wir sie personifizieren, bleibt eigentlich nur eine Interpretationsmöglichkeit: Sie müssen in jedem Fall Vermittler zwischen den Menschen und den Göttern gewesen sein, die eine Art Zwischenwesen darstellten. Nach dem griechischen Philosophen Hesiod handelte es sich bei den Dämonen oder Halbgöttern bereits um das dritte Menschengeschlecht. Meiner Ansicht nach lassen sich die Dämonen auch mit den biblischen *Göttersöhnen* identifizieren, die die Sumerer *Anunnaki*, die Hebräer *Malach* und wir heute als *Engel* bezeichnen. In der Weisheitslehre der Kabaala »*Die 50 Tore der Intelligenz*« findet meine These im Bezug auf die Zahl 42 ihre Bestätigung. Denn die Tore 41, 42 und 43 entsprechen den *Seraphin* (Heilige Tiere), den *Cherubin* (Mischwesen oder Engel) und den *Thronen* (Große und Starke Engel).

(Abb.:014 Engeldarstellung)

### Wo war dann die Kammer der Wahrheit, die die Verbindung zu den Göttern darstellte?

Der Engländer William Kingsland stellte sich bereits im Jahre 1930 die gleiche Frage und kam zu dem Schluss, dass die ägyptischen Totenkultzeremonien vielleicht ursprünglich in den Nebenkammern der Pyramiden stattfanden und somit die Pyramide eine Art Brücke ins Jenseits darstellte, wo auch die Götter waren. Aus den verschiedensten Totenbüchern lassen sich darauf durchaus Hinweise entnehmen, aus denen hervorgeht, dass der Tote, der diese Welt hinter sich gelassen hat, feindlichen Kräften ausgesetzt wurde, bevor er in das *Sternentor* des Osiris eingehen durfte.

### Was wissen wir überhaupt über die Pyramiden?

## 2. Der Pyramiden-Irrtum

Wieviele verschiedene Völker, Rassen und Religionen sind wohl über das Land am Nil hinweggegangen, bevor das heutige Ägypten nach fast zweitausend Jahren die Unabhängigkeit wiedererlangte, die es verloren hatte, als es 30 v. u. Z. zur römischen Provinz wurde. Denkt man heute an Ägypten, zeigt sich in unserer Vorstellung vor allem das Bild der Pyramiden, die seit Tausenden von Jahren zu den wenigen Bauwerken gehören, denen weder die Menschen, noch der Wüstensand etwas anhaben konnten. Sie erstrecken sich von Abu Roasch im Norden kilometerlang bis zur Höhe der Oase Al Faijum und ragen unübersehbar aus der Sandlandschaft hervor. Bis heute konnten unsere Archäologen über 90 Bauanlagen als Pyramiden identifizieren. Am 17. August 1993 schrieb eine große deutsche Tageszeitung über die ägyptischen Pyramiden folgendes:

>*Die in den Pyramiden verbaute Steinmenge reicht aus, rings um Deutschland eine drei Meter hohe und ein Meter dicke Mauer zu ziehen.*«

Gleichzeitig hat ein bekannter Geologe ausgerechnet, dass die ägyptischen Pyramiden auf dem Giseh-Plateau in etwa 2,5 Millionen Jahren durch Umwelteinflüsse restlos abgetragen sein werden.

**Doch seit wann existieren die Pyramiden überhaupt?**

Unsere heutige Archäologie für ägyptische Baudenkmäler ist eigenartigerweise felsenfest davon überzeugt, dass die ägyptische Kultur, die nach der Ansicht unserer Lehrmeinung vor Pharao Menes schon mindestens viertausend Jahre bestand, keinerlei Steinbauten errichtete, um uns etwaige Zeugnisse über ihr Dasein zu hinterlassen. Und obwohl durch aktuelle Funde und neuere Analysen älterer Funde vieles nachweisbar geworden ist, bleibt die sogenannte Schulwissenschaft stur in ihrer Weltvorstellung stecken. Unsere Gelehrten meinen, dass erst um das Jahr 3000 oder

3100 v.u.Z. durch die Vereinigung der beiden Länder Ober- und Unterägypten durch König Menes die Blütezeit Ägyptens begonnen haben soll. Diese Aufzeichnungen und die der insgesamt einunddreißig Herrscherdynastien bis zur Eroberung durch *Alexander den Großen* im Jahre 322 v.u.Z. verdanken wir den Chroniken des ägyptischen Gelehrten Manetho.

Leider sind die Aufzeichnungen dieses ägyptischen Priesters nicht mehr im Original vorhanden. Doch durch spätere Niederschriften des Erzbischofs von Caesarea (Eusebius) sowie den Historiker Julius Africanus sind uns viele Teile aus Manethos Werk erhalten geblieben. Die Berichte aus den Chroniken des Gelehrten sind es auch, die uns die Zeittafel der herrschenden Halbgötter und Götter präsentiert, denen unsere Ägyptologen keine besondere Beachtung schenken, obwohl vieles dieser vordynastischen Zeit im Dunkeln liegt. Immerhin lebten die alten Ägypter nach dem Goldenen Zeitalter, als die Götter herrschten, noch 11025 Jahre mit deren Nachkommen in Harmonie:

»*Nach den Göttern regierte das Geschlecht der Göttersprösslinge 1255 Jahre. Und wiederum herrschten andere Könige 1817 Jahre. Nach welchen 30 memphitische, 1790 Jahre. Nach welchen wieder andere, thinitische, 10 Könige 350 Jahre. Und sodann der Göttersprösslinge Königtum 5813 Jahre.*«

Doch bevor wir uns mit der dunklen Vergangenheit der Ägypter weiter beschäftigen, sollten wir uns erst einmal auf die sogenannte Gründerzeit des König Menes konzentrieren. Denn genau zu dieser Zeit ist wie aus dem Nichts plötzlich die Schrift hervorgetreten. Das Erstaunliche dabei ist das Entwicklungsstadium dieser Schrift. Es handelte sich bei den Hieroglyphenzeichen nicht etwa um eine einfache Bilderschrift, sondern um eine komplett ausgeformte Silbenschrift, die schon aus über dreitausend Zeichen bestand. Wir haben in aller Regel zwei Möglichkeiten, unsere Vorstellungen durch eine Bilderschrift zum Ausdruck zu bringen:

1) Mit einer eigentlichen Bilderschrift (Piktographie) oder
2) mit einer symbolischen Bilderschrift (Ideographie).

Die *Piktographie* ist die natürlichste Form, die wir schon im Kindesalter anwenden. Wenn wir zum Beispiel Worte wie Sonne,

Haus oder Baum wiedergeben wollen, zeichnen wir einen gestrichelten Kreis, ein Viereck oder ein Oval mit einem Strich. Aber bei abstrakten Begriffen erweist sich diese Übermittlung als unzulänglich; hier muß dann die *Ideographie* aushelfen. Wir benutzen die symbolische Bildersprache heute zum Beispiel im Straßenverkehr, auf Bahnhöfen, Flughäfen oder als Aushängeschilder unserer Handwerksbetriebe. In Wörterbüchern des vorherigen Jahrhunderts gab es sogar zu einigen Wörtern Ideogramme, wenn zum Beispiel ein Wort der Gaunersprache entnommen war, so zierte dieses Wort ein Galgenbildnis. Viele antike Völker, wie die Chinesen, Mesopotamier oder die Mesoamerikaner, waren mit Ideogrammen ausgekommen. Die Ägypter hatten aber als einzige auch schon *Phonogramme* in ihre Hieroglypenschrift installiert, womit sie den bloßen Lautwert einer Silbe darstellen konnten. Wir finden hierzu aber keine Vorstufe bei den primitiven Stämmen des frühen Ägyptens, woraus sich die Hieroglyphenschrift entwickeln konnte. Nach den neuesten Erkenntnissen unserer Wissenschaft muss die Hieroglyphenschrift aber vor mindestens 8000 Jahren schon vollwertig entwickelt gewesen sein. Auch unsere Ägyptologen sind sich immerhin schon dahingehend einig, dass die Hieroglyphenschrift von außen nach Ägypten importiert worden sein muss.

**Aber woher?**

Die wichtigsten Texte für die Rekonstruktion der ägyptischen Herrscherlisten lassen sich außer den Überlieferungen von Manetho auch mit dem *Turiner Königspapyrus* nachzeichnen, der zwischen 1300 und 1200 v.u.Z. verfasst wurde. Er nennt uns die ägyptischen Könige von der ersten bis zur neunzehnten Dynastie. Zur Zeit seiner Entdeckung von dem Italiener Bernardino Drovetti in Ägypten soll es relativ unversehrt gewesen sein, bevor es dann in den Besitz des Museums von Turin gelangte. Kein geringerer als François Champollion war es, der diesen Papyrus in müheseliger Kleinarbeit zusammenpuzzelte und später übersetzt hat.

(Abb.:015 Königslisten)

Zu den weiteren bedeutenden Dokumenten zählt auch der noch viel ältere sogenannte *Stein von Palermo*, der ursprünglich in einem ägyptischen Tempel stand und ungefähr aus dem Jahr 2400 v.u.Z. stammt. Er beschreibt die Könige der ersten bis fünften Dynastie, die ebenso mit Menes beginnt. Aus den Berichten von Manetho, dem Papyrus von Turin und dem Königsverzeichnis im Sethos-Tempel von Abydos, lässt sich die Übereinstimmung des ersten Königs der ersten Dynastie mit Menes ermitteln.

(Abb.:016 Narmer/Menes)

Durch die Entdeckung der Siegestafel des Königs Narmer, der ebenso Ober- und Unterägypten wiedervereinigt haben soll, waren die Wissenschaftler zu der Überzeugung gelangt, dass es sich bei Narmer und Menes um ein und dieselbe Person handelte, der als König der Doppelkrone Ägypten regierte. Nach der modernen Ägyptologie beginnt die erste Dynastie inzwischen aber nicht mehr mit Menes, sondern fängt früher an und rechnet mit *Minus-Dynastien*.

**Warum nimmt man nicht schon vorhandene Überlieferungen als Richtungsweiser?**

Einer der Wege, in dieser dunklen Vergangenheit Zeugnisse über die Geschehnisse zu entdecken, lässt sich am besten mit vorhandenen Baudenkmälern, wie zum Beispiel den Pyramiden, nachzeichnen.

**Was eigentlich ist eine Pyramide?**

Die Ägypter nannten die Bauwerke, die wir heute Pyramiden nennen, ursprünglich *Mer* und bauten sie im Kleinformat, sogar bis in die nachchristliche Zeit hinein. Leider ist die Bedeutung dieses Wortes nicht überliefert, wie zum Beispiel bei der Bezeichnung *Pharao*, die *hohes Haus* bedeutet. Wir haben jedoch für die Übersetzung des Wortes Mer Rekonstruktionsmöglichkeiten, auf die aber unsere Ägyptologen eigenartigerweise nicht zurückgreifen. Denn die Araber, die Ägypten im Jahre 642 n.u.Z. eroberten, bezeichneten die Pyramiden *ahram*, was sich aus dem Wort *harim* (altersschwach) herleitete, doch die weiße Außenverkleidung der Pyramiden nannten sie ähnlich wie die alten Ägypter *Mar.mar*. Auch die Türken bezeichneten nach ihrem erfolgreichen Ägypten-Feldzug im Jahre 1512 diese Außenverkleidung *Mer.mer*, womit im Orient heute noch das Marmorgestein bezeichnet wird. Auch in Deutschland kommt es uns nicht in den Sinn, wenn wir ein Marmorbad betreten, dass wir den Namen *Mar.mor* den alten Ägyptern zu verdanken haben. Wir haben lediglich die Selbstlaute »*e*« mit »*a*« und »*o*« ausgetauscht. Hierbei muß noch einmal erwähnt werden, dass Selbstlaute in der ägyptischen Schrift nicht verwendet wurden und man das Wort *Mer* eigentlich *Mr* schrieb. Doch verfolgen wir erst einmal die Spur des Marmors. Denn außer Mermer für Marmor bedeutet zudem in der türkischen Sprache das Wort *Mer.diven* Leiter, was mit dem Verb »*in die Höhe steigen*« zusammenhängt. An dieser Stelle muß darauf hingewiesen werden, dass Elemente der türkischen Sprache in Europa genauso vorhanden sind wie in Mesoamerika, in der Mongolei sowie in Mesopotamien. Apropos Mesopotamien! Vielleicht können wir gerade den Sumerern einen wichtigen Hinweis entnehmen, der bei der Suche der Pyramidenbezeichnung für Aufklärung sorgt. Denn im Sumerischen bedeutet ME.R *Beobachter* oder *beobachten*. Sollten die Pyramiden somit zu Beobachtungszwecken benutzt worden sein und nicht als Grabmäler, ergäbe diese Tatsache einen Sinn: So könnten wir die Pyramidenbezeichnung *Mer* der alten Ägypter mit *Beoachtungsleiter* oder, wie wir heute sagen würden, *Observatorium* übersetzen. Dieser Lösungsvorschlag erscheint mir jedenfalls einleuchtender, als weiter im Dunkeln zu tappen. Die Bezeichnung Pyramide hingegen verdanken wir den Griechen, bei denen es sich ursprünglich aus dem Wort *Pyramis* ableitete und eine Art dreieckiges Süßgebäck bezeichnete. Doch auch hierbei ist es nicht hundertprozentig geklärt, ob das Süßgebäck nicht vielleicht den Pyramiden nachempfunden wurde, wie zum Beispiel der Fastfood-Hamburger, der seinen Namen von der deutschen Stadt Hamburg erhielt. Denn der mathematische Papyrus *Rhind* enthält ein ähnlich klingendes Wort, was *prmws* (peremus) lautet. Die Übersetzung bedeutet »*das, was von uns aufsteigt*« und wurde als Bezeichnung für die vertikale Höhe einer Pyramide verwendet.

(Abb.:017 Papyrus Rhind)

Doch trotz dieser Hinweise hat unsere Lehrmeinung eine andere Auffassung! Aber fahren wir fort: Zunächst erregte bei Wissenschaftlern aus aller Welt die symbolhafte Geometrie der Pyramiden größtes Interesse, die im Grundriss aus einem Quadrat und im Aufriss aus einem Dreieck bestehen. Das Dreieck, so behaupten einige Ägyptologen, würde das Symbol der göttlichen Dreifaltigkeit (Horus, Isis, Osiris) darstellen, indem die gebündelte Kraft der Materie über dem Quadrat aufeinander trifft. Eigenartigerweise haben die Pyramidenbauer bei ihrer Planung dem Betrachter wenig Aufmerksamkeit gewidmet. Denn von der Erde gesehen sind immer nur zwei Flächen für den Betrachter sichtbar, die in ihrer perspektivischen Verschiebung sogar ein wenig verwirrend wirken. Die einzige Möglichkeit, um alle vier Seiten einer Pyramide gleichzeitig zu erblicken, ist aus der Vogelperspektive.

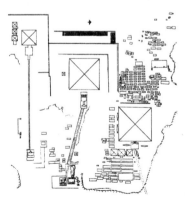

(Abb.:018 Giseh-Pyramiden von oben)

Die Ägyptologen sind der Meinung, dass die Mehrzahl der Pyramiden erforscht und wissenschaftlich ausgewertet sind. Deshalb machen unsere Wissenden geschlossen die gleiche Aussage: »... *die Pyramiden sind Königsgräber* ...«, und daran gilt es nicht zu rütteln. Eine Frage lassen sie dabei jedoch unbeantwortet:

## Aus welchem Grund sollten sich die Könige Altägyptens in pyramidenförmigen Gräbern beisetzen lassen?

Aus Lehrbüchern ist zu entnehmen, dass die erste Pyramide Ägyptens von einem König namens Djoser/Zoser erbaut worden sei, dem zweiten Pharao der dritten Dynastie etwa um 2650 v.u.Z. Er beauftragte seinen weisen Priester *Imhotep*, dessen Name *»gekommen in Frieden«* bedeutet, ihm dort ein Grabmal zu errichten, welches keines seinesgleichen aufzuweisen hat. Bis zu diesem Zeitpunkt war es üblich gewesen, die Könige in einem Felsengrab beizusetzen und die Grabkammer mit einer sogenannten *Mastaba* zuzudecken. Doch muss hierbei berücksichtigt werden, dass die meisten Könige der ersten und zweiten Dynastie ihre Gräber in Abydos hatten und zudem ein zweites Mastaba-Grab in Sakkara. Diese kastenförmigen altägyptischen Gräber bestanden aus einem Schacht mit einer Sargkammer sowie einem rechteckigen oberirdischen Kultraum, der nach außen hin zugeböscht verlief. In ihrem Inneren ist die Mastaba durch Ziegelmauern in Kammern eingeteilt, in denen die Grabbeigaben gelagert wurden. Bei älteren Mastabas zeigen die Außenmauern Aufgliederungen, die den Königspalästen nachempfunden waren. Weil die Gräber an die Sitzbänke erinnerten, die vor den Häusern der arabischen Ägypter standen, bürgerte sich ab Mitte der sechziger Jahre des vorherigen Jahrhunderts das Wort Mastaba ein. Der französische Archäologe Auguste Mariette verwendete diese Bezeichnung als erster.

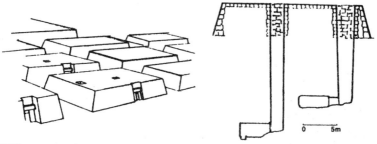

(Abb.:019 Mastabas)

Der Oberpriester soll diese Mastabas dann aufgetürmt haben, um eine Pyramide zu errichten. Die Inschrift auf einer Imhotep-Statue nennt den Titel des Weisen Priesters:

*»Wesir des Königs von Unterägypten,
erster nach dem König von Oberägypten,
großer Haushofmeister,
Inhaber der erblichen Adelswürde,
Hoher Priester von Heliopolis,
Baumeister, Bildhauer und Oberster Vasenhersteller.«*

Darüber hinaus war Imhotep ein bedeutender Arzt und ein ebenso bedeutender Schriftsteller. Seine Verehrung über die Heilkunstkenntnisse reichte in Theben und Memphis bis ins sechste Jahrhundert, noch nach über 3000 Jahren seines Daseins. Der Legende nach empfing Imhotep in der Wüste im Norden von Memphis ein *Buch* von den Göttern, das vom Himmel herabkam. In diesem Buch waren die genauen Konstruktionspläne für den Bau des Tempels von *Edfu* und zum Bau der mehrstufigen Pyramide enthalten.

(Abb.:020 Imhotep)

Nach den Überlieferungen schichtete der Baumeister Imhotep phasenweise mehrere Mastabas übereinander auf, so dass eine Stufenpyramide entstand. Diese Anlage war laut unseren Ägyptologen die erste aus bearbeiteten Steinen erbaute Pyramidenanlage. Sie hatte eine Höhe von 62 Metern und bestand aus einem unterirdischen Gelass am Boden eines 27 Meter tiefen Schachtes von 7 Metern Durchmesser. Sie war seitlich in den Fels getrieben, mit rötlichem Granit verkleidet und hatte zwei Etagen. In die untere Etage gelangte man durch ein kreisrundes Loch von ungefähr knapp einem Meter Durchmesser am Boden der oberen Etage. Dieses Loch war durch einen drei Tonnen schweren Granitstöpsel verschlossen. Die untere Etage war etwa drei Meter lang, 1,7 Meter hoch und 1,7 Meter breit. Die berühmte sechsstöckige Stufenpyramide des Königs Djoser liegt in Sakkara und ist dort immer noch zu sehen. Zu dem Komplex gehören noch verschiedene Gebäude und Höfe, die alle innerhalb einer Umfassungsmauer angelegt wurden.

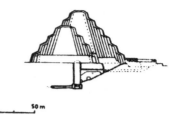

(Abb.:021 Querschnitt Sakkara)

Eine zweite Stufenpyramide, die sich ebenfalls in Sakkara befindet, wird Djosers Nachfolger, König Sechemchet (Djoser-Teti) zugeschrieben, der um 2630 v.u.Z. regierte. Jahrtausende lag die Pyramide unter dem Wüstensand verborgen, als sie erst 1951 von dem ägyptischen Archäologen Doktor Zakaria Ghoneim wiederentdeckt wurde. Der Archäologe war voller Hoffnung, dass die Grabkammer die Jahrtausende unberührt überstanden habe und die Ausgrabung den Leichnam von König Sechemchet freigeben würde. Nach drei Jahren harter Arbeit war das Archäologenteam endlich bis zur Grabkammer vorgedrungen. Mitten im Raum fanden sie dann einen polierten Sarkophag, der aus weißem Alabastergestein modelliert wurde. Indizien wie Pflanzenüberreste, die auf dem Sarkophag lagen, waren der Beweis für seine Unberührtheit und sorgten für Freudentaumel der gesamten Mannschaft. Nicht einmal eine Spur eines Öffnungsversuchs war an dem Sarkophag feststellbar gewesen. Dieser Sarkophag hatte auch eine Einzigartigkeit, die bis dahin noch nicht bekannt gewesen war. Er hatte keinen Deckel, sondern eine Schiebetür, die sich nach oben öffnen ließ. Am 26. Juli 1954 wurde dann die an der Vorderseite angebrachte und nach oben aufschiebbare Tür im Beisein von Journalisten, Archäologen und Mumienexperten geöffnet. Doch eine Sensation blieb aus, der Sarkophag war eigenartigerweise leer!

(Abb.:022 Sarkophag/Däniken)

Aber auch die Pyramide selbst weist eine Regelwidrigkeit auf. Aus ebenso noch unerklärlichen Gründen ist dieser Bauversuch einer Pyramide total misslungen. Einige Bauingenieure haben herumgerechnet und sind sich heute sicher, den Grund für das Zusammenbrechen der geplanten Pyramide zu wissen. Der Böschungswinkel von 52 Grad konnte dem ungeheuren Druck der gestapelten Steinblöcke durch Konstruktionsfehler nicht standhalten, was dazu führte, dass die riesige Steinmenge zum Rutschen kam und in sich zusammengefallen ist. Im Gegensatz zu allen vergleichbaren Pyramiden liegt die sogenannte Grabkammer hierbei auch nicht unter der Pyramide, sondern in der Pyramide selbst. Dabei müssten wir meinen, dass die Pyramidentechnik immer besser werden musste, umso öfter diese Giganten errichtet wurden. Denn wie heißt das alte Sprichwort?

*»Übung macht den Meister!«*

Diese Weisheit schien für die ägyptischen Baumeister von Sakkara jedoch nicht zuzutreffen!

**Doch was bedeutet Sakkara überhaupt?**

Die Ägyptologen vermuten, dass das Wort *Sakkara* wahrscheinlich aus einem Wort für *Schakal* abgeleitet wurde und schon im Altägyptischen bekannt gewesen sein muss. Andere Forschende leiten die Bezeichnung Sakkara wiederum von der Gottheit *Sokar* ab. Doch eindeutig geklärt ist es bis heute noch nicht. Vielleicht kann ich auch hier einen Hinweis aus dem Türkischen geben. Denn *Sak(li)kara* aus dem Alttürkischen, lässt sich zu Deutsch mit »*Dunkles Versteck*« übersetzen. Ein Hinweis mit Sinn wie ich meine: denn welcher Ägypten-Tourist ahnt denn schon, wenn er mit seiner Reisegruppe die Stufenpyramide in Sakkara besucht, dass der Boden unter seinen Füßen aus untertunnelten Gängen besteht, die miteinander verbunden sind und in ihrer gewaltigen Architektur an unsere U-Bahnhöfe erinnern.

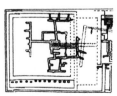

(Abb.:023 Unterirdische Karte Sakkara)

Heute werden die Ausgrabungen, die durchgeführt werden, schon vor Beginn der Arbeiten durch Messungen mit zum Beispiel einem Magnetometer durchgeführt. Mit dieser Methode werden die Fundstätten schon lokalisiert, bevor auch nur ein Spatenstich in den Erdboden gestoßen wird. Durch richtige Ausgrabungsarbeiten mit Schaufel und Spaten sind bisher lediglich zwanzig Prozent der tatsächlichen Geheimnisse zu Tage getragen worden, und die verbleibenden achtzig Prozent schlummern noch unter dem Wüstensand. Doch mit den neuen Vermessungsmethoden werden in den nächsten zehn Jahren mehr Ausgrabungen durchzuführen sein, als es in den letzten einhundert Jahren überhaupt möglich gewesen ist.

Ein Sender schickt Hochfrequenzimpulse in das Erdreich, die reflektiert und von einer Empfängeranlage gemessen werden. Durch diesen Vorgang verdeutlichen sich die Gammawerte des Erdbodens, wobei ihre Gleichmäßigkeit durch Sonden und Spezialantennen geprüft wird. Ergeben sich Unregelmäßigkeiten, etwa durch Metalle oder Hohlräume im Boden, wird das *Ground Penetrating Radar* hinzugezogen. Die Funktion dieser Messmethode arbeitet ähnlich wie ein Echolot.

Unter anderem wurde schon 1988 mit dieser Vermessungstechnik ein Erfolg gefeiert, wodurch eine Pyramide aus der Zeit des Königs Pepi I. freigelegt worden ist. Auch amerikanische Wissenschaftler und Studenten von der Berkeley Universität aus Kalifornien erarbeiteten seit 1982 eine vollständige Karte der unterirdischen Anlagen in Sakkara und vom Tal der Könige, und das nur mit den reflektierten Strahlen, die bei den Messungen zurückgeworfen werden.

**Warum berichte ich über die Vermessungstechniken, die heute angewendet werden?**

Die Antwort ist ganz einfach: Ich will unseren technischen Vorsprung im Bezug auf die anfänglichen Ausgrabungspraktiken verdeutlichen. Das heißt auch, dass wir, umso mehr Zeit vergangen ist, dementsprechend mehr gelernt haben.

Die vielleicht noch ungewöhnlichsten und zur Prüfung greifbaren Zeugnisse früherer Baukunst und Wissenschaft sind wohl die

Pyramiden bei Giseh, die erst im März 1993 ganz neu vermessen wurden. Diese Anlage scheint dafür errichtet worden zu sein, um der Nachwelt einen Bericht für das Weltverständnis der Ägypter oder der wahren Erbauer weiterzugeben. Wenn wir uns vor einen dieser gewaltigen Kolosse stellen, ist es schwer nachzuvollziehen, mit welchen sagenhaften Techniken ihre Erbauer diese Giganten errichteten. Es gibt keine schriftlichen Berichte darüber, wie Pyramiden gebaut wurden. Die Geschichte hat uns weder Konstruktionszeichnungen noch Berichte vom Bau selbst hinterlassen. Aber unsere Ägyptologen sind seit Jahrzehnten mit der Aufgabe beschäftigt, durch die Mithilfe von Architekten und Ingenieuren den Bauverlauf einer Pyramide zu rekonstruieren. Doch auf alle Vorschläge, die bis heute gemacht wurden, einzugehen, würde den Rahmen dieses Buches sprengen. Es steht aber fest, dass unsere Schulwissenschaft bis heute nicht in der Lage war, eine Lösung zu präsentieren, die man ohne »*wenn und aber*« akzeptieren könnte. Trotzdem will ich auf die gängige Lehrmeinung eingehen, damit Sie die Möglichkeit haben, die Argumente beider Seiten abzuwägen. Denn laut unseren Ägyptologen standen den alten ägyptischen Steinmetzen nur hölzerne oder steinerne Hämmer sowie Meißel aus Kupfer zur Verfügung.

(Abb.:024 Giseh-Pyramiden)

Unsere offizielle Lehrmeinung geht ebenfalls nur davon aus, dass dem Bauplan der Pyramiden Ägyptens weder eine spontane göttliche Inspiration, noch eine einzige Generation von Baumeistern vorausging.

Vielmehr sollen sich alle Bauvorhaben nach einer Art Pyramiden-Evolution von Stufe zu Stufe weiterentwickelt haben. Der in England lebende Pyramiden-Experte Kurt Mendelsohn sieht allerdings bei dem Bauverlauf des Pyramiden-Baus sein »*Maß des Verstehens*« als überschritten. Doch trotz immer wieder verworfener Theorien ist man sich einig, den Bauverlauf einer Pyramide zu kennen.

Jeden Sommer, während der Nil mit seiner Überschwemmung über die Ufer trat, konnten die Bauern für drei bis vier Monate ihre Felder nicht bestellen. Deshalb soll man keine Sklaven, sondern Bauern für das Entfernen des Sandes herangezogen haben, damit die Steinmetze danach eine riesige Zahl von Rinnen in das Felsplateau anlegen konnten. Dazu sollen etwa 30000 Arbeiter, ohne zu murren, das Gestein fortgeschlagen haben, das auf dem geplanten Pyramidenfundament angestanden hatte. Mögliche Felsen, die innerhalb der Baubegrenzung aufragten, ließ man einfach stehen. Vertiefungen hingegen soll man wiederum mit Geröll oder Schotter aufgefüllt haben. Danach wurde laut unseren Ägyptologen eine Mauer um das Areal gezogen, damit das Rinnensystem mit Wasser gefüllt werden konnte. Das mit Wasser gefüllte Rinnensystem diente laut unseren Ägyptologen als Nivellierungsmesser für das Fundament. Weil die Pyramide auf die ewigen Sterne und auf die aufgehende Sonne ausgerichtet werden musste, war schon das Fundament nach den Himmelsrichtungen bestimmt. Hierzu sollen die alten Ägypter eine Ringmauer von etwa vier Metern Durchmesser errichtet haben. Aus dem Inneren dieses Ringes peilte ein Visierstab (*bay*) einen Stern an, um für die Pyramide einen ebenen *Achet* (*Horizont* oder *Gebiet*) zu schaffen. Es war ein hölzerner Gabelstock mit einem Schlitz an einem Ende, durch den der Stern anvisiert wurde. Ein Assistent des obersten Baumeisters unterstützte dies, indem er die Punkte über den Einkerbungen auf der Ausrichtungsmauer markierte, an denen der ausgewählte Stern auf- beziehungsweise unterging. Danach ergab das Halbieren des Winkels dann die Nord-Südachse der geplanten Pyramide, und der rechte Winkel dazu wiederum entsprach Ost und West. Daraufhin sollen dann die Schlepptrupps mit Holzschlitten oder Wippen die tonnenschweren Blöcke umhergezogen haben.

Auf spiralartig angelegten Lehmziegelrampen, die bis an die Pyramiden-Spitze reichten, sollen die bis zu 40 Tonnen schweren Steinblöcke hinaufgeschoben worden sein. Für diesen Arbeitsweg wurde die Rampe fortwährend mit Wasser angefeuchtet, damit ein zügiges Gleiten der Steinblöcke ermöglicht werden konnte. Zu dieser Transporttheorie hat der französische Bauingenieur Professor Jean Kérisel im Februar 1996 aktuelle Berechnungen erstellt. Demnach sollen etwa 600 Arbeiter für die Fortbewegung dieser Quader notwendig gewesen sein. Professor Kérisel schränkt diese Transportmethode jedoch ein und sagt, dass die Rampe in der genannten Form nur dann genutzt werden konnte, wenn die Steigung der Rampe 10 Prozent nicht überstiegen habe. Ebenso wären mit dieser Methode auch nur die kleineren Steinblöcke bis zu 10 Tonnen zu bewegen. Bei größeren und schwereren, bis zu 200 Tonnen wiegenden Blöcken wären zu starke Reibungskräfte wirksam und daher diese Methode nicht anwendbar.

Professor Georges Goyon schrieb schon 1979 in seinem Buch »Die Cheops-Pyramide« über diese Art Spiralrampe, die nach seiner Ansicht siebzehn Meter breit gewesen sein musste. Professor Goyon war der Meinung, dass die Lehmziegel nach der Fertigstellung der Pyramiden von den Bauern für den privaten Häuserbau abgetragen und wiederverwertet wurden. Hierbei muss jedoch berücksichtigt werden, dass mehrere Millionen Liter Wasser vonnöten gewesen sein mussten, um die Gleitfähigkeit der Rampe zu erhalten, damit die Quader bewegt werden konnten. Da die Ziegel im alten Ägypten luftgetrocknet wurden, hätten sie sich bei dieser Wassermenge eigentlich wieder in Schlamm auflösen müssen. Hinzu kommt, dass bislang nicht an einer einzigen Stelle der Giseh-Pyramiden Fundamente oder wenigstens kleinste Reste von später wieder abgerissenen Rampen aufgespürt werden konnten.

Doch unsere Ägyptologen zeigten sich wieder einmal ideenreich. Sie verlegten die Spiralrampe einfach in den Pyramiden-Körper. Mit anderen Worten heißt das: Da man bisher keinerlei Spuren von Pyramiden-Bauarbeitern und den dazugehörigen Rampen finden konnte, behauptet man, die Pyramiden seien von innen nach außen gebaut worden.

Demnach müßte mit dieser Methode alle fünf Minuten ein Steinblock an seinen vorbestimmten Platz gesetzt worden sein. Das mit den fünf Minuten für jeden Steinblock funktioniert aber nur dann, wenn während der vermuteten zwanzigjährigen Bauphase an jedem Tag auch wirklich 24 Stunden durchweg gearbeitet wurde. Doch das war nach unseren Ägyptologen nicht der Fall. Sie sind sogar der Meinung, dass man an der Pyramide pro Jahr nur drei Monate gebaut hat. Doch dann würden sich die fünf Minuten sogar auf nur eine Minute reduzieren.

Wir haben aber noch ein anderes zeitliches Problem:

## Was geschah in den Steinbrüchen?

Bevor nämlich an der Pyramiden-Baustelle überhaupt gearbeitet werden konnte, mussten die Steinbrecher zuerst die Quader aus den Steinbrüchen freimeißeln. Das war wiederum ein Arbeitsakt für sich:

Dazu mussten die Steinmetze in tiefen Höhlen über die vorgezeichneten Quader hinweg kriechen und sie von der Rückseite vom Felsen brechen. Dabei wurden entlang einer vorgebohrten Grundlinie Holzkeile in den Fels eingetrieben, die die Blöcke herauslösten. Danach sollen die rohen Quader beschriftet worden sein, um von den Schlepptrupps zu den wartenden Schiffen gebracht zu werden, damit sie an ihren Bestimmungsort gelangen konnten. Erst an der eigentlichen Pyramiden-Baustelle sollen die Steinblöcke dann form- und passgerecht zugeschnitten worden sein. Unsere Experten vermuten, dass die Pyramiden dann Schicht um Schicht aufgetürmt wurden. Sie sagen uns aber nicht: wie? Ein Pyramiden-Bauvorhaben innerhalb von 20 Jahren war offensichtlich selbst mit modernen Geräten nicht zu bewältigen gewesen.

Zu beachten ist hierbei ganz besonders, dass die Vollkommenheit und Qualität der drei Pyramiden von Giseh andernorts nie erreicht wurde. Mich verwundert diese Tatsache aber nicht sonderlich, denn meiner Meinung nach ist der Baukomplex in Giseh das Original, das zwar oft kopiert wurde, aber von seinen Nachahmern in der Qualität nie erreicht werden konnte.

## Woher wissen die Ägyptologen überhaupt soviel?

Über die Entstehung des Baukomplexes in Giseh gibt es drei Hinweise, was unsere Schulwissenschaft so sicher macht, die wahren Erbauer dieser Anlage zu kennen. Nur aus den Überlieferungen des griechischen Geschichtsschreibers Herodot und fragwürdigen Forschungsergebnissen aus dem 19. Jahrhundert verbeißt sich unsere Schulwissenschaft in eine Meinung und glaubt, die wahren

Bauherren der Pyramiden zu kennen. Lassen Sie uns diese Berichte analysieren, aufgrund derer man die Erbauer der Pyramiden zu kennen glaubt.

Der erste Berichterstatter war der griechische Geschichtsschreiber Herodot, er wusste schon vor 2400 Jahren über die ägyptischen Riesen, die zum Teil aus bis zu 2,3 Millionen Steinquadern bestehen und bis zu 40 Tonnen auf die Waage bringen, zu berichten. Im zweiten Buch seiner *Historien* beschreibt er die berühmten Bauwerke des Orients wie den Turm zu Babel und die Pyramiden von Giseh. Oft wurde Herodot Phantasterei und Übertreibung vorgeworfen, weil seine Erzählungen gerade im Bezug auf Ägypten unglaubwürdig erschienen, wegen der für unsere Schulwissenschaft nicht nachvollziehbaren Zahlen, die er nannte. Eine genauere Überprüfung seiner Berichterstattungen hat jedoch ergeben, dass er mit großer Sorgfalt über die Tradition und Religion der Ägypter Bescheid wusste:

Historien II, 124-125

*»Bis auf den König Rampsinit nun, sagten sie, wäre in Ägypten Recht und Gerechtigkeit gewesen und das Land hätte sich in großem Wohlstande befunden, aber nach diesem wäre Cheops König geworden, der es ganz schlecht getrieben habe. Denn zuerst hätte er alle Tempel geschlossen und sie vom Opfer abgehalten, sodann hätte er befohlen, dass alle Ägypter im Frondienste leisteten. Und einige hätte er angestellt, dass sie aus den Steinbrüchen im arabischen Gebirge Steine bis an den Nil zögen, und wenn die Steine auf Fahrzeugen über den Fluss gesetzt waren, stellte er andere an, die von da bis an das libysche Gebirge ziehen mussten. Und es arbeiteten je zehnmal zehntausend Mann drei Monate hindurch. Und es dauerte, da das Volk so bedrückt war, zehn Jahre, dass sie den Weg bauten, auf dem sie die Steine zogen, ein nicht geringeres Stück Arbeit, meines Bedenkens, als die Pyramide selbst, denn ihre Länge beträgt fünf Stadien, ihre Breite zehn Klafter, und sie ist von geglättetem Stein mit eingegrabenen Bildern. Also darüber vergingen zehn Jahre, dazu kamen an dem Hügel, auf dem die Pyramiden stehen, die unterirdischen Gemächer, die er sich zu seinem Begräbnis auf einer Insel baute, denn er leitete einen Graben des Nils hinein. Zwanzig Jahre wurde an der Pyramide gearbeitet, deren jegliche Seite ist acht Plethra*

*breit und ist vierseitig, und die Höhe ebensoviel, und ist von geplätteten Steinen, sehr gut ineinandergefügt, und kein Stein ist kleiner als dreißig Fuß. Diese Pyramide ist wie eine Treppe mit lauter Stufen oder Tritten oder Absätzen gebaut worden. Und nachdem sie den ersten Absatz gemacht hatten, hoben sie die übrigen Steine auf einem Gerüst von kurzen Stangen hinauf. Von der Erde also hoben sie auf der Stufen ersten Absatz, und wenn der Stein oben war, legten sie ihn auf ein anderes Gerüst, das auf dem ersten Absatz stand und von diesem wurde er auf den zweiten Absatz auf einem andern Gerüst gewunden, denn soviel Absätze von Stufen waren, soviel weil es leicht zu heben war, nahmen sie es mit auf einen jeglichen Absatz, so oft sie den Stein abgenommen hatten. Ich erzähle es auf beide Arten, wie man es mir erzählt hat. Vollendet ward nun das oberste zuerst, sodann vollendeten sie, was darauf folgte, zuletzt aber vollendeten sie das, was an der Erde ganz unten war. Es ist auch angegeben mit ägyptischen Buchstaben an der Pyramide, was die Arbeiter an Rettichen, Zwiebeln und Knoblauch verzehrten, und es wurden dafür, wie ich mich noch wohl erinnere, was mir ein Dolmetscher sagte, der die Buchstaben las, sechzehntausend Silbertalente bezahlt. Wenn das wahr ist, was muss nun nicht noch aufgewendet worden sein für Eisen zum Arbeitszeug und für Speise und Kleidung an die Arbeiter, wenn sie nämlich an den Werken die besagte Zeit bauten, außerdem aber noch eine nicht geringe Zeit, wo sie die Steine hieben, fortbrachten und den Graben unter der Erde arbeiteten!«*

Fassen wir den Bericht von Herodot noch einmal zusammen und gehen auf seine Angaben ein. Bis zum Bau des Pariser Eiffelturms im Jahre 1888 stellte die Große Pyramide von Giseh das höchste Gebäude der Welt dar. Herodot schreibt die Große Pyramide dem Nachfolger von Pharao Rampsinit, Cheops, zu. Den Pharao Rampsinit identifizieren die Ägyptologen mit *Ramessu V*, einem relativ unbekannten Asychisten, dem der Bau eines Tempels in Memphis nachgesagt wird, der dem Gott Ptah gewidmet war. Die Ägyptologen haben aber für diesen König, der immerhin nach Herodot der Vorgänger von Pharao Cheops sei, keinen Platz in den Königslisten. Der Vater von König Cheops hingegen soll der Gründerkönig der vierten Dynastie gewesen sein, der *Senofru* hieß und dem der Bau von gleich drei Pyramiden zugeschrieben wird.

Das einzige Relief, das Senofru zeigt, stellt den König eigenartigerweise nur mit der Weißen Krone Oberägyptens dar. Bei Cheops verhält es sich umgekehrt: Die einzige Plastik, die König Cheops darstellt, zeigt den König seltsamerweise nur mit der Roten Krone von Unterägypten. Das erstaunliche an dieser etwa nur fünf Zentimeter großen Figur ist es, dass sie nicht in Giseh gefunden wurde, sondern in der Nähe von Abydos.

Gegen Ende der dritten Dynastie soll König Senofru der erste Erbauer einer echten Pyramide gewesen sein. Es wurde zunächst eine achtstufige Pyramide in Meidum errichtet. Die Stufen wurden später ausgefüllt, so dass die Außenseiten vom Boden bis zur Spitze der Pyramide glatte Flächen bildeten. Aus irgendeinem Grund jedoch wurde die Pyramide von Meidum nicht zu Ende gebaut. Angeblich mußte der Pharao im 12. oder 13. Regierungsjahr seine Residenz nach Dahschur verlegen und ließ deshalb das Bauwerk unvollendet.

In Dahschur, etwa 50 Kilometer nördlich von Meidum, stehen die beiden anderen Pyramiden, die ebenfalls Pharao Senofru zugeschrieben werden. Die 104 Meter hohe südliche Pyramide wurde unter dem Namen *Knick-Pyramide* bekannt, da sie von ihrer Mitte an einen veränderten Neigungswinkel aufweist. Der Neigungswinkel der klassischen Pyramiden beträgt 52 Grad. Die Knick-Pyramide hingegen erhielt anfänglich einen Neigungswinkel von 58 bis 60 Grad. Doch als sich während der Bauphase Risse im Kammersystem aufzeigten, wurde der Neigungswinkel um etwa 6 Grad reduziert. Aber dieser nachträgliche Eingriff konnte keine Abhilfe bringen, ganz im Gegenteil. Die Bauschäden vermehrten sich infolge des Druckes der Steinmassen und der mangelnden Festigkeit des Untergrunds am Fundament. Diesem Problem begegneten die Bauherrn mit einer einfachen Lösung. Es wurde erneut ein Eingriff am Neigungswinkel vorgenommen, so dass die Pyramide nach 49 Metern einen »Knick« auf 45 bis 43 Grad macht. Ab dem Knick wurden dann auch nur noch kleinere und leichtere Blöcke mehr schlecht als recht verarbeitet. Merkwürdigerweise verfügt die Knick-Pyramide nicht nur über einen, sondern über zwei Eingänge. Der nördliche Eingang ist in einer Höhe von 11,80 Metern angelegt und führt 25°24 Grad schräg abwärts, wo man nach etwa 80 Metern die Vorkammer erreicht, an die die 6,50 Meter höher gelegene Hauptkammer anschließt. Der zweite, westliche Eingang, liegt in 33 Metern Höhe und führt nach 67 Metern zu einer Kammer über dem Felsboden. Nach unseren Ägyptologen soll die Kammer von Anfang an geplant gewesen sein, doch durch die Bauschäden hat man sie dann unvollendet gelassen.

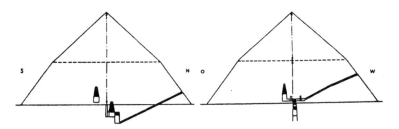

(Abb.:026 Querschnitt Knickpyramide)

Die eigentliche Grabpyramide Senofrus soll der nördliche Nachbar (die *Rote Pyramide*) gewesen sein, die von Anfang an mit einem Neigungswinkel von nur 45 Grad errichtet wurde. Auch hierbei fällt es auf, dass die angeblich später errichtete Pyramide an Qualität verlor, obwohl man meinen müsste, dass die Fehler, die bei der Knick-Pyramide gemacht wurden, ausgeräumt sein dürften. Für unsere Lehrmeinung steht die Zuordnung der Pyramiden fest, denn Mitarbeiter des Deutschen Archäologischen Instituts in Kairo machten unter der Leitung von Professor Rainer Stadelmann vor einigen Jahren wichtige Funde. Bis dahin hielt man sich an die Angaben aus dem *»Stein von Palermo«* (16 Jahre) und an die Annalendaten aus dem *»Königspapyrus von Turin«*, die König Senofru eine maximale Regierungszeit von 25 Jahren einräumten. Ein Eckstein der Roten Pyramide war jedoch mit einer Inschrift versehen, die ihren Baubeginn im 28. Regierungsjahr von König Senofru angibt. Somit musste man König Senofru eine längere Regierungszeit bescheinigen, und schon passte alles wieder.

Es steht auf dem Eckstein aber nichts davon, dass Senofru auch die anderen Pyramiden erbauen ließ. Selbst das entdeckte Pyramidion (Pyramidenabschlussstein), das auch von Professor Stadelmann und seinem Team geborgen wurde, konnte zwar der Roten Pyramide zugeordnet werden, liefert aber sonst keine weiteren Beweise.

König Senofru verkörperte, der Überlieferung nach, das Ideal des guten Königs. Sein Horus-Name war *Neb-Maat*, was »*Herr der rechten Weltordnung*« bedeutet. Nach den neuesten Untersuchungsergebnissen unserer Ägyptologen verdankte König Senofru seine Königswürde seiner Gemahlin *Hetepheres*, der Tochter des letzten Königs der dritten Dynastie *Huni*, in die er einfach einheiratete.

Der aus England stammende Pyramidologe und Ägyptologe Doktor Iorwerth Eiddon Stephen Edwards untersuchte seit 1947 als erster das Rätsel um die Pyramiden, die Senofru zugeordnet werden. Sein Ziel war es, hinter das Geheimnis der Anordnung der Pyramiden zu gelangen, vor allem wegen der im äußersten Süden gelegenen *Pyramide von Meidum*, die dort ziemlich verlassen und alleine steht.

**Hatte König Senofru wirklich drei Pyramiden gebaut?**

Weder auf der Pyramide selbst noch anderswo fanden sich Inschriften, die uns über die Entstehungszeit der Pyramide von Meidum oder vom Erbauer selbst Auskunft gaben. Lediglich ein bei Memphis liegender Tempel verfügte über Inschriften aus dem Jahr 1400 v.u.Z., also über 1200 Jahre nach Senofru, worin der Name des Königs Erwähnung fand. Ein Pilger, der *As-Cheper-re-seneb* hieß, hinterließ folgende Nachricht:

»*... im 41.Regierungsjahr von König Thutmosis III. ...*
*kam ich, den Tempel König Senofrus zu sehen ...*«

Diese Inschrift stammt aber nicht etwa aus dem Tempel-Archiv, sondern aus einem »*Graffiti*«. Das ist so etwas, wie wenn ein Liebender sich und seine große Liebe in einem Wald auf einem Baum als Herzchen verewigt. Jeder, der schon einmal einen Pilgerort besucht hat, weiß, wie es dort zugeht. Es werden in der Regel Kleidungsstücke, Kerzen, Wertsachen, Fotografien oder auch Wunschbriefe zurückgelassen. Hin und wieder kommt es auch vor, dass sich ein Besucher vor Ort verewigt.

**Was ist aber, wenn der Pilger selbst nicht genau wusste, wo er da gelandet ist?**

Doktor Edwards verweist zwar noch auf ältere Graffiti, die bis in die fünfte Dynastie zurückreichen, trotzdem dürfte das nach meinen Vorstellungen eigentlich nicht ausreichen, um die Pyramide von Meidum König Senofru zuzuschreiben. Denn Edwards selbst war der Meinung, dass eine dritte Pyramide keine praktische Bedeutung für Senofru gehabt hätte. Inzwischen sind die Ägyptologen einsichtig und schreiben in das Grundbuch der Pyramide von Meidum den Namen des Schwiegervaters *Huni* hinein. Doch das kann auch nicht die Lösung sein, denn der Baustil ist in der dritten Dynastie überhaupt nicht einzuordnen.

**Was ist mit den anderen zwei Pyramiden?**

Auch über die Rote sowie die Knick-Pyramide hat Doktor Edwards schon 1961 eine Aussage gemacht. Edwards war der Meinung, dass die Zuordnung der beiden Pyramiden auch als Symbol für König Senofrus Herrschaft über Unter- und Oberägypten verstanden werden könnte. Denn Tatsache ist nun einmal, dass in keiner der drei Pyramiden der Leichnam des Königs gefunden werden konnte. Selbst seine Gemahlin *Hetepheres* wurde nicht etwa in Dahschur beerdigt, sondern auf dem Giseh-Plateau. Sie wurde in einem der wenig geplünderten Schachtgräber aus 25 Metern Tiefe bereits im Jahre 1925 von dem amerikanischen Archäologen George Andrew Reisner entdeckt.

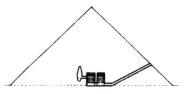

(Abb.:027 Querschnitt der Roten Pyramide)

Die Nachfolge von König Senofru übernahm dann einer seiner jüngeren Söhne, der »*Chufu-Chnum*« (Chnum bringt Schutz über Chufu) genannt wurde. Die Griechen nannten den Pharao in jüngerer Zeit Cheops, den sogenannten Bauherrn der Großen Pyramide in Giseh. Hierbei ist es nicht hundertprozentig geklärt, ob der junge König tatsächlich einer der Bauherrn des Pyramiden-Komplexes von Giseh war. Ich habe jedenfalls einige Indizien und Beweise, die dagegen sprechen!

Cheops heiratete seine Vollschwester »*Meritites*« und verließ aus noch ungeklärten Gründen Dahschur. Denn man ist auf Grund von Grabfunden hoher Beamter des ägyptischen Staatsapparates sicher, dass keine wirtschaftlichen oder andere innenpolitischen Gegebenheiten Cheops' Umzug veranlassten. Hinzu kommt, dass während der Regierungszeit von Cheops Ägypten überwiegend nicht etwa von Giseh, sondern von Memphis aus regiert wurde.

**Wieso ging Cheops nach Giseh?**

Nach neuesten Erkennntnissen der Archäologen waren auf dem Giseh-Plataeu schon reichlich Grabanlagen von den Königen der ersten drei Dynastien vorhanden. Doch weil der junge König für sein Bauvorhaben viel Platz benötigt haben soll, wurden die älteren Bauten einfach planiert oder bedenkenlos als Steinbrüche benutzt. Wenn wir jedoch bedenken, mit welchem Fanatismus der Totenkult von den Äygptern praktiziert worden ist, fällt es mir schwer zu glauben, dass große Könige während ihrer Regierungszeit Grabschändungen praktiziert haben. Jedenfalls erhielt der Totenkultbezirk von Giseh dann den Namen »*Achet-Chufu*« (Gebiet oder Horizont des Cheops) und wurde nach den Ägyptologen fortwährend über die ganze Amtszeit des Königs bebaut.

(Abb.:028 Pyramiden-Landkarte)

Wir müssten doch eigentlich davon ausgehen, dass der Sohn, dem ein wesentlich besserer Pyramidenbau gelang, seine Pyramide unweit neben die seines Vaters stellen müsste. Aber nein, er entfernte sich etwa vierzig Kilometer und baute dann die perfekteste Pyramide der Welt. Das ist aber nicht alles! Östlich, vor den kleineren, sogenannten *Königinnen-Pyramiden* liegen in fünf Zweierreihen die Doppelmastabas der Söhne und Enkel von Pharao Cheops. Gleich in der ersten Reihe sind die Mastabas der Prinzen »*Ka-Wab*« und »*Chaef-Chufu*«. Der letztere wurde nach unseren Ägyptologen als *Chefra* (Chephren) der Nachfolger seines bereits nach acht Regierungsjahren verstorbenen Bruders Djedefre und ließ angeblich die zweite Großpyramide von Giseh errichten. Für mich erscheint diese Rekonstruktion der Ägyptologen mehr als fraglich, da meiner

Ansicht nach viele Teile des Puzzles sich nicht so ohne weiteres ineinander fügen lassen.

## Warum sollte Djedefre seine Pyramide in Abu Roasch errichten, wenn noch Platz in Giseh war?

Cheops' Sohn Radjedef oder Djedefre (Ewig dauert Re) regierte etwa 8 oder 10 Jahre und baute eigentlich keine Pyramide. Doch die Ägyptologen vertreten eine These und schreiben dem Cheops-Nachfolger den Bau in *Abu Roasch* zu, das acht Kilometer nördlich der Giseh-Pyramiden liegt. Professor Michel Volloggia, der Ägyptologe an der Universität von Genf ist, leitet zur Zeit ein ehrgeiziges Projekt, dessen Ziel es ist, den in Leinen gewickelten und konservierten Leichnam des Königssohnes zu entdecken, um ihn dann auszugraben. Doch meiner Ansicht nach werden sie nichts finden. Trotzdem!

Auf einer Felsklippe in dem Wüstendorf Abu Roasch sollte eine gewaltige Pyramide entstehen, zu der ein etwa 1,7 Kilometer langer Weg vom Taltempel steil hinaufführen sollte. Das Bauvorhaben wurde »*Das Sternenzelt des Djedefre*« genannt, doch der Pharao scheiterte kläglich an seinem Plan. Die Ägyptologen vertreten schon seit Jahrzehnten die Meinung, dass der Bauversuch einmal wegen seiner unpraktischen Lage und zweitens wegen dem frühen Tod des Königs von vornherein zum Scheitern verurteilt war.

Wenn man sich den Bauschutt in Abu Roasch anschaut, erinnert es an alles andere als an eine Pyramide. Das einzige, was fertig geworden zu sein scheint, ist ein 21 Meter mal 9 Meter großer unterirdischer Schacht, der die Grabanlage darstellen sollte. Unsere bisherige Forschermeinung geht davon aus, dass Djedefre nach seinem frühen Tod in diesem Grabschacht notbestattet wurde. Über dem verschütteten Grabschacht wurde jetzt ein Teleskopkran errichtet, um einen in 20 Meter Tiefe befindlichen 5,4 Tonnen schweren Granitbrocken zu entfernen, damit der Zugang zur Grabkammer freigelegt werden kann.

Kurz vor dem Weihnachtsfest 1995 präsentierte Professor Volloggia einen ersten Zwischenbericht seiner Untersuchungsergebnisse über Abu Roasch, wodurch die Welt der Ägyptologen wieder ein-

mal ins Wanken geraten ist. Denn nach einer eingehenden strati-
grafischen Analyse des Geröllhaufens von Abu Roasch gab der
Professor folgendes Resultat bekannt:

> »Djedefres Grabmal wurde fertiggebaut und war komplett
> mit Granit verkleidet. Erst zur römischen Herrscherzeit
> wurde das Bauwerk zerstört und von den Römern abgetra-
> gen.«

Nach den Ergebnissen von Professor Volloggia handelte es sich bei
der *Sternenzelt-Pyramide* um einen Bau von 67 Metern Höhe und
einer Kantenlänge von 106 Metern, der zudem nicht mit dem
weißen Tura-Gestein, sondern mit dunklem Granit verkleidet war.

**Warum war die Pyramide nicht einmal halb so hoch wie die
von Cheops, obwohl Djedefre die gleichen Bautechniken
und Baumeister zur Verfügung gestanden haben müssen?**

Die beiden Nachbarn der Cheops-Pyramide werden Pharao Che-
phren/Chefra und Pharao Mykerinos/Menkewre zugeschrieben,
wobei auch der Bau der Sphinx Chephren nachgesagt wird. Herodot beschreibt aber in seinen neunbändigen Historien nicht mit
einem Wort die zwanzig Meter hohe Sphinx, der er bei seinem
dreimonatigen Aufenthalt in Ägypten begegnet sein müßte. Es
kann aber auch daran gelegen haben, dass er der Sphinx nicht
begegnete, weil sie zu diesem Zeitpunkt unter dem Wüstensand
eingegraben lag, so, wie sie auch Napoleon mit seinen Gefolgs-
leuten im Jahre 1798 vorgefunden hatte. Jetzt gibt es aber eine
Papyrusrolle, die uns über die Reihenfolge der Söhne des König
Cheops etwas anderes berichtet. Der »Westcar-Papyrus«, der von
dem deutschen Professor Johann Peter Adolf Erman bereits im
Jahre 1890 übersetzt wurde, nennt den ältesten Sohn »*Chefra*«,
den zweitältesten »*Bauefre*« (Baka) und erst den dritten und jüngsten Sohn mit »*Djedefre*«.

Rein aus der Logik heraus, ohne meine Beweise zu präsentieren,
erkennt auch jeder Laie, wenn er die Papyrusüberlieferung, die
Überlieferungen von Herodot und die zusammengebastelten Zeit-
angaben der Ägyptologen liest, dass da etwas nicht stimmen kann.
Der Ingenieur Rudolf Gantenbrink hatte einst bezüglich seiner
Pyramidenuntersuchungen in Ägypten folgende Aussage gemacht:

*»... bei mir entsteht so langsam der Eindruck, dass man eigentlich neue Ergebnisse gar nicht haben will, weil sie ja bestehende Theorien kippen könnten ...«*

Die Ägyptologen schrieben den verantwortlichen Pyramidenerbauern in den letzten fünf Jahren folgende Regierungszeiten zu, obwohl uns diverse Königslisten etwas anderes berichten:

### Regierungszeiten der vierten Dynastie
#### Rekonstruktion
#### 1996

| | | |
|---|---|---|
| Senofru | Jahre | 44 |
| Cheops | Jahre | 35 |
| Djedefre | Jahre | 08 |
| Chephren | Jahre | 35 |
| Bicheris | Jahre | 07 |
| Mykerinos | Jahre | 18 |
| Schepseskaf | Jahre | 07 |

Obwohl alle antiken Schriftsteller einen weitaus älteren Zeitrahmen für die Errichtung der Giseh-Pyramiden vorgaben, galt es bislang als Sakrileg, an der von der Ägyptologie festgelegten Bauzeit um 2500 v.u.Z. zu rütteln. Eigenartigerweise soll der Ur-Pharao Senofru auf die erstaunliche Idee gekommen sein, gleich drei Pyramiden zu errichten, obwohl sie ihm keinen praktischen Nutzen brachten.

**Doch warum drei?**

Ganz sicher nicht für seine Familienmitglieder!

Dann beachte man, dass Djedefre nicht etwa die zweite große Pyramide von Giseh erbauen ließ, sondern es vorzog, etwa acht Kilometer nach Norden zu wandern und an einem unpraktischen Bauort eine nicht einmal halb so große Pyramide wie die seines Vaters zu errichten. Der Bruder Chephren hingegen, der, aus welchen Gründen auch immer, über ein Mastaba-Grab in Giseh verfügte, hatte auf einmal wieder die genialen Baumeister zur Verfügung, die schon die Cheops-Pyramide errichtet haben sollen. *»Merkwürdig«* ist gar kein Ausdruck, aber es geht noch weiter! Denn die *»Auswanderung«* von König Djedefre war nicht etwa ein

Einzelfall. Auch Bicheris/Baka, ein Sohn des Djedefre, der erst mindestens im Alter von 43 Jahren König über Unter- und Oberägypten werden konnte, erbaute nach der Regierungszeit von König Chephren nicht etwa die sogenannte Mykerinos-Pyramide, sondern zog es wie schon sein Vater vor, Giseh zu verlassen. Bicheris wanderte allerdings eigenartigerweise nicht zu seinem Vater nach Norden, sondern bevorzugte den Süden. Eigentlich ist es auch keine fertige Pyramide, die Bicheris zugeordnet wird, sondern eine Pyramidenausschachtung, die etwa sechs Kilometer südlich von Giseh, bei dem Dorf *Zawiet el-Aryan* liegt. Vor einigen Jahren ist die *Bicheris-Pyramide* noch der dritten Dynastie zugeordnet worden. Doch wieder einmal sind Graffitis entdeckt worden, wodurch man dieses Bauvorhaben der vierten Dynastie zuschrieb. Es ist auch nicht hundertprozentig geklärt, ob die Pyramide im fertigen Zustand war und in jüngerer Zeit wie die Sternenzelt-Pyramide abgetragen wurde oder ob sie unvollendet blieb. Der 21 Meter tiefe und 24 Meter lange Grabschacht wurde offensichtlich fertiggestellt, da der Boden schon mit Granitsteinblöcken ausgekleidet war.

(Abb.:029 Giseh-Pyramiden)

Nach Bicheris trat dann Mykerinos (Menkewre) das Königtum an, das er 18 oder 29 Jahre ausführte. Eigenartigerweise bekommt dieser König wieder Lust auf Giseh und errichtet dort eine nur noch 66 Meter hohe Pyramide. Allerdings beschließt sein Bauvorhaben gleichzeitig die »*Dreiheit*« der großen Pyramiden von Giseh. Der bauliche Zustand der Mykerinos-Anlage legte bei unseren Ägyptologen jedoch den Schluß nahe, dass dieser Herrscher starb, bevor sein Grabmal vollendet war und es hastig fertiggestellt werden mußte. Sie meinen, dass die Gebäude, die in Stein angefangen worden waren, einfach in Lehmziegelbauweise komplettiert oder auch schlicht unfertig belassen sind. Auch weil die Kalksteinplatten des Pyramidenmantels nur zu einem Teil geglättet sind und zum anderen roh belassen wurden. Vermutlich war es Schepseskaf (mit hoher Wahrscheinlichkeit der Nachfolger des Mykerinos), der das Bauwerk eilig vollenden ließ.

Schepseskaf war der letzte Herrscher der vierten Dynastie, und er muss wohl wesentlich andere Vorstellungen vom Weiterleben im Jenseits gehabt haben als seine Vorgänger. Jedenfalls wich er beim Bau des Grabmals für sich und seine Gemahlin, Königin Chentkaus, von der bisherigen Bauweise völlig ab und errichtete wieder eine Mastaba, die »*Mastaba el-Faraun*«, in der Form eines überdimensionalen Sarkophages. Schepseskaf verlor aber nicht nur die Lust am Bauen einer Pyramide, sondern verließ ebenfalls Giseh und ging wieder zurück nach Dahschur.

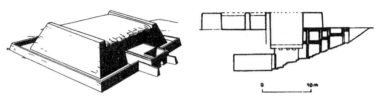

(Abb.:030 Mastaba el-Faraun)

Doch nach Schepseskaf wurden etwa 360 Jahre lang wieder Pyramiden errichtet. Aber auch die Bauherren der fünften Dynastie unterstreichen es noch einmal, dass sie, obwohl die Zeit fortschritt, wenig dazugelernt hatten. Die Pyramide *Niuserres* in Abusir ist gerade einmal 51,5 Meter hoch. Die seines Vorgängers *Sahure* nur noch 47 Meter und die berühmte *Unas-Pyramide* sogar gerade noch 43 Meter. Hinzu kommt, dass alle drei Pyramiden im Vergleich zu den Giseh-Pyramiden über eine mangelhafte Qualität verfügen und eher an kümmerliche Sandhaufen erinnern als an einen geometrischen Pyramidenkörper. Doch nicht nur Professor Rainer Stadelmann ist davon überzeugt, dass die drei großen Giseh-Pyramiden in ihrer Planung eine Einheit bilden. Schon im Jahre 1936 schrieb ein bekannter Schweizer Archäologe folgendes über den Giseh-Baukomplex:

»... *andererseits machen ihre Grabmäler nicht den Eindruck, als seien sie nur durch günstige Umstände und gleichsam zufällig gewachsen wie Zwiebeln, vielmehr wirken sie nach Form und Anlage wie aus einem Guss und als eine von vornherein gefaßte großartige Konzeption.*«

Wie recht er hatte, denn seit dem Hinweis von dem in England lebenden Belgier Robert Bauval wissen wir, mit welcher unheimlichen Genauigkeit diese Anlage einem Himmelsphänomen entspricht. Und nicht nur die genaue Anordnung der Pyramiden zueinander, sondern auch ihre Entfernung zum Nil. Alle anderen zurechtgestutzten Meinungen, die etwas anderes behaupten, als dass der Baukomplex einer von vornherein gefassten Konzeption entsprungen ist, erliegen meiner Ansicht nach dem Pyramiden-Irrtum.

Ich habe immer das Gefühl, dass die Schlussfolgerungen der älteren Wissenschaftlergarde mehr Hand und Fuß hatten als heutzutage. Heute gewinne ich oftmals den Eindruck, als wollten unsere Forschenden eine Art Arbeitsplatzsicherung betreiben und deshalb jeglichem Risiko aus dem Weg gehen, was diese gefährden könnte. Dabei waren es gerade die phantastischen Theorien über die Maßgeheimnisse der Cheops-Pyramide, die den Engländer Sir William Matthew Flinders Petrie (1853–1942) dazu veranlassten, schon in den Jahren 1880 bis 1883 den gesellschaftlichen Anforderungen mit Eigeninitiative zu begegnen. Petrie besaß vorerst eine autodidaktische Vorbildung, die er von seinem Vater und seiner abenteuerlustigen Mutter vermittelt bekommen hatte. Seine Mutter war die Tochter eines Marineoffiziers, der unter dem legendären Kapitän Bligh auf dem Schiff »Bounty« gedient hatte. Der Pyramidenforscher war in das Land am Nil gekommen, um die Theorien des Italo-Briten Charles Peazzy Smyth vor Ort zu überprüfen. Und obwohl der Forscher größtenteils selbstgebaute Instrumente verwendet hatte, ergaben die 1925 mit moderneren Instrumenten durchgeführten Messungen nur geringfügige Abweichungen.

Doch konzentrieren wir uns noch einmal auf Herodot: Der Grieche hat uns auch bezüglich der Baufinanzierung Informationen hinterlassen.

> »Und so weit wäre Cheops in seiner Schlechtigkeit gegangen, dass er, als er Geld brauchte, seine eigene Tochter in ein liederliches Haus brachte und ihr befahl, soundsoviel Geld zu erwerben, denn wieviel, sagten sie nicht.«

Nach Herodot war König Cheops somit der erste Zuhälter, der seine eigene Tochter in einem Bordell zur Prostitution zwang, um eine überflüssige Pyramide zu erbauen, da er ja eine der drei seines Vaters kriegen konnte. Schauen wir doch auch noch einmal auf

König Chephren. Denn es ist nicht nur erstaunlich, dass die mittlere Pyramide ihm zugeschrieben wird, sondern auch die Feststellung, dass er mir nichts dir nichts einfach Cheops' Nachbar wurde. Das stimmt mich schon nachdenklich! Denn Cheops selbst war es ganz sicher nicht, der Chephren als Vorbild diente bei der Wahl, Nachbar seines Vaters zu werden.

**Warum also sollte Chephren seine Pyramide gerade neben die des Cheops stellen?**

Auch im Bezug auf die Chephren-Pyramide machte Herodot eine Anmerkung; er schrieb sie legendenhaft Cheops' Tochter zu. Cheops' Tochter verlangte nicht nur Geld für Ihre Liebesdienste, sondern auch einen Stein. Sie wollte sich nämlich auch ein Denkmal setzen und jeder, der die Liebesdienste von ihr in Anspruch nahm, mußte ihr für das geplante Bauvorhaben einen Stein schenken.

»... *Und von diesen Steinen, sagten sie, wäre die Pyramide gebaut, die in der Mitte von den dreien steht, vor der Großen Pyramide* ...«

Meiner Meinung nach war keiner der beiden der Erbauer! Chephren hatte aber wirklich ein Bauwerk auf dem Giseh-Plateau hinterlassen. Es war die schon erwähnte Mastaba, wo meines Erachtens auch sein Leichnam beerdigt wurde, die zwischenzeitlich jedoch geplündert ist.

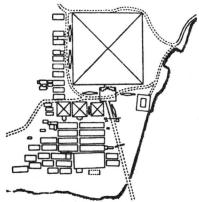

(Abb.:031 Mastabagrab von Chephren)

Der römische Geschichtsschreiber *Cajus Plinius Secundus*, der ausdrücklich die Namen der Historiker (auch Herodot) auflistet, die schon vor ihm über die Pyramiden berichteten, schreibt:

»*Keiner von ihnen weiß wirklich, wer die eigentlichen Erbauer der Pyramiden waren.*«

Und daran hat sich bis heute nichts geändert! Auch unsere renommierten Ägyptologen wissen nicht wirklich, wer die Pyramiden erbauen ließ. Die einzigen bestimmbaren Pyramiden beginnen erst mit der des *Unas*, dem letzten König der fünften Dynastie.

## Was nehmen die Ägyptologen noch als Datierungsangabe, um den Baukomplex in Giseh den drei Pharaonen zuzuschreiben?

Bei dem Beruf des Archälogen, brachte man im vorigen Jahrhundert noch weitgehend die Vorstellung von Romantik und Abenteuer in Verbindung. Doch die Realität sieht so aus, dass der Beruf des Archäologen eigentlich ein stinklangweiliger Schreibtisch-Job ist. Seit anderthalb Jahrhunderten studieren auch die sogenannten *Pyramidologen* die Konstruktion der riesigen Bauwerke Ägyptens. Hierbei handelte es sich zum Teil um Ingenieure, Architekten und Techniker, die neben den Archäologen auch über die technischen Raffinessen der Pyramiden Erklärungen boten. Es gab aber auch Forschende, die sich die Ägyptologie zur Leidenschaft gemacht hatten. Wenn jemand im letzten Jahrhundert in Ägypten nach Pharaonen graben wollte, konnte er das tun, ohne eine Vorbildung zu besitzen. Nach den Berufskenntnissen desjenigen fragte kein Mensch. So kam es, dass sich in Ägypten nicht nur Archäologen, sondern auch einfache Kaufleute, Adlige, Playboys und Zikusartisten mit einem Spaten versuchten. Eine dieser Personen war der englische Oberst Richard William Howard Vyse, den unsere Wissenschaftler sogar als den Begründer der Pyramidenforschung bezeichnen.

Am 29. Dezember 1835 kam der Brite nach Ägypten und war von den Geheimnissen und Rätseln, die die Pyramiden in sich trugen, begeistert und fasziniert zugleich. Zu dieser Zeit war der italienische Bibelforscher und Archäologe Giovanni Battista Caviglia (1770–1845) bereits einige Zeit mit Ausgrabungsarbeiten in Giseh beschäftigt. Über die Konzession für Ausgrabungsrechte entschied ausschließlich eine ägyptische Regierungskommission für Altertümer, die alljährlich zusammentrat. Die einzige Bedingung, die dem Betreffenden gestellt wurde, war, dass die Hälfte aller Ausgrabungsstücke dem Land Ägypten zum Geschenk gemacht werden musste. Caviglia stammte aus Genua, und weil der Oberst eine Genehmigung für umfangreiche Grabungsarbeiten besaß, schlossen die beiden ein Bündnis für eine Zusammenarbeit. Nachdem Howard Vyse immer ortskundiger geworden war, nahm er eine Streitigkeit mit Caviglia zum Anlass, sich von ihm zu trennen. Der Genuese kehrte 1837 nach Europa zurück, wodurch Howard Vyse den Ruhm, den die Arbeiten an den Tag bringen würden, alleine ernten konnte. Schon in England war Vyse das schwarze Schaf der Familie. Als Enkel des Earl of Stafford war Howard Vyse zwar Gardeoffizier und damit diszipliniert erzogen, andererseits fehlten ihm besondere Taten und Leistungen, um sich vordergründig auszuzeichnen. Im viktorianischen Zeitalter war viel Bewegung, denn Leute wie Charles Darwin sollten in naher Zukunft Geschichte schreiben, und in Ägypten boten sich viele Möglichkeiten für neue Entdeckungen. Auch Howard Vyse wollte berühmt werden und seiner Nachwelt etwas hinterlassen, das er sich viel Geld kosten ließ. Damals beschloss der Brite, sich der Mitarbeit von John Shea Perring zu versichern, der auf der gleichen Wellenlänge wie er selber dachte.

Zwischen 1837 und 1838 besuchten Howard Vyse und Perring alle Pyramiden in der Umgebung von Kairo, bis zur Oase von Al Faijum. Aus seinem Tagebuch erfahren wir, dass ihn die sogenannte *Davison-Kammer* in der Cheops-Pyramide brennend interessierte. Schon 1765 hatte der Brite Nathaniel Davison am Ende der großen Galerie ein Loch in der Decke entdeckt, in das er am 8. Juli hineingekrochen war und an der untersten sogenannten Entlastungskammer über der Königskammer wieder herauskam. Diese Verbindung innerhalb der Pyramide hatte Howard Vyse neugierig gemacht. In seinem Tagebuch hatte Vyse am 27. Januar 1837 noch eine Eintragung gemacht, an der man merkte, unter welch einem Druck er stand. Er schrieb, dass er unbedingt noch etwas entdecken müsse, bevor er nach England zurückkehre. Es waren immerhin schon knapp zwei Jahre verstrichen, ohne dass etwas Besonderes passiert war. Sein Aufenthalt in Ägypten war sehr teuer und Geld war so gut wie keines mehr vorhanden. Howard Vyse, sein Ingenieur Perring und der Brückenbauer James Richard Hill besorgten sich Schießpulver, um einen Schacht über der Davison-Kammer zu sprengen. Dieses Vorhaben erwies sich auch als erfolgreich, denn die Sprengung ...

... vom 30. März 1837 brachte die Wellington-Kammer hervor ...
... vom 27. April 1837 brachte die Nelson-Kammer hervor ...

... vom 06. Mai 1837 brachte die Arbuthnot-Kammer hervor ...
... vom 27. Mai 1837 brachte die Campbell-Kammer hervor ...

und mit großer Sicherheit war diese Entdeckung der Hohlräume das Verdienst von Howard Vyse, John S. Perring und James R. Hill. Trodzdem enthielten diese Entdeckungen im Bezug auf Vyses Erwartungen wenig Dramatisches, denn sie waren leer. Es fehlte also immer noch die große Sensation, die Anerkennung und neue Geldmittel gebracht hätte.

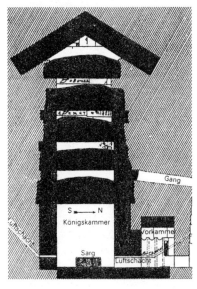

(Abb.:032 Entlastungskammern)

Aus den Steinbrüchen der Berge im Wadi-Maghara, einst eine riesige Höhle, woraus die Steinblöcke der ägyptischen Tempelanlagen herausgebrochen wurden, ist schon zu dieser Zeit bekannt gewesen, dass vereinzelte Monolithen mit Farbe markiert wurden, damit die zu transportierenden Steinblöcke ihren Bestimmungsort finden und nicht in dem Durcheinander von Steinen verloren gingen. Nach den freigelegten Hohlräumen fanden Vyse und Perring doch noch etwas Erstaunliches, denn genau diese Art von Transportbeschriftung zierte einen Steinblock in den Pyramidenhohlräumen mit dem Namen CH-U-F-U. Somit war der Beweis für die Zuordnung des Eigentümers der Großen Pyramide gefunden, sie gehörte Pharao Cheops. Die Sensation, auf die Howard Vyse die ganze Zeit gewartet hatte, war vollbracht. Die Meldung ging in kürzester Zeit um die Welt, Howard Vyse hatte es geschafft und konnte jetzt in aller Ruhe nach England zurückfahren.

**War Howard Vyse vielleicht ein Fälscher?**

Bei Ausgrabungen haben Geld und Rivalität immer eine große Rolle gespielt. Nicht nur kunstbeflissene Idealisten, sondern auch geldgierige Schatzsucher und ahnungslose Abenteurer waren immer mit von der Partie. Der Orientalist Zecharia Sitchin hatte in seinem 1980 erschienen Buch »Stairway to Heaven« in großer Genauigkeit diesen Weltbetrug entlarvt. Die Beweislast, die Zecharia Sitchin gegen Howard Vyse aufgedeckt hatte, müsste eigentlich unsere Ägyptologen veranlassen, die Geschichtsschreibung der Pyramiden neu zu verfassen, doch sie denken nicht einmal daran.

Aufgrund von Daten, Protokollen und Tagebuchaufzeichnungen sowie einem orthografischen Fehler, der dem Schreiber in der Großen Pyramide unterlief, deckte der Sprachforscher den Betrug auf. Zecharia Sitchin beruft sich unter anderem auf das Lehrbuch über die Hieroglyphenschrift *Materia hieroglyphica* von John Gardier Wilkinson, das dem Oberst Howard Vyse bekannt war und schon 1828 erschien, also weit vor der sensationellen Entdeckung. Wie durch den Sprachforscher aufgedeckt wird, wurde schon im *Materia hieroglyphica* der Name *Chufu* falsch geschrieben. Für den Konsonanten *Ch* benutzte Wilkinson die Hieroglyphe des Sonnensymbols *Re*, und genau diesen Fehler hatte der Steinmetz bei seiner Transportbeschriftung wohl auch übernommen.

Aber das ist nicht alles!

Schon kurze Zeit nach der Entdeckung dieser Kartusche *Ch-u-f-u* hatten sich Spezialisten gemeldet, die an ihrer Echtheit zweifelten, doch die Stimmen landeten bei diesem Sensationsfund in der Versenkung. Einer der Kritiker dieser Entdeckung war der Philologe Samuel Birch (1813–1885) vom Britischen Museum. Dieser Experte seiner Zeit für Hieroglyphen machte eine Bemerkung darüber, dass die Schriftzeichen aus semihieroglyphischen oder linearhieroglyphischen Buchstaben bestanden und ihn über die Sensation doch etwas nachdenklich stimmten.

**Was verwirrte aber den Hieroglyphenexperten Samuel Birch so an der Ch-u-f-u Kartusche?**

Die Schrift, die entdeckt wurde, war in Zeichen geschrieben, die es zu Cheops Zeiten noch nicht gegeben haben dürfte, da sie erst in einer viel jüngeren Zeit entwickelt wurden. Mit anderen Worten, nicht nur die Schreibweise war falsch, sondern auch die Art Schrift ist erstmals 1000 Jahre nach Cheops' Regierungszeit aufgetreten! Sie ist aus dem hieratischen Alphabet (eine verkürzte Form der Hieroglyphen) und dem hieroglyphischen Alphabet entstanden und war eine Vereinfachung der beiden Schriftarten, was in der Regel für private Mitteilungen benutzt wurde. Nach den Untersuchungen von Samuel Birch erschien ihm auch die Inschrift in der »*Campbell-Kammer*« (die oberste Nische) als äußerst rätselhaft, da hier die Hieroglyphe für »*gut*« oder »*gnädig*« in Ziffern geschrieben wurde. Diese Anwendung hatte man weder vorher noch nachher in bereits geöffneten Gräbern entdecken können. Bei mir löste auch die ungewöhnliche Zeitangabe über die Regierungszeit von König Cheops Verwunderung aus, die da lautete: »*achtzehntes Jahr*«.

Aus den Schriften von Herodot wußte man schließlich, dass die Pyramiden in einer zwanzigjährigen Bauzeit errichtet wurden, und die Königslisten bescheinigten Cheops wiederum eine Regierungszeit von 23 bis 25 Jahren. Deshalb musste der Schreiber darauf achten, dass alles im Rahmen von 25 Jahren einzuordnen bleibt. Birch machte allerdings auch darauf aufmerksam, dass der Titel »*Mächtiger von Ober- und Unterägypten*«, was der Jahresangabe folgte, nur in die saitische Zeit einzuordnen war, wo König Amasis die sechsundzwanzigste Dynastie regierte. Dies entspricht allerdings dem 6. Jahrhundert v.u.Z., einer Zeit 2000 Jahre nach Cheops' Thronbesteigung.

Die sogenannten »*Steinmetzmarkierungen*« sind die einzigen Beweise, die König Cheops zum wahren Erbauer der großen Pyramide machen. Andere offizielle Inschriften, die die Annahme bestätigen würden, dass Cheops der wahre Erbauer der Großen Pyramide sei, existieren nicht und wurden auch bis heute nicht entdeckt! Es gibt aber noch eine Regelwidrigkeit, die dagegen spricht, dass die in den Entlastungskammern angebrachten Königs-Kartuschen und Hieroglyphenzeichen von ägyptischen Steinmetzen stammen sollen. Nicht nur Rudolf Gantenbrink bestätigte mir diese Anomalie, auch Professor Rainer Stadelmann empfindet es seltsam, dass die Schriftzeichen in den Entlastungskammern über die Fugen der Steinblöcke geschrieben wurden. Es hätte nämlich überhaupt gar keinen Sinn gemacht, auf bereits montierten Steinblöcken irgendwelche Markierungen anzubringen, deren Zweck es war, dass die Steinblöcke auf ihrem Transportweg nicht verloren gingen. Es sei denn, der Steinmetz war Engländer!

(Abb.:033 überschriebene Fugen)

Howard Vyse ist aber nicht der einzige entlarvte Betrüger in der ägyptischen Forschungsgeschichte. Schon der britische Astronom Peazzy Smyth war 1864 mit seiner Ehefrau nach Ägypten gezogen, um zu beweisen, dass die Pyramiden nicht mit dem französischen Meter geplant wurden, sondern mit dem britischen Zoll. Peazzy Smyth stellte dann auch die ungeheuerlichsten Pyramiden-Berechnungen auf, die anscheinend dem britischen Zoll entsprachen. Das einzige Problem hierbei war es, dass Smyth versuchte, die Pyramide dem britischen Zoll anzupassen, wobei sogar ein Mitarbeiter von Smyth beim Herumfeilen an der Pyramide erwischt wurde. Schon im Jahre 1880 widerlegte der junge W.M.F. Petrie die aufgestellten Theorien von Peazzy Smyth, indem er die gründlichsten Vermessungsergebnisse präsentierte, die bis 1993 an der Großen Pyramide je vorgenommen wurden. Bis heute jedoch hat diese Tatsache Smyths Ansehen eigenartigerweise nicht geschadet. Doch Smyth präsentierte auch astronomische Untersuchungsergebnisse, die wiederum interessant waren, aber in der Weltvorstellung unserer Schulwissenschaftler nichts zu suchen hatten. Aber auch der hochangesehene deutsche Ägyptologe »*Ludwig Borchardt...*«, um es mit den Worten von Doktor Rolf Krauss zu sagen, »*... hat nur in die eigene Tasche betrogen*«.

Doktor Rolf Krauss ist wissenschaftlicher Mitarbeiter des Ägyptischen Museums in Berlin-Charlottenburg. Der Archäologe und Philologe veröffentlichte 1986 seine Arbeit »*Zum archäologischen Befund im thebanischen Königsgrab*« in »*Mitteilungen der Deutschen Orientgesellschaft*«, wobei er den bis dahin untadeligen Ruf des Briten Howard Carter zerrüttete, der am 4. November 1922 das Grab von *Tut-Anch-Amun* entdeckt hatte. Demnach ist

Howard Carter vor der offiziellen Graberöffnug in das Grabmal eingestiegen, um einen Einbruch durch Grabräuber vorzutäuschen, damit mit dem Land Ägypten nicht alle Fundstücke geteilt werden mussten, wie die Verträge es vorgesehen hatten.

### Warum reagiert die Fachwelt nicht auf derartig neue Erkenntnisse?

Wahrscheinlich, weil bisher nicht alles über unsere Lehrmeinungsvertreter aufgedeckt werden konnte, was noch irgendwo schlummert. Denn in jedem Fall gibt es noch eine andere Kuriosität, die 1837 von Howard Vyse aus der Großen Pyramide freigelegt wurde und heute im Britischen Museum in London aufbewahrt wird. Hierbei spricht die Fachwelt wiederum schnell von Fälschung. Bei meinem letzten Besuch im Mai 1996 gab es sogar neuere Untersuchungsergebnisse über diesen Gegenstand. Es handelt sich um ein etwa 10 Zentimeter breites und etwa 30 Zentimeter langes Stück Metall, das am 26. Mai 1837 aus dem im Süden befindlichen Mauerwerk herausgesprengt wurde. Zu der Zeit seiner Entdeckung waren sich die Ägyptologen schnell einig, dass es sich bei diesem Gegenstand nur um eine Fälschung handeln konnte. Doch James R. Hill versicherte in einem Brief an das Britische Museum in London, dass das Stück Metall erst durch die Sprengarbeiten an der Südseite für die Freilegung des Schachtaustritts aus der sogenannten Königskammer entdeckt wurde.

### Wie sollten die Ägyptologen Eisen vor 4500 Jahren einordnen?

Bereits 44 Jahre nach dieser Entdeckung nahm sich auch W.M.F. Petrie des Eisenbleches an und untersuchte es nochmals. Petrie gelangte zu der Überzeugung, dass an dem Metallstück nichts ist, was für eine Fälschung des Gegenstandes spricht. Ganz im Gegenteil: Er machte sogar darauf aufmerksam, dass die Rostschicht von Nummulitenkalkstein überzogen war, was nur durch jahrhundertelanges Nebeneinanderliegen im Mauerwerk hervorgerufen worden sein kann. Doch trotz dieser Feststellung von Petrie blieb das Metallstück ohne weitere Beachtung, bis im Jahre 1989 die Wissenschaftler Doktor Michael Peter Jones vom Imperial College in London und Doktor Sayed el-Gayer von der Universität Suez neue Untersuchungen an dem Eisenblech vornahmen. Die Wissenschaftler führten eine genaue optische und chemische Analyse an dem Metallstück durch, die folgendes Ergebnis zu Tage brachte: Das Eisen musste bei Temperaturen zwischen 1000 bis 1100 Grad geschmolzen sein, um handwerklich bearbeitet zu werden. Das war aber nicht alles! Die Forscher machten des weiteren darauf aufmerksam, dass die untere Seite des Gegenstandes Spuren von Gold aufweist, was wiederum auf eine künstliche Bearbeitung rückschließen lässt. Die anfängliche Annahme, dass das Eisen von einem Meteoriten stammen könnte, bestätigte sich nicht. Denn als man den Nickelgehalt in dem Eisenstück untersuchte, kam man auf keine sieben Prozent Nickelgehalt, was Meteoriteneisen in aller Regel enthält. In ihrem Abschlussbericht gelangten die Metallurgen dann zu dem Resultat, dass das von Vyse, Perring und Hill entdeckte Stück Metall aus einer sehr frühen Epoche stammen musste und sogar bis in die sogenannte Gründerzeit zurückgehen konnte. Das wiederum war nicht die Antwort, die das Britische Museum erwartet hatte, so dass das Eisenstück wieder in der Schublade gelandet ist.

### Ist das aber noch Wissenschaft?

Glücklicherweise gibt es aber noch einen anderen Fund, der bei unseren Ägyptologen ebenfalls für Verwirrung sorgte und gegen König Cheops als den Erbauer der Großen Pyramide spricht. Dreizehn Jahre nach Vyses Sensationsfund wurde in den Ruinen des Isis-Tempels eine Stele gefunden, die heute im ägyptischen Museum von Kairo ausgestellt ist. Die sogenannte *Inventar-Stele* wurde von dem französischen Archäologen Auguste Mariette in Giseh entdeckt. Sie erzählt erstaunlicherweise ganz etwas anderes als unsere Lehrmeinung:

*»Dem König von Ober- und Unterägypten ist Leben gegeben!*
*Er gründete das Haus der Isis,*
*der Herrin der Pyramide, neben dem Haus der Sphinx.*
*Dem König von Ober- und Unterägypten,*
*Chufu, ist Leben gegeben!*
*Für seine göttliche Mutter,*
*die Herrin des westlichen Berges der Hathor,*
*hat er diese Inschrift auf einer Stele angebracht.«*

Diese Inschrift bezeugt uns, dass die Pyramiden sowie die Sphinx schon als fertige Bauten standen, als Pharao Cheops den Auftrag für den Bau des Isis-Tempels befahl. Die Sphinx dürfte aber nach unseren Ägyptologen nicht da gewesen sein, da sie ja nach diesen erst von Pharao Chephren in Auftrag gegeben und erbaut worden sein soll. Der amerikanische Ägyptologe Professor James Henry Breasted (1865–1935) untersuchte als einziger diese Stele und machte auf einige orthografische Ungereimtheiten des Schriftbildes aufmerksam. Obwohl weder auf der Stele noch in ihren Inschriften Daten über ihre Entstehungszeit angegeben sind, haben die Ägyptologen geschlossen die Ansicht von Breasted übernommen. Der Ägyptologe äußerte, dass zwischen den Hieroglyphenzeichen auf der Stele und der Schriftart der vierten Dynastie widersprüchliche Eingravierungen existierten. Deshalb hat man sie etwa 1000 Jahre früher als die Thronbesteigung von König Cheops eingestuft.

**Was aber, wenn sich Breasted irrte?**

James H. Breasted wollte eigentlich, bevor er seine Leidenschaft für die Ägyptologie entdeckte, ursprünglich Pfarrer werden und stand auch sonst unter dem Einfluss seiner christlichen Erziehung. Allgemein war es damals bekannt, dass die Kirche seit dem 17. Jahrhundert die Ansicht vertrat, der Mensch existiere höchstens seit 4004 v.u.Z., da zuvor Geistliche aus dem Stammbaum des Adam diese Weisheit berechnet hatten. Gerade deshalb erwachte bei Breasted das Interesse für die Völker der Antike, wonach er mit dem Studium der Länder der Bibel begann. Er arbeitete vorerst als Gehilfe in mehreren Apotheken und machte dann 1882 seinen Abschluss in Pharmazie. Später studierte er in Chicago Hebräisch und wechselte auf die Yale Universität. Breasted begann sich erst 1891 für die Ägyptologie zu interessieren, und ging ein Jahr später nach Berlin, wo er bei Professor Adolf Erman studierte. Da Breasted immer mehr an Einfluss gewann, machte er sich allmählich einen Namen und gründete 1924 das Orientalische Institut in Chicago. Weil der Ägyptologe auch andere Verdienste für die Ägyptologie zu verzeichnen hatte, wurde seine Meinung zum Gesetz. Auch wenn einige Ägyptologen nicht mit den Ansichten Breasteds übereinstimmten, war doch keiner bereit, ihm zu widersprechen und seine Karrieremöglichkeiten auf's Spiel zu setzen. Selbst heute ist kein Ägyptologe bereit, die Texte der Inventar-Stele nochmals einer gründlichen Untersuchung zu unterziehen. Was mich hierbei verwundert ist auch nicht unbedingt die Arbeit, die Professor James H. Breasted ablieferte, sondern dass der Inhalt des Textes eigentlich über eine revolutionäre Information verfügt, die seit über einem halben Jahrhundert einfach in der Versenkung verschwunden ist und man sie dort ungeachtet liegen lässt.

(Abb.:034 Narmer-Stele)

Eine andere Inschrift, die uns ebenso das Vorhandensein der Pyramiden weit vor Cheops' Zeiten bezeugt, ist die Siegestafel von Pharao Narmer. Die 64 Zentimeter große Stele, die im Museum von Kairo zu bewundern ist, enthält einen eindeutigen Hinweis, der unsere Ägyptologen ebenfalls nicht sonderlich zu interessieren scheint. Der König, der Ägypten vereinigt hat und von den Ägyptologen mit König Menes gleichgesetzt wird, ist auf beiden Seiten der Tafel dargestellt. Das Augenmerk ist auf die Seite zu lenken, wo er die Rote Krone Unterägyptens trägt und siegesbewusst nach Osten blickt. Alle Pyramiden Ägyptens liegen im westlichen Teil des Nils, in Richtung des Sonnenuntergangs.

**Weshalb ich diese Eigenschaft der Pyramiden erwähne?**

Ganz einfach, links oben, hinter dem König, ist eigenartigerweise die Hieroglyphe für das *Pyramidenzeichen* zu sehen. Aber zu

König Menes/Narmers Zeiten gab es noch keine Pyramiden! Die Schulwissenschaft lehrt uns, dass die Anfänge des Pyramidenbauens durch König Djoser mit Beginn der dritten Dynastie in Sakkara begann und noch in den Kinderschuhen steckte! Die Stufenpyramiden sollen ja bekanntlich die Vorstufe der Echten-Pyramiden gewesen sein. Ich vertrete allerdings die Ansicht, dass auch diese Pyramide eine Nachahmung der Giseh-Pyramiden darstellte. Bereits im Jahre 1821 konnte der preußische Generalkonsul Heinrich Freiherr von Minutoli (1772–1846) den Namen des ägyptischen Königs entdecken, für den die Stufenpyramide erbaut worden war. Carl R. Lepsius entdeckte dann während Reinigungsarbeiten von Sandverwehungen an der südwestlichen Seitenkante der Djoser-Pyramide, dass sich aus der Struktur des Mauerwerks erkennen ließ, wie die Stufenpyramide aus einer einfachen Mastaba entstanden war.

(Abb.:035 Foto Djoser-Pyramide)

Im Jahre 1925 leitete der Amerikaner George A. Reisner eine Forschungsgruppe der Harvard Universität, deren Aufgaben sich auf die Mastaba Gräber in Giseh sowie Sakkara konzentrierten. Bei den Untersuchungen an der Djoser-Pyramide wurde festgestellt, dass auch diese Stufenpyramide ummantelt wurde. Allerdings handelte es sich bei diesen Ummantelungssteinen lediglich um weiß gefärbte Lehmziegel, die eine Turaummantelung vortäuschen sollten.

**Welche bestehenden Bauwerke dienten wohl hierfür als Vorbild?**

Es gibt eigentlich nur eine Antwort: die Giseh-Pyramiden! Aber auch der 52 Grad Winkel der Djoser-Pyramide wurde meines Erachtens von den mit Turagestein glatt ummantelten Giseh-Pyramiden abgeschaut. Denn genau mit diesen glatten Seiten der Echten-Pyramide ist die Pyramidenhieroglyphe auf der Siegestafel dargestellt. Zudem haben die Neigungswinkel eine Senke und Steige von 52 Grad!

**Warum sollte aber die Pyramiden-Hieroglyphe auf der Siegestafel dargestellt sein, wenn es noch gar keine Pyramiden gab?**

Die Antwort ist, dass es Pyramiden schon lange vor Gründung der ersten Dynastie gab und sie alles darstellen konnten, aber keine Grabdenkmäler irgendwelcher Pharaonen. Im Alten Reich wurden die Priester nicht wie in jüngerer Zeit *»Priester des Königs«* genannt, sondern *»Priester der Pyramiden des Königs«*. Diese Priester stellten eine Elite dar, die nicht nur in die Geheimnisse der Pyramiden eingeweiht war, sondern auch dafür sorgte, dass dieses Geheimwissen von Generation zu Generation weiter gegeben wurde. Nach Professor Adolf Erman ( Buch: *»Religion der Ägypter«*) haben diese Kulte bereits bei den Königen Djoser und Menes/Narmer bestanden. Ohne darauf einzugehen, dass es bereits Pyramiden gab, sagt Professor Erman zumindest das Vorhandensein der *Pyramiden-Priesterschaft* voraus. Das wiederum bescheinigt uns die Existenz von Pyramiden seit frühestens der ersten Dynastie, wie es die Narmer-Stele auch aufzeigt. Denn es würde keinen Sinn ergeben, ohne die Existenz von Pyramiden eine Pyramiden-Priesterschaft zu installieren. Bereits 1986 hat ein Experiment bewiesen, dass die Giseh-Pyramiden älter sind, als offiziell zugegeben wird.

Im November 1986 beim internationalen Treffen des *»Centre National de Recherche Scientifique«* an der Universität von Lyon in Frankreich, gab Doktor Herbert Haas die Radiokarbon (C-14) Datierungsergebnisse von der Großen Pyramide bekannt, die vorher an der Eidgenössischen Technischen Hochschule (ETH) in Zürich unter der Leitung von Professor Willy Wölfli durchgeführt wurden. Man entnahm der Großen Pyramide dafür 16 Proben, die für eine C-14 Datierung als geeignet erschienen. Dabei handelte es sich in erster Linie um *Holzkohlestücke*, die zwischen dem Kalksteinmauerwerk der Pyramide in ihren Schichten natürlich vorkommen. Doktor Haas zeigte an einem Histogramm die durch die C-14 Datierungen gewonnenen Daten. Demnach ergab sich ein Mittelwert von 374 Jahren, der älter als die historische Schätzung liegt. Mit anderen Worten bedeutet das, dass die Große Pyramide mindestens 374 Jahre vor König Cheops' Thronbesteigung bereits erbaut worden sein muss. Aus einer der 16 Proben ließ sich sogar eine Datierung von 843 Jahren vor Cheops' Regierungsübernahme ermitteln. Die Ägyptologen, die unsere offizielle Lehrmeinung vetreten, wollten auch diese Tatsachen nicht akzeptieren, so dass in unseren Lehrbüchern nie etwas darüber zu lesen war. Doch gab es glücklicherweise Organisationen, die stark genug waren, die Sturheit der Lehrmeinungsvertreter nicht bedingungslos akzeptieren zu müssen, so dass man sich nach jahrelangen Diskussionen auf eine erneute C-14 Datierung an der Großen Pyramide und weiteren Proben der ersten bis zehnten Dynastien einigte. Die Arbeiten werden wieder von der Eidgenössischen Technischen Hochschule in Zürich durchgeführt; die Ergebnisse sollen im Januar 1997 vorliegen. Doch unsere Ägyptologen verhielten sich eigenartigerweise wieder einmal sehr trickreich.

Der damalige Teamleiter, Professor Wölfli, ist seit etwa vier Jahren Pensionär, und seine Nachfolge hat Doktor Martin Sutter angetreten. Aber einer, der schon seit 1986 im Team dabei war, ist George Bonani, der mich in zwei Gesprächen vom 28. Februar 1996 sowie am 17. Juli 1996 über die neue C-14 Datierung informierte. Im November/Dezember 1996 werden auch die Amerikaner (Edgar Cayce Foundation) zum Team in Zürich stoßen, die das Ganze finanzieren, damit die Abschlussarbeiten gemeinsam durchgeführt werden können. Herr Bonani gab mir dann trotzdem eine Vorabinformation, die mich sehr erstaunte. Das Forschungsteam erwartet aus den Datierungen von 1996, die aus sieben Schichten der Großen Pyramide entnommen wurden, die gleichen Werte, die bereits zwölf Jahre zuvor erzielt wurden, da man eigenartigerweise bei den Untersuchungen auf die gleichen Materialien zurückgegriffen hat wie schon 1984.

## Doch was hat die Untersuchung dann überhaupt für einen Sinn?

Eigentlich keinen! Unsere Wissenschaft wusste sich mal wieder zu helfen. Nach George Bonani wäre es richtiger gewesen, für die C-14 Datierung organisches Material zu verwenden, wie zum Beispiel Gerstenkörner oder Vergleichbares, da hierbei von einer kürzeren Lebensdauer ausgegangen werden kann und eine genauere Datierung möglich gewesen wäre. In einem letzten Telefonat Anfang Oktober 1996 konnte mir George Bonani doch noch über eine Kuriosität berichten, die allerdings bis zur Bekanntgabe der tatsächlichen Auswertungen im Frühjahr 1997 nur oberflächlich wiedergegeben werden kann. Die Cheops-Pyramide verfügt über Holzkohlestücke, die verschiedene Altersdatierungen aufweisen und das Schweizer Forschungsteam sehr verwirrt haben. Der eigentliche Mittelwert soll zwar etwas unter dem Ergebnis von 1984 liegen, doch die Datenstreuungen würden in jedem Fall zwischen 400 bis 500 Jahre vor der Thronbesteigung von König Cheops liegen. Abgesehen von dieser Kuriosität muss man sich trotzdem fragen:

## Wozu eigentlich diese manipulierten und kostspieligen Untersuchungen durchgeführt werden?

Denn an der Wahrheitssuche scheinen unsere Lehrmeinungsvertreter nicht sonderlich interessiert zu sein. Man versucht aus irgendeinem Grund, etwas geheim zu halten und uns für dumm zu verkaufen. Aber wir müssen uns das nicht gefallen lassen! Glücklicherweise gibt es noch andere Möglichkeiten, den Pyramiden-Irrtum aufzuklären: in der Zukunft, in der Zukunft von Gestern!

# 3 DIE ZUKUNFT WAR GESTERN

Die Griechen und auch die Römer vertraten immer die Ansicht, dass die alten Ägypter unzugängliche Kenntnisse besaßen, die aus der Zeit stammten, als auf der Erde noch Götter herrschten. Die meisten Touristen, die heute Ägypten bereisen, kommen in aller Regel in der überfüllten Metropole Kairo an, bevor sie mit ihren Reisegruppen die bedeutendsten Sehenswürdigkeiten Ägyptens entlang der Ufer des Nils ansteuern. Dabei erfahren viele Reisende die Standardinformationen über Ägypten, die man eigentlich in jedem Reiseführer nachlesen könnte. Es wird dabei jedoch oft vergessen, dass über die erste Zeit der Ägypter praktisch so gut wie nichts bekannt ist und die Einführung der dynastischen Zählweise eine neuzeitliche Eigenart unserer Ägyptologen ist.

Schon am Anfang des 20. Jahrhunderts sind die Ägyptologen durch genauere Studien über den »Stein von Palermo« bei dem Ausdruck »Regierungsjahr« zu unerwarteten Erkenntnissen gelangt. Der deutsche Ägyptologe Kurt Sethe (1869–1934) bemerkte, dass bei der Zählung der Regierungsjahre eines Pharaos für die Kennzeichnung »Jahr« nicht, wie anfänglich angenommen, die Hieroglyphe für »Re« (Sonne oder Licht) benutzt wurde, sondern das Zeichen für »Sp« (Fall oder Mal), das bei Zahlenangaben zur Anwendung kam. Durch neuere Funde zur Jahrhundertwende entdeckte man dann, dass die Regierungsjahre nicht im üblichen Sinne durchgezählt wurden, sondern sich nach hervortretenden Ereignissen ausrichteten. So weiß man, dass Ramses III. seinen Namen in goldenen Hieroglyphen eingraviert vorgefunden hatte und darauf seine Priesterschaft befragte, ob in den Annalen ein vergleichbares Ereignis vorzufinden ist. Damit wollte Ramses III. herausbekommen, ob es sich um einen Wiederholungsfall handelte oder das Ereignis zum erstenmal eintrat. Dadurch wird es schwer, bei den Ägyptern die Zeitalter technisch zu klassifizieren, wie dies zum Beispiel heute geschieht. Wenn wir vom Atomzeitalter oder vom Mittelalter sprechen, weiß jeder, welche Zeitepoche damit gemeint ist. Ägypten hingegen wird immer nur so betrachtet, als seien irgendwann Nomaden zu Bauern geworden, die durch ihre Sesshaftigkeit die erste Zivilisation gründeten, woraus eine kontinuierliche Entwicklung bis zum Computerzeitalter erfolgte. Deshalb weckt der Name Ägypten bei vielen Menschen immer nur eingeschränkte Vorstellungen, die sich lediglich auf goldüberladene Königsgräber und Tempel ausrichten, die mit Beginn der Ägypten-Forschung zu Tage gebracht werden konnten. Ebenso werden mit dem Namen Ägypten die kolossalen Baudenkmäler, wie die Pyramiden und die Sphinx, identifiziert.

**Doch wer denkt schon bei dem Namen »Ägypten« an kontrollierte Elektrizität, Unterseeboote, Flugapparate oder sogar an Raumfahrt?**

Die ägyptische Altertümerverwaltung benutzt in den Tempeln und Gräbern, die heute für eine Besichtigung freigegeben wurden, weißes Neonlicht. Das Licht soll der Farbenpracht der Hinterlassenschaft der alten Ägypter Rechnung tragen und sie dem Besucher möglichst unverfälscht zugänglich machen. Wie es allerdings die alten Ägypter bei völliger Dunkelheit geschafft haben sollen, diese farbprächtigen Malereien an den unzähligen Tempelwänden anzubringen, ist selbst heute noch unbeantwortet.

In der Welt der Römer und Griechen wurden zur Beleuchtung Fackeln und Öllampen verwendet. Wo immer heute noch Durchgänge erhalten sind, kann man an den Decken Spuren von Ruß entdecken. Im alten Ägypten aber sind in den tiefgelegensten Grabkammern keinerlei Verbrennungsspuren zu entdecken. Entweder kannten die Ägypter die Glühlampe, oder sie hatten eine besondere Technik, die Sonnenstrahlen einzufangen, um sie in ihre dunkelsten Ecken zu lenken.

**Was verwendeten die alten Ägypter als Beleuchtung wirklich?**

Eines ist sicher, sie benutzten auf gar keinen Fall Fackeln! Denn der Ruß hätte zum einen den Malereien geschadet, und zum anderen hätte die aufgekommene Hitze in Hunderten von Metern Tiefe den Arbeitern den letzten Sauerstoff geraubt. Unsere Ägyptologen sind sich geschlossen einig, dass die Ägypter sich eines ganz normalen Hilfsmittels bedienten, was auch einige heimische Führer den Reisegruppen ab und zu vorführen – des Spiegels. Jeder, der mit einem Spiegel schon einmal herumgespielt hat und ihn gegen die Sonne hält, kann feststellen, dass das Einfangen der Strahlen ohne große Erschwernis möglich ist. Nun sind unsere Ägyptologen aber auch der Meinung, dass die Ägypter ohne weiteres in der Lage waren, das Sonnenlicht selbst Hunderte von Metern in den Fels zu lenken, indem sie winkelgerecht aufgestellte Spiegel benutzten. Diese Methode lässt sich aber nur begrenzt anwenden, da die Sonne mit ihren Strahlen stets in Bewegung ist und zudem ein bewölkter Himmel sowie der Einbruch der Dunkelheit die Arbeiten fortwährend unterbrochen hätte. Somit muss es eine andere Lösung geben!

**Wie abwegig ist der Gedanke, dass die alten Ägypter ein ähnliches elektrisches Licht verwendeten, wie die ägyptische Altertümerverwaltung heute?**

Bereits im 6. Jahrhundert v.u.Z. entdeckten die Griechen die elektronischen Eigenheiten des Bernsteins. Wenn man ihn rieb, zog er leichte Körper an. Darum wurde der Bernstein schon vor 2500 Jahren von den Griechen »*Elektron*« getauft. Doch es dauerte nochmal bis 1729, als der Brite Stephen Gray die elektrische Leitfähigkeit entdeckte, wonach 150 Jahre später der Amerikaner Thomas Edison die erste voll funktioniernde Glühlampe entwickelte. Doch Artefakte, die Tausende Jahre vor dem schon Erwähnten liegen, bescheinigen uns eine wesentlich ältere Geschichte der Elektrizität!

Die Parther, ein indoeuropäisches Reitervolk, ließen sich etwa um 250 v.u.Z. am Ostufer des Kaspischen Meeres nieder. Sie gründeten ein großes Reich, das fast fünfhundert Jahre lang bestand. Etwa 110 Jahre nach ihrer Ankunft eroberten sie dann auch Mesopotamien, das Zweistromland zwischen Euphrat und Tigris. Lange vor ihnen hatten dort schon die Sumerer, Assyrer und Babylonier bedeutende Hochkulturen entwickelt.

Bei Ausgrabungen in einer parthischen Siedlung in der Nähe von Bagdad (Irak) entdeckte der Archäologe Wilhelm König 1936 eine 18 Zentimeter hohe Terrakottavase mit einem etwas kürzeren Kupferzylinder und einen oxidierten Eisenstab, mit Resten von

Bitumen und Blei daran. Man sollte es nicht für möglich halten, doch es waren tatsächlich antike Batterien unserer Ahnen! Die Batterienfunde wurden in jüngerer Zeit schon mehrmals nachgebaut. Man nahm dünnes Kupferblech und formte einen etwa 12 Zentimeter hohen und 2 Zentimeter im Durchmesser liegenden Zylinder. Mit einer Blei-Zinnlegierung wurde die Batterie dann verlötet.

(Abb.:036 Batterie)

Die Wissenschaftler vermuteten, dass die Batterien der Parther zum Vergolden von Edelmetallen verwendet wurden. Das ist in späteren Experimenten auch wirklich nachgewiesen worden. 1981 wurde im Beisein von Fachleuten aus der Stromquelle der antiken Batterie (der nachgebauten) innerhalb von nur drei Stunden eine kleine Silberfigur tatsächlich vergoldet. In vielen Museen gibt es parthische Goldschmuckstücke, und fast alle gelten als aus reinem Gold. Im Hildesheimer Museum entdeckte man jedoch, dass eine Osirisfigur eigenartigerweise wirklich aus vergoldetem Silber ist, so dass man sie abwerten musste. An einer Untersuchung von anderem, viel älterem Goldschmuck sind die meisten Museen leider nicht interessiert, um einer weiteren Abwertung der Gegenstände entgenzutreten.

Die Spannung der nachgebauten Batterien betrug immerhin 1,5 bis 2 Volt! Wir müssen hierbei jedoch berücksichtigen, dass die Parther die Batterien lediglich von den Originalen der Sumerer kopierten, und nicht annähernd über deren Leistung verfügten. Doch wenn nicht alles täuscht, haben bereits vor rund 6500 Jahren auch in Ägypten die ersten Batterien und elektrischen Beleuchtungssysteme existiert, die in Form von Wandreliefs oder auf Papyrus die trockene, lebensbedrohende Wüste überstanden haben und uns das Vorhandensein von prähistorischen Glühbirnen bescheinigen. Einer dieser Gegenstände, der auf eine vergessene Technologie rückschließen lässt, ist der sogenannte *Djed-* oder *Ded*-Pfeiler.

### Doch was soll dieser Gegenstand überhaupt darstellen?

Die Ägyptologen sehen darin ein Symbol für die »*Dauer*« oder die »*Beständigkeit*«, was sie immer eng mit dem Totenkult der Ägypter in Verbindung bringen. Der mit Gold überzogene Djed-Pfeiler aus dem berühmten Tut-Anch-Amun Grab trägt sogar einen Spruch, worin die Ägyptologen eine Wiederbelebung des Königs sehen:

> »*Ich habe dir einen Djed-Pfeiler aus Gold gebracht, mögest du dich an ihm erfreuen …*«

Hierbei ist wirklich nichts anderes als eine symbolische Grabbeigabe zu erkennen, an der der verstorbene König nach seinem irdischen Leben erfreut werden sollte. Man hatte anscheinend bereits vor 3350 Jahren die wahre Bedeutung des »*Djed*« vergessen. Denn aus Wanddarstellungen dieser Epoche sind Arbeitsabläufe überliefert, auf denen die Herstellung dieser Gegenstände dargestellt ist, die immer nur einen symbolischen Charakter aufzeigen. Doch in Memphis gab es bereits im Alten Reich eigens Rituale, bei denen die »*Priester des ehrwürdigen Djed*« die »*Aufrichtung des Djed-Pfeilers*« zelebriert haben. Die Djed-Feier, die jährlich im Monat des Choiak gefeiert wurde, begann immer mit einem Opfer, das der König der Gottheit Osiris, »*dem Herrscher der Ewigkeit*« brachte. Es war eine Mumiengestalt, die eben als Kopf jenen Pfeiler trug. Auch die Göttinnen Isis und Nephtys werden auf Tempelwänden stets vor einem Djed-Pfeiler kniend dargestellt, über den sie eine Verbindung zu der Gottheit Osiris hatten. Unter anderem sah man in dem Djed-Pfeiler die »*Wirbelsäule*« des Osiris. Vielleicht hatte man hierbei eine unverstandene Technik, die eine Person auf dem Rücken getragen hatte, fehlinterpretiert. Aber auch einer der Beinamen des ägyptischen Hauptgottes Ptah lautete »*ehrwürdiger Djed*«.

Die Weisesten Priester von König Senofru oder seines Sohnes Cheops nannte man ebenfalls Dedi oder Djedi. Sie waren im ganzen Land als Bewahrer der »*Geheimnisse der göttlichen Weisheit*« bekannt und lebten im Heiligtum von Onu/Heliopolis. Auch der jüngste Sohn von Cheops, Djedefre, unterhielt ganz besondere Beziehungen zu einem Djedi, womit sich vielleicht seine Namensgebung erklären lässt. Desweiteren waren die Djedi große

Magier und kannten sich mit der Anatomie aller Lebewesen genauestens aus.

(Abb.:037 Isis/Nephtys)

**Kannten diese Djedi auch die elektrische Leuchtkraft der Glühlampe?**

Um die Antwort zu finden, sollten wir uns in den sechsten Oberägyptischen Gau von Dendera begeben, der etwa 70 Kilometer nördlich vom heutigen Luxor lag. Dieser ist gleichzeitig der einzige Ort in Ägypten, wo ein Relief entdeckt wurde, in dem eine vollständige Tierkreisdarstellung des ägyptischen Jahres enthalten ist. Das Relief wurde später aus der Decke des Hathor-Tempels herausgesprengt und befindet sich heute im Louvre in Paris. Gerade bei der Klassifizierung des Alters dieser Funde sind sich unsere Experten immer noch unschlüssig. Die Meinungen gehen zwischen 2700 und 5800 Jahren auseinander.

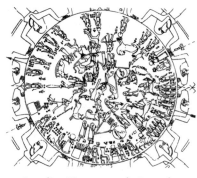

(Abb.:038 Sternenrelief)

Eine britisch-ägyptische Archäologengruppe stieß im Juli 1996 in unmittelbarer Nähe des Suezkanals auf einen völlig unerwarteten Fund. Es handelt sich dabei um 24 Grüfte, die offenbar bereits im Jahr 4500 v.u.Z. angelegt wurden und somit 6500 Jahre in die Vergangenheit gehen würden. Dabei wurden einige Stelen der ägyptischen Göttin Hathor und andere, noch nicht zuordenbare Relikte freigelegt, womit sich eine bestehende Zivilisation bereits 1500 Jahre vor der Vereinigung von Unter- und Oberägypten beweisen lässt. Denn bisher galt das Wüstengebiet am Isthmus zwischen Mittelmeer und Rotem Meer bei den Historikern als zu keiner Zeit bewohnt. Der Direktor der staat-

Direktor der staatlichen Altertümerbehörde, Doktor Abd el-Halim Nur el-Din sagt dazu:

»*Es ist möglich, dass wir einen Teil unserer Kulturgeschichte neu schreiben müssen.*«

Meiner Meinung nach wird es nicht bei einem Teil bleiben, denn der Hathor-Tempel in Dendera weist noch eine Besonderheit auf, für die unsere Experten bis heute keine akzeptable Antwort liefern konnten. In einer nur 1,12 Meter hohen und 4,60 Meter langen, stickigen, unbeleuchteten Kammer ist ein archäologisches Rätsel angebracht, das uns eine Szene mit Priestern und deren Helfer zeigt, die glühlampenähnliche, mit umsponnenen Kabeln verbundene Gegenstände tragen und eine Art Zeremonie praktizieren.

(Abb.:039 Glühbirnen)

Bislang hatten wenige Ägyptologen ein Interesse daran, diese geheimnisvollen Darstellungen an den Tempelwänden zu interpretieren. Das lag insbesondere daran, dass die in Dendera verwendeten Hieroglyphenzeichen nicht den herkömmlichen Hieroglyphen entsprechen, sondern eine Art Geheimschrift darstellen. Das bedeutet im Klartext, dass nicht nur die Gegenstände einmalig sind, sondern auch die hier verwendete Schrift. Doch wenn wir uns die Darstellungen genauer anschauen, ist eigentlich nur eine Interpretation möglich: Die von der *Glühlampe* ausführenden *Kabel* enden an einem »*Djet-Pfeiler*«, der hier wie eine riesige *Batterie* oder ein *Generator* wirkt. Es gibt noch weitere Darstellungen auf Papyrus oder in Stein gemeißelt, die uns über ähnliche Handlungen berichten. Der Schweizer Populärwissenschaftler

Erich von Däniken ist sich im Bezug auf die Darstellungen von Dendera sicher und schreibt in seinem Buch »*Die Augen der Sphinx*«:

»*... an Wänden der Krypta unter Dendera wird eine Geheimwissenschaft zelebriert: jene der Elektrizität ...*«

**Und was sagen unsere Lehrmeinungsvertreter?**

»*Alles Unsinn!*«

Wer jetzt denkt, dass die Ägyptologen mit einer sinnvolleren Interpretation aufwarten würden, der irrt sich. Diese durch den Steuerzahler finanzierte alte Beamtenzunft stößt bei den Interpretationsversuchen dieser kuriosen Tempeldarstellungen auf das Ende ihres Horizonts und bleibt uns bis heute eine Antwort schuldig. Doch glücklicherweise kommt allmählich ein junger Nachwuchs, der ganz anders motiviert ist. Der junge Ägyptologe Doktor Wolfgang Waitkus ist einer davon, der sich bereits vor seiner Studienzeit mit den Dendera-Hieroglyphen beschäftigte. Er verfasste 1991 über die Hieroglyphenzeichen seine Dissertation (Arbeit zur Erlangung der Doktorwürde) an der Universität Hamburg und lieferte dabei überraschende Erkenntnisse.

Nach den Übersetzungen von Waitkus bestanden die aus den Glühbirnen (Waitkus nennt sie nicht so) ausführenden Kabel aus Kupfer, und die blumenartigen (Lotos) Fassungen waren aus Gold. Bereits Anfang des letzten Jahrhunderts, als man nach den antiken Versuchen der Griechen in Europa und Amerika erneut anfing, mit der Elektrizität zu experimentieren, bei denen der deutsche Physiker Johann Wilhelm Ritter 1802 die »*Volta-Säule*« (Vorläufer der heutigen Batterien) erfand, wusste man um die positive Eigenschaft des Kupfers als Elektroleiter Bescheid. Auch heute wissen wir, dass Kupfer und Gold die mit Abstand besten Elektroleitungen darstellen.

**Woher aber wussten es die alten Ägypter?**

Doktor Waitkus gibt an, dass die Glühbirnen auf die Zauberkräfte der Göttin Isis zurückgeführt wurden und in den Texten als

»*leuchtende Schlangen*« oder »*Harsomtus*« (Schlangengott) bezeichnet werden. Die Hieroglyphentexte beschreiben eine Art Auferstehungsritual des Schlangengottes aus seinem Schrein, wenn die göttlichen Anweisungen und Zauberformeln richtig angewendet wurden. Das erinnert an die Vorgehensweise von Cargo-Kulten, die eine unverstandene Technologie stets fehlinterpretiert haben. Harsomust wurde nach Waitkus, als »*Oberster Herr des Sed-Festes*« betrachtet. Was das Wort *Sed* genau bedeutete, bleibt unklar, doch bei der Festlichkeit handelte es sich um eine Art »*Jubiläum*«, was immer am ersten Tag des ersten ägyptischen Monats (*Thot*) stattfand. Das Sed-Fest wurde aber nicht jährlich gefeiert, sondern nach Ablauf einer Reihe von Jahren.

Die Breite der Röhren gibt der Ägyptologe mit vier Handbreiten an, was nach unserem Metermaß 30 Zentimeter betragen hätte. Die Lotosblüte als Lampenfassung wurde von den Ägyptern mit »*... die Blume, aus der das Licht hervorgeht ...*« umschrieben. Wenn wir den technischen Vorgang einer leuchtenden Glühbirne zu erklären versuchen, sprechen wir in aller Regel von »*An-*« und »*Ausgehen*«. Doch den Glühdraht und die Stromzufuhr könnte man durchaus als »*leuchtende Schlange*« umschreiben. Interessant ist es, dass sich die Gottheit Thot und seine Priesterschaft an der Zeremonie des Lichts beteiligten, die auch als die Bewahrer der »*Anweisungen und Pläne*« zum richtigen Umgang mit der Glühbirne angesehen wurden.

**Wie weit mag der Fortschritt in Ägypten in Wirklichkeit gewesen sein?**

Als die amerikanischen Brüder Wilbur und Orville Wright 1903 den ersten Motorflug in einem Doppeldecker erfolgreich absolvierten, schaute damals mit Sicherheit niemand nach Ägypten. Denn fünf Jahre zuvor, genau genommen im Mai 1898, brachten Archäologen aus einem Grab aus der Nekropole Sakkara zwei aus Holz gefertigte Horus-Falken zum Vorschein. Bei diesen 40 Gramm Funden mit der Nummer 6347 dachte noch niemand an so etwas wie Luftfahrt. Lange Zeit hat man sie dann auch für einfache Vogeldarstellungen gehalten und mehr schlecht als recht in einer Holzkiste verstaut, so dass sie wieder vergessen wurden.

(Abb.:040 Flugzeuge)

Der heute 73jährige ägyptische Archäologe Professor Kahlil Messiha entdeckte die Artefakte 1969 wieder, denen auch noch andere Vogelfiguren mit beilagen. Professor Messiha war über die deutliche Ähnlichkeit sehr verblüfft, die die Horus-Falken zu unseren modernen Flugzeugen hatten.

Gleich auf den ersten Blick gaben die Modelle Tragflächen, Höhen- und Seitenflossen und einen mächtigen Rumpf eines Segelflugzeuges zu erkennen. Die Rumpflänge betrug etwa 15 Zentimeter und die Spannweite etwas mehr als 18 Zentimeter. Sie wurden aus leichtem Sykomorenholz angefertigt und glitten, wenn man sie in die Luft warf, über eine kurze Strecke dahin. Unsere Forscher haben ihre Entstehung um das Jahr 200 v.u.Z. datiert und halten sie im Antiken Museum in Kairo unter Verschluss. Nach der Wiederentdeckung dieser Flugzeugmodelle wurde im Dezember 1971 ein Komitee von Archäologen und Luftfahrtexperten gegründet, die die Modelle untersuchten. Das Team bestand aus Doktor Henry Riad, damaliger Direktor des Ägyptischen Altertum-Museums, Doktor Hishmat Nessiah, damaliger Direktor des Departements für Altertümer, Doktor Abdul Quader Selim, deligierter Direktor des Ägyptischen Museums für Altertumsforschung und Kamal Naguib, Vorsitzender des Ägyptischen Flugverbandes.

(Abb.:041 Flugzeuge)

Als besonders bemerkenswert empfanden die Komiteemitglieder die Wölbung der Tragflächen, die gerade durch ihre Form einen Auftrieb erzeugen, sowie die negative V-Stellung der Flügelspitzen, die eine Stabilität gewährleisten. Eigentlich ist das Ergebnis dieser Erkenntnisse der Beweis für das Wissen jahrelanger, experimenteller Arbeit in der Aerodynamik. Schon nach einer kurzen Untersuchung vermuteten die Forscher, dass es sich um die Modelle größerer Flugzeuge handelte, wie möglicherweise eines »Motorseglers«. Die antiken Originale könnten für den Transport schwerer Lasten konzipiert gewesen sein und eine Geschwindigkeit von bis zu 95 km/h erreichen.

Das Komitee war von der großen Bedeutung dieser Entdeckung so überzeugt, dass es am 12. Januar 1972 kurzentschlossen eine Sonderausstellung in Kairo veranlasste. Ferner wurden die »Vogelmodelle« in anderen Sammlungen noch einmal genauer untersucht. Man fand tatsächlich noch über 12 weitere ähnliche Segelflieger auch in anderen Gräbern, die von Doktor Abdul Quader Hatem, Vertreter des damaligen Premierministers, und von dem damals amtierenden Luftfahrtminister Ahmed Moh der Öffentlichkeit präsentiert wurden. Doch mit der Annahme, dass es sich bei diesen Funden tatsächlich um Flugzeugmodelle handeln könnte, können die westlichen Archäologen eigenartigerweise nichts anfangen. Professor Messiha ist jedenfalls davon überzeugt, dass es sich um »Flugzeugmodelle« handelt und nicht etwa um Kinderspielzeug. Der Archäologe sagt:

> »Sollten die größeren Originale dieser Holzmodelle unter dem Wüstensand begraben liegen, könnte es uns durchaus eines Tages gelingen, sie der Wüste wieder zu entreißen.«

Diese antiken Modelle stellen unsere Vorstellungen von der Entwicklung der Technik wieder einmal erheblich in Frage. Es sind aber nur einige von unzähligen seltsamen und rätselhaften Funden, die die Spekulationen über die wissenschaftlichen Kenntnisse und technischen Fähigkeiten unserer Ahnen erneut zur Diskussion stellen. Doch unsere Lehrmeinungsvertreter gehen diesen Diskussionen gerne aus dem Weg, obwohl es auch südlich von Thinis innerhalb des 8. Gaues einiges an Rätseln gibt, was die vorhergenannten technischen Fähigkeiten unserer Ahnen unterstreicht.

Am Rande der westlichen Wüste lag ein Gebiet mit dem Namen Abôdew, das es zu einem höheren Ansehen gebracht hatte und zur Gau-Hauptstadt wurde. Die Kopten nannten diesen Ort Abôt und die alten Griechen Abydos. Die Stadt Abydos war gleichzeitig das

Zentrum des Totenkultes von Thinis und einer der heiligen Pilgerorte des Nillandes. Die Gründung von Abydos stand mit einem Totengott, der Chontamenti hieß, in Verbindung, deren Gründung weit in die vorgeschichtlichen Zeit zurück reicht. Nicht nur Königsgeschlechter ab der ersten Dynastie, sondern auch vordynastische Könige wurden in diesem Gebiet bestattet. Während der fünften Dynastie eroberte der Totengott Osiris die Stadt Abydos und wurde der Herrscher über alles Irdische. Die Gottheit führte den Acker- und Weinbau ein und wurde von den alten Ägyptern der »der Vollendet« genannt. Dieser Gott war aus dem 9. Gau (*Dedu*) Unterägyptens nach Abydos übertragen worden, von wo er über die Erde herrschte, bis ihn sein Sohn Horus ablöste.

In dem Osiris-Mythos wird über den Bruder der Gottheit Seth berichtet, der die Herrschaft an sich reißen will und einen Plan ausheckt, Osiris zu ermorden. Bei einer Festlichkeit, die Seth unter einem Vorwand seines Planes veranstaltet, gelingt es ihm schließlich, Osiris zu überlisten und auf bestialische Art und Weise umzubringen. Danach zerstückelt Seth die Leiche seines Bruders und verstreut die einzelnen Körperteile über Unter- und Oberägypten. Die Schwester und Gemahlin des Osiris, die Göttin Isis, macht sich auf, nach diesen Körperteilen zu suchen. Nach der Erzählung gelingt es Isis tatsächlich, die Körperteile ausfindig zu machen, doch der Phallus des Osiris bleibt unauffindbar. Isis begibt sich mit den Körperteilen nach Abydos und breitet sie danach im sogenannten *Osireion* aus, um sie wieder zusammenzusetzen. Dabei gelingt es ihr, Osiris für eine kurze Zeit ins irdische Leben zurückzuholen und mit ihm, obwohl ohne Phallus, ein Kind zu zeugen, das sich dann später als Horus in den Götterlisten verewigt. Osiris hingegen wird zum König der Unterwelt und regierte fortan die Amduat.

**Von welchem Zeitabschnitt der ägyptischen Geschichte mag in diesem Myhtos die Rede sein?**

Der amerikanische Pyramiden-Forscher John Anthony West will handfeste Beweise dafür gefunden haben, dass die herkömmliche altägyptische Chronologie bis auf 12500 Jahre in die Vergangenheit reicht, oder sogar eine andere, noch unbekannte moderne Zivilisation schon am Nil lebte. Im Vordergrund von Wests Theorie stehen der geheimnisvolle *Osireion*, wo Isis den Kopf des Osiris vorgefunden hatte, sowie die Sphinx und der Taltempel in Giseh. John A. West weist auf eindeutige Spuren von Wassererosionen hin, die er an den Bauwerken festgestellt haben will, obwohl sie in der Wüste stehen. Daraus zieht West Rückschlüsse und behauptet:

»*Sie können nur während der ungewöhnlich feuchten Regenperiode um 10500 v.u.Z., gegen Ende der letzten Eiszeit verursacht worden sein.*«

Der Sethos-Tempel, in dem der Osireion integriert scheint, wurde um 1400 v.u.Z. von König Sethos I. begonnen und von dessen Sohn Ramses II. vollendet. Der Tempel trug den Namen »*Haus der Millionen Jahre*« und war dem Gott Osiris geweiht. Jeder Ägypter musste mindestens einmal in seinem irdischen Leben diesen Ort als Pilger aufsuchen. Doch in Wirklichkeit wurde König Sethos I. nicht in Abydos, sondern im Tal der Könige beigesetzt. Als die Archölogen anfingen, die ersten bedeutenden Mumien freizulegen, fand man die Leichname von Sethos I. und Ramses II. im Grab von Königin Inhapi, wo schließlich auch Ramses I. geborgen wurde. Die Verwirrung der Ägyptologen komplettierte sich, als der französische Archäologe Victor Lorét im Grabe von Amenophis II. die Mumie von Amenophis III. im Sarkophag Ramses III. verschlossen mit dem Sarkophagdeckel von Sethos II. entdeckte.

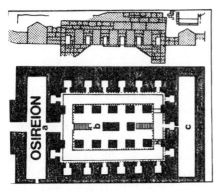

(Abb.:042 Osireion)

Der Osireion von Abydos wurde 15 Meter unter dem Tempelniveau angelegt und besteht aus einer schlichten megalithischen Bauweise, was in Ägypten ein zweitesmal nur in Giseh am Taltempel zu beobachten ist. Dieses Gebäude enthält einen Raum, der von Wasser umflossen ist und in der Mitte einen mächtigen Steinblock (Sarkophag) des Osiris beherbergt. Nach Plutarch (Peri Isidos,

Kap. 20) soll hier immer noch der Leichnam des ägyptischen Gottes liegen. Aber auch der griechisch-römische Geograph Strabon berichtet in seinem 17. Buch, Kap. 44:

»*Oberhalb von diesem liegt die Stadt Abydos, in der der Königsbau Memnoneion (Osireion) sich befindet, der in bewunderungswürdiger Weise gebaut ist, ganz aus Stein in der selben Ausführung wie wir sie von dem Labyrinthos angegeben haben, jedoch nicht so vielfach verschlungen. Man findet in der Tiefe ferner eine Quelle, so dass man zu ihr hinabsteigen muss durch unterirdische Gänge, die in Windungen hinabführen und durch Monolithen von gewaltiger Größe und Bauart gebildet werden.*«

Die früheste Untersuchung am Osireion ab der Neuzeit wurde bereits im Jahre 1726 von dem aus Dijon stammenden Franzosen Tourtechot Granger vorgenommen. Grangers Tagebuchaufzeichnungen ist zu entnehmen, dass der gesamte Tempelkomplex unter dem Wüstensand der Sahara verborgen lag und nur einige Pfeiler, die nicht umgestürzt waren, eine Anlage vermuten ließen. Durch eine Seitenöffnung, die sich nordöstlich an der Bauanlage befand, gelangte der Franzose schließlich in die Tempelanlage. Doch die Entdeckung geriet wieder in Vergessenheit, bis ein anderer Franzose auf das Bauwerk wieder aufmerksam wurde. Es war kein geringerer als Auguste Mariette, der den Tempelkomplex im Jahre 1859 von den Sandmassen befreien ließ. Eine richtige Forschung am Sethos-Tempel jedoch wurde erst seit 1903 von den Briten W.M.F. Petrie und Margeret Murray betrieben, die Teile einer Halle und eines Ganges freilegten. Später fanden Petrie und Murray zwischen der Rückseite der entdeckten Halle und an der Begrenzung zum Sethos-Tempel ein weiteres unterirdisches Gebäude, dass sie mit dem von dem Historiker Strabon erwähnten *Brunnen* identifizierten. Im Jahre 1912 stieß Professor Edouard Naville vom Egypt Exploration Fund mit ins Team, wo unter seiner Leitung eine lange Querkammer und ein aus Granit gehauenes Steintor zum Vorschein kamen. Nach einer zweijährigen Untersuchungsphase kam der Professor letztendlich zu dem Entschluss, dass der Osireion aus einer sehr frühen Epoche stammen muss, wo auf jegliche Ornamentik verzichtet wurde und die Erbauer in der Lage waren, über 100 Tonnen schwere Steinblöcke zu verbauen. Naville vertrat sogar die Ansicht, den Osireion als das älteste ägyptische Bauwerk anzusehen.

Bis 1933 blieb die Ansicht von Professor Naville über das älteste ägyptische Bauwerk auch unangetastet. Doch sein Nachfolger, der junge Professor Henry Frankfort, ordnete mit widersprüchlichen Indizien den gesamten Tempelkomplex der neunzehnten Dynastie um 1400 v.u.Z. zu, und dabei blieb es dann auch. Doch bei einer Studienreise der Ancient Astronaut Society im Jahre 1990 gelang es dem Österreicher Herbert Regenfelder, einige kuriose Hieroglyphenzeichen an einem Deckenbalken der Säulenhalle im *Sethos-Tempel* zu fotografieren, die weiter in die Vergangenheit reichen müssen als nur 3500 Jahre. Ein ägyptischer Mitarbeiter des Sethos-Tempels machte die Studiengäste der AAS-Organisation auf diese Hieroglyphen aufmerksam. Die eigentümlichen Hieroglyphen zeigen die Umrisse (Gravuren) eines Helikopters, einen Panzer und ein Unterwasserboot.

(Abb.:043 Helikopter)

Immer wenn der Deutsche Heinrich Focke (1890–1979), der Erfinder des ersten flugfähigen Helikopters, auf seine Erfindung angesprochen wurde, winkte er ab. Focke sagte stets, es sei nicht sein geistiges Produkt, sondern das des Universalgenies Leonardo da Vinci. Doch wie uns dieses Tempelrelief nahe bringt, war es auch nicht das geistige Kind von da Vinci, sondern bereits eine Erfindung der mysteriösen Gottheiten der alten Ägypter. Es wurden bisher in ganz Ägypten keine anderen oder zumindest ähnlichen Hieroglyphen entdeckt, die wie hier in ihrem Aussehen an technische Geräte oder Maschinen des 21. Jahrhunderts erinnern.

**Sind es vielleicht Fälschungen?**

Versuchen wir, der Beantwortung dieser Frage mit dem Analysieren der Geschichte des U-Bootes näher zu kommen. Seit 1775 werden nicht nur in Amerika (*Turtle*), sondern auch in Europa U-Boote entwickelt, die für die breite Bevölkerung in aller Regel unbekannt geblieben sind. Der deutsche Ingenieur Werner Bauer entwickelte danach im Jahre 1850 den sogenannten »Brandtaucher«. Und am 13. Mai 1996 berichtete die Tagespresse in einem eher unscheinbaren kleinen Randartikel über ein neu aufgefundenes U-Boot, das in der Nähe des Hafens von Charleston (USA) entdeckt wurde. Das erstaunliche bei diesem 12-Meter-Gefährt war, dass das U-Boot bereits im Jahre 1864 im Bürgerkrieg zwischen den Konföderierten Truppen und den Nordstaaten im Einsatz war. Die eiserne »Hunley« wurde mit Muskelkraft angetrieben und mit Kerzen beleuchtet. Man versenkte mit dem U-Boot sogar ein Nordstaatler-Schiff, ehe es selbst von den Meeresfluten in die Tiefe gezogen wurde und seither verschwand. Schließlich gelang es dem aus Manchester stammenden Briten George Garrett (dem Begründer der »Submarine Navigation Company«) im Dezember 1879, das erste mechanisch betriebene U-Boot »Resurgam« zu entwickeln, das bereits auf 150 Meter Tiefe gehen konnte. Das zylinderförmige, 15 Meter lange 33-Tonnen-Gefährt war am Bug und am Heck spitz zulaufend und wurde von drei Besatzungsmitgliedern bedient, die eine Dampfmaschine betrieben. Bei den Manövern der Resurgam musste die Mannschaft eine stickige Hitze von 37,5 Grad ertragen. Doch schon im Februar 1880 versank das U-Boot in einer Wassertiefe von 150 Metern und konnte erst 1995 wiederentdeckt werden. In nur 200 Jahren Entwicklung haben wir es somit zum riesigen Atom U-Boot gebracht und planen zur Zeit Unterwasser-Stationen, die dauerhaft mit Menschen besetzt werden sollen.

**Doch wie sieht es mit der Zeit vor 1775 aus, gab es schon U-Boote?**

Der Begründer der Religion der Mormonen war ein gewisser Joseph Smith (1805–1844), der im letzten Jahrhundert das Buch »Mormon« aus einer nicht genannten Quelle bezogen hatte. Das, was in diesem Buch erstaunt, ist eine seltsame Seereise von Jerusalem nach Südamerika, die schon weit vor Christoph Kolumbus (1451–1506) um das Jahr 600 v.u.Z. getätigt worden sein soll. Eine geheimnisvolle Person, die »der Herr« genannt wird, befahl dem Volk der Nephiten, acht Schiffe zu bauen, womit sie dann Amerika erreichten. Das interessante dabei ist, dass die Baubeschreibung der Schiffe auf U-Boote rückschließen lässt:

*»... Und sie waren so gebaut, dass sie außerordentlich dicht waren und dass sie wie ein Gefäß Wasser halten würden. Boden und Seiten der Schiffe waren dicht wie ein Gefäß; die Enden waren spitz; und das Oberteil hielt dicht wie ein Gefäß. Sie hatten die Länge eines Baumes, und wenn die Türen verschlossen waren, dann war sie dicht wie ein Gefäß ...«*

Nach der Fertigstellung der wasserdichten Schiffe bemerkte das Volk, dass wenn die Luken verschlossen wurden, es im Inneren der Schiffe sehr dunkel wurde. Daraufhin vergab *»der Herr«* sechzehn leuchtende Steine, für jedes Schiff zwei, die 344 Tage helles Licht spendeten. So unglaublich diese Überlieferung auch klingen mag, ich habe sie nicht erfunden, es ist ein Zeugnis unserer Vorgeschichte. Es existieren aber auch aus Ägypten schriftliche Überlieferungen, die uns schon das Vorhandensein von U-Booten erkennen lassen.

Das Wort *»hermetisch«* kommt aus dem Griechischen und bedeutet zu deutsch *»unzugänglich«*. Es stammt aus der Schriftsammlung der sogenannten *»Hermetica«*, die in Ägypten um 200 n.u.Z. von unbekannten Gelehrten verfasst wurde und in einer freien Schriftform niedergeschrieben ist. Die Schriften enthalten okkulte Weisheiten des Gottes *»Hermes Trismegistos«* (Hermes der dreimal Größte) aus Astrologie, Magie, Medizin, Mystik, Religion und werden in den Augen unserer Schulwissenschaftler zu einem *»Mysterium«*, weil sie als Zweitaufgüsse älterer, echter Mysterien angesehen sind, die man zum Beispiel bei den Freimaurern als *»Dunkles Geheimnis«* bezeichnet. Hermes Trismegistos war wiederum der griechische Name für *»Thot«*, dem ägyptischen Gott der Schrift und Gelehrsamkeit.

Der Orientalist Robert K.G. Temple schreibt, dass Hermes Trismegistos offenbar eine Rasse von Lebewesen repräsentierte, die den Erdenbewohnern die Kultur beibrachte und danach seinen Götterverwandten folgte und zu den Sternen aufstieg. Nachdem Hermes Trismegistos die Erde verlassen hatte, um zu den Sternen zurückzukehren, wies er vorher eine oder mehrere Personen, die *»Thot«* hießen, in die himmlischen Mysterien ein, worin Robert K.G. Temple eine Anspielung auf die altägyptische Priesterschaft sieht, was wir im Kapitel 5 ausführlicher behandeln werden.

Die Schriften des »*Poimandres*« aus der Hermetica berichten uns, dass Hermes Trismegistos als Magier unzugängliche Gefäße erfunden habe, die sich luft- und wasserdicht verschließen ließen, womit auch Reisen zur See möglich waren.

## Ist hier ebenfalls von U-Booten die Rede?

Nach der Meinung unserer Fachleute sollen die Erzählungen auf Platons Atlantis-Bericht gestützt sein, doch die Kopten sagen, dass das Wissen aus den Büchern der alten Ägypter stammt. Vielleicht ist an beiden Behauptungen etwas dran, doch schauen wir hierzu erst einmal auf einen Bericht von dem Kirchenvater Eusebius:

»... *Und im ersten Jahre sei erschienen aus dem Roten Meere eben dort inmitten des Gebietes der Babylonier ein furchtbares Untier, dessen Namen ›Oan‹ heiße; wie denn auch Apolodoros berichtet in seinem Buche: dass sein Körper der eines Fisches war, und unter dem Kopfe des Fisches war ein anderer Kopf an jenen angefügt; und am Schweife Füße wie die eines Menschen; dessen Bild noch bis jetzt in Zeichnung aufbewahrt werde...*«

Die Überlieferung berichtet uns unmissverständlich über ein technisches Gefährt, das von einem Steuermann gelenkt wird. Entweder hatte der Verfasser des Werkes eine Eingabe wie der Franzose Jules Verne (1828–1905) bei seinen halbwissenschaftlichen und utopischen Abenteurromanen (z. B. über die Nautilus), oder aber er berichtete über die schon bestehenden technischen Errungenschaften unserer Urahnen, die in den Gegenden des Verfassers unbekannt waren. Heute wissen wir, dass diese Überlieferung auf die verlorenen Keilschrifttafeln des babylonischen Priesters Berossos zurückgeht und die Zeiten beschreibt, als auf der Erde die Götter herrschten. Es sei an dieser Stelle angemerkt, dass nicht nur Hermes Trismegistos mit einer ägyptischen Gottheit identisch ist, auch Apolodoros entspricht einer ägyptischen Gottheit. Apolodoros ist kein geringerer als die ägyptische Gottheit Horus, der Sohn der Isis und des Osiris. Damit wäre das Gefährt wieder auf die ägyptische Kultur zurückzuführen, da ein Hinweis auf ein Horus-Buch ergeht. Aber lesen wir weiter.

»... *Und von demselben Tier sagt er, dass es tagsüber mit den Menschen verkehre und irgendwelcher Speise sich durchaus nicht nahe; und es lehre die Menschen die Schriftkunde und die mannigfaltigen Verfahrensweisen der Künste, die Bildung von Städten und die Gründungen von Tempeln; auch der Gesetze Handhabung sowie der Grenzen und der Teilungen Bedingungen lehre dasselbe; auch Getreide und der Früchte Ernten zeigte dasselbe; und überhaupt alles, was nur immer dem gesellschaftlichen Leben der Welt von statten kommt, überliefere es den Menschen; und seit jener Zeit werde von keinem anderen mehr etwas erfunden.«*

Unmissverständlich wird es hier deutlich, dass von einem Kulturbringer die Rede ist, der am Tage in einem technischen Fahrzeug fortwährend die Menschheit aufsuchte. Im weiteren Text wird sogar berichtet, dass Oan nicht ein Einzelstück war, sondern im Laufe der Zeit mehrere dieser Wasserfahrzeuge erschienen.

*»Und bei Sonnenuntergang tauche das Untier Oan wieder zurück in das Meer unter und gehe nachtsüber in der hohen See zur Rüste; so dass es gewissermaßen ein doppellebiges Leben lebe. Auch später seien noch andere, diesem ähnliche Untiere erschienen: über welche, sagt er, im Buche der Könige Meldung geschehe. Und von Oan sagt er, es habe dieser über die Schöpfung und das Staatswesen geschrieben und habe verliehen Sprache und Kunstfertigkeit den Menschen.«*

Später wird noch erwähnt, dass man die Wasserfahrzeuge (den Oan) im »*Tempel von Belos*« auf Tempelwänden abgebildet und aufbewahrt habe. Die Hieroglyphenzeichen im Sethos-Tempel selbst sind eigentlich schon merkwürdig genug, aber dass sie auch durch alte Schriften komplettiert werden, müsste uns eigentlich so langsam aufwachen lassen.

Dabei kennen wir alle ein Gefährt aus der Bibel, was für die Große Sintflut konstruiert wurde und ebenso fast unter Wasser fuhr: die Arche-Noah. Auch ihr Ursprung ist älteren Datums und liegt eigentlich in der sumerischen (Mesopotamien) Mythologie. Die mesopotamischen Noahs sind *Atra-Hasis*, *Utnapischtim* und *Ziusudra*, die von der Gottheit Ea/Enki den Auftrag zum Bau der Arche erhalten, den die alten Keilschrifttexte als einen SU.ILI bezeichnen. Das hebräische Wort »*Soleleth*« ist die heutige Bezeichnung für U-Boote. Alles nur Zufall?

Aus offizieller Stelle hat es bis heute keine Berichte über diese kuriosen Hieroglyphen gegeben, so dass ich mich mit dem Anliegen an den Philologen Doktor Rolf Krauss gewendet habe. Doch da Doktor Krauss diese Hieroglyphenzeichen bisher noch nie gesehen haben will, vertrat er in einem Telefonat vom 2. Juli 1996 die Ansicht, dass es »*... Unsinn!*« wäre, solche Hieroglyphen an ägyptischen Tempelwänden vorzufinden. Das ist auch eine Antwort! Dabei braucht man nur nach Abydos zu fahren und den Sethos-Tempel zu betreten, um eines Besseren belehrt zu werden. Gleich am ersten Deckenbalken (links) der Säulenhalle ist diese Kuriosität dargestellt.

**Weshalb finanzieren wir diese Arbeitsplätze mit unseren Steuergeldern überhaupt noch, wo man an Neuigkeiten nicht sonderlich interessiert zu sein scheint?**

Um noch einmal auf den Osiris-Mythos zurückzukommen: Alle Körperteile von der Gottheit Osiris, die von seiner Gemahlin geborgen werden konnten, befanden sich in altägyptischen Provinzen, die im nachhinein von den Ägyptologen lokalisiert werden konnten. Ich möchte hierbei noch einmal das Augenmerk auf den Kopf lenken, der ja, wie schon berichtet, von Seth in Abydos versteckt wurde.

**Könnte es sich bei dem Kopf vielleicht um eine magische Kopfbedeckung gehandelt haben?**

Immer wenn Osiris auf den Tempelwänden oder auf Papyrus dargestellt wurde, trug er als Kopfbedeckung entweder einen *Djet-Pfeiler*-ähnlichen Helm oder die 62,5 Zentimeter hohe *Atef-Krone*, die an den weißen, kegelförmigen Kriegshelm von Oberägypten erinnert. Bis heute gelang es unseren Archäologen nicht ein einziges Mal, bei ihren Ausgrabungen einen der Königshelme zu bergen. Nur aus den unzähligen Tempelabbildungen sowie von Darstellungen auf Papyrus und Steingravuren konnte uns das Aussehen der Kopfbedeckungen überliefert werden. Entweder bestanden die Kopfbedeckungen aus einem Material, das die Zeit nicht überdauern konnte, oder aber es waren Kopfbedeckungen, die über technische Eigenschaften verfügten. In einer Überlieferung aus dem ägyptischen Totenbuch wird erzählt, wie die Gottheit Osiris durch das Aufsetzen der Atef-Krone erkrankte. Demnach soll die Kopfbedeckung »*Hitze*« ausgestrahlt haben, worauf der Kopf der Gottheit angeschwollen ist und sich Eiter ansammelte. Eine andere Gottheit, die Ra oder Re hieß, fand Osiris sich krümmend herumsitzen und bemerkte sofort, dass Osiris die Kopfbedeckung krank machte. Daraufhin nahm Ra dem Gott die Kopfbedeckung ab und schnitt ihm den Kopf auf, damit das Blut und der Eiter abfließen konnte, wodurch Osiris wieder genesen ist.

(Abb.:044 Osiris)

Ich will mich nicht unbedingt darauf verbeißen, dass sich in Osiris' 62,5 Zentimeter großer Kopfbedeckung Batterien oder etwas ähnliches befunden haben könnten, aber gerade die Gottheit Ra ist ein ideales Beispiel für technische Errungenschaften unserer Urahnen, was von uns lediglich wiederentdeckt worden zu sein scheint.

Wie wir aus den alten ägyptischen Inschriften erfahren, war Ra als Sonnengott »*Herr der beiden Welten*«, der »*Sonnenscheibe*« und von dem »*Abgrund des Himmels*«. In der ägyptischen Mythologie geht Ra als Sohn des Gottes *Ptah* und der Göttin *Net* hervor. Ra wird in aller Regel sperberköpfig dargestellt und trägt eine rote Sonnenscheibe mit einer Schlange auf dem Haupt. Erschien Ra jedoch mit einem menschlichen Kopf, so ist sein Gesicht immer rot abgebildet. Aber auch die Sphinx als liegender Löwe gilt als Symbol des Ra. In der Stadt Onu/Heliopolis war die Verehrung des Ra am größten. Und genau hier aus Onu stammen auch die wundersamen Obelisken her, die eigentlich keinen praktischen Nutzen zu haben scheinen.

**Welche Idee mag wohl für die Entstehung der ägyptischen Obelisken zugrunde gelegen haben?**

In Berlin, in Istanbul, in London, in Paris, in Rom, in New York und in Washington, überall kann man Obelisken bewundern, die ursprünglich im alten Ägypten hergestellt wurden. Sie sind aus dem meterhohen Schutt und Schlamm der altägyptischen Vergangenheit freigelegt und wieder aufgerichtet worden. Alleine in der italienischen Metropole Rom stehen 13 dieser aus Stein gehauenen *Riesenpfeiler*, die in den Himmel zeigen. Im Gegensatz zu Rom besitzen die Ägypter lediglich fünf freigelegte Obelisken. Die meisten Obelisken wurden erst während des »*Neuen Reiches*« errichtet und das immer paarweise vor den Eingangspylonen der Tempel. Dabei handelte es sich um gewaltige Monolithen aus Granit, die in aller Regel aus dem Steinbruch von Assuan stammten. Noch heute liegt dort ein Zeitzeuge, ein 1100 Tonnen schwerer Obelisk von 41,76 Metern Länge, der während seiner Herstellung beim Herauslösen zerbrochen ist. Andere Obelisken bringen dagegen im Durchschnitt nur 200 Tonnen auf die Waage. Die Geologen vermuten, dass mindestens 130 Steinmetze mit den Auswuchtungsarbeiten an einem Obelisken in den Steinbrüchen beschäftigt waren.

(Abb.:045 Istanbul)

Als ich im März 1996 nach Istanbul reiste, interessierten mich nicht nur die zwei Obelisken in Sultan-Ahmet, sondern auch die Moscheen im Hintergrund, deren Minarette wie die Obelisken zum Himmel zeigen. Die einheimische Bezeichnung der Minaretten lautet »*Mina-re*« und bedeutet zu Deutsch »*Leuchtturm*«. Die neue Architektur der Minarette war ein Mitbringsel aus dem Ägyptenfeldzug der Osmanen, die 1512 in Ägypten einmarschiert waren. Wenn wir uns jedoch das Wort MIN-A-RE genauer anschauen, erkennen wir in dem Wort *Min* den ägyptischen Gott der Fruchtbarkeit und der Zeugungskraft, der auch Herr der östlichen Wüstenstraßen war. Und in der Silbe Re finden wir den Urheber der Obelisken, den Sonnengott Ra.

(Abb.:046 Obelisk)

**Was hatte es mit den Obelisken auf sich, die eigentlich keinen praktischen Nutzen hatten?**

Das Wort *Obelisk* stammt aus dem alten griechischen Wort *obeliskos*, was ganz einfach *Fleischspießchen* bedeutete. Die Ableitung erfolgte von dem Oberbegriff *obelós*, das man mit Bratspieß, Spieß oder Spitzsäule übersetzen kann. Die Bezeichnung, die die arabischen Eroberer für Obelisken verwendeten, war *misallat faraun*, was die »große Nadel des hohen Hauses« bedeutet. Doch die altägyptische Bezeichnung *thn* (techen) hat mit den vorhergenannten Wörtern nur entfernt etwas zu tun. Der Begriff ist in den Pyramidentexten mit dem Bild eines stoßenden Stieres geschrieben und stellt einen Kraftakt dar. Das Wort *thn* könnte wiederum eine Ableitung von dem Verb *thnj* (techenj) sein, was »*das Auge verletzen*« oder »*den Himmel verwunden*« bedeutet. Der Straßburger Philologe Doktor Wilhelm Spiegelberg übersetzte bereits 1917 aus einem Pyramidentext folgendes Zitat, das an die Göttin Isis gerichtet ist, was die Herleitung des Begriffes *thn* aus *thnj* bestätigt:

*»... zwei große Obelisken stehen fest draußen vor ihnen und schneiden die Wolken des Himmels ...«*

Das mit »*die Wolken des Himmels schneiden*« kann durchaus als ein Hinweis auf ein Fluggerät angesehen werden, was unseren Raketen entsprechen könnte. Es gibt aber noch einen weiteren Hinweis aus Philologenkreisen, wonach das Wort *thn* nicht wie geschildert von dem Wort *thnj* hergeleitet wurde, sondern aus *hnj* (chenj). Das Wort *hnj* wiederum, bedeutet »*niederschweben*«, wobei das *t* als die vor dem Wortstamm gesetzte Silbe zu erklären wäre, wie zum Beispiel bei dem Wort ver-(fliegen).

**Waren die ägyptischen Obelisken somit ein Symbol für die Kenntnis von Raumfahrt in der Vergangenheit?**

Aus verschiedenen Überlieferungen ist bekannt, dass die alten Ägypter die Obeliskenform vom sogenannten *Benben-Stein* herleiteten, der ein Meteorit gewesen sein könnte, wie der vom islamischen Pilgerort Mekka (Saudiarabien), den einst der biblische Prophet Abraham gefunden und mitgebracht hatte. Es existieren heute in mehreren Museen Eisenmeteoriten, die zudem einer Pyramidenform ähneln. Doch die Texte berichten ja nicht nur von »*niederschweben*«, sondern auch vom in den Himmel wieder zurückkehren. Abrahams Gegenstand war anfangs jedenfalls ein heller Stein, der sich später verdunkelte und heute im Heiligtum der Kaaba verwahrt wird.

(Abb.:047 Benben)

Was das ägyptische Wort *Benben* (*bnbn*) genau bedeuten könnte, ist bis heute nicht eindeutig geklärt, da man dieses Objekt nur aus Inschriften kennt. In jedem Fall stand der Benben-Stein mit dem Phönix-Mythos in Verbindung, der bei der Weltschöpfung auf dem Urhügel erschien. Nach der Legende war der Phönix ein Adler mit teils rotem und teils goldenem Federkleid, der sich alle 500 Jahre selbst verbrannte, um aus der Asche neu aufzusteigen. Deshalb galt der Phönix auch als die Seele von Osiris, da er als Sinnbild des sich erneuernden Lebens angesehen wurde.

(Abb.:048 Phönix)

Der Phönix-Vogel wurde aber auch als Verkörperung des Gottes Ra angesehen und besaß in Heliopolis eine eigene Wohnstätte, zu der es regelrechte Pilgerfahrten gab. Aus dem Totenbuch erfahren wir, dass das Benben-Haus »*Geheime Dinge des Ra*« enthielt, wobei es sich um neun Gegenstände handelte, die leider nicht weiter erklärt werden. Ein König der fünfundzwanzigsten Dynastie mit dem Namen Pi-Ankhi (um 750 v.u.Z) hat uns auf seiner Stele einen Bericht hinterlassen, worin er von seinem Besuch am Het-Benben in Heliopolis erzählt:

»... *Pharao Pi-Ankhi stieg die Treppe zum großen Fenster hinauf, um den Gott Ra im Benben zu sehen. Der Pharao stand ganz allein und entriegelte die beiden Torflügel, dass sie offen waren. Da sah er seinen Vater Ra im offenen Heiligtum im Glanz des Het-Benben. Er sah den Maad, Ras Barke, und er sah Sektet, Atums Barke.*«

In diesem Gebäude sehen die Ägyptologen einen heiligen Ort, an dem die ägyptischen Totenschiffe aufbewahrt oder vielleicht sogar repariert wurden. Doch vieles spricht gegen »*Schiffe*« im herkömmlichen Sinn. Unsere Archäologen konnten 1936 ein steinernes Modell des Benben finden, das aus dem Jahr um 1700 v.u.Z. stammen soll und im Ägyptischen Bode-Museum in Berlin bewundert werden kann. Es ist eine Nachbildung des Priesters *Ptah-Mose* (der Sohn des Ptah), das von den Ägyptologen mit einer Sonnenanbetung interpretiert wird. Es ist aber nicht von der Hand zu weisen, dass die Person, die in dieser Plastik dargestellt wurde, einen Helm trägt und eher aus einer Luke hinaus zu blicken scheint, als zur auf- oder untergehenden Sonne.

Kann es sich somit beim Het-Benben um einen prähistorischen Flughafen gehandelt haben?

Wie den alten Texten weiter zu entnehmen ist, wurde das Gebäude von zwei Göttergruppen bewacht. Da waren vier Götter, die außerhalb des Het-Benben wachten, und acht innerhalb des Gebäudes. Diejenigen Götter, die außerhalb standen, betraten den Het-Benben nur, um die Opfergaben der Pilger hineinzubringen.

(Abb.:048a Pilot)

Die alten Ägypter brachten die Maad-Barke Ras gelegentlich mit dem Wüstengott Min in Verbindung, der zudem als »*Gott des Donners*« verehrt wurde. Vielleicht war damit das Donnern einer Rakete gemeint, was Düsentriebwerke in aller Regel verursachen. Doch die Raumfahrtbehörde der Amerikaner hat jetzt etwas Neues entwickelt, was für Aufklärung sorgen könnte.

Die im Jahre 1953 gegründete US-Raumfahrtbehörde NASA (National Aeronautics and Space Administration) hat am 2. Juli 1996 in Pasadena (USA) das neue Modell eines Raumschiffes vorgestellt, mit dem die Raumfahrt revolutioniert werden soll. Gebaut wird es vom US-Luft- und Raumfahrtkonzern Lockheed-Martin, damit ab dem Jahr 2002 die Teile für die geplante Weltraumstadt »*Alpha*« ins All transportiert werden können. Dieses Ereignis wäre nicht so interessant, wenn das vorgestellte Objekt mit dem Codenamen X-33 uns nicht so bekannt vorkommen würde. Das neue Space-Shuttle ist nähmlich keilförmig und benötigt keine mehrstufigen Schubraketen mehr. Der »*Venture*

*Star«* kommt mit einer einzigen wiederverwendbaren Antriebsstufe aus. Die herkömmlichen Raumfähren, wie beispielsweise die »*Columbia«*, werfen bei jedem Einsatz mehrere Triebwerkstufen ab.

Der Hitzeschild besteht auch nicht mehr aus schweren Keramikplatten, sondern aus einer Aluminum-Lithum-Haut. Auch die Steuerung und die Aerodynamik sind neu und wesentlich verbessert worden. Anstatt durch Flügel erzeugt die neue Raumfähre ihren Auftrieb mit Hilfe ihrer Keilfömigkeit, die an den ägyptischen Benben erinnert. Wenn sie an der Startrampe steht, ähnelt sie sogar nicht nur dem ägyptischen Benben, sondern weil sie auch über eine rechteckige Ladeluke mit Doppeltüren verfügt, entspricht der Venture Star/X-33 fast dem Spiegelbild des Benben. Hinzu kommt, dass auch ein Angebot für Zivilisten im Raumfahrtprogramm verkauft werden soll. Demnach kann jeder Tourist mit 100 000 Dollar Einsatz einen Trip ins All machen. Das erinnert daran, dass es immer Könige waren, also Personen, die über ausreichende Geldmittel und Macht verfügten, die an Flügen in der Vorzeit teilgenommen haben.

(Abb.:049 Venture Star)

**Doch wie abwegig erscheint der Gedanke der Raumfahrt in unserer sogenannten Steinzeit überhaupt?**

In Afrika existiert heute noch ein Volk, dem die Obelisken ebenso bekannt waren, wie auch der Benben. Es ist das Volk der Dogon, die in der Nähe der Stadt Timbuktu im westafrikanischen Mali beheimatet sind. Nach ihren Chroniken siedelten sich die Dogon im 12. Jahrhundert von Nordosten kommend auf dem Bandiagara-Plateau an, das ein ausgedörrtes, felsiges Ödland darstellt. Wenn wir von der Heimat der Dogon eine nach Nordosten ausgerichtete Brücke bauen würden, so könnte man auf dieser direkt nach Ägypten gelangen.

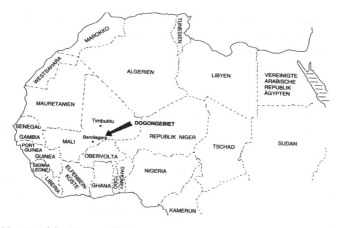

(Abb.:050 Afrika/Dogongebiet)

Die Erkenntnisse über die Dogon brachten der französische Antropologe Doktor Marcel Griaule und die Völkerkundlerin Doktor Germaine Dieterlen aus ihren Afrikabesuchen von 1931 und 1946 nach Europa, die sie dann im Jahre 1950 in Ihrem Werk »*Ein sudanesiches Sirius-System*« im »*Journal de la Société des Africanistes*« veröffentlichten. Nur sechs Jahre später verstarb Griaule und wurde dann auch in Mali beerdigt. Dieterlen kehrte danach nach Paris zurück und befasste sich noch einmal mit dem gesammelten Studienmaterial. Im Jahre 1965 veröffentlichte Doktor Dieterlen im Auftrag des französischen Instituts für Ethnologie ein umfangreiches Werk über die gemeinsame Arbeit, das sie »*Le renard pâle*« nannte, was zu deutsch »*Der bleiche Fuchs*« heißt. 1969 stieß der amerikanische Orientalist Robert K.G. Temple auf diese von Griaule und Dieterlen unkommentierten Arbeiten, wonach er dann im Jahre 1978 selber ein Buch veröffentlichte. Seitdem ist das Wissen der Dogon bei unseren Astronomen und anderen Fachkreisen in aller Munde. Doch die Lehrmeinungsvertreter suchen wieder nach Erklärungen und versuchen den Ursprung dieses Wissens in das Jahr 1893 zu verlegen. Nach der Ansicht von Professor Dieter Herrmann vom Zeiss-Großplanetarium Berlin hätten im April 1893 französische Astronomen den Dogon dieses Wissen gebracht, was sich in ihren Mythologien niedergeschlagen hat. Nach den Zeremonie-Gegenständen im Stammesarchiv der Dogon jedoch haben sie ihr Ritual schon mindestens 800 Jahre vor dem Eintreffen der französischen Astronomen praktiziert.

## Um welches Wissen geht es hierbei?

Es ist ein Wissen über das Sirius-System, dessen genaue Kenntnis durch einen Buschstamm nicht nur unseren Astronomen, sondern auch unseren Astrophysikern einiges Kopfzerbrechen bereitet. Denn die Kenntnisse, von denen die Dogon bereits Praktisches zu berichten haben, sind heute nur in der theoretischen Annahme bekannt.

Der deutsche Astronom und Mathematiker Friedrich-Wilhelm Bessel (1784–1846) entdeckte das Sirius-System oder Sirius A erstmals im Jahre 1834 und stellte merkwürdige Pendelbewegungen des Sternes fest. Erst 1844, also nach zehn Jahren intensiver Forschung, entschloss sich Bessel, die Existenz eines sehr schweren Begleiters dieses Sternes, der anfänglich nur auf seinen Berechnungen beruhte, zu bestätigen. Der Astronom hatte durch seine Arbeit herausgefunden, dass beide Sterne mit einer Umlaufzeit von 50 Jahren einen gemeinsamen Schwerpunkt umkreisen.

Im Jahre 1860 entdeckten die deutschen Forscher Robert Wilhelm Bunsen (1811–1899) und Gustav Robert Kirchhoff (1824–1887) die Spektralanalyse, womit die chemische Analyse von leuchtenden Stoffen durchgeführt werden konnte, da sich mit dem neuen Verfahren das Licht durch ein Prisma zerlegen lässt.

Auch der amerikanische Optiker und Instrumentenbauer Alvan Graham Clark arbeitete daran, den Sirius B zu erforschen. Im Jahre 1862 gelang es ihm schließlich, mit dem größten Teleskop (1,02 Meter Linse) seiner Zeit einen winzigen Lichtpunkt zu sehen und die Berechnungen von Friedrich-Wilhelm Bessel zu bestätigen.

Genauere Untersuchungen vom Sirius-System wurden danach erstmals im Jahre 1915 von dem amerikanischen Astronomen Walter Sidney Adams über das Riesenobservatorium auf dem Mount Wilson (USA) ermöglicht. Adams war es auch, der durch die Anwendemöglichkeit der Spektralanalyse die Temperatur von Sirius B mit 10000 Kelvin bestimmte. Bis das erste Foto geschossen werden konnte, dauerte es allerdings noch bis 1970. Als die Entdeckung von Sirius B bestätigt wurde, versetzte das die Welt der Astronomen in geballte Aufregung, denn es war der erste einer bis dahin völlig unbekannten Art von Sternen, die aus mehreren Sonnen bestanden. Der Durchmesser von Sirius B entspricht nur drei Erddurchmessern, und dabei ist seine Masse kaum geringer als die unserer Sonne. Seine Oberfläche strahlt drei- bis viermal soviel Licht und Wärme ab, wie die unserer Sonne. Aber weil Sirius B für einen Fixstern zu winzig ist, liegt seine gesamte Leuchtkraft um zehn Größenklassen unter der des Sirius A.

Die Astrophysik entwickelte eigens für den Sirius B die heute bestätigte Theorie der »*Weißen Zwerge*«. Sterne, von denen heute hundert weitere bekannt sind und wahrscheinlich Tausende existieren. Sie entstehen aus »*zusammengebrochener*« oder »*entarteter*« Materie, wobei die Elektronenhüllen ihrer Atome nicht mehr vorhanden sind und die Atomkerne dicht beieinander liegen, so dass die Elektronen selbst nur noch ein entartetes Elektronengas bilden. Solche Sterne besitzen eine unvorstellbare Dichte von einigen Kilogramm je Kubikzentimeter (ccm), so dass wir es schwer haben, mit diesen Vorstellungen umzugehen. Man hat ein Gewicht von je 220 Kilogramm pro ccm für den Sirius B errechnet. Das bedeutet im direkten Vergleich mit der Dichte unserer Erde, dass unser Planet durch Massenverlust bei gleichbleibender Dichte auf 360 Kilometer im Durchmesser schrumpfen würde.

Heute wissen wir, dass die Weißen Zwerge die Endstation der Entwicklung nicht allzu massereicher Fixsterne darstellen. Ist der nukleare Brennstoffvorrat im Inneren eines Sternes erst einmal verbraucht, kollabiert die Gaskugel durch die Schwerkraft zu einem superschweren Ball, der nur noch seine aufgespeicherte Wärmeenergie abstrahlt, bis er schließlich erkaltet und zu einem unsichtbaren *Schwarzen Zwerg* wird. Es ist eine beachtliche wissenschaftliche Leistung unserer modernen Astronomie und Astrophysik, das Wissen über die Natur der Weißen Zwerge zu erkennen und es auf Sirius B auszulegen. Doch eigenartigerweise kannten die Dogon dieses hochqualifizierte Wissen schon Jahrhunderte vor dem Entstehen unserer modernen Astrophysik.

Folgendes Wissen hatten die Priesterin *Innekouzou Dolo*, der Priester *Manda*, der Priester *Yébéné* sowie der Dorfälteste *Ongnou-Lou Dolo* Doktor Griaule und Doktor Dieterlen übermittelt: Die Dogon feiern alle sechzig Jahre ein Welterneuerungsritual, das sie Sigui-Fest (Sirius-Fest) nennen. Das erstaunliche dabei ist, dass sie auch über den Sirius B berichten, den sie *po tolo* oder *digitaria* bezeichnen, was soviel wie *Hungerreis* bedeutet. Das ist äußerst verblüffend, denn wie wir gesehen haben, ist dieser Stern nicht nur für das menschliche Auge völlig unsichtbar, selbst mit einfachen Instrumenten läßt er sich nicht entdecken.

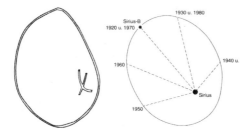

(Abb.:051 Sirius Darstellungen)

Ihre Überlieferungen erzählen, dass der Stern po tolo »*alle Dinge der Welt enthält*« und der kleinste und schwerste Stern im Univsersum sei. Er besteht aus einem *sagala* genannten Metall, ein Metall, das etwas glänzender und schwerer als Eisen ist. Alle Erdwesen zusammen könnten es nicht schaffen, es hochzuheben. Die mythische Formulierung besagt, dass der Stern soviel wie 480 Eselslasten und soviel wie alles Korn und Eisen der Erde wiegt, obwohl er nur so groß wie eine ausgezogene Ochsenhaut sei. Der Stern po tolo ist die Achse der Welt, und seine Umlaufbahn liegt in der Mitte. Ohne seine Bewegung kann sich kein Stern halten. Das heißt, er bestimmt die Position der Himmelskörper, insbesondere die des Sirius. Er sondert ihn von den anderen Sternen ab, indem er ihn ständig umkreist.

Die Dogon wissen aber auch, dass dieses Umkreisen nicht der üblichen Bahn eines Planeten um eine zentrale Sonne entspricht, sondern dass Sirius A und Sirius B eine elliptische Bahn um einen gemeinsamen Schwerpunkt bestreiten. Auch die Umlaufdauer von 50 Jahren ist den Dogon genauestens bekannt. Die Dogon-Priester geben verschiedene relative Positionen beider Sterne zueinander während ihres gegenseitigen Umkreisens exakt wieder. Doch die Dogon kennen im Gegensatz zu unseren Astronomen noch weitere Sterne im Sirius-System, wovon einer von unserer modernen Wissenschaft zwar vermutet, aber bis heute nicht lokalisiert werden konnte – Sirius C. In der Sprache der Dogon wird Sirius C *emme ya* genannt, was soviel wie »*weibliches Kaffernkorn*« bedeutet. Dieser Stern ist nach Aussage der Dogon-Priester größer als *po tolo*, hat aber nur ein Viertel seiner Masse. Er umrundet Sirius A in gleicher Richtung und in gleicher Zeit wie Sirius B, nur auf einer viel weiteren Bahn.

Einen »*Roten Zwerg*« vermuten unsere Wissenschaftler in emme ya, denn hinsichtlich seiner Existenz wäre Voraussetzung, dass seine Umlaufbahn in einer senkrechten Bahn zu jener von Sirius B verlaufen müßte. Und genau das behaupten die Dogon-Überlieferungen, und sie gehen sogar noch weiter. Nicht nur die Planskizzen dieser Himmelskörper im Sirius-System hinsichtlich ihrer Position haben die Dogon bewahrt, sie sind sogar davon überzeugt, dass *emma ya* auch von einem Planeten begleitet wird, den sie einerseits *nyan tolo* (Stern der Frauen) oder auch *enegrin* (Ziegenhirt) nennen. Interessant, vielmehr erstaunlich bleibt es, dass sich der emme ya und *nyan tolo/enegrin* mit dem bloßen Auge nicht entdecken lassen. Viel schlimmer noch! Unserer modernen Wissenschaft sind sie bis heute noch nicht bekannt. Der letzte Versuch des amerikanischen Naval Observatoriums, Sirius C zu entdecken, blieb erfolglos.

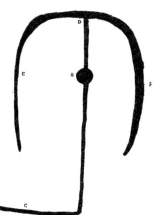

(Abb.:052 Sirius C Darstellung)

Eines ist sicher, die Dogon hatten weder Observatorien, noch Teleskope oder eine andere Art von Spiegelreflektoren, mit denen sie diese Art von Beobachtungen ausüben konnten.

**Wie ist dieses hochqualifizierte Wissen einem primitiven Bauernvolk bekannt geworden?**

Die Dogon behaupten, dass sie Besuch von den Göttern aus dem Sternensystem des Sirius erhalten hätten, die ihnen dieses Wissen zurückgelassen haben, als sie die Menschheit wieder verließen und versprachen wiederzukommen. Die Göttergestalten wurden *nommos* genannt, von denen der Göttervater *amma* vier Paare in einer *Sirigi-Arche* zur Erde entsandte. Wie die Abb.53 zeigt, scheint es sich bei den *Sirigi-Archen* um Obelisken zu handeln, die mit vier verschiedenen Mustern dargestellt sind. Doch das, was hier wie einfachste Musterabbildungen von Kindermalereien wirkt, ist eigentlich eine Art Schrift.

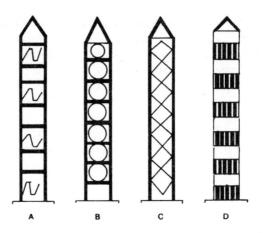

A   B   C   D

(Abb.:053 Sirigi-Archen)

Die Dogon benutzen zeremonielle Masken, auf denen bis zu 10 Meter hohe *Sirigi-Symbole* angebracht wurden, womit sie einen Tanz praktizieren, der nichts anderes widerspiegelt als die Ankunft ihrer Götter. Die Aufgabe der *nommos* bestand darin, auf der Erde die Ordnung wieder herzustellen. Der Führer der *nommos* stellte jedoch fest, dass es auf der Erde an Werkzeugen fehlte. Da erschien ein neunter *nommo* von oben herab, der Werkzeuge und in dem Stiel seines Hammers 16 Pflanzenkeimlinge mitbrachte. Der Göttervater *amma* hingegen zog sich zum Sternbild Orion zurück, das als die »Mitte der Welt« angesehen wurde.

(Abb.:054 Landungsarche)

In den Mythen der Dogon ist von zwei Archen die Rede. Die erste Arche ist die von dem Gott *ogo*, die sich in den *Sirigi-Symbolen* 2 und 3 wiederfindet. Mit diesen Archen stieg *ogo* zweimal vom Weltei auf die Erde herab. In einer anderen Darstellung (Abb. 54) ist diese Arche noch einmal dargestellt, wobei sich eine Rakete nicht mehr so leicht wegdiskutieren läßt. Die zweite Arche nennen die Dogon *tuzu* (Abb. 55), die sie als einen *Korb* bezeichnen, der in seinem Innern die verschiedensten Organe aller Lebewesen und Pflanzen enthielt, die auf das genaueste geordnet waren. Vielleicht ist dieser Hinweis für die Existenz der Kenntnis von Gentechnologie in der Frühzeit anzusehen.

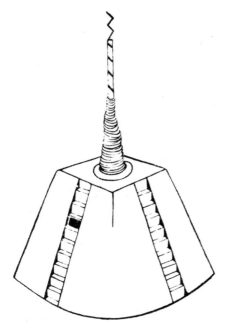

(Abb.:055 Tuzu)

Die Form der *tuzu-Arche* erinnert erstaunlicherweise genau an die Form des *Benben* sowie die Form einer Pyramide. Auf ihr wurden vier Treppen eingezeichnet, die nach den Angaben der Dogon zu den vier Himmelsrichtungen orientiert waren. Die untere Seite dieser Arche war die Sonne und die obere der Himmel. Immer wenn die Arche der nommos landen wollte, spritzte sie Blut an den Himmel. Danach drehte sie sich schnell um ihre eigene Achse und verursachte einen großen Staubwirbel. Als die Arche landete, glitt sie auf der nassen schlammigen Erdoberfläche dahin bis zum Halten. Mit der mythologischen Bezeichnug »*spritzte sie Blut ...*« meinen die Dogon »*spritzte sie Flammen an den Himmel*«. Auch den nächtlichen *Sternenhimmel* bezeichnen die Dogon mythologisch als »*an den Himmel gestreute Blutstropfen*«.

Die Landung ereignete sich am Ufer des Debo-Sees, der sich am Oberlauf des Niger etwa 200 Kilometer südwestlich von Timbuktu befindet. Aus der Arche stiegen dann die nommos aus, wobei der Führer seinen linken Fuß auf die Erde setzte, um das Reich des Fuchses zu erobern. Dieser linke Fußabdruck wird oft dargestellt, und man hat ihn sogar als Reliquie aus Bronze geformt vorgefunden.

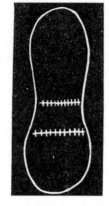

(Abb.:056 Fußabdruck)

Was aber für Wesen waren die nommos – vielleicht Außerirdische?

Die Entfernung des Sirius-Systems von der Erde beträgt ungefähr 8,7 Lichtjahre, was 82,3 Billionen Kilometern entsprechen würde. Es ist für uns immer noch unvorstellbar, diese Entfernungen mit unseren herkömmlichen technischen Errungenschaften zu bewältigen, doch die Technik hat eine rasante Entwicklung angenommen. Der amerikanische Luftfahrtingenieur Leik Myrabo, arbeitet zur Zeit an einem »*Plasmaantrieb*«, den er schon bei zehnfacher Schallgeschwindigkeit erprobt hat. Vom Prinzip her funktioniert der Antrieb so:

»*Wenn Luft extrem erhitzt wird, zerfällt sie in ein ionisiertes Gas. In einem elektromagnetischen Feld werden die Ladungsträger beschleunigt, so dass ein Rückstoß entsteht.*«

Dem Ingenieur zufolge soll unsere Sonne die benötigte Energie liefern. Myrabo will mit Hilfe von Satelliten die Sonnenstrahlen als gebündelten Mikrowellenstrahl zur Startrampe auf die Erde lenken, damit das Raumfahrzeug entlang dem Strahl ins All fliegen kann. Interessant ist auch die Scheibenform des geplanten Flugobjekts, die an ein UFO erinnert. Das Raumfahrzeug benötigt nämlich eine riesige Antennenschüssel, um die Mikrowellen einzufangen. Somit werden wieder einmal Überlieferungen unserer Ahnen sowie Augenzeugenberichte unserer Tage verständlich, weil wir der unverstandenen Technologie entschieden näher gerückt sind.

Bei den Überlieferungen der Dogon spricht allerdings vieles dafür, dass es sich bei den *nommos* um Ägypter handelte, wobei auch vieles der Dogon-Legenden mit der ägyptischen Mythologie verknüpft zu sein scheint. Der römisch-griechische Geograf *Strabon* berichtet uns in seinem Buch 17, Kap. 37:

»... Dort steht das Bauwerk des Labyrinthos, eine den Pyramiden gleichwertige Arbeit, und daneben das Grab des Königs, der das Labyrinthos gebaut hat. Wenn man durch den Eingang zu dem Kanal etwa 30 oder 40 Stadien geht, so liegt dort eine Ebene, ein tischähnlicher Platz, mit einem Dorf und einem Königsbau, der aus vielen Königsbauten besteht, an dem früher nomos vorhanden waren.«*

Ich will hierbei nicht auf den von vielen Archäologen gesuchten Ort des Labyrinth-Bauwerks eingehen, sondern auf die *nomos*, die laut Strabon früher einmal vorhanden waren. Mit dem griechischen Wort *nomos* oder dem ägyptischen *nomoj* bezeichnete man die alten ägyptischen Gaue und Gaupriester.

**Waren die *nommos*, die das Volk der Dogon besuchten, somit ägyptische Priester?**

Der Name *nommo* leitet sich bei den Dogon aus dem Verb für »*trunken machen*« (*nómo*) ab und bezieht sich auf ihre erste Begegnung, wo es heißt:

»... der Nommo ließ die Menschen aus seinem Leib essen und trinken ...«

Die *nommos* werden von den Dogon generell mit einem Fisch-Symbol charakterisiert, weil sie amphibische Eigenschaften hatten. Das muss aber nicht deshalb sein, weil sie äußerlich wie Fische aussahen, sondern wie Fische für längere Zeit unter Wasser tauchen konnten, da sie über U-Boot ähnliche Fahrzeuge verfügten. Auch die mesopotamische Fischgöttin *Untasch-Napirischa* wird mit Fischflossen dargestellt (Abb.57), obwohl sie sich von der Legende der großen Sintflut herleitet, bei der der mesopotamische Noah Utnapischtim der Kapitän der Arche war. Doch auch in Mesopotamien kannte man das Sirius-System. Die Babylonier nannten den Sirius KAK.SI.DI., das soviel wie *Pfeil* oder *Pfeiler* bedeutet, was wiederum an den *Sirigi* der *nommos* und die ägyptischen Obelisken denken läßt. In diesem Zusammenhang wird auch der älteste Name der ägyptischen Stadt Heliopolis interessant. Ursprünglich war die Bezeichnung für Heliopolis *jwnw*, was sich mit den »*Stützen des Himmels*« übersetzen lässt. Das Wort *jwn* hingegen war die Bezeichnung für »*Pfeiler*«.

(Abb.:057 Napirischa)

Aber auch die Ägypter verknüpften, wie die Dogon, eines ihrer mysteriösesten Geheimnisse immer mit dem Stern Sirius. Die alten Ägypter brachten den Stern fortwährend mit der göttlichen Schwester und Gemahlin des Osiris, Isis in Verbindung. Nach den Forschungen des britischen Astrophysikers Sir Norman Lockyer (1836–1920) sind insgesamt sieben der ägyptischen Tempel auf den Sirius ausgerichtet. Die alten Ägypter nannten den Sirius entweder Sopted oder Sothis. Aus den Schriften der Pyramidentexte erfahren wir, dass der Sirius ein »*Schwangerer Stern*« ist oder auch als »*Doppelwesen*« bezeichnet wird. Hieraus kann man schließen, dass die Ägypter über die Natur des Sirius-Systems genaustens informiert waren.

In den mythologischen Schriften der alten Ägypter wird nach einer Übersetzung des englischen Philologen Professor Wallis Budge die Gottheit Horus als ein Bewohner vom Sirius bezeichnet.

(Abb.:058 Schabaka-Stein)

Im Britischen Museum in London wird der Schabaka-Stein ausgestellt, der »*die Götterlehre von Memphis*« beinhaltet. König Schabaka ließ um 700 v.u.Z. den Ptah-Text von einem zerstörten Papyrus auf einen schwarzen Basaltstein übertragen, um, wie es heißt, die Lehre vor dem Verderben und dem Vergessen zu bewahren. In dem Schabaka-Stein ist auch der Kampf von Horus und seinem Onkel Seth geschildert, der heimtückisch seinen Vater Osiris umgebracht hatte. Seth war »*groß an Kraft*«, wobei diese Kraft als so groß und unüberwindlich galt, dass man anfänglich auch die Kraft der Könige »*die Kraft Seths*« nannte. Seth war im besonderen die Erde zugetan, weil er die fruchtbaren Böden, die Edelmetalle und andere Schätze bevorzugte. Horus hingegen lebte lieber im Himmel und bevorzugte die Lüfte. Doch dann kam es wie es kommen musste. Jeder beanspruchte mehr, als der andere bereit war zu geben, so dass sich ein Machtkampf der Götterkönige erhob. Nach den Inschriften wurde der Kampf in Flugapparaten am Himmel ausgetragen, die man *Nar* (feuriger Falke) oder »*vielfarbiger Falke*« nannte. Die kegelförmigen Geräte konnten ihre Farbe von blau zu rot oder rot zu blau verändern und sind auf der Narmer-Stele dreimal dargestellt. Es ergehen zwar keine Hinweise auf amphibische Eigenschaften dieser Flugkörper, doch die Ähnlichkeit zu den *nommo*-Darstellungen der Dogon ist hierbei verblüffend.

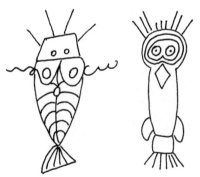

(Abb.:059 Nommo/Nar)

Der Kampf wurde über Edfu, Memphis, Ayan und Heliopolis ausgetragen und geht zu Gunsten von Horus aus. Da alle Orte historisch belegbar sind, erhalten wir auch eine zeitliche Gliederung: Die Narmer-Stele zeigt uns die Gegebenheiten um 3100 v.u.Z., als der *Nar* bereits der Vergangenheit angehörte und somit als Reliquie auf der Stele angebracht wurde, um ein ähnliches Ereignis wiederzugeben, was vor König Narmer die Gottheit Horus vollbracht hatte.

»*... Horus aber herrschte auf der Erde über die beiden Länder* *und ließ den Namen seines Vaters groß werden vor den Menschen und den Göttern.«*

Somit müssen wir den Göttern mehr Beachtung schenken als wir dies gegenwärtig tun. Denn was wir auch bisher herausfanden, immer waren es Götter, auf die der Ursprung zurückgeführt wurde.

**Wie sieht es aber mit den Erbauern der Pyramiden aus?**

# 4 Die Erbauer der Pyramiden-Mechanik

Sowohl der damalige US-Präsident Franklin D. Roosevelt, der 1943 die Pyramiden bei Giseh besuchte sowie der damalige sowjetische Staatschef Nikita Chruschtschow, der 21 Jahre später ebenfalls Giseh besuchte, bekamen von ihren jeweiligen Geheimdiensten eine Empfehlung, die Pyramiden in den Innenräumen nicht aufzusuchen. Ohne eine Angabe von Gründen hielten sich die Staatsoberhäupter dankend an diese Empfehlung. Sie verließen Ägypten tatsächlich, ohne eine Innenbesichtigung der Pyramiden vorzunehmen.

**Was aber fürchteten die Berater innerhalb der Pyramiden?**

Vielleicht hatte es mit dem Pyramiden-Tod zweier berühmter Forscher, Sir William M.F. Petrie und Professor George A. Reisner, zu tun. Petrie verstarb völlig unerwartet am 28. Juli 1942 auf dem Rückweg von Kairo nach Jerusalem, und Reisner brach im Frühjahr 1942 innerhalb der Großen Pyramide zusammen, nachdem er eine Radio-Live-Übertragung aus dem Inneren der Großen Pyramide gemacht hatte. Ob geheime Kräfte der Pyramiden für den frühen Tod beider Ägyptologen verantwortlich waren, konnten wir bis heute nicht klären. Doch seit den ersten exakten Vermessungsergebnissen gegen Ende des 19. Jahrhunderts glaubt kaum noch ein Pyramiden-Experte, dass die eigenartigen Riesenbauten ganz zufällig dort stehen, wo wir sie heute noch bewundern können. Auch bei dem Plan der Architektur dieser Weltwunder kann nicht von Zufall die Rede sein.

Allein die statische Berechnung der Cheops-Pyramide ist ein einziges Meisterstück, denn sie besteht aus etwa 6,5 Millionen Tonnen Steinquadern, die dem ungeheuren Druck schon seit Jahrtausenden standhalten, ohne in sich zusammenzubrechen. Grundlage aller Maße der alten Ägypter war die ägyptische Elle, die Tausende von Jahren vor dem französischen Meter verwendet wurde. In der türkischen Sprache bedeutet der Begriff *El* die *Hand*. Auch die Ägypter hatten mit der Bezeichnung *El* eine Handbreite von 7,5 Zentimeter als Grundlage gekennzeichnet. Sieben Handbreiten stellten somit die ägyptische *Elle* dar, die in ihrer Einheit 52,5 Zentimeter betrug. Wenn wir aber mehrere Hundert dieser Ellen-Stäbe aneinander reihen, stellen wir eigenartigerweise eine hohe Fehlerquote fest.

### Warum entsteht diese hohe Fehlerquote?

Die Europäer rechnen heute in ihren Längeneinheiten nach dem Meter, wobei sich jedoch wenige Menschen Gedanken darüber machen, wie sich diese Maßeinheit überhaupt ergab. Dieses Maß ist erst im Jahre 1790 durch den französischen Mathematiker Mouton berechnet worden. Seit der Meterkonvention im Jahre 1875 in Paris einigte man sich danach auch auf internationaler Ebene auf die Vereinheitlichung der Maße und Gewichte. Seitdem wird in Paris ein »*Mustermeter*« aus einer Platin-Iridiumlegierung aufbewahrt, das dem vierzigmillionsten Teil eines Erdmeridians entspricht.

Außer der ägyptischen Elle hatten die Ägypter noch eine Ellenmaßeinheit, die 63,5 Zentimeter betrug. Das war die sogenannte »*Sakral-Elle*«, die den ägyptischen Göttern zugesprochen wurde und in ihrer Einheit genauer als der Meter war, da sie auf der Länge der Polarachse basierte und nicht, wie der Meter, auf der Länge eines Meridians (Längenkreis des Gradnetzes unserer Erde), der sich entsprechend ändern kann. Die Grundlage für die Sakral-Elle hingegen entspricht einem Tausendstel der Strecke, die sich unsere Erde bei ihrer Umdrehung innerhalb einer Sekunde am Äquator weiterdreht. Durch diese Elleneinheit verliert sich auch die Fehlerquote.

Somit ist es kein Geheimnis mehr, dass die Seiten der Cheops-Pyramide nach den vier Himmelsrichtungen ausgerichtet sind, nach denen auch unser Kompass aufgebaut ist. Auch als die ägyptische Regierung 1925 die damals bereits bekannte Ausrichtung der Großen Pyramide neu bestimmen ließ, überraschten die Ergebnisse die Fachwelt so sehr, dass sie wegen der immer wiederkehrenden genauen Resultate mehrfach wiederholt werden musste. Denn gerade bei den Kantenabweichungen des Bauwerks zu den Himmelsrichtungen, und zwar an der von Norden nach Westen verlaufenden Ostseite der Pyramide, war die Genauigkeit für ein Bauwerk dieser Größenordnung erstaunlich genau angelegt. Sie wich lediglich den zwölften Teil eines Grades vom Null-Grad ab. Hinzu kommt, dass die Ägypter laut unseren Ägyptologen angeblich gar keinen Kompass kannten.

**Was für ein Grund sollte die Erbauer bewegt haben, die Pyramide derart auszurichten?**

Unsere Fachleute sind bis heute nicht in der Lage gewesen, uns eine Erklärung zu präsentieren. Zumal dabei etwa 2300000 bis zu 40 Tonnen schwere Steinquader mit wenigen Millimetern Abweichung aneinander gereiht wurden, um dieses geometrische Wunderwerk zu bauen. Dann waren noch etwa 115000 Ummantelungssteine aus weißem Turagestein als Außenverkleidung montiert, von denen jeder bis zu 10 Tonnen wog. Die Steinblöcke wurden mit einem Fugenabstand von nur 2 Millimetern auf einer Strecke von je 1,90 Meter auf 210 Steinlagen montiert, wovon heute allerdings neun Schichten fehlen. Hinzu kam, dass die Fugen zwischen den Steinblöcken zudem mit feinkörnigem Mörtel ausgefüllt wurden. Sir w.m.f. Petrie untersuchte gegen Ende des letzten Jahrhunderts einige der Ummantelungssteine, die noch an der Pyramide vorhanden waren. Dabei gelang es ihm nicht einmal, die Schneide seines Taschenmessers in die Fuge zu schieben.

Petries Komentar dazu:

> *»Allein diese Steine in dem genauen Abstand zusammenzubringen, wäre schon eine gute Arbeit; aber sie noch gleichzeitig mit Mörtel zu verbinden, erscheint fast unmöglich: Es ist mit der Präzisionsarbeit von Optikern zu vergleichen, denen man allerdings einen Maßstab von mehreren Quadratkilometern vorgeben müsste.«*

Wer schon einmal sein Badezimmer gefliest hat, kennt mit Sicherheit die Problematik mit den Fugenabständen. Allerdings beträgt der Unterschied zu unseren Badezimmerfliesen 9,9997 Tonnen.

(Abb.:060 Zollstock)

Auch der mit 52 Grad verlaufende Neigungswinkel der Großen Pyramide gibt uns Rätsel auf. Die Baumeister haben sie so angelegt, dass die Sonne während der Mittagszeit zwischen Februar und Oktober keinerlei Schatten wirft. Dadurch bringen uns die Sonnen- und Schattenbeobachtungen bei der Großen Pyramide noch einmal nahe, dass die alten Ägypter über die Fixpunkte des Jahresablaufes genaustens informiert waren. Hinzu kommt, dass die Nordseite während der ersten Jahreshälfte völlig im Schatten liegt. Doch wenn die Sonne in der zweiten Jahreshälfte im Nordosten auf- und im Nordwesten untergeht, befindet sich das Sonnenlicht den ganzen Tag auf dem Norddreieck, so dass sich eigenartigerweise kein Schatten bildet. Ein ganz besonderes Schattenspiel kann man 14 Tage vor der Frühjahrs- und 14 Tage nach der Herbsttagundnachtgleiche beobachten: Die Nordseite wird exakt in eine Licht- und Schattenhälfte unterteilt. Zu der Zeit, als die Pyramide ihre weiße Tura-Ummantelung und ihre goldene Spitze besaß, muß die Sonnenreflexion noch deutlicher ausgefallen sein und dem Volk ein ungeheures Schauspiel vorgeführt haben.

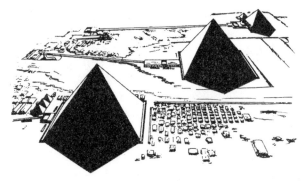

(Abb.:061 Pyramiden im Schatten)

Auch die Wissenschaftler Napoleons entdeckten schon damals noch eine Besonderheit der Großen Pyramide. Mit Hilfe der Triangulation kann man von der Pyramide das ganze Land vermessen, wobei die Pyramide immer den Richtpunkt bildet. Bei der Anfertigung von detaillierten Karten über das Land Ägypten stellte man eine Verbindung zwischen der Großen Pyramide und dem Nildelta fest. Als die Kartografen fertig waren, machten sie die erstaunliche Entdeckung, dass der Meridian der Großen Pyramide das Nildelta exakt in zwei gleichgroße Hälften teilt. Wenn wir die Außenkanten des fächerförmigen Delta nehmen und jeweils den Meridian längs nach Süden ziehen, haben wir im Westen 29°50, im Osten 32°38 und 31°14 in der Mitte. Dabei ist festzustellen, dass der Westmeridian die Große Pyramide exakt bei 31°09 auf dem 30. Breitengrad kreuzt.

(Abb.:062 Delta)

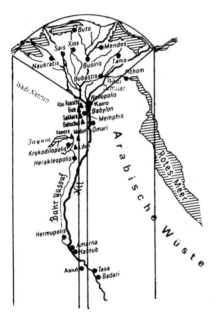

Die Entdeckung der Franzosen, dass die verlängerten Diagonalen der Grundfläche der Großen Pyramide das Nildelta begrenzen sowie ihre Lage selbst, sind mit Garantie kein Zufall. Hierfür muß schon bei der Grundsteinlegung am Fundament eine entsprechende Planung vorgesehen worden sein. Aber auch das Fundament selbst bildet ein Geheimnis, weil es aus riesigen glatt bearbeiteten Granitblöcken besteht, die mehrere Hundert Tonnen auf die Waage bringen würden. Das erstaunliche dabei ist, dass die Südostecke der Pyramide nur zwei Zentimeter höher liegt als ihre Nordwestecke, und das bei dem Druck, dem sie standhalten muss.

Der ägyptische Architekt Kamal el-Mallach stieß erst 1954 bei der Freilegung des Pyramidenumfelds von Schutt und Sandverwehungen auf letzte Reste der Umfassungsmauern des Pyramidenbezirkes. Sie umgaben die Pyramide an drei Seiten im Abstand von 23,6 Metern. Auf der Südseite jedoch war die Mauer nur 18,6 Meter von der Basiskante entfernt. Hier ruhte die Steinsetzung auf einer Lage »Stampferde« und einer »Putzschicht« auf einer langezogenen Pflasterung. Die 90 Zentimeter breiten und 4,5 Meter langen Steinplatten waren im rechten Winkel zur Pyramidenkante verlegt, 40° östlich der Mittelachse und 41° westlich davon. Es handelte sich um fast zwei Meter starke, miteinander verzahnte Balken. Als man die im Südosten gelegenen hob, entdeckte man das schon erwähnte Schiff, das König Cheops zugeordnet wurde. Aber es existieren noch mehrere Messergebnisse, die nicht nur auf Zufall beruhen können!

Das Quadrat über der Höhe der Großen Pyramide hat den gleichen Flächeninhalt, wie eine Seitenfläche der Pyramide. Eigenartigerweise ist diese Form der Pyramide für den Betrachter unvollkommen, denn vom Boden aus sind immer nur zwei Seiten zu sehen. Die vier Flächen einer Pyramide lassen sich nur aus der Vogelperspektive gleichzeitig sehen. Weitere Messungen, die an der Cheops-Pyramide in ägyptischen Ellen durchgeführt wurden, übermitteln uns erstaunliche Erkenntnisse der Ägypter oder der wahren Erbauer über die Erde und unser Sonnensystem. Mathematisch ist die Pyramide so aufgebaut, dass die Grundkante der Cheops-Pyramide 365,24 Pyramiden-Ellen misst, und genauso viele Tage hat unser Sonnenjahr. Der britische Amateurastronom und Mathematiker John Taylor war derjengie, der in den vierziger Jahren des vorherigen Jahrhunderts diese Feststellung als erster gemacht hatte. Seine zweite Feststellung war, dass der doppelte Umkreis des Pyramidenkörpers den Gegenwert einer Minute eines Grades am Äquator ergibt. Taylor hatte aber noch ein weiteres ungewöhnliches Verhältnis zwischen dem Umfang und der Höhe der Großen Pyramide festgestellt. Der Umfang multipliziert mit der doppelten Höhe ergab 3,144.

Das Verhältnis des Durchmessers eines Kreises zu seinem Umfang berechnet sich mit der irrationalen Ludolfschen Zahl 3,14159... Die Griechen gaben dieser transzendenten Zahl den Namen ihres 16. Buchstaben des griechischen Alphabets, mit dem Lautwert Pi. Die Formeln mit dem Wert Pi sind für die Berechnung des Umfangs, des Durchmessers oder des Radius' auf Kreise unbegrenzter Größen anwendbar und werden selbstverständlich auch zu astronomischen Zwecken bei der Berechnung der Hemisphären benutzt. Wenn man die Zahl Pi (3,1416) durch 6 teilt, erhalten wir exakt 52,43 Zentimeter, was bei einer Abweichung von nur 0,7 Millimetern der ägyptischen Elle entspricht. Somit müssen die alten Ägypter unseren Meter bereits gekannt und angewendet haben. Deshalb vertrat John Taylor die Ansicht, dass die Pyramide als ein steinernes Buch erbaut wurde, um die mathematischen Beziehungen zu verewigen. Er schrieb den Pyramidenkörper der Weisheit des Schöpfers zu und gliederte sie in die Zeit von Noah ein, womit sie seiner Ansicht nach vorsintflutlichen Ursprungs war. Doch seitdem Taylor seine Thesen über die Entschlüsselung der Pyramidenarchitektur bekannt gemacht hatte, wurde er von unseren Lehrmeinungsvertretern stets gemieden. Sie waren der Meinung, dass alles nur auf Wunschdenken und purem Zufall beruhe. Doch zwanzig Jahre später kam Charles Peazzy Smyth zu den gleichen Resultaten wie Taylor. Auf die Frage, wer denn nach Ansicht von Smyth dieses außerordentliche Wissen in die Struktur der Pyramide eingebracht habe, antwortete der Astronom mit einer ähnlich verwirrenden Schlussfolgerung:

*»Wie wir der Bibel entnehmen können, haben in unserer Frühgeschichte ausgewählte Männer gelebt, die von unserem Schöpfer mit aller Weisheit bedacht wurden, um mit präzisen Anleitungen zu einem besonderen und uns unbekannten Zweck umfassende Bauwerke zu erstellen.«*

Die publizierten Theorien hatten nicht etwa Spinner erstellt, sondern hochdekorierte Wissenschaftler. Es lag lediglich an den erzielten Ergebnissen, die nicht in die Weltvorstellung unserer Schulwissenschaft passte und nur deshalb gemieden werden musste.

### Was ist der geometrische Hintergrund einer Pyramide?

Die wichtigsten Faktoren für die geometrische Planung einer Pyramide waren immer die Höhe und der Umfang des Bauwerkes. Bei der Großen Pyramide stellte sich nach meinen Untersuchungen heraus, dass der Pyramidenkörper in der griechischen Wissenschaft durchaus bekannt war. Der Gelehrte Platon hatte im Jahre 387 v.u.Z. in Athen eine Akademie gegründet, die sich glänzend entwickelt hatte. In der Akademie wurde nicht nur die Philosophie und die Literatur gepflegt, sondern auch die Mathematik und die Geometrie gehörten mit zum Archivumfang. Die Geometrie befasst sich in aller Regel mit Gebilden der Ebene und des Raumes, worin *Geo* immer das Bestimmungswort für die jeweilige Zusammensetzung ist. Aus diesem Akademie-Archiv stammen auch die sogenannten »*Platonische Körper*«, deren ursprüngliche Bedeutung bis auf die Anfänge unserer Erde und des Universums zurückgehen. Man nennt sie wie folgt:

1) *Hexaeder*
2) *Ikosaeder*
3) *Oktaeder*
4) *Pentagondodekaeder*
5) *Tetraeder*

Dabei findet sich in Körper *drei* auch die klassische ägyptische Pyramide wieder, die auf einem Quadrat ein vierseitiges Dreieck bündelt. Nur mit dem Unterschied, dass der Oktaeder auch eine Spiegelpyramide aufzuweisen hat und somit über acht Flächen verfügt.

Tetraeder

Hexaeder

Oktaeder

Pentagondodekaeder

(Abb.:063 Platonische Körper)

**Ist der Oktaeder die Lösung für die Pyramiden-Form?**

Der Oktaeder ist auf einem Quadrat von 57,5 x 57,5 Zentimetern aufgebaut, wo sich am oberen sowie am unteren Teil vier Dreiecke bei einer Höhe von je 36,5 Zentimeter zu einem Pyramiden-Körper bündeln. Zudem ist es eine erwiesene Tatsache, dass die Außenkanten des Oktaeders in einem Winkel von 52 Grad verlaufen. Aber auch die Zahl Pi und andere Maßeinheiten, die wir schon von der Großen Pyramide kennen, können ebensogut auf den Oktaeder übertragen werden. Wenn wir die Zahl 57,5 oder 36,5 mit 4 multiplizieren, erhalten wir (halten Sie sich jetzt fest): 2,30 Meter sowie 1,46 Meter. Im Vergleich hierzu beträgt die Höhe der Großen Pyramide mit ihrem verloren gegangenen Pyrami-

Ikosaeder

den-Abschlussstein exakt 146,59 Meter, bei einer Basiskante von 230,38 Metern. Zufall?

(Abb.:064 Körper 3)

Doch woher kannte Platon diese geometrischen Körper?

Oktaeder

Es ist nicht von der Hand zu weisen, dass die Ägypter in der vierten Dynastie Bauveränderungen oder Anbauten auf dem Giseh-Plateau vorgenommen haben. Doch sind sie nie über bereits verfallene Tempelanlagen oder die Kleinen Pyramiden hinweg gekommen. Platon schrieb die Erfindung der Geometrie stets der ägyptischen Gottheit Thot zu. Auch der ehemalige Direktor des Britischen Museums, Doktor I.E.S. Edwards, schreibt auf Seite drei seines Buches »*Die ägyptischen Pyramiden*«, dass die Gottheit *Thot* im Goldenen Zeitalter die Giseh-Pyramiden erbaute, als die Götter noch auf der Erde in Harmonie mit den Menschen lebten. Die Griechen übernahmen die alte Vorstellung der Ägypter und übersetzten den Namen der Gottheit Thot mit *Hermes*.

**Doch wie abwegig erscheint die Vorstellung der Ägypter, dass es die Götter waren, die die Pyramiden errichteten?**

Noch bis zum Mittelalter galten die Pyramiden von Giseh für die Christenheit als die Kornspeicher, die Josef hatte bauen lassen, als er die den Ägyptern bevorstehende Hungersnot vorhersah. Dadurch sind in den Mosaiken der Markuskirche in Venedig, in der Mitte des dreizehnten Jahrhunderts Darstellungen der Pyramiden von Giseh integriert worden, die zu einer bildlichen Erzählung der Josef-Legende gehören. Auf einem der Mosaiken sind im Hintergrund die Pyramiden zu sehen, während im Vordergrund die Brüder Josefs mit der Absicht erscheinen, Getreide aus ihnen zu entnehmen.

Auch die arabischen Eroberer, die 639 n.u.Z. über Ägypten herfielen und Ägypten in den nächsten drei Jahren endgültig dem Islam unterwarfen, wussten über die Pyramiden praktisch nichts. Die Araber gründeten die neue Hauptstadt Kairo in der Nähe des antiken Memphis und des Tals von Giseh. Durch den Bedarf an Baumaterialien für die Gründung der neuen Hauptstadt hatte die endgültige Zerstörung der Überreste von Memphis und vieler Bauwerke begonnen, da die Araber sie regelrecht als Steinbrüche benutzten. Knapp zwei Jahrhunderte später kam der Nachfolger des legendären *Harun al-Raschid*, Kalif *Abdallah al-Mamun* an die Macht (813–833) und war von der Idee besessen, eine Pyramide abzubauen, um zu sehen, was sie in ihrem Inneren enthielt. Über acht Monate versuchte man bereits, die kleinste der drei Pyramiden von Giseh abzutragen, wie es uns die arabischen Chronisten berichten:

> »... *Daraufhin schickte dieser Steinmetze und den größten Teil des Heeres dorthin; und sie begannen mit der Zerstörung ... Wer die Steine der Pyramide sieht, meint, die Pyramide müsse in Grund und Boden zerstört sein; wer aber die Pyramide selbst sieht, entdeckt an ihr nur unerhebliche Schäden ...*«

Man erkennt, dass das Unternehmen sich von Anfang an als hoffnungslos erwies, doch der Kalif ließ sich unbeirrt etwas anderes einfallen. Er ordnete an, dass man versuchen solle, in die größte der drei Pyramiden einzudringen. Da der ursprüngliche Eingang der Großen Pyramide, der sich 16,8 Meter über der Erdoberfläche befindet, noch unbekannt war, ließ al-Mamun einen Tunnel in die Pyramide brechen, der heute noch von den Touristen benutzt wird. Es wurde ein Gang entdeckt, der unter die Pyramide zu führen schien.

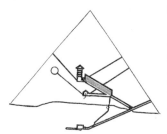

(Abb.:065 Cheops-Pyramide)

Der offene und 26,5 Grad schräg abwärts führende Gang endet nach etwa 106 Metern in einem seltsamen Raum, der eine aus dem Fels herausgehauene Kammer darstellte. Sie ist 14,08 Meter lang, 8,36 Meter breit und 5,08 Meter hoch. Die Decke dieser Kammer ist geglättet, wobei der Boden jedoch unfertig wirkt. Seltsamerweise setzt sich der Gang an seiner südöstlichen Ecke noch über 16 Meter fort, ehe er mit einem Rechtsknick scheinbar in einer Sackgasse endet. Da unsere Experten bisher keine Antwort darauf fanden, warum 30 Meter unter der Pyramide diese Kammer und der 16,41 Meter »weiterführende Gang« angelegt wurde, kamen unsere »Genies« auf die Idee, dass dieser Pyramidenabschnitt einer ersten Bauphase angehöre und wegen des Sauerstoffmangels wieder aufgegeben werden musste. Diese Theorie ist meiner Ansicht nach nicht nur aus der Luft gegriffen, sondern regelrecht unsinnig. Denn wenn Pyramiden wie rekonstruierenderweise Schicht um Schicht aufgetürmt wurden, ergab sich der Sauerstoffmangel erst mit der Fertigstellung der Pyramide. Hinzu kommen meine Untersuchungen vom April 1996: Die sogenannte Felsenkammer verfügte über einen höheren Sauerstoffgehalt als die Königskammer, in der sogar Ventilatoren für die Frischluftzufuhr angebracht sind.

**Warum hat man das aber nicht schon an offizieller Stelle festgestellt?**

In der Mitte des Ostteils dieser Kammer befindet sich ein Schacht, der im letzten Jahrhundert von Richard H. Vyse bis auf eine Tiefe von 10,40 Meter freigelegt wurde, wonach sich die Arbeiter weigerten weiterzugraben. Bis heute ist das Ende dieses Schachtes immer noch nicht freigelegt worden und deshalb unbekannt geblieben. Vielleicht besteht aber zwischen dem Schacht, dem Sauerstoffgehalt der Felsenkammer und einem neuerlichen Untersuchungsergebnis im Gangsystem eine ungewöhnliche Verbindung. Denn die letzten Untersuchungen an dem etwa 70 Meter durch den natürlichen Fels führenden, absteigenden Gang wurden 1992 von dem über achtzigjährigen Franzosen Professor Jean Kérisel durchgeführt, der seit 1985 auch die neue Kairoer U-Bahn mitgeplant hat. Nach den gravimetrischen Messungen am Gang und in der Umgebung der »*Felsenkammer*« gab der Professor bekannt, dass von der Cheops-Pyramide bis zur Sphinx eine 700 Meter lange Unterführung existiert, die sogar einst Wasser geführt haben soll. Bereits vor 1900 Jahren wusste der römische Gelehrte Cajus Plinius Secundus in Kapitel 17, 36. Buch seiner Naturgeschichte ähnliches zu berichten:

»... *Im Innern der größten Pyramide befindet sich ein 86 Ellen tiefer Brunnen, durch welchen der Fluß (Nil) hinzugeleitet worden sein soll ...*«

Vor einigen Jahren wurde bei geologischen Untersuchungen unter der Sphinx und ihrer Umgebung tatsächlich ein unterirdischer See festgestellt, der immer noch über Wasser verfügt. Der See scheint sein Wasser durch unterirdische Wasserkanäle vom Nil zu beziehen. Vielleicht liegt dem ganzen ein genialer Plan zugrunde, so dass alles einen künstlichen Ursprung hatte. Doch gehen wir zunächst wieder zu der Pyramiden-Expedition von Kalif al-Mamun zurück: Nachdem al-Mamuns Leute unter der Pyramide vorerst nichts Aufregendes entdecken konnten, fiel ihnen an dem absteigenden Gang eine 90 Zentimeter im Durchmesser fassende Grotte auf, die man heute als »Schacht der Diebe« bezeichnet. Dieser führt vom absteigenden Gang etwa 58 Meter bis zum horizontalen Gang der Königinnenkammer. Doch jeder Versuch, sich durch diesen gewölbten Höhlenschacht vorzuarbeiten, wurde durch unvorhergesehene Verengungen und Verschüttungen gebremst, so dass sich die arabischen Steinmetze etwas anderes einfallen lassen mussten, um in den Pyramidenkörper zu gelangen. Am aufgebrochenen Eingang bemerkten die Steinmetze dann eher zufällig einen losen Deckenstein, wonach drei fünfzehn Tonnen schwere Granitblöcke aus dem Weg geräumt wurden, die einen Weg zu einem weiteren Gang freigaben. Etwa 28 Meter vom Eingang entfernt befindet sich ein ansteigender Gang, der die gleichen Maße wie der absteigende Gang aufweist und annähernd im gleichen Winkel steigt wie der andere fällt. Nach 37,76 Meter zweigt hier der schon erwähnte horizontale Gang davon ab, der nach weiteren 38,15 Metern in einer zweiten Kammer mündet, die sich genau in der Ost-West-Achse der Pyramide befindet, während ihre Ostwand exakt der Nord-Süd-Achse entspricht. Das bedeutet, dass wenn wir an diesem Kreuzungspunkt einen etwa 130 Meter langen Bohrer Richtung Himmel ansetzen könnten, wir dann exakt an der Pyramidenspitze heraustreten würden.

Mit 5,23 mal 5,76 Meter bei 6,26 Höhe ist die sogenannte Königinnenkammer kleiner als die Felsenkammer, doch da Blockierungssteine und ein Sarkophag schon von Anfang an fehlten, scheidet auch diese Kammer als Grabraum völlig aus. Die Ägyptologen vertreten hierbei die Theorie, dass die Königinnenkammer in einer zweiten Bauphase aufgegeben worden ist, um in einer dritten Bauphase das endgültige Kammersystem zu errichten. Auch hierzu fällt mir nur ein Kommentar ein: Was für ein Unsinn!

Die Auskleidung der Königinnenkammer besteht aus sorgfältig bearbeitetem und aus sehr dicht verfugtem Kalkstein. Allerdings fehlen hier die Bodenplatten, die irgendwann herausgerissen worden zu sein scheinen.

**Aber warum?**

Der Archäologe Professor Khalil Messhia war mit seinen 73 Jahren zum letztenmal im Januar 1996 mit einem Kamerateam des ZDF (Zweites Deutsches Fernsehen) in der Königinnenkammer und meint, die Antwort auf das Fehlen der Bodenplatten zu kennen. Messhia vertritt die Meinung, dass sechs Meter unter der Westwand der Kammer sich eine weitere verborgene Kammer befindet.

**Und was sagen unsere Lehrmeinungsvertreter dazu?**

Sie ignorieren den ägyptischen Professor ganz einfach! Dabei ist dieser verborgene Hohlraum unserer Schulwissenschaft seit langem bekannt. Bereits im Sommer 1986 hatten die beiden französischen Architekten Gilles Goidin und Jean-Patrice Dormion mit elektronischen Detektoren Hohlräume innerhalb der Großen Pyramide nachweisen können. Unter der Zusammenarbeit und der Mithilfe der Ägyptischen Altertümerverwaltung wurden Mikrosonden durch einen etwa 2,5 Meter dicken Granitblock getrieben. Die Forscher stießen dabei auf einen 3 Meter breiten und etwa 5,5 Meter hohen Hohlraum direkt unter der Königinnenkammer, der mit feinkristallinem Quarzsand gefüllt sein muss. Ebenso gelang es den französischen Architekten, hinter der nordwestlichen Wand der Königinnenkammer ein zweites Gangsystem zu entdecken. Es konnten jedoch bis heute keine Zugänge zu diesen Räumen entdeckt werden. Seltsamerweise lautete die offizielle Stellungnahme der Ägyptologen:

*»... auch die nachträglich geführten Hochgeschwindigkeitsbohrungen in den Blöcken der Pyramidengänge, die Aufschluss über noch unbekannte Kammern geben sollten, sind ohne Ergebnis geblieben.«*

Auch ein japanisches Forschungsteam von der Waseda-Universität Tokio, das am 22. Januar 1987 in Kairo eintraf und mit modernsten Radargeräten die Königinnenkammer ebenfalls untersuchte, hat die Ergebnisse der Franzosen bestätigt. Die Japaner arbeiteten unabhängig von den Franzosen und waren hochdekorierte Professoren, Doktoren und Elektroingenieure. Von unseren Ägyptologen wurden die japanischen Meldungen als ein Scherz der japanischen Elektroindustrie heruntergeredet. Doch es existiert ein Arbeitsbericht, der über 60 DIN A4 Seiten umfasst, worin sogar auf weitere Hohlräume hingewiesen wird, die die Franzosen übersehen hatten.

**Doch was für ein Interesse mag hinter der Verschleierungstaktik unserer Wissenschaftler wohl stecken?**

Auch die große Nische mit dem Kraggewölbe in der Ostwand der Königinnenkammer, die in den Pyramidenkörper führt, ist nach einem uns heute noch unbekannten Plan angelegt worden. Auf jeden Fall ist die Königinnenkammer nicht zufällig dort angelegt worden, wo sie sich befindet, was uns auch ihr Zugang noch einmal bestätigt. Der horizontal geführte Zugang erweist sich nämlich als eine klug durchdachte Notwendigkeit. Gerade dieser Konstruktion ist es zu verdanken, dass die Schubkraft auf dem Kreuzungspunkt des aufsteigenden Gangsystems vermindert wird. Dem dient auch die Große Galerie, die sich als ein 46,71 Meter langer, aufsteigender Korridor fortsetzt. Obwohl die Große Galerie über neunmal soviel Raumvolumen verfügt als alle offiziell bekannten Kammer- und Gangsysteme innerhalb der Großen Pyramide, wird sie dennoch nicht als Kammer gerechnet, um die von den Ägyptologen aufgebrachte »*Dreikammertheorie*« nicht zu gefährden.

(Abb.:066 Große Galerie)

**Was aber stellt sie dann dar?**

Die Große Galerie führt, wie schon der aufsteigende Gang, in einem Winkel von 26 Grad bis in die Hauptkammer, indem eine unvergleichliche Präzisionsarbeit vollbracht wurde, um diese Galerie innerhalb des Pyramidenkörpers anzulegen. Dabei wurden seitliche Granitbankette über die gesamte Länge angebracht, an denen sich die glatten senkrechten Wände auf eine Höhe von 1,80 Meter hochführen. Danach kragen sich sieben weitere Steinlagen mit exakt 8 Zentimetern vor, so dass die abschließende Decke genauso breit ist, wie der innere Gang zwischen den Banketten. In den Banketten finden sich in regelmäßigen Abständen 25 rechteckige Eintiefungen mit Wandnischen, deren Nutzen heute noch unklar ist. Unsere Experten vermuten, dass die 8,46 Meter hohe Galerie nur deshalb erbaut wurde, damit der Schub vom Gesamtmauerwerk aufgefangen werden konnte. Somit soll für die Große Galerie von vornherein ein praktischer Nutzen nicht vorgesehen worden sein. Ich vertrete dabei eine andere Ansicht. Doch schauen wir zunächst auf die Hauptkammer, die unsere Ägyptologen als Königskammer bezeichnen.

Am Ende der Großen Galerie führt ein 6,75 Meter langer horizontaler Granitgang (1,11 hoch x 1,04 breit) in die sogenannte Königs- oder Sargkammer. Warum die Ägyptologen auf die unsinnige Idee kommen und diese Kammer so bezeichnen, ist genauso rätselhaft wie die Entstehung der Pyramide selbst. Die in der Kammer vorhandene Granitwanne könnte alles andere darstellen, doch auf gar keinen Fall handelt es sich bei diesem Gegenstand um einen Sarkophag, so wie es unsere Experten gerne sehen würden. Denn für Särge braucht man nun einmal auch entsprechende Leichen, die es aber in den Pyramiden nie gab.

Da die Granitwanne über keinen Deckel verfügt, versuchen unsere Ägyptologen wieder einmal etwas zurechtzubasteln. Vereinzelte Stemmverletzungen und das Fehlen des Deckels erklären sie einfach mit Grabschändungen durch Einbrecher. Dabei existiert an der Wanne ein Hinweis, der alle bisher aufgestellten Sargkammertheorien über den Haufen wirft. Ihre Oberflächenglättung blieb nämlich unvollendet! Doch wenn König Cheops in der Lage war, die perfekteste Pyramide der Welt zu erbauen, konnte er doch von seinen Baumeistern erst recht einen fertiggestellten Sarkophag verlangen. Dem ist aber nicht so! Die Granitwanne ist aus einem Block gefertigt und muss bereits beim Bau der Hauptkammer und der Großen Galerie eingebracht worden sein, denn ein nachträglicher Transport durch die Gangsyteme wäre unmöglich gewesen, da die Wanne dafür viel zu groß ist. Das würde bedeuten, dass die Baumeister für die Fertigstellung des Sarkophags, nach Herodot, 20 Jahre Zeit gehabt hätten.

Ich habe diese Wanne in der Königskammer eingehend untersucht (vermessen, abgedeckt, eingestiegen etc.) und kann auch hierbei mit der Meinung unserer Schulwissenschaft zu keiner Übereinstimmung kommen. Ich meine in der Granitwanne einen »*Flüssigkeitsbehälter*« zu erkennen, worin Flüssigkeiten, wie beispielsweise Wasser, zu einem noch unbekannten Zweck verwahrt wurden. Einige Hinweise aus den ägyptischen Unterweltsbüchern zeigen jedenfalls in diese Richtung. Das würde auch die glatte Bearbeitung (Polierung) der Innenflächen erklären und warum die Wanne außen roh belassen wurde.

**Was hat es aber mit dem komplizierten Gangsystem auf sich?**

Das Gang- und Kammersystem der Großen Pyramide ist meiner Ansicht nach eine Art Labyrinth. Nach einer altägyptischen Überlieferung soll die Große Pyramide über sieben Kammern verfügen. Wenn wir die Große Galerie als Kammer betrachten, so gilt es, außer den drei bekannten (Felsen-, Königin- und Königskammer) drei weitere zu suchen und zu entdecken. Mit jeder sichtbaren Kammer wollten die Erbauer den Eindruck vermitteln, dass mögliche Pyramideneindringlinge nichts mehr zu entecken haben außer diese uns bekannten schriftlosen Gang- und Kammersysteme. Darauf ist eine Schar von Forschern bisher auch tatsächlich hereingefallen. Genies, wie Professor Stadelmann, haben sogar vorgeschlagen, in der Sargkammer die himmlische Stätte Chufus zu erkennen und in der Königinnenkammer (im Zentrum der Pyramide) eine Art »*Statuengrab*« beziehungsweise eine Art »*Südgrab*«. Die unterirdische Felsenkammer war nach der Ansicht von Stadelmann vielleicht der Sitz des falkengestaltigen Beschützers der Pyramide, den man *Sokar* nennt. Die Wahrheit sieht aber so aus, dass mit modernster Technik auch für das menschliche Auge unsichtbare Kammern entdeckt werden konnten. Obwohl verschiedene antike Chronisten bereits vor einigen tausend Jahren über »*Verborgene Kammern*« berichteten, denen wir mit unserer modernen Technologie auf die Spur gekommen sind, verhalten sich die Ägyptologen immer noch bedeckt.

Unsere Lehrmeinungsvertreter versuchen diese Überlieferungen gerne als Geschichten aus 1001 Nacht abzutun, da sie die These vertreten, dass die Öffnung der Araber bereits zwischen 2160 und 1785 v.u.Z. bestanden haben muss. Meiner Meinung nach war aber zu diesem Zeitpunkt der Weg in die Königskammer, der durch die große Galerie führte, bis in die Zeit von al-Mamun unbekannt gewesen. Das erklärt auch, dass in anderen Pyramiden das architektonische Merkmal der Galerie nicht vorzufinden ist, da während der Pyramidenepoche lediglich der Gang, der in die sogenannte »unvollendete Felsenkammer« führte, bekannt gewesen war. Der griechisch-römische Geograf Strabon, der die Große Pyramide bereits um 63 v.u.Z. betreten hat, untermauert meine Theorie. Strabon berichtet nämlich nur über die Felsenkammer sowie über den sogenannten Brunnenschacht. Mit keinem Wort wird die Große Galerie erwähnt, der er beim Betreten der Pyramide begegnet sein müsste.

Seit Generationen versucht die uns bekannte Menschheit, irgend etwas nachzuahmen. Selbst in der heutigen Konsumwelt sind wir immer Kopien von Originalen aufgesessen, wobei sich heute der jeweilige Weg ihrer Entstehung zurückverfolgen lässt. Auch die Welt der Pyramiden lässt sich zurückverfolgen, aber nur, wenn wir es verstehen, die wenigen Puzzleteile nach ihrem richtigen Plan, wieder zusammenzusetzen. Denn alle Arten von Pyramiden waren ursprünglich Tempelstätten für die Götter und Observatorien zugleich. Erst nach und nach wurden sie in Ägypten mehr und mehr zu Grabmälern zweckentfremdet. Eine der wichtigsten Gegebenheiten der ägyptischen Pyramiden wird es immer bleiben, dass noch nie eine der Pharao-Mumien in irgend einer Pyramide nachgewiesen wurde und die ganzen Vermutungen ihrer Existenz als Grabanlage bis heute nicht bewiesene Vermutungen unserer Ägyptologen geblieben sind. Jahrhundertelang ist auch die Große Pyramide in Giseh für ein Grabmal gehalten worden, obwohl viele Überlieferungen vorhanden sind, die die Alibierklärung ihres Daseins als Grabmal total entkräften. Eine dieser Erklärungen bieten uns die christlichen Bewohner Ägyptens, die Kopten. Ihre Überlieferungen über die Große Pyramide erzählen uns, dass sie ein Sammelwerk des Wissens darstellen soll, aus der Zeit, als auf der Erde die Götter herrschten. Sie würde sich als Steinernes Buch erweisen, das von einem König, der Saurid hieß, vor der Sintflut zusammengestellt worden sei, um in der Zukunft von jenen enträtselt zu werden, die genügend technisches Wissen entwickelt hätten, um daraus zu lesen. Dazu bemerkt ein arabischer Chronist im Pyramidenkapitel des Hitat folgendes:

Kap. XXVIII.

»... Meiner Ansicht nach können die Pyramiden nur vor der Sintflut erbaut sein; denn wären sie nachher erbaut, so würden die Menschen über sie Bescheid wissen ...«

(Abb.:067 Hitat)

Der Gelehrte *Muhammad al-Makrizi* (1364–1442), der uns schon über Kalif Abdallah al-Mamun berichtete, sammelte Überlieferungen anderer semitischer Chronisten und schrieb sie in dem Buch »Hitat« nieder. Das in dem Werk befindliche Pyramidenkapitel wurde dann von dem Philologen Doktor Erich Graefe im Jahre 1911 ins Deutsche übersetzt und veröffentlicht:

Kap. I-II.

»Die großen Pyramiden sind die drei, die bis auf den heutigen Tag gegenüber von Misr stehen. Die Leute sind sich über die Zeit ihrer Erbauung, über den Namen des Erbauers und die Ursache ihrer Erbauung nicht einig und haben die verschiedensten Meinungen geäußert, die aber meist verkehrt sind. Ich will nun von der Kunde hierüber das erzählen, was zufriedenstellt und genügt, wenn Gott, der Erhabene, will.

Der Lehrer Ibrahim Ben Wasif Sah el-Katib sagt in den »Nachrichten von Ägypten und seinen Wundern«, da, wo er von Saurid erzählt, dem Sohne des Sahluk, des Sohnes des Sirbak, des Sohnes des Tumiden, des Sohnes des Tadrasan, des Sohnes des Husal, einem Könige Ägyptens vor der Sintflut, die ihren Sitz in der Stadt Amsus hatten, über welche an der Stelle, wo in diesem Buche die Städte Ägyptens behandelt werden, gesprochen werden wird. Er war der Erbauer der beiden Pyramiden bei Misr, ...«

Über den Grund der Erbauung heißt es weiter:

*»... Die Ursache der Erbauung der Pyramiden war, dass 300 Jahre vor der Sintflut Saurid folgenden Traum hatte: Die Erde kehrte sich mit ihren Bewohnern um, die Menschen flüchteten in blinder Hast, und die Sterne fielen herab ...«*

Nachdem König Saurid noch einen zweiten Traum hat, in dem weiße Vögel zur Erde niederfuhren, um die Menschen zu entführen, damit sie zwischen zwei großen Bergen wieder hinabgeschleudert und getötet werden, beruft er gleich am nächsten Morgen eine Versammlung seiner Obersten Wahrsager aus allen Provinzen Ägyptens zu einer Besprechung. Es kommen 130 Wahrsager, denen Saurid seine beiden Träume erzählt. Das Versammlungskomitee kommt zu dem Schluss, dass ein großes Ereignis bevorsteht, doch der Obere Wahrsager *Philemon* ergreift dann das Wort und erzählt von seinem Traum, den er vorher noch keinem erzählt hatte:

Kap. III.

*»... Ich saß mit dem Könige auf dem Turm, der zu Amsus steht. Da senkte sich das Himmelsgewölbe herab, bis es unseren Köpfen nahe kam und sich über uns befand, wie wenn uns eine Kuppel umschlöße... Die Stadt Amsus kehrte sich mit ihren Bewohnern um, wobei die Götzenbilder auf Ihre Köpfe fielen, und Männer stiegen vom Himmel herab, die eiserne Keulen in den Händen trugen und damit auf die Menschen einhieben ...«*

Ob das nun Träume, Märchen aus 1001 Nacht oder eine andere Art von Erzählungen sind, spielt eigentlich gar keine Rolle! Tatsache ist, dass hier von bemannten Flugapparaten die Rede ist, deren Besatzungsmitglieder anscheinend etwas gegen die Menschen hatten, die über Ägypten regierten. Aber laut unserer Lehrmeinung dürfte es so etwas nicht geben, denn bekanntlich soll unsere Zivilisation die erste Hochkultur darstellen.

(Abb.:068 Keulen Foto)

Doch wenn es sich hierbei wirklich nur um eine fiktive Geschichte handeln würde, bräuchten die Männer mit den eisernen Keulen nicht vom Himmel zu kommen, sondern auf dem Seeweg, wie es sich für die damalige Zeit gehörte. Aber fahren wir fort, so dass sich jeder seine eigene Meinung bilden kann. Der König fragte seine Gelehrten, ob die Sterne aufzeigen, dass sich etwas Neues begeben werde und sie antworteten mit: »*Ja!*« Die Wahrsager berichten:

»*... die Sintflut werde kommen und danach ein Feuer, das aus dem Sternbild des Löwen hervorkommen werde, um die Welt zu verbrennen ...*«

Daraufhin beschließt König Saurid die Erbauung der Giseh-Pyramiden und lässt mächtige Säulen und gewaltige Steinplatten anfertigen sowie Blei aus dem Westlande holen und Felsblöcke aus der Gegend von Assuan herbeischaffen:

Kap. V.

»*... Damit erbaute er das Fundament der drei Pyramiden: der östlichen, der westlichen und der farbigen. Sie hatten beschriebene Blätter darauf, gaben ihm ein Stoß, und bewegten ihn durch diesen Stoß um 100 Sahm fort, dann wiederholten sie dies, bis der Stein zu den Pyramiden gelangte... Die Steinplatte aber breiteten sie hin, brachten in einem Loch ihrer Mitte eine aufrechtstehende eiserne Achse an, legten dann eine andere, (gleichfalls) in der der Mitte durchbohrte Platte darauf ließen sie Blei schmelzen und gossen es auf die Achse und rings um die Platte herum, symmetrisch und kunstgerecht, bis sie ganz vollkommen war ...*«

Der Transportbeschreibung von 100 Sahm entsprechen etwa drei Meter, doch viel interessanter als der Transport ist die Tatsache, dass beim Bau der Pyramide Eisen und Blei verwendet wurde, wodurch das Fundstück von Vyse, Perring und Hill seine Bestätigung findet. Auch der Hinweis auf die durchbohrten Steinplatten, die auf einer eisernen Achse aufgetürmt wurden, wirft ein neues Licht auf einige Funde, die bisher nur von William M.F. Petrie untersucht wurden. Etwa 10 Kilometer südlich von Kairo liegt Abusir, wo ein Pyramidenfeld von Bauherren aus der fünften Dynastie vorhanden ist.

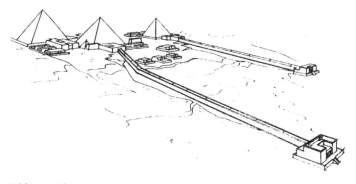

(Abb.:069 Abusir Rekonstruktion)

Zur Zeit werden dort Vorbereitungen getroffen, um diese Anlage im Jahre 1997 auch den Touristen zugänglich zu machen. Die Besonderheit in Abusir sind nicht etwa die vier stark verfallenen Pyramiden sowie zwei seiner Tempel, sondern härteste Diorit- und Granitsteinblöcke, die sichtbare Spuren von Kernbohrungen aufzuweisen haben. Doch für Kernbohrungen benötigt man auch eine Bohrmaschine.

**Woher nahmen die Baumeister der Pharaonen vor 4500 Jahren Bohrmaschinen? Oder war alles doch nicht so dramatisch?**

Für ein besseres Verständnis sei hier angemerkt, dass Kernbohrungen nicht, wie fälschlicherweise angenommen, Bohrungen sind, die in den Kern von Gestein vordringen, sondern Bohrungen mit einem hohlen Bohrkopf (röhrenförmig), wodurch das angebohrte Gestein durch den hohlen Bohrkopf herausgepresst wird. Doch erst mit der Patentanmeldung im Jahre 1876 des Maschinenbauers Alfred Brandt konnten wir dieses neue technische Verfahren kennenlernen. Der Brite W.M.F. Petrie bot bereits 1883 eine Lösung für die Gesteinsproben, die er aus der Umgebung von Giseh und Kom Ahmar untersucht hatte. Demnach verwendeten die alten Ägypter Bronzemeißel mit einer zusätzlich gehärteten flachen Spitze, die sie im harten Gestein kreisen ließen. Petrie begründete seine Meißel-Theorie damit, weil die von ihm untersuchten Bohrlöcher im Gestein spitz zulaufend waren, wohingegen die Eintrittslöcher am Gestein verbreitert verliefen. Doch meine Untersuchungen vom April 1996 in Abusir und in Sakkara brachten ganz etwas anderes hervor, so dass vieles eher für die Benutzung technischer Hilfsmittel spricht als für Petries Meißel-Theorie. Die zwischen 21 bis 46 Zentimeter tiefen Bohrlöcher haben eine durchschnittliche Eintrittsbreite von acht Zentimetern, die sich aber nicht, wie Petrie festgestellt hat, innerhalb des Gesteins verengen, sondern eben acht Zentimeter betragen. Bei einem Steinblock in Abusir werden meine Ergebnisse für jedermann sichtbar, da hier das Eckstück eines Dioritblockes abgebrochen ist und wir an Hand dieses Fundes sehen können, dass hier mit einem rohrförmigen Bohrkopf gearbeitet wurde.

(Abb.:070 Bohrloch groß)

Eine wichtige Gegebenheit ist es, dass unsere modernen Kernbohrer mit einem Druck von 200 Atmosphären (entspricht einem

Druck von etwa 2000 Tonnen) arbeiten müssen, um Dioritgestein zu durchbohren. Diese Leistung wäre mit einem kreisenden Bronzemeißel unmöglich zu bewältigen. Auch der Münchner Gesteinchemiker und Geologe Professor Dietrich Klemm, der seit 1988 die ägyptischen Steinblöcke untersucht, schließt das in Vergessenheit geraten einer altägyptischen Bohrtechnologie nicht aus. Doch vielleicht sind wir der Lösung dieser vergessenen Bohrtechnologie einen entschiedenen Schritt näher gekommen. Mein langjähriger Freund Thomas H. Alfred Fuss, der sich in eigener Sache für das Buchvorhaben »Spezies Adam« in den verschiedensten Religionsbüchern herumtummelt, ist im jüdischen *Talmud* auf eine Bohrmaschine gestoßen, die von den Verfassern »Schamir« genannt wird. Wörtlich übersetzt bedeutet dieser Begriff »*Schneidwurm*«, was für eine Bohrmaschine eine sinnvolle Umschreibung ist, wie ich meine. Dieses sonderbare Werkzeug wird in einem anderen jüdischen Buch (*Zohar* I.74 a–b) sogar als ein »*metallspaltender Wurm*« bezeichnet, über dessen Eigenschaften die alten Gelehrten folgendes berichten:

»*Und Hammer und Axt und jegliches Gerät von Eisen wurde nicht gehört. Weil der Schamir alles spaltete, so bedurfte es keines anderen Werkzeuges zur Arbeit.*«

Wie wir aus den Überlieferungen der Bibel, dem Talmud und dem Zohar entnehmen können, gab es den »*Schneidwurm*« oder »*metallspaltenden Wurm*« in den verschiedensten Größen, wodurch sie auch unterschiedlich zum Einsatz kamen. Einerseits gravierte man damit die Brustpanzer der Söhne Israels, womit auch Edelsteine verarbeitet wurden, andererseits setzte man sie sieben Jahre lang beim Bau des Tempels von König Salomon um 1034 v.u.Z. ein. Zu dem Bau des Salomo-Tempels heißt es in 1. Könige 6,7:

»*Was das Haus bei seiner Erbauung betrifft, es wurde aus bereits völlig behauenen Steinen des Steinbruchs gebaut, ...*«

Das heißt, dass die Handwerker die Steinquader wie Lego-Steine passgerecht zugeschnitten haben, um sie nur noch aufeinanderzutürmen. Desweiteren ergeht der Hinweis, dass sehr leise gearbeitet wurde und somit keinerlei Werkzeuggeräusche zu vernehmen waren. Der wahre Bauherr vom Salomon-Tempel war kein geringerer als die biblische Gottheit *Jahwe*, die auch den Bau beaufsichtigte. Deshalb schreiben auch die Verfasser des Talmud die Herkunft der »*Schamir*« den Wächterengeln der Gottheit zu, die mit ihm einst auf der Erde weilten. Im Buch Jeremia 17, 1–3 der Bibel, ergeht auch ein Hinweis über das Material aus dem die Schamir bestanden haben:

> »*Mit diamantener Spitze ist sie eingraviert in die Tafel ihres Herzens und in die Hörner ihrer Altäre, wenn ihre Söhne ihrer Altäre und ihrer heiligen Pfähle neben einem üppigen Baum gedenken, auf hohen Hügeln, den Bergen in der Ebene.*«

Ob die Begriffe »*Pfähle*« und die »*Hügel der Ebene*« Anspielungen auf die ägyptischen Obelisken und Pyramiden sind, wissen wir nicht. Wir wissen aber, dass »*Schamir*« im heutigen Hebräisch »*Diamant*« bedeutet und sich aus dem wundersamen »*Schneidwurm*« herleitet.
Auch nach T.H.A. Fuss handelte es sich dabei um einen Bohrkopf aus Diamant, den die Hebräer früher auch »*Dement*« nannten. Auch Professor Reinhold Meyer, der den Talmud 1963 ins Deutsche übersetzt hat, schreibt in einem Brief vom 01. November 1996 an T.H.A. Fuss:

> »... ›*Schamier*‹ *bedeutet wortwörtlich* ›*Bewachter*‹ *und bezeichnete ein Fabelwesen, das Steine und Metalle zerschneiden konnte.*«

(Abb.:069a Balbek)

Somit kann das Rätsel um die Bohrlöcher als gelöst betrachtet werden. Auch hier sind es wieder die mysteriösen göttlichen Wesen, die diese Technologie einst mit sich führten. Wir können also davon ausgehen, dass unsere Ahnen sehr wohl *Diamantenbohrer* gekannt haben. Unsere Ahnen konnten mit der Technik selbst zwar nichts anfangen, da es wie ein Wunderwerk auf sie wirkte. Wir jedoch haben diese Technologie wieder entdeckt und wissen somit, worum es sich bei diesem Wunderwerkzeug gehandelt hatte. Aber auch über den Sinn der ägyptischen Bohrlöcher gibt es eigentlich nur eine Schlussfolgerung, die uns bereits die Kopten berichteten: Die Löcher dienten allein dem Aneinanderreihen und Auftürmen der Steinblöcke. Doch widmen wir uns wieder den Kopten, die den Bau der Pyramiden auch mit den himmlischen Sternen in Verbindung brachten:

Kap. V.

*»... Sie begannen den Bau der Pyramiden unter einem günstigen Gestirn, über das sich geeinigt und das sie sich erwählt hatten ...«*

Alle offiziellen Eingänge der großen Giseh-Pyramiden sind in nördliche Richtung ausgerichtet. Der britische Oberst Howard Vyse hatte in den Vierziger Jahren des vorherigen Jahrhunderts in einem Gespräch mit dem Astronomen John Herschel (1792–1871, der Sohn von Friedrich Wilhelm 1738–1822) erfahren, dass unser Polarstern, der als Orientierungshilfe der Seefahrer diente, zu der Bauzeit der Pyramiden ein anderer war. Als Vyse Untersuchungen des *»absteigenden Ganges«* der Großen Pyramide durchführte, kam ihm der Gedanke, ob der Gang nicht auf einen Stern ausgerichtet sein könnte. Herschel verwies Vyse auf den Stern *»Thuban«* in der Sternenkonstellation des *»Drachen«*. Einer, der diese Unterredung kannte, war kein geringerer als Peazzy Smyth, der zu den Schülern Herschels zählte. Gestützt auf die bekannten Daten und neueren Untersuchungen konnte Smyth die Datierung 2133 v.u.Z. oder 3440 v.u.Z. ermitteln, wo der 26 Grad Winkel des *»absteigenden Ganges«* exakt auf den *»Thuban«* ausgerichtet sein musste.

### Was sagt al-Makrizi?

Die arabische Zeitrechnung für das Jahr Null beginnt mit der Higra des Propheten Mohammed im Jahre 622 n.u.Z. Der Gelehrte Muhammad al-Makrizi errechnete im fünfzehnten Jahrhundert, dass vor der Higra des Propheten 4096 Sonnenjahre vergangen seien, seitdem die Große Pyramide errichtet worden ist. Das entspricht der Epoche um 3474 v.u.Z., was auch einige unserer modernen Ägyptologen schon einmal als den Beginn der ersten Dynastie angesehen haben. Zu den Berechnungen von Peazzy Smyth beträgt die Abweichung lediglich 34 Jahre. Desweiteren wird in Kapitel V. über unterirdisch verborgene Pyramiden-Tore sowie über Zweiteingänge, die in das Pyramideninnere führen, berichtet:

»... 40 *Ellen unter der Erde ließ er Tore für die Pyramiden anbringen. Das Tor der östlichen Pyramide lag auf der Ostseite, 100 Ellen von der Mitte der Pyramidenwand entfernt, das der westlichen auf der Westseite, gleichfalls 100 Ellen von der Mitte der Pyramidenwand entfernt. Wenn man hinter dieser Strecke gräbt, so gelangt man zur Pforte des gewölbten Ganges, der als Eingang zum Pyramidentor gebaut ist ...*«

**Doch wie ist der Hinweis über die Zweiteingänge der Giseh-Pyramiden zu bewerten?**

Wir haben an der Knick-Pyramide gesehen, dass sie sehr wohl über einen westlichen sowie einen nördlichen Eingang verfügt. Und wenn nicht alles täuscht, ergibt 1+1=2! Somit können wir davon ausgehen, dass in diesem Kapitel nicht über Hirngespinste berichtet wird, sondern über nachvollziehbare Tatsachen. Und tatsächlich sind die Steinblöcke an der Ostseite der Cheops-Pyramide sowie an der Westseite der Chephren-Pyramide auffällig groß, so dass man dahinter durchaus Zweiteingänge vermuten könnte.

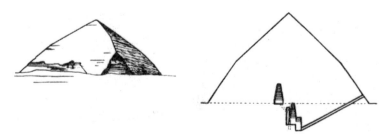

(Abb.:71 Knickpyramide)

Die Kopten berichten uns auch, warum die Pyramiden so kompliziert angelegt wurden: Kap. VI.

*»... Darauf ließ er in der westlichen Pyramide 30 Schatzkammern aus farbigem Granit anlegen; die wurden angefüllt mit reichen Schätzen, mit Geräten und Bildsäulen aus kostbaren Edelsteinen, mit Geräten aus vortrefflichem Eisen, wie Waffen, die nicht rosten, mit Glas, das sich zusammenfalten lässt, ohne zu zerbrechen ...«*

Eisen, das nicht rostet und Glas, das sich zusammenfalten lässt, ohne zu zerbrechen? Die Chephren-Pyramide gilt in Fachkreisen eigentlich als erforscht und nichts, aber auch gar nichts von dem, was uns die Kopten da berichten, konnten die Archäologen bisher nachweisen!

**Sind das alles doch nur Märchen aus 1001 Nacht?**

Ein eindeutiges Nein! Auch hierbei wird es deutlich, dass wir die Berichte heute nur deshalb begreifen können, weil es uns gelungen ist, diese Materialien wiederzuentdecken. Der deutsche Chemieprofessor Justus Freiherr von Liebig (1803–1873) stieß im Jahre 1835 auf eine Substanz, die er »*Oel der holländischen Chemiker*« nannte. Bei einem Experiment mit diesem Oel (*Dichlorethan*) fand er dann heraus, dass durch Behandlungen mit *Alkalien* ein verflüssigter, ätherischer Stoff entsteht. Liebig holte zur Unterstüzung seiner Arbeit den jungen französichen Chemiker Henri Victor Regnault für einige Monate in sein Gießener Labor. In dem Abschlussbericht für die »*Annalen der Pharmacie*« wurden diese Untersuchungsergebnisse dann veröffentlicht, wo man diese neue Entdeckung als »*Vinylchlorid*« registrierte. Der Franzose Henri V. Regnault fand zudem noch heraus, dass nach vier Tagen Standzeit und dem Einfluß von Sonnenstrahlen sich ein weißes Pulver rückbildete, wobei es sich um »*Polyvinylchlorid*« (PVC) handelte. Doch man vergaß diese Entdeckung für etwa 100 Jahre wieder, so dass die Industrialisierung erst zwischen 1930 und 1940 beginnen konnte. Seitdem wurde das Verfahren bei der PVC-Herstellung verfeinert und ergänzt. Nur deshalb ist es der Autoindustrie heute möglich, für Heckscheiben von Cabriolets PVC-Folien zu verarbeiten. Aber auch die Frischhaltefolien für den täglichen Haushaltsgebrauch entstammen dem selben Verfahren. Und das beste kommt jetzt: Die PVC-Folie können wir als Glas bezeichnen, das sich zusammenfalten lässt, ohne dabei zu zerbrechen!

**Wie aber sieht es mit dem nicht rostenden Eisen aus?**

Mit dem Beginn der Krönung von Friedrich Wilhelm II. (1859–1941) im Jahre 1888 zum Deutschen Kaiser orderte das Marineamt von den Krupp-Werken für ihre Großkampfschiffe 30 bis 40 Zentimeter starke Panzerplatten. Bereits ein Jahr zuvor hatten die Krupp-Techniker damit begonnen, mit Chromstahlschichten zu experimentieren, die eine wesentlich höhere Beschussfestigkeit garantierte. Da sie auch Nickelstahllegierungen für die Herstellung von Kanonenrohren verarbeitet hatten, stellten sie aus einer Chrom-Nickelstahl-Kombination die berühmten »*V-Stähle*« und den »*Nirosta*« her. Wie man sicherlich auf Anhieb merkt, leitet sich der Name »*Nirosta*« aus der Bezeichnung »*Nicht rostender Stahl*« ab. Jeder kennt dieses Material! Sie brauchen beim Essen nur auf Ihr Besteck zu schauen. In aller Regel steht auf dem Besteck »*Rostfrei*«. Aber auch *Aluminium* ist ein Metall, das nicht rostet! Die Überlieferungen berichten uns, dass in der Cheops-Pyramide ebenfalls geheime Kammern angelegt wurden, in denen die Pläne der Planeten und die Pläne verschiedener Himmelsgewölbe dargestellt wurden:                                   Kap. VI.

> *»… In der östlichen Pyramide ließ er die verschiedenen Himmelsgewölbe und die Planeten darstellen sowie an Bildern anfertigen, was seine Vorfahren hatten schaffen lassen; …«*

Meiner Meinung nach handelt es sich bei den Himmelsgewölben um andere Sonnensysteme oder Planeten, die unseren Ahnen durch die göttliche Rasse übermittelt wurden. Doch in der nächsten Schrift erfahren wir auch Näheres über den Bauherrn. Über den Pyramidenbauherrn heißt es in Kapitel 33:       Kap. XXXIII.

> *Es gibt Leute, die sagten: Der erste Hermes, welcher der Dreifache in seiner Eigenschaft als Prophet, König und Weiser genannt wurde (es ist der, den die Hebräer Henoch, den Sohn des Jared, des Sohnes des Mahalalel, des Sohnes des Kenan, des Sohnes des Enos, des Sohnes des Seths, des Sohnes Adams – über ihm sei Heil – nennen, und das ist Idris), der las in den Sternen, dass die Sintflut kommen werde. Da ließ er die Pyra-*

*miden bauen und in ihnen Schätze, gelehrte Schriften und alles, worum er sich sorgte, dass es verloren gehen und verschwinden könnte, bergen, um die Dinge zu schützen und wohl zu bewahren.*

Da wird Saurid doch tatsächlich mit dem verlorengegangenen Urvater *Henoch* aus dem Alten Testament gleichgesetzt und mit einer Genauigkeit beschrieben und sein Stammbaum aufgezählt, der, wie bekannt, mit 365 Jahren nicht verstarb, sondern mit Gott wandelte, dass ich mich frage, warum diese Überlieferungen in unserer Lehrmeinung keinen Platz finden? Denn wenn wir im Alten Testament genaueres über Henoch erfahren wollen, suchen wir vergeblich. Das einzige, was uns die Bibel über Henoch berichtet, können wir im 1. Mose 5, 21–24 nachlesen:

*»Henoch war 65 Jahre alt und zeugte Metuschelach. Und Henoch wandelte mit Gott. Und nachdem er Metuschelach gezeugt hatte, lebte er 300 Jahre und zeugte Söhne und Töchter, dass sein ganzes Alter ward 365 Jahre. Und weil er mit Gott wandelte, nahm ihn Gott hinweg, und er ward nicht mehr gesehen.«*

In der sumerischen Mythologie gibt es eine Überlieferung, die vielleicht mit dem Verschwinden von Henoch in Verbindung steht. Es ist die Geschichte von dem sumerischen König *Etana*, der von den Göttern in den Weltraum hinaufgeholt wird. Er beschreibt den Flug von der Erde in den Kosmos mit erstaunlicher Genauigkeit und berichtet, dass sich die Erde während des Aufstiegs mit rasender Geschwindigkeit zu entfernen schien. Zuerst wandelten sich die Berge in kleine Hügel und das Meer sah aus wie das Wasser in einer großen Wanne. Das Land erschien ihm wie eine Ackerscholle und das weite Meer wurde klein wie ein Brotkorb. Und schließlich *»hörten Land und Meer auf zu sein«* und die Erde war um nichts größer als alle anderen Sterne.

(Abb.:072 Etana)

Warum das Alte Testament das Interesse verlor, Henoch ausführlicher in seinen Schriften zu erwähnen, wissen wir nicht. Wir wissen aber, dass Henoch Bücher in *Ich-Form* schrieb, die uns in den äthiopischen und slawischen *»Henoch-Bücher«* erhalten geblieben sind. In seinen Büchern berichtet Henoch, über ein Weltgericht, über seine vielen Reisen in verschiedene Weltgegenden und in ferne Himmelsgewölbe. Des weiteren berichtet Henoch über minutiöse Umlaufbahndaten der Sonne, des Mondes sowie über die Sterne und die Himmelsmechanik. Auch Gespräche mit seinem Sohn Metuschelach und Begegnungen mit Gott und Engeln werden ausführlich beschrieben. Nachdem Henoch die Erde verließ, gab er seinem Enkel Noah *»Bücher über die Lehre aller Geheimnisse«*. Das erfahren wir allerdings nicht aus der Bibel, sondern aus den Pseudopigraphen, den apokryphen Schriften der Bibel. Im Buch Henoch Kap.: 68/1 heißt es:

> *»Darauf gab mir mein Großvater Henoch in einem Buche die Zeichen (Lehre) aller Geheimnisse sowie die Bilderreden, die ihm gegeben worden waren, und er stellte sie für mich in den Worten des Buches der Bilderreden zusammen.«*

Doch weder in den äthiopischen noch in den slawischen Henoch-Büchern wird auf die Pyramiden und den Grund ihrer Errichtung eingegangen. Das einzige, was sich vermuten lässt, ist, dass die ursprünglichen Henoch-Bücher in Hieroglyphen geschrieben wurden. Das Hitat erzählt uns aber auch, dass es sich bei Henoch um den weisen Propheten-König *Hermes* handelte, und aus dem Turiner Papyrus wiederum erfahren wir, dass die ägyptische Gottheit *Thot* Hermes war.

**Wer aber war die Gottheit Thot?**

Dieser Gott mit dem Ibiskopf, dessen Name im ägyptischen *Taati* genannt wurde und *»der Leuchtende«* bedeutet, war ein himmlischer, der mit dem Mond in Verbindung gebracht wurde. Platon schreibt über Thot:

> *»Irgendwo, zu Naukratis in Ägypten, ist ein alter Gott, welchem der Ibis heilig ist, er heißt Theut, ist Erfinder der Zahl und des Rechnens, der Geometrie und Astronomie, des Brett- und Würfelspiels und der Schrift, und alle diese Künste hatte er einst dem König Thamus von Theben gezeigt.«*

Ähnliches berichten Diodor und andere Historiker. Der Gott wurde von den Hellenen deshalb mit Hermes gleichgesetzt, weil die Darstellungen ihn immer mit der Schreibtafel in den Händen zeigten und seine Beinamen *»Herr der göttlichen Worte«* oder *»Schreiber der Wahrheit«* genannt wurden. Die Gottheit Thot war zudem ein enger Gefährte der Gottheit Osiris und Begleiter der Osirisreligion. Auch in babylonischen Keilschrifttexten finden wir eine Gottheit, die *Nabu* hieß, die sich meiner Meinung nach ebenfalls mit Thot identifizieren lässt. Nabu residierte in der Schwesterstadt Babylons und galt als Sohn *Marduks* und *Zarpanitus.* Nabu war, wie Thot, Gott der Schreibkunst und Schutzpatron der Schreiber, wodurch er einen besonderen Einblick in die Geschicke der Welt besaß. Er schrieb die im Weltschöpfungsepos genannten Schicksalstafeln, die wohl auch zeitweilig in seinem Tempel im Schicksalsgemach aufbewahrt wurden. Ihr Besitz garantierte die Herrschaft über die Welt!

Aus den hermetischen Schriften erfahren wir, dass die Gottheit Thot die Geheimnisse des Himmels kannte und sie in heiligen Büchern niederschrieb, die er anschließend auf der Erde in einer *verborgenen Kammer* vergrub, damit die Geschlechter der Zukunft nach ihnen suchen sollten. Das geheime Versteck war jedoch so gut ausgeklügelt, dass nur die wahrhaft Würdigen in der Lage sein sollten, diese Kammer zu finden. Der *Westcar-Papyrus* erzählt uns über ein Geheimnis der Gottheit Thot, deren Lösung von Pharao Cheops angestrebt wurde. Der deutsche Professor Adolf Erman, der Direktor des Ägyptischen Museums in Berlin war, veröffentlichte 1890 eine Arbeit, die die Übersetzung des *Westcar-Papyrus* enthielt. Der Inhalt des Papyrus besteht aus einer Reihe von Geschichten über die Taten der Magier, von denen man annahm, dass sie an König Cheops gerichtet waren. Nur an geringfügigen Stellen wurden bisher an den Interpretationen des Professors Zweifel gezogen Ich meine jedoch, dass eine bestimmte Stelle völlig neu interpretiert werden sollte.

Als Cheops über das Land regierte, rief er eines Tages seine drei Söhne zusammen und bat sie, ihm Geschichten von den Magiern zu erzählen. Der älteste Sohn Chafra (Chephren) begann und erzählte eine Geschichte aus der Zeit von Cheops' Ur-Großvater *Nebka.* Die Erzählung handelte von einem wieder zum Leben erweckten Krokodil, das ein Magier bewirkt hatte. Danach erzählte der zweitälteste Sohn Bauefre (Bicheris) eine Geschichte, die aus der Zeit seines Großvaters Senofru stammte. Ein Magier teilte wie der biblische Prophet Moses das Wasser eines Sees, um ein Schmuckstück vom Grund trockenen Fußes heraufzuholen. Danach fügte sich das Wasser wieder zusammen, als der Magier den See mit seinem Zauber besprochen hatte. Cheops' dritter Sohn Hordedef (Djedefre) erhob sich und sagte:

> *Wir haben von den Magiern der Vergangenheit und ihren Taten genug gehört, deren Wahrheit wir nicht beweisen können. Ich aber weiß von heutigen Dingen zu berichten.*«

Hordedef erzählte seinem Vater von einem gewissen *Djedi*, der dem König später vorgestellt wurde. Djedi war ein 110jähriger Greis aus Heliopolis, der myhtische Kräfte besaß. Außer einem ungewöhnlich großen Appetit, mit dem der Magier täglich 500 Brote nebst einer Rinderkeule und 100 Krug Bier verzehrte, konnte Djedi desweiteren einen abgeschlagenen Kopf wieder an seinen früheren Platz setzen. Er war auch in der Lage, wilde Tiere, wie Löwen, so zu zähmen, dass sie friedlich hinter ihm herliefen. Vor allem aber wusste er über das Heiligtum des Thot Bescheid, für das sich Cheops schon seit längerer Zeit brennend interessierte:

> *… Nun hatte die Majestät des Königs Cheops schon viel Zeit damit verbracht, die Naoi des Thot-Heiligtums zu suchen …*«

Bei dem Geheimnis des Thot handelte es sich um ein Bauwerk, das besondere Geheimkammern enthielt und die Heiligtümer der Gottheit bewahrte. Die Ägyptologen sind sich bezüglich des Bauwerkes nicht ganz einig und meinen sogar, dass es sich um ein rein myhtisches Bauwerk handele, weil sie es geografisch nicht einordnen konnten. Obwohl diese Überlieferung dafür genutzt wurde, um die Zuordnung der Könige der vierten Dynastie vorzunehmen, bleibt sie aus der Sicht der Ägyptologen doch nur ein Märchen. Das veranlasst mich wiederum zu fragen, ob unsere Ägyptologen blind sind oder uns wieder einmal nur zeigen wollen, dass nicht alles gesehen werden muss, was nicht ins Schema der Schulweisheiten einzuordnen ist? In einem Dialog, den Cheops später mit Djedi führte, wird nämlich ganz deutlich, worüber die beiden redeten:

*»... Darauf sagte Cheops: Und ich habe sagen hören, du wüsstest die Zahl der Heiligtümer des Thot?*
*Djedi erwiderte: Mit Vergunst, ich kenne deren Zahl nicht, mein Herr und Gebieter, doch ich kenne den Ort, an dem sie sich befinden.*
*Und seine Majestät sagte: Wo ist das?*
*Und Djedi sagte: Es gibt ein Kästchen aus Feuerstein in einem Raum in Heliopolis, das ›Archiv‹ heißt. In diesem Kästchen ist es ...«*

Genau in diesem Abschnitt sind die Wörter *Heiligtümer, Raum* und *Zahl* falsch interpretiert worden, weil sie im Jahre 1890 besser in das Schema der Geschichtsschreibung passten, da durch die Fälschung des Pharaonennamens von Richard W.H. Vyse, der Nachweis erbracht wurde, der den Bau der Großen Pyramide König Cheops zuschrieb.

Ein weiterer Ägyptenexperte, der mit zu den großen Ägyptologen gezählt werden kann, war der Brite Sir Allan Howard Gardiner (1879–1963), der sein ganzes Leben mit den alten Ägyptern verbracht hat. Schon als Schüler fasste er den Entschluss, sein Leben der Ägyptologie zu widmen. Seine Lehrer waren große Persönlichkeiten, wie der Franzose Gaston Camille Charles Maspéro (1846–1916) oder Professor Adolf Erman. Gardiner fühlte sich gerade Professor Erman zu großem Dank verpflichtet, so dass er zum 70. Geburtstag des Professors eine Übersetzungsarbeit über den Westcar-Papyrus anging, die er dann 1925 im *»Journal of Egyptian Archaeology«* veröffentlichte. Sir A.H. Gardiner übersetzt bei seiner Arbeit die Bezeichnung *ipwt (iput)* nicht mit »Heiligtümer«, sondern mit »Geheimkammern«:

*»... Deshalb bin ich zu dem Schluss gekommen, dass das Wort ipwt »Geheimkammern« bedeutet und Cheops nähere Einzelheiten über die Geheimkammern des uralten Thot-Heiligtums in Erfahrung bringen wollte ...«*

Diese Tatsache ergibt einen ganz anderen Sinn dieses Gespräches. Wie schon aus der Inventar-Stele zu entnehmen war, wollte Cheops zu Ehren der Isis einen Tempel errichten lassen. Die Große Pyramide sowie die Sphinx hatten zu dieser Zeit schon bestanden. Heute wissen wir, dass Cheops diesen Tempel errichtet hat und er vollkommen zerstört ist, jedoch die Kammern der Großen Pyramide unversehrt geblieben sind. Wenn wir den Dialog zwischen König Cheops und dem Priester Djedi richtigstellen, wollte Cheops die *Anzahl der Geheimkammern* des *Thot-Baukomplexes* wissen, also die Geheimkammern der Großen Pyramide. Djedi erwiderte, die Anzahl nicht zu kennen, verwies aber auf einen Raum oder Archiv in Heliopolis, wo Kenntnisse über deren Anzahl in einem Kästchen aus Feuerstein niedergeschrieben waren. Mit anderen Worten gesagt, König Cheops wollte die Geheimnisse der Pyramiden von Giseh herausfinden und nicht die eines anderen Bauwerkes. Und der Schlüssel dazu befand sich in Heliopolis. Der Schweizer Ägyptologe und Philologe Professor Erik Hornung weist in seinem Buch »*Die Unterweltsbücher der Ägypter*« auf ein verlorenes Buch *sjpw* (Revision) hin, das detaillierte Beschreibungen der »*Geheimkammern*« des Thot enthalten haben soll. Doch aus einem Sargtext aus Gebêlen, worauf ein »*Feuerstrom*« mit dämonischen Wächtern und ein »*Gefilde des Thot*« dargestellt sind, hat Professor Hornung die Anzahl der Geheimkammern des Thot-Baukomplexes herausgefunden. Es waren sieben!

Durch diese neuen Erkenntnisse aus dem ...
... *Westcar-Papyrus* sowie dem Text der...
... *Inventar-Stele* und die Pyramiden-Hieroglyphe auf der...
... *Siegestafel des Narmer* sowie das Bestehen der ...
... *Pyramiden-Priesterschaft* und die ...
... *Fälschung des Pharaonen-Namen* durch Howard Vyse ...
... ergibt alles einen neuen Sinn!

Die Pyramiden befanden sich schon seit langer Zeit an dieser Stelle und keiner wusste wirklich, wer sie errichtet hatte. Wenn wir dieses Puzzle jedoch richtig zusammenfügen, ist der Bauherr der sogenannten Cheops-Pyramide gefunden! Es ist Henoch, alias Hermes, alias Idris, alias Saurid, alias Nabu, alias Thot!

Doch wenn die Gottheit Thot der Bauherr der Pyramiden war, kommen wir nicht drumherum, uns auch mit der folgenden Frage zu beschäftigen:

**Wer waren die göttlichen Väter der Ägypter überhaupt?**

# 5 Die Väter der Ägypter

Fünf Jahre ist es inzwischen her, dass die Amerikaner ihre fünfhundertjährige Jubiläumsfeier der Wiederentdeckung ihres Heimatkontinents mit einem großen Fest publik machten. Am 12. Oktober 1492 war der Seefahrer Christoph Kolumbus nach einer 33tägigen Seefahrt mit der *»Santa Maria«* sowie den Begleitschiffen *»Nina«* und *»Pinta«* auf San Salvador (Haiti) gestoßen und an Land gegangen. Sehr bald machten Kolumbus und seine Gefolgschaft in dem zuvor unbekannten Land die Bekanntschaft mit der einheimischen Bevölkerung, die sie zuvor noch nie gesehen hatten und für Inder hielten. Die splitternackten Indios kamen aus allen Richtungen und suchten die Landestelle der Fremden auf, auf die sie nach ihren mythologischen Prophezeihungen schon so lange gewartet hatten. Denn die Eingeborenen erwarteten die Rückkehr ihrer Götter und fragten, ob denn Kolumbus und seine Mannen vom Himmel kämen. In den nächsten 100 Jahren folgte dann eine Unterjochung durch die spanischen Eroberer, wonach der Glanz der mesoamerikanischen Hochkultur von der christlichen Glaubenslehre verschluckt worden ist.

Vor Tausenden von Jahren hatte die ursprüngliche Bevölkerung der alten Ägypter eine ähnliche Begegnung. Aus Tempelaufzeichnungen und anderen Schriften der Ägypter erfahren wir, dass in den Mittelmeerraum fremde Eroberer eindrangen, die sich *»die Gefolgschaft des Horus«* nannten. Der Horusfalke war das Wappentier der Fremden, die aber nicht den Horusfalken anbeteten, sondern einen Sonnenkult praktizierten, an deren Spitze die Gottheit *Ra* oder *Re* stand. Aus der Eigenbezeichnung *Ph-Ra* scheint auch die Ableitung für die Bezeichnung der ägyptischen Könige mit dem Wort *Pharao* entstanden zu sein. Denn nach der Eroberung Ägyptens verschmolzen sich die alten Götter mit ihrem Sonnengott, wonach *Ra* oder *Re* ein Inbegriff der ägyptischen Namenswelt wurde.

Die Eroberer Ägyptens vermieden es auch, sich mit der Urbevölkerung des Landes zu vermischen, wodurch vielleicht die Inzestverhältnisse (Geschwisterehen) in den Herrscherhäusern zu erklären wären. Auf jeden Fall brachten die Eroberer eine fertige Schrift sowie eine großartige Architektur mit ins Land, die immer mehr an Glanz verlor, um so mehr Zeit verging. Auch wenn die Mehrzahl der Ägyptologen die Gründung der ersten ägyptischen Dynastie mit König Menes/Narmer angibt, geht doch aus den Königslisten hervor, dass bereits vor Menes/Narmer mindestens sechs Könige das vereinigte Ägyptische Reich unter der Doppelkrone regiert haben, über die der ägyptische Priester Manetho allerdings nichts berichtet. Der Palermo-Stein hingegen führt neun weitere Könige auf, die jedoch nur der roten Krone Unterägyptens zugeordnet werden können.

Wenn wir einen Blick auf alle heute noch verfügbaren Quellen über die altägyptische Chronologie werfen, erkennen wir, dass schon mindestens drei unterschiedliche Zeitalter vor der offiziell anerkannten Regentschaft des König Menes/Narmer um 3100 v.u.Z. bestanden haben. Die Urväter der Ägypter waren im Goldenen Zeitalter die *Neter* (Götter), denen danach die Göttersöhne oder – anders gesagt – die Halbgötter folgten, bevor sich nach ihnen das Königtum der *Schemsu-Hor* (Horus-Verehrer) einreihte. Danach wurde nach einer turbulenten Zeit von etwa 350 Jahren Ägypten wiedervereint, was unsere Lehrmeinungsvertreter als den historisch verbindlichen Beginn der ägyptischen Zivilisation ansehen und auch anerkennen.

**Doch warum verfährt unsere Wissenschaft bei ihren Überlegungen immer so eingleisig?**

Eigentlich hat sich Manethos Werk über die ägyptischen Herrscherlisten bis heute behauptet. Auch wenn engstirnige Ägyptologen immer nur damit beschäftigt sind, nach Fehlern zu suchen, bleibt es eine Tatsache, dass dem Priester Manetho wesentlich ältere Dokumente zur Verfügung gestanden haben, um ein solches Werk zu verfassen. Hinzu kommt, dass wir die Fehler der nachfolgenden Schriftsteller berücksichtigen müssen, da gerade Eusebius und Africanus die unterschiedlichen Angaben machen. Mit dem Auffinden des Königsverzeichnisses von Abydos, dem Stein von Palermo, dem Turiner Königspapyrus und dem Königsverzeichnis von Sakkara sind eigentlich noch mehr Fragen aufgetreten, als dass diese Berichte Manethos Werk geschadet hätten. Sie bestätigen den Priester und fügen sogar einiges hinzu. Doch trotzdem akzeptieren die Fachgelehrten immer nur die Passagen von Manethos Chronologie, die auch in ihre Theorien passen.

(Abb.:073 Edfu)

Es sind aber auch Königsgräber in *Hierakonpolis* (Nechen) entdeckt worden, die bereits weit vor Menes/Narmer Regierungsoberhäupter darstellten und ebenfalls den Horus-Verehrern zugeordnet wurden. Doch die Ägyptologen sehen in den Horus-Verehrern keine lebendigen Könige, sondern lediglich Geisterwesen, die mit ihren spirituellen Kräften die lebenden Herrscher begleiteten. Den Überlieferungen zufolge jedoch waren die Schemsu-Hor lebende Personen, die zudem über einen großen Einfluss und hohe Bildung verfügten. Robert Bauval bezeichnet sie:

»... *als eine Elite-Akademie, die sich Jahrtausende vor dem Beginn der Geschichte an der heiligen Stätte von Heliopolis-Giseh etabliert hatte.*«

Der sogenannte Turiner Königspapyrus verzeichnet unmittelbar vor den *Schemsu-Hor* 19 Könige, die über 2100 Jahre Unterägypten regieren, die Manetho als Halbgötter bezeichnet. Somit müsste jeder Einzelne dieser Könige mindestens 110 Jahre an der Macht gewesen sein. Dazu schreibt Professor Adolf Erman (1854–1937) in seinem Buch »*Ägypten und ägyptisches Leben im Altertum*«:

»... *wenn wir hier auch, wie man sieht, ein durchschnittliches Lebensalter vorausgesetzt finden, das an Methusalem und die anderen Patriarchen der Israeliten gemahnt – eine geschichtliche Erinnerung liegt dieser Notiz allem Anschein nach doch zugrunde.«*

Auch wenn Professor Erman den Anschein erweckt, die Angaben über die biblischen Patriarchen und die ägyptischen Halbgötter ins Land der Märchen zu verbannen, erkennt er doch eine geschichtliche Erinnerung in diesen Überlieferungen. Professor Erman selbst hat für die damaligen Verhältnisse immerhin das stolze Alter von 81 Jahren erreicht und liegt damit sogar über dem heutigen Durchschnitt (74 Jahre).

Die langlebigen *Patriarchen der Israeliten*, die Professor Erman hier im Bezug zu den ägyptischen Halbgöttern erwähnt, sind keine geringeren Personen als die zehn Urväter der Bibel. Es sind die Propheten von Adam bis Noah, die nach den Angaben der Bibel Lebensalter von 365 bis 969 Jahre erreichten, was jeder im 1. Mose 5,3–5,31 nachlesen kann. Doch im Jahre 1923 konnte der Ägyptologe und Philologe nicht wissen, auf welche Erkenntnisse wir in diesem Jahrhundert noch stoßen würden.

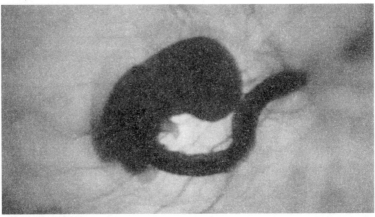

(Abb.:074 Embrio)

Im Jahre 1985 entdeckten die US-Wissenschaftlerinnen Professor Carol Greider und Doktor Elizabeth Black ein Eiweiß-Molekül, das sie »*Telomerase*« getauft haben. Dieses Molekül ist dafür verantwortlich, dass beim Menschen überhaupt ein Alterungsprozeß beginnt, was zu einem programmierten Tod durch die eintretende

Altersschwäche führt. Mit dem Kontrollieren der Telomerase findet sich somit die Antwort auf den Jungbrunnen, hinter dem schon Generationen her waren. Das Forschungsteam der Universität Texas (Medical Center in Dallas) hat herausgefunden, dass die Lebensuhr des Menschen ausschließlich in den Telomeren, den Erbabschnitten der Chromosomen tickt. Der Altersforscher Doktor Jerry Shay erklärt:

*»Nur im Embryo findet man Telomerase noch in allen Körperzellen, doch irgendwann kurz vor der Geburt verschwindet es aus den meisten Zellen.«*

Bei erwachsenen Menschen hingegen kann man die Keimzellen nur noch im Hoden sowie in den Stammzellen für die Erneuerung der Haut und im Darmgewebe vorfinden. Auch die blutbildenden Knochenmarkzellen stellen das Molekül noch selbständig her; wobei das Zellkernenzym nur diesen Abschnitten des menschlichen Körpers fortdauernde Jugend verleiht.

**Doch warum?**

Die Geron-Sprecherin Carol Melis sagt:

*»Wir sterben, weil unsere Lebensspanne genetisch vorprogrammiert ist.«*

Gerade bei den Chromosomen von Säuglingszellen ist ein winziger DNS-Abschnitt (Desoxiribonukleinsäure) in den Telomeren vieltausendfach aneinandergereiht. Kurz nach der Geburt jedoch beginnt dann der Verfall: Jede Zellteilung, so haben die Forscher erkannt, lässt die Telomere um rund 50 Bausteine schrumpfen. Nach 80 bis 100 Teilungen ist das Lebenselixier der Zelle aufgebraucht. Diese langsame Erosion der Telomere, so die Theorie der Zellbiologen, begrenzt die Lebensspanne des Menschen auf maximal 120 Jahre. Doch mit dem Kontrollieren der Telomere sollen in den nächsten zehn Jahren Behandlungen durchgeführt werden, wonach das Erreichen des 180. Geburtages eines Menschen zur Normalität gehören wird. Mit dieser Behandlung will man auch den Krebs und die Progeria (Vergreisungserkrankung von Kindern) in den Griff bekommen. Diese neue Erkenntnis der Zellbiologen hat mich gleich an die biblischen Vorgänge erinnert, in denen

die Gottheit der Elohim, Jahwe, im 1. Mose 6,3 für die nachsint-
flutliche Zeit verlangt, dass der Lebensgeist dem Menschen nur
noch 120 Jahre beiwohnen dürfe:

> »Da sprach der Herr: Mein Geist soll nicht für immer im Men-
> schen bleiben, weil er aus Fleisch ist; daher soll seine Lebens-
> zeit hunderzwanzig Jahre betragen.«

Moses ist nach den zehn vorsintflutlichen Urvätern und den nachsintflutlichen Patriarchen der Bibel der letzte Mensch, dem es
gelang, ein Alter von 120 Jahren zu erreichen. Alle nachfolgenden
Personen der Bibel erreichen dieses Alter nicht mehr. Es kann
somit als erwiesen betrachtet werden, dass die sogenannte Mythologie gar nicht so mythologisch ist. Auch die Berichte über Flugzeuge oder U-Boote haben wir erst zu verstehen gelernt, seitdem
wir selber die Techniken wiedererfunden haben. Die alten Chronisten wussten somit ganz genau, worüber sie da berichtet haben.
Doch kehren wir wieder zurück zu den Eindringlingen, die über
die Ägypter herfielen.

### Woher kamen sie überhaupt?

Bevor wir auf den möglichen Herkunftsort der Fremden eingehen,
sollten wir versuchen, den Zeitpunkt der Ereignisse zu rekonstruieren. Nach einem Bericht von Herodot (Kap. 141–142) erzählten
ihm ägyptische Priester, dass sie bei Herodots Ägyptenbesuch
bereits seit 341 Generationen in ihren Priesterämtern tätig waren.
Demnach, so Herodot, sei er in Theben (heute Luxor) auf 341
Statuen gestoßen, die die Generationsfolgen der dortigen Priesterschaft darstellten. Der allererste Priester soll sein Amt 11541
v.u.Z. angetreten haben. Ein ägyptischer Oberpriester erzählte
Herodot im Hinblick auf die 341 Statuen auch deren Bedeutung:
Als nach der letzten Eiszeit die Große Sintflut die Zivilisationen
zerstörte, kamen Götter auf die Erde, um Ägypten aus dem
Wasser zu ziehen. Im Sinne der ägyptischen Götter wurde dann
die Priesterschaft eingeführt, die die Verbindung der irdischen
Könige zu den Göttern bildete. Jeder Priester war eine Generation
im Amt, bevor dessen direkter Nachfahre (Sohn) sein Amt übernahm. Ist das ein weiterer Beweis dafür, dass unsere Zivilisation
viel älter ist als die Zeitangabe, die unsere offizielle Lehrmeinung
vertritt?

Vorhalle mit Sicherheitstrakt des Ägyptischen Museums von Kairo

Das Gegenstück von Ramses II. steht am el-Tahir-Platz in Kairo.
Der Autor bei Ramses II. in Memphis

Die Mastabagräber auf dem Giseh-Plateau

Die Cheops-Pyramide

Spuren von Kernbohrungen in Abusir und Sakkara

Die Stufenpyramide des Djoser in Sakkara

Der Autor untersucht die Zwischenräume der Kammersysteme

Das Areal ist mit untertunnelten Gängen verbunden

Das Bandiagara-Plateau bei den Dogon

Die Sonne Sirius C mit ihren Planeten

Die Ankunft der nommo mit der Sirigi-Arche

Der ägyptische Benben (Strahlender) hatte eine verblüffende Ähnlichkeit mit den Tuzu-Archen der Dogon

Der Sethos-Tempel ist älter, als die Ägyptologen wahrhaben wollen

Auch jüngere Deckenbalken weisen Kuriositäten auf

Waren die Originale der Sirigi und der Obelisken Raketen?

Auch in Amerika stellten die Ureinwohner Goldschmuck in Form von Flugzeugen her

## Doch wie abwegig erscheint denn die Geschichte mit dem Priester und der Sintflut überhaupt?

Zu Beginn und Ende der Erdperiode des Paläozoikums sind schon Eiszeiten nachgewiesen, obwohl unsere heutige Wissenschaft mit *Eiszeit* immer nur die pleistozäne Vereisung bezeichnet. Diese erdgeschichtlichen Zeiträume entstehen durch das Zusammentreffen mehrerer Faktoren wie die Schwankungen der Erdbahn, die Verringerung des $CO_2$-Gehalts (Kohlendioxid) der Atmosphäre oder allgemeinen Klimaverschlechterungen. Die letzte Eiszeit war die *Würmeiszeit*, die vor etwa 100.000 Jahren anfing und mit dem Beginn des *Holozän* (Jetztzeit) das *Pleistozän* beendete. Der Beginn des Holozän wird im Allgemeinen auf 12000 bis 13000 Jahre zurückdatiert, wo katastrophale Unwetter das Bild der Erde gestalteten und in aller Welt Sintflut-Legenden geboren wurden, die man bis heute bewahrt hat. Während das Bild in Europa von einem dicken Eispanzer gestaltet wurde und der Neandertaler als Jäger und Sammler ein kümmerliches Dasein führte, waren große Teile Nordafrikas trotz anhaltender Regenfälle gut bewohnbar. Wo sich heute die wasserlose Wüste der Sahara ausdehnt, gab es noch pflanzliche und tierische Nahrung im Überfluß, die menschliches Leben ermöglichte.

Wenn wir auf Herodots Bericht über die Gründung der ersten Priesterschaft der Ägypter schauen, stellen wir fest, dass es keine Hirngespinste des griechischen Gelehrten waren, sondern durchaus historisch belegbare Tatsachen. Der römische Gelehrte Censorinus machte im dritten Jahrhundert darauf aufmerksam, dass der heliakische Aufgang des Sirius am 19. Juli im Jahr 139 n.u.Z. mit dem Neujahrstag der Ägypter zusammenfiel. In diesem Zusammenhang ist auch die Überlieferung der Dogon im Bezug auf das Sigui-Fest interessant. Als Doktor Marcel Griaule 1931 zu den Dogon vorgedrungen war, waren seit dem letzten Sigui-Fest exakt 30 Jahre vergangen, so dass man für 1961 die nächste Sigui-Zeremonie erwartete. Somit lässt sich die letzte Zeremonie vor 1961 ins Jahr 1901 zurückverfolgen. Wenn wir ab 1901 weitere 30 Sigui-Zeremonien mit Berücksichtigung der Schaltjahre zurückberechnen, landen wir exakt im Jahre 139. Vielleicht ist das nur Zufall, doch auch bei dem auf die Sothis-Perioden ausgerichteten Rechenbeispiel kommt ein unglaubliches Ergebnis heraus:

```
  1460  Jahre (eine Sothis-Periode)
-  139
+ 1460
+ 1460
+ 1460
+ 1460
+ 1460
+ 1460
+ 1460
─────
= 11541 Jahre v.u.Z.
```

Somit kann der Bericht, den Herodot von den ägyptischen Priestern erfahren hatte, geschichtszeitlich eingeordnet werden. Es entspricht der achten Sothis-Periode der Ägypter und den Wirren der letzten Eiszeit.

**Was aber war das für eine Menschenrasse, die, wie Manetho und die Königslisten berichten, mindestens 110 Sonnenjahre lebte?**

Es lässt sich schwer sagen, was für Menschen das gewesen sein mögen, die nach der Ansicht unserer Lehrmeinung nur gejagt und nach Wurzeln gegraben haben sollen. Doch einige versteinerte Knochenfunde deuten darauf hin, dass die Bevölkerung sich der Rasse nach nicht wesentlich von denen unterschied, die bis zur dynastischen Zeit diese Gebiete bewohnten. Auf einigen ägyptischen Wandmalereien der vierten Dynastie tauchen (auch in jüngerer Zeit) immer wieder eigentümliche Personen auf, die die alten Ägypter »tamehu« nannten. Das war eine Menschenrasse von hohem Wachstum, die *blond* und *blauäugig* gewesen sind. Eine Tochter von König Cheops, die nach den Überlieferungen mit Chephren verheiratet war, besaß diese blonden Haare auch. In ihrer Grabkammer in Giseh ist sie mit goldblonden Haaren und blauen Augen abgebildet. Auch der jüngste Sohn von Cheops, Dedefre, war blond und blauäugig wie auch andere Personen der vierten bis sechsten Dynastie. Außerdem war gerade bei diesem Personenkreis der sogenannten tamehu ein gewölbter Kopf sowie ein langer Schädel und das schmale Gesicht relativ auffällig.

**Sind die Tamehu somit Überbleibsel der Eindringlinge, die sich die Gefolgschaft des Horus nannten?**

Vielleicht kann uns bei dieser Antwort ebenfalls ein Grieche behilflich sein. Denn zu den Geschichten über die Sintflut gesellt sich noch eine andere, nicht weniger berühmte Erzählung: Die Legende vom sagenumwobenen Kontinent, der im Meer versank – die Legende von Atlantis. Der griechische Historiker und Philosoph Platon verfasste um das Jahr 355 v.u.Z. die allererste Berichterstattung über Atlantis. Sein Werk wird von unseren Altertumsforschern durchaus als geschichtshistorisches Werk eingestuft, obwohl sie mit einigen Namen und Zahlenangaben in dem Werk keine Übereinstimmung zu ihren Vorstellungen finden. Platon selbst schreibt die Geschichte dem Athener *Solon* (640–560 v.u.Z.) zu, der sie bei seinem Aufenthalt in Ägypten erfahren hatte und sie etwa 200 Jahre vor Platon seinem Freund *Dropides* (der Großvater von Kritias IV.) mündlich weitergab. Solon zählte allem Anschein nach zu den Sieben Weisen und war einer der ersten gebildeten Griechen, die Ägypten bereisten. Zu jener Zeit wurde Ägypten von König *Apries* (589–570 v.u.Z.) regiert, dessen Vater König Psammetichos II. war. Der Nachfolger von König Apries war König *Amasis* (570–526 v.u.Z.), der von den Griechen *Philhellenos* (Freund der Griechen) genannt wurde und der Begründer der griechischen Kolonie Naukratis war. Da schon König Psammetichos I. in Sais eine Dolmetscherschule ins Leben gerufen hatte, stieß Solon von vornherein auf keine sprachlichen Barrieren, so dass seine Gespräche mit dem Oberpriester *Psenophis* von Heliopolis und dem Oberpriester *Sonki* aus Sais durchaus nachvollziehbar sind.

Somit lässt sich der Dialog, den Solon im *Timaios* mit dem ägyptischen Priester Sonki führte, durchaus historisch belegen, obwohl Platons Schüler *Aristoteles* (384–322 v.u.Z.) die Atlantis-Geschichte, wie die meisten unserer Archäologen auch, für frei erfunden hielt. Dabei war es gerade Aristoteles, der über die phönizischen und karthagischen Seefahrer berichtete, die tatsächlich eine große Insel im westlichen Atlantik gekannt hätten, die sie *Antilla* nannten. Für die Deutung der Atlantis-Geschichte gibt es aber von vornherein nur zwei Interpretationsmöglichkeiten. Entweder handelt es sich bei diesem Bericht in erster Linie um eine historische Überlieferung mit einigen Verzerrungen, oder aber um eine Dichtung, die sich bis zu einem bestimmten Grad auf Tatsachen stützt. Doch schauen wir dazu auf den Anfang im Timaios, wo der ägyptische Priester Sonki zu Solon spricht:

Timaios, 22 – 23

*»... Oh Solon, Solon, ihr Hellenen bleibt doch immer Kinder, und einen greisenhaften Hellenen gibt es nicht! Als Solon dies vernommen hatte fragte er: Was soll das und wie meinst du es? Die Menschen sind zerstört worden, und das wird erneut und auf verschiedene Arten geschehen. Die schwersten Zerstörungen ereigneten sich durch Feuer und Wasser. Aber es gab auch geringere auf viele andere Arten. Auch erzählt man sich bei euch, dass Phäeton, der Sohn Helios', einmal den Wagen seines Vaters ins Joch spannte, aber unfähig war, ihn auf dem Weg des Vaters zu führen und so die ganze Welt in Brand setzte und selbst, vom Blitz verwundet, starb. Dieses erzählt man sich als Legende.*
*Hier ist die Wahrheit: Von Zeit zu Zeit kommt es zu einer Abweichung der Körper, die im Himmel um die Erde kreisen. Und manchmal, in langen Zeitabschnitten, stirbt alles auf der Erde wegen des vielen Feuers. Dann sterben alle, die auf den Bergen leben oder in erhöhten und trockenen Gegenden, während diejenigen, die an Flüssen und Meeren wohnen, überleben. Aber uns bewahrt unter solchen Umständen der Nil, indem er über die Ufer tritt. Jedoch bei anderen Gelegenheiten, wenn die Götter die Erde durch Wasser reinigen wollen und sie überschwemmen, können sich nur die Hirten in den Bergen retten, die Bewohner unserer Städte werden von den Flüssen ins Meer gespült. In diesem Land sind die Wasser niemals von den Höhen zu den Niederungen geflossen, sondern immer stiegen sie unterirdisch empor.«*

Unmissverständlich offeriert der ägyptische Priester Sonki dem griechischen Gelehrten Solon ein Wissen, das den Erkenntnissen unserer Astronomen und Geologen entspricht. Die zyklischen Katastrophen, die unsere Erde bisher heimsuchten, lassen sich aus heutiger Sicht bis zur Ausrottung der Dinosaurier vor etwa 65 Millionen Jahre zurückverfolgen. Es erstaunt aber nicht weniger, dass Sonki für die zyklischen Katastrophen auf der Erde die *»Abweichung der Gestirne, die im Himmel um die Erde kreisen«* zur Verantwortung zieht. Noch mehr verwundert mich die Tatsache, dass der ägyptische Priester eine vorangegangene Mars-Katastrophe mit Auswirkungen auf unseren Heimatplaneten in Verbindung bringt. Wenn Sonki sagt: *»... Auch erzählt man sich bei euch,* *das Phäeton, der Sohn Helios', einmal den Wagen seines Vaters führte und so die ganze Welt in Brand setzte ...«,* sind es mytholo-gische Anspielungen auf eine Mars-Katastrophe, die Auswirkun-gen auf die Erde gehabt haben muss.

Wenn es nach den Ägyptologen ginge, dürfte der Priester aber über derartige Kenntnisse nicht verfügen, da die Ägypter noch über keine Linsengeräte (Fernrohre) verfügten, die solche Auf-zeichnungen ermöglicht hätten. Die Aufzeichnungen sind nun einmal Fakt und lassen sich nicht wegradieren, aber es geht weiter:

*»... Und daher sagt man, dass hier die ältesten Überlieferun-gen erhalten sind. Aber in Wirklichkeit gibt es an allen Orten, wo weder exzessive Kälte noch brennende Hitze herrscht, die sie vertreibt, eine mehr oder weniger zahlreiche Menschenras-se. Und so, sei es in unserem Land, in diesem oder irgendeinem anderen, von dem wir gehört haben wo etwas Schönes, großes Erwähnenswertes geschaffen wurde, ist alles seit frühesten Zeiten aufgeschrieben worden, und zwar in Tempeln, und die Erinnerungen sind bewahrt worden. Aber immer, wenn bei euch oder anderen Völkern die Organisation in der Schrift und allen anderen notwendigen Staatsdingen voranschreitet, fallen in regelmäßigen Abständen wie eine Krankheit die Wel-len des Himmels über euch hernieder, und so überleben Anal-phabeten und Unwissende. So werdet ihr aufs neue jung, ohne zu wissen, was in vergangenen Zeiten hier bei euch geschah. Diese Abstammungsgeschichten, Solon, die du erwähntest, oder zumindest das, was du gerade über die Ereignisse in eurem Land berichtet hast, unterscheiden sich nur wenig von Kindermärchen. Und vor allem gibt es in eurer Erinnerung nur eine Eiszeit, aber es hat viele vorher gegeben ...«*

Die Erkenntnis von Sonki über die letzte Eiszeit, worüber auch die Griechen Bescheid wussten, dürfte nach unserer Lehrmeinung eigentlich nicht sein, da es ja vor 12000 bis 13000 Jahren noch keine Zivilisation und keine Schrift gab, um diese Erkenntnisse aufzuzeichnen. Die erste nachgewiesene Eiszeit (insgesamt vier Eiszeiten) im Pleistozän hingegen ereignete sich vor etwa 600.000 Jahren. Und genau dieses Wissen scheint der Priester Sonki aus Sais aus den ägyptischen Chroniken herausgelesen zu haben.

(Abb.:075 Ptah)

Eigenartigerweise sind unsere Archäologen aber nicht sonderlich daran interessiert, nach den Spuren eines legendären Landes zu suchen. Auch wenn wir einen wissenschaftlichen Zugang zu diesem Thema versuchen, zucken die meisten Archäologen zusammen und gliedern die Geschichte ins Land der Märchen ein. Dabei sollte man meinen, dass unsere Archäologen die menschliche Geschichte erforschen, um uns selbst sowie unsere eigene Kultur besser zu verstehen. Eigenartigerweise hört bei ihnen die zivilisierte Kultur aber um 6000 v.u.Z. auf. Doch bekanntlich ließen schon die sumerischen Priester einen langen Zeitraum für prähistorische Kulturen offen und legten 241.200 Jahre zwischen die große Sintflut und ihre ersten historischen Dynastie. Die Dimension der Langlebigkeit der sumerischen Götterkönige, die vor der großen Sintflut herrschten, lässt die ägyptischen Götter recht bescheiden wirken:

| | | |
|---|---|---|
| AL.U.LIM | 28800 | Regierungsjahre |
| AL.AL.GAR | 36000 | Regierungsjahre |
| EM.MEN.LU.ANNA | 43200 | Regierungsjahre |
| EN.MEN.GAL.ANNA | 28800 | Regierungsjahre |
| DU.MU.ZI | 36000 | Regierungsjahre |
| EN.SIP.AZI.ANNA | 28800 | Regierungsjahre |
| EN.MEN.DUR.ANNA | 21600 | Regierungsjahre |
| UB.AR.TUTU | 18000 | Regierungsjahre |

Einzig auffällig dabei ist es, dass die vorsintflutlichen Götterkönige der Sumerer wie bei den Ägyptern eine Achtheit bilden.

**Doch gab es das Inselreich Atlantis wirklich?**

Der deutsche Archäologe Heinrich Schliemann (1822–1890) berichtet über einen Besuch in St. Petersburg, Mitte des vorherigen Jahrhunderts, wo er zwei Papyri untersuchte, die die folgende Mitteilung enthalten haben sollen:

»... *Der Pharao hat eine fünf Jahre andauernde Expedition nach Westen gesandt, um nach den Spuren von Atlantis zu suchen, dem Land, aus dem vor 3350 Jahren die Ahnen der Ägypter kamen, die das ganze Wissen ihres Vaterlandes mit sich brachten.«*

Leider ist nicht genau geschildert, um welchen ägyptischen Pharao es sich hierbei gehandelt haben soll, um den historischen Kern dieser Expedition zurückverfolgen zu können. Es geht auch nicht klar hervor, wie der Papyrus hieß und wo man ihn nachuntersuchen konnte. Es gibt aber tatsächlich Völker, die ebenfalls über ein großes Inselreich berichten, das im Meer versank. In den Schriften Indiens treffen wir auf »*die Weiße Insel*« oder *Attala*, ein Kontinent im westlichen Ozean, der eine »*halbe Welt*« von Indien entfernt lag. Auch als die spanischen Eroberer nach Mittel- und Südamerika kamen, erfuhren sie den Herkunftsort der jeweiligen Urbevölkerung. Immer ist von einem Inselkontinent die Rede, der *Azatlán, Aztlán, Tlapallan* oder *Tollan* genannt wurde. Im Süden Venezuelas wurde sogar ein Stamm mit »*Weißen Indianern*« entdeckt, die sich »*Volk von Atlan*« nannten. Außer diesen erwähnten existieren noch hundert weitere Überlieferungen, die alle immer wieder über ein Insel-Reich berichten. Diese Überlieferungen sollen auch nicht als Beweis dafür gewertet werden, dass ein Kontinent mit dem Namen Atlantis unbedingt existiert haben muss. Aber in jedem Fall ist es ein Beweis dafür, dass die Atlantis-Legende keine literarische Erfindung Platons war. Man sollte auch bedenken, dass die Überlegungen Platons hinsichtlich des »*gegenüberliegenden Festlandes*« der Insel, sich durch die Entdeckung Amerikas als richtig erwiesen haben.

Glücklicherweise können wir außer zu Platons Überlieferung auch auf andere ägyptische Quellen zurückgreifen, wie zum Beispiel den Papyrus *Harris* im Britischen Museum von London. Dieses knapp siebzig Meter fassende Werk berichtet von verheerenden Katastrophen, die über die Menschheit herfielen, und das einige tausend Jahre vor der Niederschrift des Platon-Berichts. Andere ägyptische Hieroglyphentexte berichten über ein Paradies, das im Westen lag und das sie *Amenti* nennen: Es ist der Wohnsitz der Verstorbenen. Aber auch die Tempelinschriften von *Edfu* sind überwiegend von Flutbildern gekennzeichnet, in denen berichtet wird, wie die Urwasser allmählich wieder zurückwichen. Die Inschriften erzählen auch über eine Welt vor der großen Flut, deren Zivilisation schon herangereift war und von den großen

Wassern vernichtet wurde, so dass die Zeit neu beginnen musste. Die Texte betonen immer wieder, dass die »Sieben Weisen« (Götter) ursprünglich von einer Insel kamen, die plötzlich durch eine Flut vernichtet wurde. Auch die Gottheit Ra besuchte regelmäßig eine Insel. Immer wenn Ra durch die Horizonte flog, stattete er der »Insel des Aufflammens« einen Besuch ab.

### Gehörte Ra somit den Sieben Weisen an?

Sieben Weise gab es bei den Indern ebenso wie bei den Babyloniern, die alle nach einer großen Sintflut erschienen und die Weisheit für eine neue Kultur mitbrachten. Sie standen stets für den »Anfang« und wurden bei den Indern »Rischis« und bei den Babyloniern »Apkallu« genannt. In diesem Zusammenhang ist auch die Namensgebung für die biblische Arche interessant, die nach der großen Sintflut ebenfalls ein Symbol für einen Neuanfang darstellte: Das aus der griechischen Sprache stammende Wort »Arche« bedeutet »Anfang« wie auch »Ursprung«. In jedem Fall lässt sich Ra nach Heliopolis zurückverfolgen, das seit den Anfängen die Hauptstadt der ägyptischen Weisheit (Wissenschaft) gewesen zu sein scheint. Der Brite Kurt Mendelsohn nennt die Sonnenstadt eine »Studier- und Architekturschule«, wohin sich durchaus auch die Verfasser der ägyptischen Theologie zurückverfolgen lassen.

Im Jahre 1887 stieß eine Bäuerin beim Sammeln des als Sabach bekannten Düngers inmitten der Ruinen von Tell el-Amarna durch Zufall auf eine größere Anzahl von Tontafeln, in die keilförmige Zeichen eingraviert waren. Bis dahin hatte man in Ägypten so etwas noch nie gesehen. Deshalb wurden sie entweder zerstört, gingen verloren oder wurden spottbillig verkauft. Die Antiquitätenhändler hielten sie für Fälschungen, doch nachdem auch verschiedene Nationalmuseen diese Stücke erworben hatten, erkannte man allmählich, worum es ging: Es war nichts anderes als die schriftliche Korrespondenz von König Amenophis III. mit seinen Nachbarländern. Die babylonische Keilschrift war die damalige Schrift für den diplomatischen Verkehr, wie es die englische Sprache heute ist. Der babylonische Name von Amenophis III. lautete Schuttarna und der seiner Tochter Giluchipa. In diesem Zusammenhang empfiehlt es sich, auch bei dem wohl berühmtesten Grabfund in der archäologischen Geschichte Ägyptens noch einmal nachzuhaken.

(Abb.:077 Keilschrifttafel)

Nachdem der Amerikaner Theodore Davis in Ägypten keine Möglichkeiten eines Grabungserfolges mehr sah, vermachte er seine Grabungslizenz im Jahre 1914 an die Briten Howart Carter und Lord Carnarvon. Diese machten dann 1922 die sensationelle Entdeckung des *Tut-Anch-Amun* Grabes. Es war das bisher am vollständigsten erhaltene Grabmal mit unzähligen Beigaben, das so gut wie unberührt vorgefunden wurde und heute im Museum von Kairo bewundert werden kann. Doch was mich hierbei interessiert ist nicht der Schatz, sondern der König selbst. Nachdem man das Grab soweit geborgen hatte, untersuchte man die Mumie des jung verstorbenen Königs. Dabei wurde in einem französischen Institut insbesondere der Leichnam untersucht, weil man wegen einiger mysteriöser Todesfälle annahm, dass gerade auf dieser Mumie eine Art »*Fluch der Pharaonen*« lastete. Es stellte sich heraus, dass die ägyptischen Priester gegen unerwünschte Grabräuber eine todbringende Pilzkultur für die Ewigkeit angelegt hatten. Und obwohl schon Jahrtausende vorüber waren, schnappte die Pilzfalle tatsächlich zu, wodurch mehrere Archäologen ums Leben kamen. Die Königsmumie hatte aber noch etwas sonderbares vorzuweisen. Umso mehr man von den Bindenschichten am Kopfteil der Mumie durchtrennt hatte, desto deutlicher wurde eine ungewöhnliche Kopfform sichtbar, die man bereits auf Wanddarstellungen und durch das Auffinden von Plastiken im Umfeld des Grabes festgestellt hatte. Tut-Anch-Amun hatte einen stark ausgebildeten Hinterkopf, der künstlich hervorgerufen worden war.

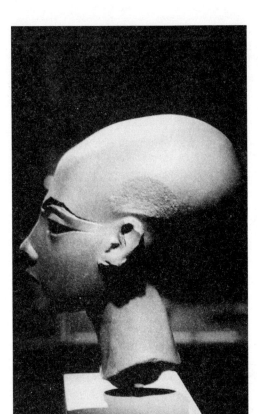

(Abb.:077a Tochter)

**Was war der Grund für die Schädeldeformation?**

Der Grund lag bei seinem Großonkel *Amenophis IV.* und bei der Priesterschaft von Heliopolis. In seiner 20jährigen Amtszeit schaffte König Amenophis IV. die vielen Götter des alten Ägypten ab, nannte sich fortan *Echnaton* und ließ nur noch eine Gottheit gelten – *Aton*. Danach gab Echnaton auch seinen Regierungssitz in Theben auf und gründete etwa 300 Kilometer südlich von Kairo Achet-Aton (das heutige Tell el-Amarna). Auch Tut-Anch-Amun hieß bei seiner Amtsübernahme Tut-Anch-Aton.

**Doch warum?**

Der Begriff Aton wurde schon im Mittleren Reich als Bezeichnung für die Sonne verwendet und stand immer mit der Gottheit Ra in Zusammenhang. Der Leipziger Philologe Doktor Walther Wolf hatte sich in den dreißiger Jahren eingehend mit der religiösen Reformation von König Amenophis IV. beschäftigt, für die er vor allem die ägyptischen Sonnenlieder unter die Lupe nahm. Er vertrat die Ansicht, dass sich bereits unter König Amenophis II. Reformationsabsichten finden lassen mussten. Gerade den

»*Sonnengesang von Amarna*« empfand Wolf als den deutlichsten Ausdruck für seine These, worin er die Lösung der religiösen Reformation sah. Dabei stieß Wolf darauf, dass die Ausdrucksform des Sonnengesanges auf den ältesten Vorstellungen der Ägypter basierte, die sie seit Urzeiten vom Sonnengott hatten. In diesen alten Hymnen werden die Götter Aton, *Harachte* und *Chepre* noch nebeneinander genannt, und außerdem erscheint immer wieder das Bild des *Sonnenaffen*. Ist das nur ein Hinweis auf die Gottheit Thot oder gar auf die Verbindung des Menschen zum Affen, wobei die Gottheit Ra eine Art Bindeglied darstellt?

(Abb.:078 Tut-Anch-Amun)

Wenn wir die 6. Zeile des Amun-Hymnus mit der 6. Zeile des jüngeren Aton-Hymnus vergleichen, sehen wir, wie das Urwissen immer mehr verfälscht wurde. Doch als Echnaton seine Reformation in die Wege leitete, basierte das Gedankengut auf einem alten Wissen der Priesterschaft von Heliopolis. Sie suchten mit der Aton-Religion die Nähe zu den Vätern ihrer Ahnen. Amenophis III. ließ auf eine Stele (Zeile 6) den Amun-Hymnus anbringen:

»... *Wenn Du in Deiner Majestät dahinfährst, so ist der Tag ein kleines. Du durcheilst einen Weg von Millionen und Hunderttausenden Meilen.*«

Atonhymnus im Vergleich (Zeile 6)

»... Wenn Du Aton am Tage erglänzt, so vertreibst Du die Finsternis. Sendest Du Deine Strahen herab, so sind die beiden Länder voller Freude.«

Man kann hieraus ganz deutlich erkennen, wie die personifizierte Gottheit Ra mit der religiösen Reformation des Echnaton als Sonne verfremdet wurde. Ursprünglich muss die Gottheit aber eine Person gewesen sein, die auch praktische Taten vollbrachte. Denn obwohl die Reformierer in Ra nur noch die Sonne erkannten, führten sie in dieser turbulenten Zeit ein neues Schönheitsideal ein, das sie während ihrer Herrschaft begleitete.

(Abb.:079 Echnaton)

### War es die Verbindung zu den Göttern?

Die Verbindung der Menschen zu den Göttern wird uns von allen vergangenen Kulturen berichtet. Auch die Christen, die Juden und die angehörigen des Islam gehen heute noch der Annahme nach, dass sie Abbilder der Götter seien, die einst die Erde beherrschten. Doch von welchen Göttern ist hier die Rede?

### Wollten Echnaton und seine Gefolgschaft mit dem Praktizieren des Aton-Kultes wieder zu Abbildern der Götter werden?

Die Erschaffung der Ägypter (des Menschen) durch die Götter weist erstaunliche Parallelen zu unserer biblischen Schöpfungsgeschichte auf. Wie im Alten Testament war auch bei den Ägyptern am Anfang nur das große, stille, unbewegte und unendliche Weltmeer, das noch nicht über Leben verfügte. Nachdem der Göttersohn Ra die Weltherrschaft von seinem Göttervater Nun erhalten hatte, wollte er einst die Menschheit, die die Götter gezeugt hatten, wieder verderben, weil sich die Menschen gegen die Götter stellten, worauf Ra bei der Götterkonferenz sein Leid klagte.

Denn als *Nun* die Götter und die Tiere erschaffen hatte, war die Welt noch nicht vollendet. Ra wollte sich aber der Verantwortung nicht entziehen, die Welt zu pflegen und glücklich zu machen, was sehr anstrengend gewesen ist. Nach dem ägyptischen Mythos tränten Ra eines Tages vor lauter Anstrengung die Augen, und als sie den Boden berührten, entstanden die Menschen.

»... *Den Menschen aber ward alles, was auf Feldern, Wiesen und Bäumen wuchs, zur Nahrung zugewiesen wie den Tieren auch. Mensch und Tier sollten sich von Früchten, Gemüsen, Korn und den Fischen ernähren* ...«

In diesem Zusammenhang ist eine Überlieferung des griechischen Geschichtsschreibers *Diodor von Sizilien* (100 v.u.Z.) interessant. Über die Schöpfung des Menschen schreibt er:

»... *in jener fernen Zeit war der Vorläufer des heutigen Menschen noch eine primitive Gestalt. Erst die Götter haben den Menschen entwöhnt, sich gegenseitig aufzufressen* ...«

**Wer aber waren die Väter der Ägypter?**

Der Göttervater von *Ra* wurde *Ptah* oder *Nun* genannt und wurde vorzugsweise in der unterägyptischen Hauptstadt Memphis verehrt. In ihm wollten die Griechen Hephaistos wiederekennen. Ptah führte den Titel »*Herr der Wahrheit*« und wurde immer mit dem Nilkreuz oder dem Nilmesser dargestellt, weil es nach dem ägyptischen Schöpfungsmythos Ptah war, der Ägypten aus dem Wasser gezogen hatte. Außer seiner grünen Hautfarbe verfügte Ptah im Vergleich zu seinem Körper über einen abnorm vergrößerten Kopf, wobei sein Körper ab Brusthöhe bis zu zu den Füssen mumienartig umhüllt dargestellt wurde. Herodot schreibt über Ptah:

»... *Wer aber diese noch nicht gesehen hat, dem füge ich zum näheren Verständnis hinzu, es ist das Abbild eines Pygmaien.*«

**War das der Grund für die Schädeldeformation von Echnaton?**

Außer Herodot hat kein historischer Schriftsteller uns einen Bericht über Ptah hinterlassen. Aber in den Gräbern bei Memphis findet man häufig Figuren, die den Gott als einen Zwerg oder vielmehr als ein unterentwickeltes Kind mit großem Kopf zeigen. Das, was mich hierbei erstaunt, ist, dass nicht nur in der Ära des Echnaton in Ägypten diese künstlich hervorgerufene Schädeldeformation praktiziert wurde, sondern weltweit. Außer in Australien war dieser Kult in beiden Teilen Amerikas genauso vorzufinden, wie in Asien und Europa. Dabei wurden ausgewählte Kinderköpfe in eigens für die Verformung hergestellte Schraubstöcke gelegt, womit die Deformation während des Wachstums gesteuert werden konnte. Auch die drei Töchter Echnatons sowie seine Hauptfrau *Nefertiti* (Nofretete) verfügten über deformierte Schädel. Doch gäbe es diese Schädeldeformation lediglich im Raume eines Volkes, so könnten wir von religiösen Ritualformen dieses Volkes ausgehen. Aber wie gesagt war diese Praktik auf der ganzen Erde verbreitet.

**Was aber wollten unsere Ahnen damit bezwecken?**

Bei einer abgeschlossenen Verformung eines Erwachsenen war der Hinterkopf bis auf das dreifache des Vorderkopfes verformt und ragte nutzlos in die Landschaft. Denn eine Nutzbarkeit mit einem derartigen Schädel war ganz sicher nicht gegeben. Weder zum Tragen von Lasten noch von Schmuck eignete sich solch eine Schädelform. Es kann auch nicht davon gesprochen werden, dass gerade diese Form einen besseren Nutzen der Hirnzellen bewirkte, ganz im Gegenteil: Im Archiv der pathologischen Abbteilung in der Berliner Charitè existiert eine menschliche Abnormitäten-Sammlung, die der deutsche Pathologe Professor Rudolf Virchow im letzten Jahrhundert dort archiviert hat. Heute wird das Archiv von Doktor Peter Krietsch verwaltet und ist für jedermann zugänglich. Aus dieser Sammlung interessierten mich vornehmlich die deformierten Schädelsammlungen sowie künstlich hervorgerufen Deformationen, die aus Europa, Amerika und Afrika stammen.

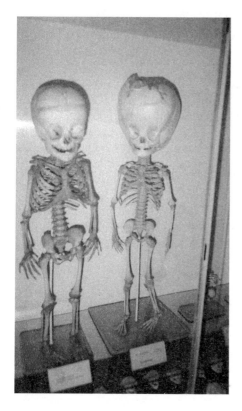

(Abb.:080 Doppelschädel)

Die Hydrozephalus-Schädel, die in der Umgangssprache auch »*Wasserkopf*« genannt werden, treten vornehmlich bei Kindern auf. Aus unerklärlichen Gründen fängt der Schädel an, Flüssigkeit in den Hirnkammern aufzunehmen, was zu einem abnorm vergrößerten Schädelumfang und der Zerstörung von Millionen von Hirnzellen führt. Ebenso gehört dieser Sammlung ein Kinderskelett an, das über zwei Wirbelsäulen und zwei Köpfe verfügt.

**Doch wie kommen diese Defekte zustande?**

Sicher ist, dass wir in unserer DNS-Leiter Bausteine vorfinden, die irgendwie einen künstlichen Ursprung zu haben scheinen. Das heißt, dass in der Entwicklungsgeschichte des Menschen irgend jemand dazwischen gefunkt haben muss. Viele Gelehrte haben sich bisher über die Anfänge der Menschheitsgeschichte den Kopf zerbrochen, um dafür eine plausible Antwort zu finden. Als Charles Darwin (1809–1882) im Jahre 1859 sein Buch über »*Die Entstehung der Arten*« publizierte, schien für unsere Wissenschaft alles klar zu sein. Doch weder zu Darwins Zeit noch heute bezeugen die Gesteinsfunde, die bisher gemacht wurden, eine abgestufte und langsam fortgeschrittene Entwicklung in der Evolutionsgeschichte. Deshalb beschäftigt die Menschheit von allen Fragen, die bisher aufgekommen sind, vielleicht die fesselndste, ob es auf anderen Welten Lebewesen gibt oder wir alleine im Universum sind. Unsere Wissenschaft lehrt uns, dass Leben auf Kohlenstoffen basiert. Sollte diese Annahme falsch sein, so wäre unsere gesamte Wissenschaft falsch. Die Forscher meinen damit, dass Lebensformen in anderen Welten nicht wie wir aussehen müssen, jedoch alle aus den gleichen Zutaten bestünden. Doch bei all den aufgebrachten Theorien konnte bisher keine plausible Antwort geliefert werden, warum gerade der Mensch als einziges Wesen der Erde im Stande ist, ein vernunftbegabtes Leben zu gestalten. Deshalb sollten wir einen Blick auf die Entwicklung unserer Ahnen werfen, um einen besseren Eindruck über die tatsächlichen Vorgänge dieser prähistorischen Zeiten zu gewinnen.

Nachdem der sogenannte Java- oder Pekingmensch entdeckt worden ist, hielt man im Jahre 1932 noch Asien für die Wiege der Menschheit. Erschwert wurden viele Aussagen dadurch, dass sie in der Vergangenheit stets durch einen rassistischen Unterton begleitet wurden. So konnte bespielsweise ein weißer europäischer Anthropologe behaupten, dass die schwarzen Einwohner Afrikas enger mit dem Affen verwandt seien als weiße Europäer. In Wirklichkeit wissen wir weder etwas über die Hautbeschaffenheit des prähistorischen Menschen, noch etwas über seine Behaarung. Auch seine Hautfarbe und sein Gesichtsausdruck sind uns fremd. Nur durch den altbewährten Glauben und das Vertrauen an unsere Wissenschaft meinen wir, das Bild des Ur-Menschen genauestens zu kennen. Doch lediglich den Phantasien der Rekonstrukteure, die sich stets bemühen, unseren Urahnen möglichst einen Ausdruck zwischen Affe und Mensch zu verleihen, verdanken wir das eingeprägte Bild unserer Vorfahren. Wenn wir uns jedoch bespielsweise mit dem Neandertaler auseinandersetzen, stellen wir fest, dass diese Gattung kaum einen Unterschied zum heutigen Menschen aufweist. Der australische Anthropologe Allan Thoun sagt dazu:

*»Wenn wir die Schädelformen von Neandertalern mit anderen Schädeln vergleichen, erkennt man leichte Unterschiede. Wenn sie aber noch leben würden und somit noch das Fleisch vorhanden wäre, würden sie kaum auffallen.«*

Als der Neandertaler zu einem vernunftbegabten Wesen gereift war und auf unserem Erdball wanderte, konnte er bereits auf eine Vergangenheit zurückblicken, die schon mehrere hunderttausend

Jahre betrug. Die Neandertaler waren gedrungen gebaut, trugen Kleidung und bestatteten ihre Verstorbenen, was auf einen Jenseitsglauben rückschließen lässt. Ihre Steinwerkzeuge entsprachen der Qualität des modernen Cromagnon-Menschen, der etwa vor 180.000 Jahren zum erstenmal in Erscheinung trat. Warum der Neandertaler das tropische Afrika verlassen hat und sich im kalten Europa niederließ, wissen wir nicht. Wir wissen aber, dass der Neandertaler in Europa nur deshalb überleben konnte, weil er bereits den Nutzen des Feuers kannte. Doch vor etwa 40000 Jahren stieß der ebenfalls aus Afrika stammende Cromagnon-Mensch in die Lebensräume der Neandertaler vor. Während der Neandertaler seine Behausungen in Höhlen, die in Tälern lagen, errichtete, wohnte die Cromagnon-Rasse ausschließlich auf Hügeln. Und obwohl der Cromagnon sich beispielsweise von Büffeln ernährte, existieren 35000 Jahre alte Höhlenzeichnungen, die ihm eine gewisse Kunstfertigkeit bescheinigen, da er in seinen farbenprächtigen Höhlenmalereien auch Pferde abbildete. Unsere gängige Lehrmeinung ist sich geschlossen einig, dass gerade diese neue Rasse für das spurlose Verschwinden des Neandertalers verantwortlich war. Doch ob dabei eine Art Vernichtungskrieg stattgefunden hatte oder nur eine Vermischung beider Populationen, wobei die Rasse des Neandertalers den kürzeren zog, lassen unsere Schulwissenschaftler heute noch unbeantwortet. Vielleicht habe ich hierzu eine Lösung, die sich mit jüngsten DNS-Untersuchungen verknüpfen lassen könnte.

Bei Immunschwäche-Untersuchungen in den Regenwäldern Südamerikas brachten gerade einige Indiostämme neue Ergebnisse hervor, die vielleicht mit dem plötzlichen Verschwinden des Neandertalers in Verbindung stehen. Die natürlichste Antwort auf Krankheiten gibt in aller Regel die Zellwächterpolizei des menschlichen Immunsystems. Während die Indios gegen die komplizierten Viruskrankheiten des Regenwaldes eine gewisse Immunität entwickeln konnten, wurden sie mit dem Eintreffen weißer Forschender oder Bauarbeiter schon durch einfache Grippe-Viren oder Masern wie Fliegen dahingerafft.

**Wie aber war dies möglich?**

Die Antwort sollte eine Untersuchung an dem Immunsystem liefern. Die Indios hatten zwar ein Immunsystem, aber durch die lange Zeit, die die Indios in den Regenwäldern isoliert verbracht hatten, verfügten sie in dem Abwehrverhalten ihrer Zellstruktur nur noch über eine zehnfache Variationsmöglichkeit. Im Vergleich zu den Indios besitzen wir Europäer eine vierzigfache Variation. Nur wegen dieser zu geringen Variationsmöglichkeit sind die Indios für Krankheiten viel anfälliger. Zwar können sich auch bei den Indios gegen die eingeschleppten Viruskrankheiten Abwehrproteine entwickeln, doch werden sie wegen der zu geringen Variationsmöglichkeit der Abwehrzellen von der Zellwächterpolizei nicht erkannt, so dass sie sich ungehindert ausbreiten können. Der Mensch wird krank und stirbt! Und genau vor diesem Problem standen meiner Meinung nach auch die Neandertaler, als der Cromagnon-Mensch in ihren Lebensraum eindrang.

**Wer hatte die Cromagnon-Rasse aber auf den Neandertaler angesetzt?**

Nach einer gängigen Theorie sollen alle Menschen nur in einer Region (Afrika) der Erde entstanden sein, bevor sie sich über mehrere Wanderungen auf unserem Planeten verbreitet haben. Bei einer Konferenz im Juli 1986 an der Emory-Universität (USA) gab Douglas Wallace bekannt, dass alle Frauen einen DNS-Baustein besitzen, was sie somit auf eine Urmutter zurückführt.

**Wie aber war das möglich?**

Seltsamerweise ist das Erbgut des Menschen mit dem der Primaten zu 99 Prozent identisch. Die gesamte Information des genetischen Codes steckt in den feinen Doppelfäden der DNS, in den Chromosomen des Zellkerns. In der DNS befinden sich die »*Histone*«, die die Genaktivität steuern. Die Kernbasen *Adenin*, *Cytosin*, *Guanin* und *Thymin* bilden darin das Alphabet des gesamten Lebens mit den Anweisungen für die Funktion der Zellen. Während die DNS im Zellkern des Menschen die eigentliche Erbsubstanz darstellt, finden sich unabhängig davon zusätzliche Erbinformationen in den »*Mitochondrien*«. Sie sind die eigentlichen »*Kraftwerke*«, die die menschlichen und auch die tierischen Zellen mit Energie beliefern. Ihre Vermehrung findet eigenständig und abhängig von der Erbsubstanz im Zellkern statt.

(Abb.:082)

Da bei der Befruchtung einer menschlichen Eizelle von den Samenzellen keine Mitochondrien übertragen werden, sorgt ausschließlich die Mutterlinie dieser Mitbewohner für die Übertragung des Erbgutes in den Zellen weiter. Die Paarungen ergeben sich bei Befruchtungen von Eizellen so, dass der Embryo, der die 23 Chromosomenpaare enthält, zur einen Hälfte von der Mutter und zur anderen Hälfte vom Vater stammen. Aus der mütterlichen Linie kommen paarige xx-Chromosomen und von der väterlichen Linie die unpaarigen xy-Chromosomen. Normalerweise könnten Frauen durch ihren gleichwertigen Chromosomenhaushalt nur weibliche Nachfahren bekommen, würde nicht vom Mann das Y-Chromosom hinzugeführt werden. Bei einer Vergleichsstudie an 800 Frauen aus verschiedener geographischer und rassischer Herkunft stellte man danach eine Ur-Mutter fest, wobei es keine Rolle spielte, ob sie weiß oder farbig war.

Im März 1987 beriefen Christopher Stringer und sein Kollege Paul Mellars eine weitere Konferenz in der Universität Cambrige ein, bei der das Thema »Urprung und Verbreitung des Menschen« erneut diskutiert wurde. Darufhin wurde eine weitere DNS-Untersuchung durchgeführt, die die Ergebnisse von 1986 bestätigte und wieder von einer einzigen Ur-Mutter ausging. Wesley Brown von der Universität Michigan machte sich daraufhin auf, diese Urmutter zu suchen. Zu ihm gesellte sich dann noch Rebecca Cann von der Berkeley Universität. Und tatsächlich wurden die Forscher auch fündig. Demnach wurde ein Ergebnis erzielt, wonach sich die Ur-Eva in die Zeit vor 200.000 bis 250.000 Jahren nach Afrika zurück verfolgen lässt. In der Newsweek Ausgabe vom 11. Januar 1988 lautete die Titelseite »Die Suche nach Adam und Eva« mit einem entsprechenden Bibelmotiv von Adam und Eva und ihrem Sündenfall, was zur Vertreibung aus dem Garten Eden führte. Der amerikanische Forscher Allan Wilson bemerkte dazu:

»Offensichtlich muss dort, wo eine Mutter war, auch ein Vater gewesen sein.«

### Wo aber war der fehlende Vater?

Am 20. Juli 1996 konnte ein ganz besonderes Mädchen seinen achtzehnten Geburtstag feiern, das zuvor medizinische Geschichte schrieb. Es war die Engländerin Louise Brown, der erste Mensch, der in der Retorte gezeugt werden konnte. Bereits 1977 hatten die britischen Biologen Doktor Robert Edwards und Doktor Patrick Steptoe von den Eierstöcken der Mutter eine Eizelle abgesaugt, um sie in eine Nährlösung, die mit den Spermien des Vaters gemischt wurde, zu legen, damit in 50 Stunden eine künstlich hervorgerufene Zellteilung erwirkt werden konnte. Nach der erfolgreichen Befruchtung wurde die Eizelle wieder in die Gebärmutter eingesetzt, wonach das erste Retorten-Baby dann durch einen Kaiserschnitt das Licht der Welt erblicken konnte. Wie sieht es aber bei der übrigen Menschheit aus?

### Stammen wir vielleicht in Wirklichkeit alle aus der Retorte?

Um diese Frage zu beantworten, wäre es erforderlich, wie die Ur-Eva auch den Ur-Adam zu suchen. Und tatsächlich wurde solch eine Untersuchung bereits durchgeführt. Der amerikanische Genetiker Doktor Michael Hammer von der Tucson Universität von Arizona fing bereits 1993 mit seinem ehrgeizigen Projekt an, uns den Ur-Adam zu präsentieren. Dazu wurden 15 männliche Personen verschiedener Herkunft (Afrika, Australien, Asien, Europa) ausgewählt und untersucht. Da die männlichen Spermien keine Mitochondrien an weibliche Zellen weitergeben, konzentrierte sich der Forscher bei seinen Untersuchungen vornehmlich auf das Y-Chromosom des 23paarigen Chromosomenhaushaltes. Ende 1995 veröffentlichte Hammer dann in der amerikanischen Wissenschaftszeitschrift »Science« ein seltsames Ergebnis:

> »Alle untersuchten Zellproben lassen nur den Schluss zu, dass der Ur-Adam ein Schwarzer war, ...«

Desweiteren macht der Genetiker darauf aufmerksam, dass die Spur von Adam vor etwa 188.000 Jahren in Afrika endet. Das würde im Gegensatz zu den Untersuchungen der Mutterlinie bedeuten, dass »Eva« (die erste Frau) über 50000 Jahre vor »Adam« (der erste Mann) aufgetreten sein musste.

## Wer oder was kann diese Reaktionen aber bewirkt haben?

Wir wissen heute mit ziemlich großer Sicherheit, dass der Homo sapiens wesentlich früher aufgetreten ist als vor 188.000 Jahren. Vielleicht sollten wir unsere Religionsbücher wörtlicher nehmen, die uns mit Hinweisen über diese Ereignisse regelrecht überhäufen. Aus allen theologischen Überlieferungen geht es klar hervor, dass das Menschengeschlecht eine Schöpfung der Götter sei. Der griechische Philosop Hesiod berichtet uns in seinem Werk über »*Die Menschenalter*«, dass vor unserem Bestehen bereits vier Menschengeschlechter existiert hätten: Die ersten Menschen, die von den Göttern erschaffen wurden, nannte man das »*Goldene Geschlecht*«, da sie sorglos und den Göttern ähnlich lebten. Diese Menschen waren Vegetarier, wurden nicht krank und blieben bis ins hohe Alter rüstig, ehe sie in einem sanften Schlaf verstarben. Interessant bei dieser Überlieferung ist es, dass die ersten Menschen Vegetarier gewesen sein sollen, wie es die ägyptische und sumerische Mythologie ebenso berichtet. Doch nach einem Schicksalsbeschluss der Götter wurde dieses Geschlecht wieder von der Erde genommen und musste für ein zweites Geschlecht Platz machen:

»*... hierauf schufen die Unsterblichen ein zweites Menschengeschlecht aus Silber; dieses war schon weit von jenem abgeartet und glich ihm weder an Körpergestaltung noch an Gesinnung. Ganze hundert Jahre wuchs der verzärtelte Knabe noch unmündig an Geist unter der mütterlichen Pflege im Elternhaus auf, und wenn einer endlich zum Jünglingsalter herangereift war, so blieb ihm nur noch kurze Frist zum Leben übrig ...*«

Hiernach folgte ein drittes Geschlecht von Menschen, die man das »*Erz Geschlecht*« nannte, die eine gewalttätige und kriegerische Rasse waren und wie folgt beschrieben werden:

»*... ihr Starrsinn war hart wie Diamant, ihr Leib von ungeheurem Gliederbau; von den Schultern wuchsen ihnen Arme, denen niemand nahe kommen durfte ...*«

Dieses Geschlecht rottete sich schließlich gegenseitig aus und machte für das vierte Geschlecht Platz:

»*Es war das Geschlecht der göttlichen Heroen, welche die Vorwelt auch Halbgötter genannt hat. Zuletzt vertilgte aber auch sie Zwietracht und Krieg, die einen vor den sieben Toren Thebens, wo sie um das Reich des Königs Ödipus kämpften, die anderen auf dem Gefilde Trojas ...*«

Wir, so Hesiod, seien das fünfte »*Eiserne Geschlecht*«, mit dem der Grieche unzufrieden ist und sich wünschte, in einem früheren oder späteren Menschenalter gelebt zu haben. Diese Überlieferung ist 2700 Jahre alt und somit älter als die Berichte von Solon, Herodot oder Platon. Der griechische Gott Zeus wird hier als Schöpfer der Menschengeschlechter benannt, der mit der ägyptischen Gottheit Ra zu identifizieren ist. Auch der Gott Hephaistos, der im Auftrage der Götterschaft die erste Frau »*Pandora*« zeugt, wird von Herodot mit der ägyptischen Gottheit Ptah gleichgesetzt.

**Ist Hesiods Überlieferung somit auf ägyptische Quellen gestützt?**

Die ägyptische Mythologie behandelt die Entstehung der ersten Menschen immer nur beiläufig, so dass wir über ägyptische Quellen Schwierigkeiten bei der Rekonstruktion haben. Es sei denn, wir würden auf die Gleichstellung von Ra mit dem mesopotamischen Gott Enki/Ea zurückgreifen, auf die der Sumerologe Samuel N. Kramer in seinem Buch genauso hinweist, wie auch der Ägyptologe Professor Adolf Erman. Wenn Isis versucht, dem erkrankten Ra seinen Namen zu entlocken, nachdem sie ihm durch einen Schlangenbiß die Krankheit zugeführt hat, handelt sie wie Inanna/Ischtar von Uruk, die dem trunkenen Enki/Ea die Me-Tafeln entreißen will.

(Abb.:081 Adapa)

Im Schöpfungsepos der Sumerer schließt Enki mit der Göttin Nintu/ Ninhursag (»*Gebärerin*«/»*Göttin des Hügels*«) einen Pakt, um für die bereits seit 40 Perioden auf der Erde verweilenden Anunnaki (die vom Himmel auf Erden sind) Erleichterung zu bieten. Sie suchen für die Zeugung dieses Retorten-Wesens ein Geschöpf, das als Arbeiter eingesetzt werden soll und finden einen Primaten:

> »*Das Geschöpf, dessen Namen ihr genannt, es existiert. Wir müssen es nur mit dem Bild der Götter verbinden.*«

Dieser Keilschriftvers ist fast identisch mit der Aussage der biblischen Gottheit Jahwe, der im 1. Mose 1, 26 zu seiner Gefolgschaft sagt: »*Lasst uns Menschen machen in unserem Bilde, gemäß unserem Gleichnis …*« Hierin sehe ich eine Bestätigung, dass sowohl die biblischen wie auch die mesopotamischen und ägyptischen Götter menschenähnliche Wesen gewesen sein müssen, die sich vor geraumer Zeit auf der Erde aufhielten. Doch die ersten erzeugten Homo sapiens waren noch nicht die Art von Mensch, wie wir sie heute kennen. Vielmehr handelte es sich wahrscheinlich um einen Menschentyp, der noch ziemlich affenähnlich war:

> »*Zottelig behaart ist sein Leib, ausgestattet mit Haupthaaren ist er wie eine Frau …*«

Die tierischen Merkmale wie Wildheit und ein Überlebenstrieb, der auf die Nahrungssuche ausgerichtet war, wird im folgenden Vers noch deutlicher.

> »*Als die Menschen erschaffen wurden, kannten sie Brot als Nahrung nicht und kannten keine Gewänder. Sie aßen Pflanzen mit dem Mund wie Schafe, tranken Wasser aus einem Graben.*«

### Wie aber funktionierte dieser göttliche Kreuzungsvorgang?

Die Sumerer sagen ausdrücklich, dass der Kreuzungsvorgang von weiblichen Geburtsgöttinnen vorgenommen wurde, um den ersten *lulu* (primitiver Mensch) zu erschaffen:

*»Die Weisen und Gelehrten doppelsieben Geburtsgöttinnen waren versammelt. Sieben gebaren Männer, sieben gebaren Frauen. Die Geburtsgöttinnen brachten den Wind des Lebensodems hervor ...«*

Nach dem Schöpfungsakt ruft Ninti: *»Ich habe erschaffen! Meine Hände haben es gemacht!«* Hieraus wird auch deutlich, weshalb sich aus der Sicht unserer Evolutionsgeschichte die Ur-Mutter weiter zurückverfolgen lässt als der Ur-Vater. Die vererbten Mitochondrien der Mutterlinie stammten von den Geburtsgöttinnen. Erst zu einem späteren Zeitpunkt beschließt Enki/Ea, einen Menschen mit seinen Genen (Y-Chromosom) zu zeugen, den er *Adapa* nennt:

*»Mit großem Verständnis vervollkommnete Ea ihn, Weisheit ward ihm verliehen. Wissen der Götter gab Ea ihm. Das ewige Leben hatte Ea ihm nicht gegeben.«*

Erst ab diesem Zeitpunkt (vor etwa 188000) kann man den Beginn unserer heutigen Menschenrasse ansehen. Dies erklärt wahrscheinlich auch das Verschwinden des Neandertalers, der seinen Platz für eine neue Menschenrasse räumen musste. So wird unser verwandschaftliches Verhältnis zu den Primaten, das immerhin 99 Prozent beträgt, nachvollziehbar. Dieser Schöpfungsbericht erklärt uns auch, warum der Mensch gegenüber den anderen Lebewesen so weit überlegen ist und auf der Erde eigentlich wie ein unzerstörbarer Parasit wirkt, der sich nur selbst vernichten kann.

### Woher kamen aber diese göttlichen Wesen?

Überall haben sie uns göttliche Spuren hinterlassen, doch die Sternenkarte über den Herkunftsort der Götter lässt sich nur über das Sternentor der Pyramiden finden.

# 6 Das Sternentor der Pyramiden

Erst mit dem Verständnis der Präzession ist es uns in junger Vergangenheit gelungen, alte Rätselbauten zeitlich richtig zuzuordnen. Das trifft nicht nur für die europäischen Kathedralen zu, sondern auch auf steinzeitliche Megalithbauwerke, wie die von Stonehenge. Denn dieses Wissen funktioniert heute wie die Datenbank eines Computers und hat sich zu einem unentbehrlichen Hilfsmittel etabliert. Mit der Präzession ist es uns möglich geworden, das Weltverständnis unserer Ahnen in die heutige Zeit zu transportieren. Somit kann jeder prähistorische Bau zum Reden aufgefordert werden. Voraussetzung ist es jedoch, dass wir diese versteckten Informationen in ihrer astronomischen Geometrie erkennen und sie danach richtig deuten.

Im Jahre 1894 veröffentlichte der britische Astrophysiker Sir Norman Lockyer sein Buch »*The Dawn of Astronomy*«, mit dem er zum Vater der »*Archäoastronomie*« wurde. Lockyer war von der Idee fasziniert, mit Hilfe der Astronomie die Ägyptologie zu unterstützen. Deshalb reiste er 1890 nach Ägypten, um Untersuchungen an den altägyptischen Tempelanlagen durchzuführen. Sir Lockyer hatte aus verschiedenen philologischen Arbeiten die Feststellung gemacht, dass in den alten Kulturen die Götter überwiegend als Sterne symbolisiert wurden. Der Astronom wusste aber zu diesem Zeitpunkt auch, dass es babylonische Keilschriftüberlieferungen gab, die bereits Sonne-, Mond- und Sternenpositionen beschrieben. Lockyers Weg nach Ägypten führte aber zunächst über europäische Bauwerke. Auf die Idee der Archäoastronomie brachte ihn die Basilika der Peterskirche in Rom. Die Bauanlage wurde bereits unter Kaiser Konstantin im 4. Jahrhundert begonnen und musste zu Beginn des 16. Jahrhunderts wieder abgerissen werden, um für den geplanten neueren Bau Platz zu machen. Lockyer entnahm aus den Annalen der Kirchenarchitektur, dass auch nach 1000 Jahren der Bauort der neuen Kirche nicht verändert wurde, weil hier bestimmte Sonnenpositionen in die Bauanlage integriert waren. Der Astronom beschreibt, wie die Sonnenstrahlen beim Frühlingsäquinoktium durch das äußere Portal im Vorbau drangen und den Hochaltar erhellten und dass die heutige Kirche ebenfalls die Bedingungen erfülle, wie bereits der ältere Bau. Aber auch die Geometrie des Petersplatzes selbst war nach astronomischen Gesichtspunkten angelegt worden.

In Ägypten fing er dann damit an, die Tempelanlagen zu studieren und kam zu dem Ergebnis, dass die älteren Tempel »*äquinoktial*« (Ost-West-Achse) und die jüngeren Tempel »*solstitial*« (Nordost-West-Achse) ausgerichtet waren. Das heißt, dass die jüngeren Tempelanlagen nur auf den Sommer- beziehungsweise Winteranfang ausgerichtet waren, wohingegen bei den älteren Bauten auch die scheinbare Sonnenbahn am Himmelsäquator und ihr Bezug zu den Sternen in die architektonische Planung mit einbezogen wurde.

Heute wissen wir, dass die Sonnenwenden eine Folge der Stellung der Erdachse zu ihrer Bahnebene ist, da die Erde im Weltraum in einer gewissen Neigung steht. Doch unsere Astronomen haben bewiesen, dass dieser Neigungswinkel nicht konstant ist, weil unsere Erde durch den Einfluss von Sonne und den größeren Planeten Taumelbewegungen vollführt. Deshalb kann die heutige Neigung von 23,47 Grad alle 1000 Jahre zwischen 22 und 24 Grad schwanken. Das bedeutet, dass ein Bauwerk bei seiner Errichtung auf die Sonnenwenden ausgerichtet wurde und es nach einigen tausend Jahren nicht mehr ist. Die nachfolgende Tabelle zeigt die Veränderungen der Erdachse bis 115000 v.u.Z.:

|  |  |  |  |  |
|---|---|---|---|---|
| 0 |  | etwa | 23,69 | Grad |
| 1000 | v.u.Z. | etwa | 23,81 | Grad |
| 2000 | v.u.Z. | etwa | 23,92 | Grad |
| 3000 | v.u.Z. | etwa | 24,02 | Grad |
| 4000 | v.u.Z. | etwa | 24,11 | Grad |
| 5000 | v.u.Z. | etwa | 23,99 | Grad |
| 6000 | v.u.Z. | etwa | 23,87 | Grad |
| 7000 | v.u.Z. | etwa | 23,72 | Grad |
| 8000 | v.u.Z. | etwa | 23,27 | Grad |
| 9000 | v.u.Z. | etwa | 22,97 | Grad |
| 10000 | v.u.Z. | etwa | 22,86 | Grad |
| 10500 | v.u.Z. | etwa | 22,81 | Grad |

11000 v.u.Z.   etwa   22,74   Grad
11500 v.u.Z.   etwa   22,68   Grad

Norman Lockyer hatte eine geniale Idee: wenn man den geografischen Längengrad und die Ausrichtung eines Tempels bestimmte, so war es möglich, die Neigungsverschiebung der Erdachse und die Errichtung des Bauwerks zu bestimmen. Die Ergebnisse des Astronomen bei der Untersuchung der Amun-Re Tempelanlage in der ägyptischen Stadt Karnak brachten Werte hervor, die belegten, dass der Tempel in zwei Bauphasen errichtet worden sein musste. Die erste war um 2100 v.u.Z. und die neuere um 1200 v.u.Z. Zwischenzeitlich gab es auch Untersuchungen mit modernen Messmethoden, und tatsächlich haben diese Untersuchungen bestätigt, dass die Anlage um 2100 v.u.Z. errichtet worden ist und danach mehrfach restauriert wurde. Doch ihre endgültige Gestalt erhielt die Tempelanlage unter König Sethos II. zwischen 1216 und 1210 v.u.Z., wie es Norman Lockyer schon vor über 100 Jahren errechnet hatte.

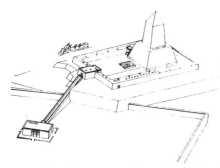

(Abb.:084 Tempel)

Bei seinen Untersuchungen am Tempel in Heliopolis berechnete Lockyer, dass die Kombination von Sonnenbeobachtungen mit der Periode des Sirius auf die Konjunktion um 3200 v.u.Z. hinwies. Daraus folgerte der Astronom, dass der Kalender der Ägypter auf mindestens 5200 Jahre zurückgehe. Mit einer erneuten Bestätigung heutiger Astronomen haben sich die Ergebnisse von Norman Lockyer somit etabliert und sind zu einem wichtigen Bestandteil in der archäologischen Forschung geworden. Wie sieht es aber mit dem Sternengeheimnis der Pyramiden aus? Wenn man bereits mit den ägyptischen Tempelanlagen astronomische Geometrie betrieben hatte, könnten doch die Pyramiden erst recht nach astronomischen Gesichtspunkten angelegt sein.

**Bergen ägyptische Pyramiden ein ähnliches astronomisches Geheimnis wie die Tempel?**

Im Jahre 1869 wurde in Ägypten von dem Khediven Ismail der zwischen Port Said und dem Roten Meer (Suez) angelegte 171 Kilometer lange Sueskanal feierlich eröffnet, für die der italienische Komponist Giuseppe Verdi (1813–1901) eigens die *Aida* schrieb. Für die Bauausführung war der französische Ingenieur Ferdinand Marie Vicomte Lesseps (1805–1894) verantwortlich, der auch zehn Jahre später an dem ebenso berühmten Panamakanal baute.

Die ägyptischen Kanal- und Schleusenbauten sowie kostspielige Kriegsbeteiligungen brachten das Land Ägypten an den Rand des finanziellen Ruins, wonach innere Unruhen das Bild in Ägypten gestalteten, was auch Auswirkungen auf die ägyptischen Altertümer mit sich zog. Zu dieser Zeit hatten sich die Franzosen in Ägypten bereits etabliert und führten auch mit dem Archäologen Auguste Mariette die Ägyptenforschung an. Mariette war schon mit dem Vater des Khediven Ismail, Said-Pascha, gut befreundet und genoss für seine bisherigen Verdienste sowie mit seinem fortschreitenden Alter entsprechenden orientalischen Respekt. Der Re`is Muhammad Chahin begleitete gemeinsam mit dem Scheich Mustafa fast alle bis ins Jahr 1879 angefallenen Forschungs- und Ausgrabungsprojekte von Auguste Maritte.

Von den Pyramiden-Bauwerken kannte man bis dahin nur die schon geöffneten Giseh-Pyramiden, die als *»stumme Zeugen«* und *»Grabmäler«* gehalten wurden. Da man bis dahin außer einigen fragwürdigen Graffitis keinerlei Inschriften im Inneren einer Pyramide entdeckt hatte, blieb es auch bei dieser Schulweisheit. Anfang 1880 setzte der Re`is dann Mariette darüber in Kenntnis, dass ein Gerücht aufgekommen sei und es doch *»sprechende Pyramiden«* gäbe, worauf Mariette seltsamerweise mit völligem Unverständnis reagierte. Er vertrat die Meinung, dass Pyramiden nun einmal Grabanlagen waren und nicht sprechen könnten, und damit basta.

(Abb.:085 Mariette)

Da Auguste Mariette als ziemlich autoritär und als starrsinnig galt, war seine Meinung wie die eines Diktators, der fast allein über seine archäologischen Schätze herrschte. Auch auf das Drängen von G.C.C. Maspéro und dem Deutschen Emil Brugsch, der Sache nachzugehen, gab Mariette nicht nach. Eigenartigerweise lehnte Mariette es nicht nur ab, den Gerüchten nachzugehen, er verbot es regelrecht, dass auch andere der Sache nachgehen durften.

**Doch warum sollte niemand an den Pyramiden forschen, die bis dahin unerforscht waren?**

Mariette begründete zwar seine Haltung mit Zeit- und Geldverschwendung, doch es gibt Indizien, über die G.C.C. Maspéro berichtet, wonach Auguste Mariette im vorherigen Jahrhundert einer der ersten uns bekannten Ägyptologen war, der als erster Forscher eine mit Inschriften versehende Pyramide betreten haben muss. Unsere Lehrmeinung erwähnt diese Tatsache heute ungern, und wenn, dann nur am Rande, weil Mariette diese Untersuchungen heimlich durchgeführt hatte. Da Mariette schon sehr alt und müde geworden war, ist er für Krankheiten anfälliger gewesen, als die jüngeren Archäologen, die einen gewissen Druck ausübten. Mit der Unterstützung von Re'is Muhammad Chahin konnte Emil Brugsch, der »*Conservateur adjoint*« vom Museum Bulaq war, dann im Sommer 1880 die Pyramiden von König Pepi I. und König Merenre öffnen, worin tatsächlich »*Texte*« angebracht waren, die etwas über eine *Sternenreligion* der Ägypter zu enthalten schienen. Emil Brugsch fertigte Kopien der Pyramidentexte an und legte sie dem erkrankten Mariette vor. Doch auch diese neue Entdeckung, die die Gerüchte somit bestätigt hatte, konnte Auguste Mariette immer noch nicht erweichen, so dass er an seiner bisherigen Haltung weiterhin festhielt. Diese Entdeckung hatte bei Mariette wohl erst Recht eine Sturheit hervorgerufen, da nicht er es war der die Jahrhundertentdeckung gemacht hatte, sondern die jüngeren. Schließlich hatte Emil Brugsch seinen Bruder Heinrich hinzugezogen, der damals führender Experte für altägyptische Astronomie war und in den Texten überraschend feststellte:

*»... astronomische Anspielungen, wie man sie kaum in dieser Epoche der altägyptischen Geschichte erwartet hätte ...«*

Da der Gesundheitszustand von Auguste Mariette sich nicht besserte, gelang es schließlich mit der Unterstützung von Heinrich Brugsch den alten Archäologen am 4. Januar 1881 zu überzeugen und seine Zustimmung zu erhalten, was uns Heinrich Brugsch wie folgt berichtet:

*»... Während der letzten Abwesenheit und Krankheit Mariette`s hatte der rühmlichst bekannte Director des Museums von Bulaq den arabischen Inspectoren der Nachgrabungen auf dem Gebiete der alten Nekropolis von Memphis den Auftrag ertheilt, in der Nähe der erwähnten Pyramiden verschüttete Grabanlagen zu öffnen ...«*

Mit nur 60 Jahren verstarb Auguste Mariette am 19. Januar 1881, ohne jedoch in die Geheimnisse der Pyramiden eingeweiht zu werden. Diese Tatsache verdeutlicht uns wiederum, wie zielstrebig jeder Forscher auf eigene Entdeckungen ausgerichtet war.

Gaston C.C. Maspèro, der dann der Nachfolger von Auguste Mariette und somit Direktor der ägyptischen Altertümer wurde, leistete nach Mariette einen erheblichen Beitrag für die Pyramidenforschung. Maspèro startete in der zweiten Februarwoche des Jahres 1881 eine weiträumige Pyramidenöffnungsaktion, wobei folgende Pyramiden betreten wurden:

... am 28. Februar 1881 die Pyramide des König *Unas* ...
... am 13. April  1881 die Pyramide des König *Pepi II.* ...
... am 14. April  1881 die Pyramide des König *Neferirre* ...
... am 29. Mai   1881 die Pyramide des König *Teti* ...

Alle Pyramiden waren leer und von den Königs-Mumien fehlte, wie schon bei den Giseh-Pyramiden vorher, jegliche Spur. Trotzdem hatte man gerade an der Öffnung der Unas-Pyramide, dem letzten Pharao der fünften Dynastie, ganz besonders viel Freude. Diese Pyramide war in ihrem Inneren übersät von Pyramidentexten, die in die Wände und Decken eingemeißelt wurden. Die Unas-Pyramide enthielt nicht nur die größte Anzahl von Texten, sondern auch welche, die älteren Ursprung zu haben schienen.

*»... Aber welche Überraschung wartete meiner, welcher Lohn ward meinen Anstregungen zu Theil! Wohin ich sah, rechts und links, waren die glatten Kalksteinwände mit unzähligen Texten bedeckt, welche bald in horizontalen, bald in vertikalen Columnen dahinlaufen ...«*

Das war der Eindruck von Heinrich Brugsch, als er zum ersten Mal eine sprechende Pyramide betreten hatte. Doch wie schon erwähnt, war zwar auch diese Pyramide leer, doch würde man anhand der Pyramidentexte endlich die symbolische Bedeutung einer Pyramide verstehen lernen. Maspèro nahm an, auch über den rituellen Wert der verschiedenen Teile und der zu diesen Bauwerken gehörenden Tempelanlagen ausreichende Informationen zu erhalten, damit auch endlich die Vorstellung der alten Ägypter, das Leben nach dem Tode, erforscht werden konnte. 1882 vermeldete Maspèro, dass fünf der *»Stumm«* genannten Pyramiden zu sprechen bereit wären. Der Archäologe fertigte mit der Unterstützung von Kurt Sethe und Emil Brugsch eine Übersetzung der von ihm entdeckten Pyramidentexte an, die bespielsweise wie folgt lautete:

*»Du gingst auf und erschienst mit Orion auf der östlichen Seite des Himmels. Dein Untergang ist mit dem des Himmels. Dein Untergang ist mit dem des Orion auf der westlichen Seite des Himmels. Ihr drei seid da, wo der Sothis-Stern ist.«*

Entweder wurde mit der Zahl *»drei«* der Oriongürtel angesprochen oder aber ein weiterer Himmelskörper, der in den Pyramidentexten ständig als *»Großer Stern«* Erwähnung findet. Im Totenbuch Amduat Vers 103 lesen wir:

*»Dies ist das Göttliche Auge des Re. Es befindet sich über dem ›Stier mit der Donnerstimme‹ in der Dat. Der ›Stier mit der Donnerstimme‹ freut sich, wenn Re auf seinem göttlichen Auge verweilt. Das Bild der Isis-Tait befindet sich in der Nähe dieses Auges.«*

Mit dem Begriff »*Dat*« (Duat) sprachen die alten Ägypter von dem »*Verborgenen Raum*«, was nichts anderes darstellte als den Weltraum. Wie wir wissen, stand die Göttin Isis stets für die Versinnbildlichung des Sirius (Sothis). Somit könnte der »*Große Stern*« oder das »*Auge des Stieres*« der 68 Lichtjahre entfernte Aldebaran im Zeichen des Stiers (Taurus) sein. Tatsächlich liegt der Rote Riese Aldebaran östlich vom Orion sowie auf dem Auge des Zeichens Stier. Maspèro gab jedenfalls nach den ersten Übersetzungen bekannt, dass sich in den Texten verschiedene Arten von Gebeten, Zauberformeln und rituelle Zeremonieanweisungen befänden. Doch die Texte waren weitaus komplizierter, als es ihre Entdecker zunächst geglaubt hatten. Das lag nicht nur an der sprachlichen Struktur der komplexen Religion, sondern auch an der Tatsache, dass diese Texte nicht im Hinblick auf Leser geschrieben wurden, die sich Jahrtausende später mit den Texten beschäftigen würden. Deshalb erkannte Maspèro wahrscheinlich auch nicht den astronomischen Gehalt und das geheime Wissen, das in ihnen schlummerte.

(Abb.:086 Sternenhimmel ZDF)

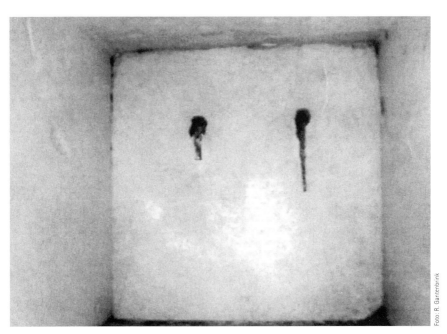

Die letzte große Entdeckung in der Pyramidenforschung

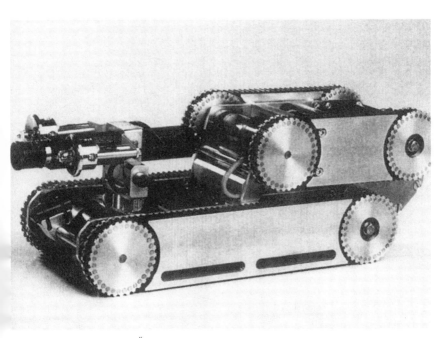

Rudolf Gantenbrinks UPUAUT ›Öffner der Wege‹

Südschacht Königinnenkammer.
Der Weg des Roboters

Der von Al-Mahmun aufgebrochene Eingang

Nord- und Südschacht Königskammer

Der Autor forscht am tiefsten Punkt der Großen Pyramide (Felsenkammer)

Dieser Brunnen wurde durch Howard Vyse bis auf 10,40 Meter freigelegt. Ein Ende war nicht in Sicht

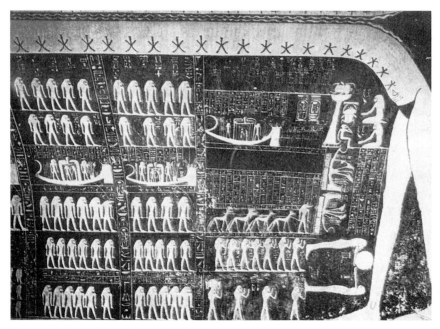

Ramses IV. ließ in seinem Grab den südlichen Himmel anbringen

Die Pyramidentexte führen zum Sternentor (Unas-Pyramide)

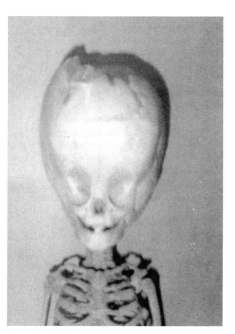

Dieser Gendefekt wurde unter Echnaton
zum Schönheitsideal, wie man es
auch an seinen Töchtern sehen kann

Sphinxallee und Widdersphingen in Karnak

Der Tal-Tempel
in Giseh

Der Horus-Tempel in Edfu

Seit März 1996 konnte die ESA mit dem ERS-2 die wahre Form unserer Erde nachweisen. Sie entspricht somit keiner Kugel, sondern eher einer Kartoffel!

James H. Breast.ed unternahm im Jahre 1912 dann den ersten ernsthaften Versuch, die Pyramidentexte zu interpretieren und verbreitete dabei die Ansicht, dass ein Sonnenkult über einen Sternenkult dominierte, der bereits zu dem Zeitpunkt, zu dem die Pyramidentexte angebracht wurden, nicht mehr praktiziert wurde und deshalb die Sonnenreligion die Oberhand nahm. Das bedeutet, dass die einfachere Sonnenreligion nicht die erste Glaubenslehre war, sondern vorher noch eine kompliziertere Sternenreligion existierte. Durch religiöse Auseinandersetzungen der ägyptischen Priesterschaft soll sich die Sternenreligion dann in der Sonnenreligion verloren haben und wieder in Vergessenheit geraten sein. Breasted kam nach seinen Untersuchungen zu dem Entschluss, dass der Sternenkult nicht weiter zu beachten sei. Angesichts seiner akademischen Autorität und seiner einflussreichen Stellung, hat es auch hierbei lange Zeit niemand gewagt, die Ansichten von Breasted in Frage zu stellen.

**Doch sollte man sich wirklich mit der Meinung eines Einzelnen abfinden?**

1994 publizierten der Belgier Robert Bauval und der Brite Adrian Gilbert gemeinsam das Buch »*Das Geheimnis des Orion*«, in dem sie den alten festgefahrenen Lehrmeinungen über die Sonnenreligion der alten Ägypter trotzen und eine ausführliche Sternenreligion präsentieren, die in Ägypten weiter verbreitet gewesen zu sein scheint, als bisher angenommen. Dazu untersuchten die Autoren die altägyptischen Totentexte, die die Verflechtung der altägyptischen Religion zur Astronomie aufzeigen. Und genau in diesem Zusammenhang begründen Bauval und Gilbert auch den Bau der Giseh-Pyramiden, worauf wir noch genauer eingehen werden. Des weiteren gehen Bauval und Robin Cook im Anhang 7 des genannten Buches auf die Ansichten von J. H. Breasted ein, über die sie folgendes schreiben:

»*... Demgegenüber vertreten wir die Auffassung, dass es eine solche religiöse Auseinandersetzung, wie sie Breasted vorschwebte, in Wirklichkeit nie gegeben hat. Wir halten es für wahrscheinlicher, dass die Könige der Pyramidenzeit sich nicht als Reinkarnationen des Re verstanden, sondern als die lebenden »Söhne des Re«, und dass sie als solche mit der göttlichen Nachkommenschaft des Re in der Person des »Horus« identifi-*

*ziert wurden, solange sie lebten, und mit der des »Osiris«,
wenn sie gestorben waren.«*

Durch diese neue Ansicht bekommen wir nicht nur eine Bestätigung für die mythologische Auffassung von der Schöpfungsgeschichte der alten Ägypter, sondern vielleicht auch einen Hinweis
über den Herkunftsort dieser mysteriösen Gottheiten, die immer
in personaler Gestalt Erwähnung finden. Vorerst müssen wir uns
aber folgender Frage zuwenden:

**In welcher Beziehung standen die Giseh-Pyramiden zur
Sternen-Religion der Ägypter?**

Alle Gräber, die vor der fünften Dynastie errichtet und bisher
untersucht wurden, enthielten keinerlei Texte. Vermutlich gehen
die Pyramidentexte der fünften und sechsten Dynastie auf die
Priesterschaft von Heliopolis zurück, das seit Anbeginn der ägyptischen Zivilisation ein religiöses Zentrum zwischen dem heutigen
Kairo und Memphis bildete. Wann das zur Zeit von König Unas in
den Pyramiden verfasste Gedankengut formuliert wurde, ist bis
heute nicht bekannt. Unseren Ägyptologen ist auch nicht bekannt,
ob es bereits eine schriftliche Tradition gegeben hat oder das
Gedankengut wie bei der Bibel vorerst eine mündliche Überlieferung war, die später niedergeschrieben wurde. Die Priester von
Heliopolis steuerten jedenfalls neben dem staatlichen System einen
religiösen Kult, in dessen Mittelpunkt immer die Gottheit Ra
stand. Auch die Giseh-Pyramiden scheinen sehr eng mit diesem
Kult verknüpft gewesen zu sein. Doch weil die Giseh-Pyramiden
über keinerlei Inschriften verfügen, müssen wir gerade die archi-
tektonischen Merkmale dieser Pyramiden untersuchen.

**Beherbergen vielleicht gerade die Giseh-Pyramiden eine
verschlüsselte Information über das Sternentor?**

Wenn wir uns mit der kleinsten, der sogenannten Mykerinos-
Pyramide beschäftigen, erscheint es aus der Sicht unserer Schulwissenschaft als logisch, dass gerade diese Giseh-Pyramide die
Pyramiden-Epoche der monumentalen Großbauten beschließt
und zum Wegbereiter der Pyramiden in der fünften sowie sechsten
Dynastie wurde. Diese Pyramide hat im Gegensatz zu den zwei
größeren Giseh-Pyramiden zwar nur noch eine halb so große

Basislänge (104,6 Meter) und ist auch nur etwa 66 Meter hoch, doch im Vergleich zu den nachfolgenden Pyramiden der fünften und sechsten Dynastie ist sie immer noch ein kleiner Riese. Hinzu kommt, dass das Kammersystem der Mykerinos-Pyramide derart kompliziert angelegt ist, dass sie etwas Einzigartiges darstellt und den Ägyptologen auch in Zukunft noch manches Kopfzerbrechen bereiten wird.

(Abb.:087 Menkewre-Pyramide)

Wie schon bei der Großen Pyramide haben wir es auch bei dieser Pyramide dem britischen Oberst Richard W.H. Vyse zu verdanken, dass der vermeintliche Bauherr dieser Anlage ausfindig gemacht werden konnte. Obwohl diese Pyramide oft aufgesucht worden zu sein scheint, hatte selbst der Italiener Giovanni Battista Belzoni nichts sonderbares zu vermelden, der sie etwa 20 Jahre vor Vyse betreten hatte. Vyse hingegen präsentierte nicht nur eine Königs-Kartusche, die den Namen Menkewre enthielt, sondern auch einen hölzernen Sargdeckel sowie eine dazu gehörende Mumie. Da der hölzerne Sarkophag bei der Verschiffung nach England verloren gegangen sein soll, konnten die Fachexperten lediglich die von Vyse angefertigten Zeichnungen untersuchen. Auch dieser Fund wurde vorerst von Samuel Birch untersucht, der sofort seine Zweifel über die Echtheit des Fundes anmeldete:

*»Dieser aufgefundene Sarkophag weist erhebliche Stilunterschiede zu den Bauwerken der vierten Dynastie auf.«*

Im Jahre 1883 meldete sich auch der Franzose Gaston C.C. Maspéro zu Wort und vermeldete, dass der Sargdeckel seiner Ansicht nach nicht aus der vierten Dynastie stamme. Viel wahrscheinlicher wäre es, diese Endeckung in der fünfundzwanzigsten Dynastie anzusiedeln. Es gab aber noch einen dritten Einwand: 1892 konnte sich der deutsche Philologe Kurt Sethe eine Untersuchung ebenfalls nicht verkneifen. Der Deutsche schloss sich Maspéros Meinung an und schrieb die Entstehung des Sargdeckels frühestens der zwanzigsten Dynastie zu. Bis heute konnten die Ägyptologen keinen akzeptablen Beweis präsentieren, aus dem hervorgeht, dass Mykerinos der Bauherr dieser Pyramide gewesen sein soll. Ganz im Gegenteil! Im

August 1996 konnten ägyptische Archäologen in der Nähe der Anlage eine über fünf Meter hohe Doppelstatue ausbuddeln, die Ramses II. als König und als die Vergöttlichung des Gottes Ra darstellt. Nach den ersten Untersuchungen gab man bekannt, dass das Gestein der Statue aus dem Fundament der Mykerinos-Pyramide stammen soll. Aber auch die sogenannte Chephren-Pyramide trägt an ihren Ummantelungssteinen Hieroglyphen, woraus sich der Königstitel von Pharao Ramses II. herauslesen lässt. Doch auch Ramses II., hatte mit diesen Pyramiden nichts zu tun, bis auf die Tatsache, dass er sie dem Gott Ra zuschrieb.

### Was ist aber an der kleinsten Giseh-Pyramide so besonderes?

Die Mykerinos-Pyramide war im Gegensatz zu den beiden großen Pyramiden völlig mit dunklem Granit verkleidet. Wie wir in Kapitel 4. gesehen haben, gelang es den arabischen Eroberern Ägyptens selbst nach acht Monaten intensiver Arbeit, dieser Pyramide nur einen geringfügigen Schaden zuzufügen. Diese Schäden kann man am besten sehen, wenn man auf der Nordseite der Pyramide steht. Was viele Touristen nicht wissen, ist die Tatsache, dass die herausgebrochenen Steinquader etwa 30 Meter über dem Pyramidenstumpf einen Gang beinhalten, der in einem Bogen zur Pyramidenachse trifft und bis hinunter zum Fundament der Pyramide verläuft. Dieser Gang wird von unseren heutigen Ägyptologen eigenartigerweise verschwiegen, doch glücklicherweise existieren alte Zeichnungen, die noch nicht in den Schubladen verschwinden konnten.

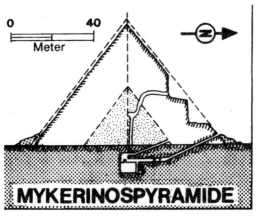

(Abb.:087a Verborgener Gang)

Wenn man diese Anlage offiziell betreten will, muss man eine Treppe zum etwa 4 Meter hohen Eingang besteigen und über den 32 Meter langen (26 Grad) absteigenden Gang klettern, um eine mit 26 Nischen dekorierte Kammer zu erreichen. Hiernach gelangt man nach einem 12,60 Meter langen und 1,60 Meter hohen Gang in die sogenannte Vorkammer, die in dem natürlichen Felsplateau angelegt wurde.

(Abb.:088 Kammersystem)

Gerade hier in dieser Vorkammer existiert 3 Meter über dem eintretenden Gang ein zweites kurioses Gangsystem, das eigentlich keinen praktischen Nutzen zu haben scheint. Es führt in einem 26 Grad Winkel mit einer Länge von etwas mehr als 16 Metern direkt in die Pyramide, wo es dann abrupt endet. In seinem Buch »*Die großen Pyramiden von Giza*« bringt Professor Rainer Stadelmann diesen Gang mit den sogenannten »*Belüftungsschächten*« der Cheops-Pyramide in Verbindung, doch ohne dabei eine eindeutige Erklärung zu präsentieren. Somit bleibt nicht nur dieser künstlich angelegte Gang ein Rätsel, sondern auch die Verarbeitung der 18 Deckenplatten aus tonnenschwerem Granit, die über der eigentlichen Hauptkammer einen Giebel bilden. Es ist immer noch ungeklärt, mit welchen Verfahren die Montage der riesigen Blöcke unter den beengten räumlichen Bedingungen durchgeführt wurde.

(Abb.:088a Giebeldach)

Aus der Mitte des Bodens der Vorkammer führt ein weiterer mit Granit verkleideter, etwa 1,05 Meter breiter, 1,60 Meter hoher und etwa 10 Meter langer Gang (26 Grad) in die eigentliche Hauptkammer. Doch auch in diesem Abschnitt wird der Beobachter verwirrt. Hier im untersten Bereich der Pyramide wurden nämlich gleich zwei räumliche Strukturen angelegt. Etwa 1 Meter vor der sogenannten Grabkammer liegt auf der rechten (westlich) Seite eine Kammer, mit sechs exakt bearbeiteten Ausbuchtungen, die als »*Magazine*« bezeichnet werden. Wie jeder weiß, bedeutet dieser Begriff im Klartext »*Lagerraum*«.

(Abb.:088b Magazine)

## Wozu legte man in einer für einen König bestimmten Grabanlage zusätzliche Lagerräume an?

Mehrere Ägyptologen haben sich bisher gefragt, ob die drei kleinen Nebenpyramiden östlich der Großen Pyramide sowie die drei südlich der Mykerinos gelegenen Pyramide, vielleicht als Maßstabmodell (1:6) für die Errichtung der größeren gedient haben könnten. Wie ich es bereits dargelegt habe, stellt keine der Giseh-Pyramiden eine Grabanlage dar. Deshalb müssen die Magazine für einen anderen Zweck angelegt worden sein. Ich vertrete die Ansicht, dass die kleinste Giseh-Pyramide als eine Art Ausrichtungsmodell für die zwei größeren Pyramiden diente und somit die erstgebaute Pyramide ist. Meiner Meinung nach hatten die wahren Bauherrn unter der Leitung von Thot die Mykerinos Pyramide deshalb gebaut, damit sie an ihr die für die größeren Pyramiden geplanten Kammersysteme und deren Statiken erproben konnten. Doch trotzdem war sie von vornherein ein Bestandteil des Baukomplexes. Aber schauen wir zunächst auf ihre Nachbar-Pyramide.

Weil die Fachwelt sich nur auf die Große Pyramide konzentriert, verwundert es mich doch immer wieder, wie wenig Fachliteratur über sein Gegenüber, die Chephren-Pyramide existiert. Denn bis auf wenige Untersuchungen im 19. Jahrhundert und eine Untersuchung in den siebziger Jahren hatte man bisher wenig Interesse gehabt, auch ihr einige Geheimnisse zu entlocken. Das einzige, was man herausfand, war, dass alle drei Giseh-Pyramiden untereinander im Pythagoreischen Dreieck ausgerichtet sind und ihre Seiten in einem Verhältnis 3:4:5 zueinander stehen. Eine weitere Frage sind die verwandtschaftlichen Verhältnisse der fehlinterpretierten Bauherrn (Cheops, Chephren, Mykerinos) der Pyramiden.

### Doch war das wirklich alles?

Dass die König Chephren zugeordnete Pyramide größer als die Große Pyramide wirkt, liegt allein daran, dass diese Pyramide auf einem etwa 10,50 Meter höher gelegenen Felsplateau errichtet wurde. Doch wenn wir uns an die arabischen Chronisten erinnern, soll es gerade die Chephren Pyramide sein, die die verborgenen Schätze des Saurid/Thot beherbergt. Seit der Italiener Giovanni Battista Belzoni im Jahre 1818 in die sogenannte Chephren-Pyramide eingestiegen ist und dort nur eine leere Kammer vorgefunden hatte, rätselten unsere Ägyptologen unaufhörlich, ob denn die zweitgrößte Pyramide Ägyptens nicht doch noch eine bisher unentdeckte Kammer vorzuweisen hatte.

## CHEPHRENPYRAMIDE

(Abb.:089 Chephren-Pyramide)

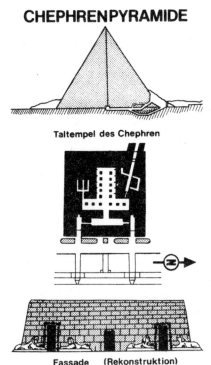

Taltempel des Chephren

Fassade   (Rekonstruktion)

Die Chephren-Pyramide verfügt über zwei nördlich angelegte Eingänge, wobei der von den Touristen benutzte Eingang außerhalb der Pyramide liegt und eigenartigerweise ebenerdig angelegt worden ist. Dieser Zugang in den Pyramiden-Körper ist auch nur in einem Winkel von 21,40 Grad angelegt worden und scheint meiner Meinung nach aus einer jüngeren Zeitepoche zu stammen, da er nicht ins Bauschema der mathematischen Pyramidenkonstruktion einzuordnen ist. Die Ausschachtung des Ganges ist hier 1,05 Meter breit mal 1,20 Meter hoch und verläuft etwa 34 Meter abfallend. Nach dem abfallenden oder absteigenden Gang kommt eine etwa 6,70 Meter lange Ebene, die allerdings über eine ungewöhnliche Raumhöhe von etwa 3 Metern verfügt. Ungefähr in der Mitte dieses Abschnittes wurde auf der rechten (westlichen) Seite in den Fels eine 10,40 Meter lange (3,10 m breit mal 2,60 m hoch) Kammer eingearbeitet, die sogar über ein Giebeldach verfügt, und für den Touristenverkehr verschlossen ist.

Doch wozu?

Auch der Nutzen dieser Kammer ist den Ägyptologen nicht bekannt. Sie wurde in jedem Fall fertiggebaut, und die Lage erinnert an die Magazine der Mykerinos-Pyramide. Nach allgemeiner Lehrmeinung soll aber auch diese Pyramide nur für einen König entworfen worden sein. Eine zweite Kammer ergibt somit gar keinen Sinn. Aus dieser Ebene der zweiten Kammer führt ein 24°30 Grad winkliger, 22,40 Meter langer aufsteigender Gang zum 56 Meter langen horizontalen Gang, der schließlich in südlicher Richtung exakt im Scheitelpunkt der Pyramide, in der sogenannten Sargkammer, endet, die ebenfalls über ein Giebeldach verfügt.

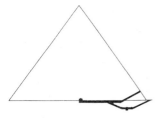

(Abb.:089a Kammersystem)

Wenn man sich vom Knick des aufsteigenden Ganges etwa 8,60 Meter in nördliche Richtung bewegt, gelangt man zu dem eigentlichen 31,70 Meter langen und 26 Grad führenden absteigenden Gang des zweiten (ursprünglichen) Einganges, der sich etwa 11,50 Meter über dem Pyramiden-Niveau auf der Nordseite befindet. Professor Stadelmann empfindet den Plan des Gang- und Kammersystems der Chephren-Pyramide als geradezu langweilig und wundert sich darüber, dass es das einzige Gangsystem der Riesenpyramide sein soll. Dabei ist auffällig, dass die sogenannte Sargkammer der Chephren-Pyramide von ihrer Lage und Größe fast mit der Königinnenkammer der Cheops-Pyramide identisch ist und genau die Pyramidenachse bildet. Meiner Meinung nach ist die Lage dieser Hauptkammer ein Indiz dafür, dass auch diese Pyramide noch weitere Kammern besitzen muss.

**Warum wurden dann aber bis heute keine weiteren Kammern entdeckt?**

Professor Luis Walter Alvarez, Nobelpreisträger für Kernphysik, kam Anfang 1965 auf die seltsame Idee, die zweitgrößte Giseh-Pyramide kosmisch zu durchleuchten. Der Professor nahm aus Leidenschaft zur Ägyptologie die für jeden Ägyptologen unlösbar erscheinende Aufgabe in Angriff, in etwa 4400000 Tonnen Kalkgestein, nach einer vielleicht 12 Quadratmeter großen, versteckten Kammer zu suchen. Alvarez legte seinem Forschungsvorhaben die Hypothese zugrunde, dass die ultraviolette Strahlung der Sonne im oberen Bereich unserer Atmosphäre zerrieben wird.

Die 30 Tonnen schwere Messapparatur des Lawrence-Strahlungs-
laboratoriums von der California-Universität wurde dann im
Frühjahr 1968 in der Chephren-Pyramide installiert und 1970
gemeinsam mit der Kairoer Ain-Shams-Universität ausgewertet.
Die Messanalyse hatte tatsächlich ein dunkles Schattenfeld
aufgezeichnet und ließ auf einen neu entdeckten Hohlraum, der
etwa 22 Meter (östlich) über der Hauptkammer lag, hoffen. Doch
in der später geführten Pressekonferenz sagten die Verantwortlichen, dass es sich bei dem Schattenfeld um eine von den Geräten
verursachte Reflexion gehandelt habe und die Chephren-Pyramide
außer den bekannten Kammern keinerlei Hohlräume besitzt.
Obwohl die von Professor Alvarez durchgeführten Untersuchungen ohne ein offizielles Ergebnis verliefen, wollte man bereits 1974 erneute Untersuchungen an der Chephren-Pyramide
durchführen. Das Stanford Research Institut Kalifornien führte
gemeinsam mit der Ain-Shams-Universität von Kairo elektromagnetische Messungen an der Pyramide durch. Erneut
sollte die Frage nach geheimen Gängen und Kammern geklärt werden, indem man elektromagnetische Wellen gegen das Gestein richtete und die reflektiert und ausgewertet werden
sollten. Diese Untersuchung verlief jedoch ziemlich chaotisch,
da die Hochfrequenzwellen an die Messaparaturen nicht zu-
rückkamen, sondern vom Gestein vollkommen absorbiert wurden.

**Wie aber war das möglich?**

In aller Regel sind seismographische Messungen für trockenes
Gestein konzipiert und können ohne Zwischenfälle durchgeführt
werden. Doch obwohl die Pyramiden als völlig trocken galten,
schienen die Pyramiden-Blöcke mehr Feuchtigkeit zu enthalten
als natürliches Gestein. Man stellte nach den Untersuchungen
Computerberechnungen an, die die Feuchtigkeit in der Chephren-
Pyramide ermitteln sollten. Demnach enthält die zweitgrößte
Giseh-Pyramide in ihrem Gestein mehrere Millionen Liter Wasser.
Dem damaligen Direktor des Institutes für archäologische Wissen-
schaft an der Universität Barry in Miami, Professor Joseph
Davidovits, verwunderte dieses Ergebnis nicht sonderlich, ihm
war klar geworden:

»... *die Steinblöcke sind künstlich*«.

## Sollten die Giseh-Pyramiden tatsächlich künstliches Gestein enthalten?

Um das Jahr 150 n.u.Z. machten die alten römischen Baumeister von Pompeji eher zufällig eine besondere Erfindung. Sie fanden heraus, dass wenn sie normalen Kalkmörtel mit Ziegelmehl und der Vulkanasche des Vesuvs mischten, sich durch das Hinzuführen von Feuchtigkeit ein künstliches Gestein ausformte, das so hart wie natürlicher Fels wurde. Die Römer hatten unwissentlich den Beton erfunden. Die Ägypter hingegen scheinen bereits vor 4700 Jahren künstliches Gestein ganz bewusst hergestellt zu haben. Auf der kleinen Nilinsel *Sehel* nördlich vom Assuan entdeckte der britische Archäologe Charles Edouard Wilbour bereits im Jahre 1889 eine Stele, die mit Hieroglyphen übersät war. Die Entstehung der sogenannten »*Famine-Stele*« wurde auf das Jahr 300 v.u.Z. datiert und gilt seit 1953 als entziffert. Der Inhalt des Textes besteht aus 2600 Hieroglyphenzeichen und berichtet von Vorgängen, die einige Jahrtausende vor ihrer Entstehung lagen. Etwa 650 Zeichen berichten nämlich über die Gottheit *Chnum*, die König Djoser (2690 v.u.Z) im Traum erschien. In dem Traum erzählt der Gott Chnum die Beschreibung einer Rezeptur, mit der sich künstliches Gestein herstellen ließ. Dabei diktiert die Gottheit dem König eine Liste mit 29 Mineralien, zu denen sich noch diverse natürliche Chemikalien gesellen. Ebenso ergehen Hinweise auf in der Natur vorkommende Bindemittel. Unter anderem wurde nach der göttlichen Anweisung Natron (Natriumkarbonat) und Ton (Aluminiumsilikat) verwendet, die mit arsenhaltigen Mineralien zu einem Brei gerührt wurden. Professor Joseph Davidovits untersuchte Gesteinsproben der Großen Pyramide unter dem Mikroskop und entdeckte dabei sogar ein 21 Zentimeter langes menschliches Haar. Auch der deutsche Geologe Professor Dietrich Klemm überraschte die Fachwelt der Archäologen nicht weniger. Klemm entnahm der Großen Pyramide insgesamt zwanzig verschiedene Gesteinsproben, die er mit einem Team von wissenschaftlichen Mitarbeitern analysieren ließ. Bei dieser Untersuchung wurde festgestellt, dass jede Gesteinsprobe aus einer anderen Gegend Ägyptens stammen muss.

Die Große Pyramide in Giseh ist nicht nur die größte, am besten gebaute und am genauesten konstruierte ägyptische Pyramide, sie weist auch architektonische Merkmale auf, die den anderen Monumenten fehlen. Die Schächte, die nördlich und südlich aus der Königskammer führen und schrägauslaufend aus entgegengesetzten Seiten der Pyramide austreten, gehören wohl zu den auffälligsten Merkmalen dieser Anlage. Welchem Zweck die Schächte ursprünglich dienten, konnte bisher nicht hundertprozentig geklärt werden, doch man vertrat immer die Meinung, dass sie einfach für die Belüftung der Pyramide gedient hätten, wodurch sich die Bezeichnung *Belüftungsschächte* einbürgerte.

((Abb.:090 Gantenbrink-Pyramide)

**Warum sollte ein toter Pharao aber mit Luft versorgt werden?**

Zum Glück wissen wir, dass die Pyramiden keine Grabmäler darstellten und dass die Bezeichnung *Belüftungsschächte* demnächst keine Verwendung mehr finden wird. Denn viele fragten sich bislang, warum eine so riesige und komplizierte Anlage errichtet werden sollte, um astronomische Informationen wie die Entfernung zwischen Erde und Sonne oder die Verschiebung der Erdachse weiterzugeben. Es sei denn, wie uns die Kopten überliefern, dass genau vorausberechnete Katastrophen die Erde heimsuchen und die damalige Zivilisation durchaus imstande war, sie zu erkennen, aber gegen die Einbrüche nichts ausrichten konnte. Es muss zu dieser Zeit die beständigste Art von Informationsübermittlung gewesen sein. Selbst wenn alle damals existierenden Aufzeichnungen und Sprachen verlorengingen, wären die Botschaften im Komplex der Pyramide über längere Zeiträume erhalten geblieben und vor einer totalen Vernichtung gesichert gewesen.

((Abb.:091 Königinnenkammer)

Einem Reiseführer des Jahres 1973 ist zu entnehmen, dass ein ägyptischer Archäologe ein Jahr zuvor 20 Meter über der Königinnenkammer eine Geheimkammer entdeckte, die möglicherweise der Mumienraum für den König gewesen sein soll. Es ist mir leider trotz intensiver Recherche nicht gelungen, diesen

Archäologen ausfindig zu machen. Die offiziellen Stellen dagegen schweigen sich aus.

Wenn man innerhalb der Großen Pyramide die Königinnenkammer betreten will, muss man zunächst durch den nur 1,17 Meter hohen Tunnel kriechen, um in die eigentliche Kammer zu gelangen. Gleich wenn man die Kammer betritt, befindet sich auf der linken Seite eine Nische mit dem sogenannten »*Kraggewölbe-abschluss*«, die in östliche Richtung in die Pyramide verläuft und von einem Gitter verschlossen ist. Das Kraggewölbe spricht dafür, dass es angelegt wurde, um eine vorher geplante statische Entlastung zu bieten. Das kann bedeuten, dass hier ein Zugang zu weiteren Hohlräumen verlaufen sollte. Doch nach etwa sieben Metern hört der Schacht, der durch das Kraggewölbe führt, plötzlich auf.

**Aber warum, und was war sein Zweck?**

Am 22. März 1993 um 11.05 Uhr vormittags beleuchteten die Scheinwerfer eines Roboters eine geheimnisvolle Tür in der Cheops-Pyramide, hinter der sich voraussichtlich eine noch unentdeckte Kammer befindet. Dieses berichtete die internationale Presse einen Monat nach der Entdeckung eines zu diesem Zeitpunkt noch unbekannten deutschen Ingenieurs. Der Ingenieur und Experte für Robotertechnik stammte aus München und hieß Rudolf Gantenbrink. Als Herr Gantenbrink 1992 vom Deutschen Archäologischen Institut in Kairo den Auftrag für die Überprüfung und Verbesserung der Belüftung in der Großen Pyramide erhielt, konnte noch keiner ahnen, dass dem Techniker die wohl bedeutendste archäologische Entdeckung der letzten zehn Jahre gelingen würde. Der französische Ingenieur Professor Jean Kérisel hatte bereits im Jahre 1990 den Plan für eine Verbesserung der Belüftung der Großen Pyramide gemacht, weil durch die vielen Touristenanstürme sich innerhalb der Pyramide zuviel Feuchtigkeit bildet, die nicht entweichen kann. Nach sorgfältiger theoretischer Vorbereitung durch Zeichnungen und Berechnungen der sogenannten Belüftungsschächte in der Großen Pyramide machte sich Rudolf Gantenbrink an die praktische Vorbereitung. Er konstruierte ein ferngesteuertes *Roboter-Video-Fahrzeug*, das Professor Rainer Stadelmann *Upuaut* nannte, was Gantenbrink wie folgt erklärt:

»*Wir tauften den Robotor Upuaut, und dies war eine Idee von Professor Stadelmann. Upuaut ist nämlich ein altägyptischer Gott, der sich mit »Öffner der Wege« übersetzen ließe.*«

Das *Manipolator* ähnliche Gefährt ist ein sechs Kilogramm schweres Raupenfahrzeug von 37 Zentimetern Länge. Upuaut wird von sieben unabhängigen Elektromotoren angetrieben, deren Mikroprozessoren ferngesteuert werden. An der Vorderseite befinden sich zwei kleine Halogenscheinwerfer sowie eine automatische Schwenkvorrichtung mit einer Videokamera des Typs Sony CCD. Doch obwohl das Fahrzeug sehr klein scheint, verfügt es über die Kräfte einer Ameise. Durch die Haftung der Gummiraupen am Boden und der Decke kann Upuaut bis zu 40 Kilogramm Zuglast bewegen.

((Abb.:092 Upuaut)

Rudolf Gantenbrink wurde vom Deutschen Archäologischen Institut in Kairo mit dem Auftrag betraut, die Lüftung in der Großen Pyramide durch die Anbringung von Ventilatoren, die wie eine Klimaanlage wirken sollten, zu verbessern, damit die Feuchtigkeit aus den Gängen abziehen konnte, die die Touristen jährlich produzierten. Dazu mussten die Schächte in der sogenannten Königs- und Königinnenkammer neu vermessen werden, um die Ventilatoren vernünftig zu platzieren. Zunächst wurde der Nord- und der Südschacht in der Königskammer anvisiert, deren Schächte aus der Pyramide in Nordsüdrichtung austreten und schon im Jahre 1837 von dem britischen Pyramidenforscher Richard W. H. Vyse und 44 Jahre später noch einmal von William M.F. Petrie mit Messseilen und ähnlichem vermessen werden konnten.

Die untere Kammer, die sogenannte Königinnenkammer, verfügt ebenfalls über Schächte in der Größe eines Schuhkartons, die mit einer Steigung von etwa 40 Grad blind in die Pyramide zu verlaufen schienen. Sie wurden im Jahre 1872 von dem Hobby-Archäologen Waynman Dixon und Doktor Bill Grant entdeckt.

Ursprünglich reichten die Schächte aber nicht bis in die Kammer, so dass sie bis 1872 unbeachtet blieben. Wahrscheinlich bekam die Verblendung des nördlichen Schachtes durch ein Erdbeben oder andere Erosionseinwirkungen einen Riß, der Dixon und Grant aufgefallen war. Ich vermute sogar, dass das 1837 von Hill, Vyse und Perring verwendete Schießpulver dafür verantwortlich gewesen ist.

Doktor Bill Grant, Waynman Dixon und dessen Bruder John, machten sich dann heran und klopften in einer Höhe von etwa 1,17 Metern die 12 Zentimeter dicke Verkleidung des Nordschachtes der Königinnenkammer auf. Sie entdeckten einen Schacht wie in der höher gelegenen Königskammer, und weil sie wussten, dass die obere Kammer auch einen in südlicher Richtung ausgerichteten Schacht besaß, klopften sie auch die Südwand ab und wurden auch hier fündig. Die Hobby-Forscher hatten in der Großen Pyramide eine neue Entdeckung gemacht und fieberten einer Sensation entgegen. Sie vermuteten, nach dem Öffnen der Ummantelung den Gang zu einer geheimen Kammer freigelegt zu haben, in der sich vermutlich Aufzeichnungen der wahren Pyramidengründer finden ließen. Sie besorgten sich eine Eisenstange, die mit einem Gewinde versehen war (ähnlich einem Billard-Queue), um sie beliebig verlängern zu können. Dann begannen sie ihre Untersuchungen an dem zuerst entdeckten nördlichen Schacht. Sie schoben ihre selbst konstruierte Messstange etwa 22 Meter in den Schacht hinein, was mit einem enormen Kraftaufwand geschehen sein muss, da sich die Messstange bei diesem Akt verkantet zu haben scheint. Danach ging es weder vorwärts noch zurück! Nach mehreren Versuchen gaben die Forscher schließlich auf und schraubten die Stangen vom Gewinde, wobei der verkantete Teil in dem Schacht zurückblieb.

Den südlichen Schacht wollten sie dann kurzentschlossen mit einer neueren Methode vermessen. Sie entfachten vor dem südlichen Schacht einfach ein Feuer und wollten dabei den Austritt des Rauches außerhalb der Pyramide beobachten. Der Rauch zog auch tatsächlich in den Schacht, doch es trat außerhalb der Pyramide keinerlei Rauch hervor. Der Rauch verlor sich innerhalb der Pyramide, und für die Dixon Brüder sowie Grant blieb somit eine Sensation aus. Man war sich sicher, dass es sich bei diesen Schächten um Blindschächte handle, deren Bedeutung nicht sonderlich hervorzuheben sei, und dabei blieb es dann auch bis in unsere Zeit.

## Wo blieb aber der Rauch, und warum wurden die Schächte getarnt, wenn sie von keinerlei Bedeutung waren?

Die Sensation sollte Rudolf Gantenbrink und der vom Deutschen Archäologischen Institut zugeteilte Ingenieur Uli Kapp 121 Jahre nach diesem Ereignis mit den UPUAUT-Bildern liefern. Wie die Dixons begann auch Gantenbrink seine Untersuchungen an dem nördlichen Schacht der Königinnenkammer. Gleich am Beginn des nördlichen Schachtes zeigt uns Upuaut einen Riss an der Decke des Ganges und bestätigt somit die Erosionstheorie. Ungefähr nach 19 Metern Fahrt erkennt man dann einen länglichen Gegenstand, es ist die Dixon-Stange. Danach wird auch ganz klar, warum sich die Eisenstange verkantet haben muss. Der Schacht macht an dieser Stelle einen Knick um 90 Grad. Eigenartigerweise liegt neben der Dixon-Stange noch eine Stange, die vermutlich aus Holz besteht. Entweder versuchten die Forscher damit, die Eisenstange zu lösen, oder es ist ein Überbleibsel aus der Bauzeit der Pyramide. Eine verbindliche Datierung lässt sich erst bei der Bergung dieses Gegenstandes ermitteln. Da es Schwierigkeiten mit sich brachte, den Video-Roboter über die Stange zu lenken und eine Verkantung des Fahrzeuges in dem Gang nicht ausgeschlossen werden konnte, brach Gantenbrink die Untersuchung am nördlichen Schacht vorerst ab. Jetzt begannen die Ingenieure mit der Vermessungsarbeit des südlichen Schachts der Königinnenkammer. Upuaut wurde an den Schachteingang gesetzt und entsprechend verkabelt. Die Reise konnte beginnen, eine Reise, die nach mehreren tausend Jahren zum erstenmal aus dieser Perspektive erblickt wurde. Langsam tastet sich das High-Tech-Fahrzeug voran und zeigt uns gleich zu Beginn der Aufnahmen die im Jahre 1872 verursachten Rußspuren der Dixon Brüder. Danach sind die Wände blank, und von einer Schrift fehlt jede Spur. Nach einer Fahrt von 32 Metern verengt sich der Schacht auf der linken Seite. Wahrscheinlich hat sich einer der Blöcke verschoben oder es ist eine von den Bauherrn geplante Verengung, denn an der rechten Kante verläuft eine rote Kennzeichnung. Sollte diese Bauausführung von vornherein geplant gewesen sein, könnte es durchaus als ein Anzeichen für einen weiteren Hohlraum auf der Ostseite des Schachtes innerhalb der Pyramide angesehen werden. Diese interessante Verengung bringt gleichzeitig Schwierigkeiten für den Roboter mit sich, denn die Gefahr ist groß, dass sich das Fahrgestell verhakt und den Gang verstopft. Upuaut musste wieder herausgezogen werden, um Änderungen am Fahrgestell des Fahrzeuges vorzunehmen. Nach mehreren Stunden der Tüftelei meistert Gantenbrink auch dieses Problem, indem er am Fahrgestell herumbastelt. Er montiert einfach zwei Gleitschienen, die eine Verkantung des Fahrgestells verhindern sollen.

Die Reise wird fortgesetzt und die Scheinwerfer des Gefährts durchleuchten wieder den von Dunkelheit geschwärzten Schacht. Plötzlich, nach 34 Metern, erkennt man einen Spinnenfaden, der von der Decke hängt. Gantenbrink und sein Team sind doch nicht die Ersten, die es bis hierher geschafft haben. Nur 6 Meter weiter findet sich auch die dazugehörige Spinne, sie ist zwar tot, zeigt aber keine Zeichen von Verwesung.

**Wie gelangte die Spinne in den Schacht?**

Hatte sie den gleichen Weg benutzt, den auch Upuaut bis dahin bewältigt hatte, oder gab es noch einen weiteren Zugang? Die Antwort sollte nicht lange auf sich warten lassen, denn nach 47 Metern Fahrt beginnen die Wände des Schachtes glatter zu werden. Irgendjemand scheint den Schacht ab hier poliert zu haben.

**Aber warum so weit oben, wo anscheinend bisher keiner hingelangen konnte?**

Dann folgt noch eine Überraschung! Nach 50 Metern begegnet Upuaut noch einem verschobenen Block, der diesmal von unten heraus ragt und eine Stufe bildet. Auffällig ist auch die Bodenplatte ab dieser Stufe: Während den ersten 50 Meter ist der Boden verstaubt und besteht überwiegend aus hellem Gestein. Ab dieser Stufe jedoch fehlt der Staub, wobei die Bodenplatte auffällig dunkel ist. Meiner Meinung nach besteht dieser Abschnitt aus Granit. Aber auch die weißen Schachtwände und die Deckenplatten sind ab hier extrem glatt poliert. Auch diese Stelle könnte deshalb verschoben angelegt worden sein, weil dahinter Blöcke verbaut wurden, die einen Hohlraum abstützen.

Das Fahrzeug kann dieses Hindernis glücklicherweise problemlos überwinden und führt seine Fahrt noch 9,84 Meter fort. Dann, nach 59,84 Metern, ist die Fahrt beendet. Diesmal steht Upuaut vor einem unüberwindlichen Hindernis. Der Gang ist an dieser

Stelle mit einem etwa 20 mal 20 Zentimeter großen Kalkstein blockiert, der in den Ecken dunkel verfärbt ist, was auf Staubpartikel rückschließen lässt. An dem Kalksteinblock sind auch zwei bereits oxidierte Metallgriffe (wahrscheinlich Kupfer) angebracht. Von dem linken Griff scheint ein Stück abgebrochen zu sein. Nachdem der *Archäotechniker* mit dem beweglichen Kameraobjektiv die Umgebung abtastet, findet sich auch schon das abgebrochene Metallstück rechts im Gang liegend. Wahrscheinlich ist es bei dem Aufprall dorthin gerollt. Danach tastet Rudolf Gantenbrink über seine Fernsteuerung mit dem am Roboter befindlichen Laservisier auch die Blockierung ab. Dabei stellt er einmal eine etwa 1 Zentimeter große abgebrochene Ecke fest, sowie eine 6–8 Millimeter große Öffnung an der unteren Kante der Blockierung, wo der 6 Millimeter fassende Laserstrahl problemlos hindurch kann.

**Was aber befindet sich hinter dieser Blockierung?**

Zur Außenwand der Pyramide sind es noch 17 Meter. Genügend Platz also, um unzugänglich gemachte Kammern zu installieren, in denen ein altes Vermächtnis der wahren Bauherrn deponiert sein könnte. Der archäologische Korrespondent der britischen Zeitung »*The Independent*«, David Keys, machte auf die Verdunklungen an der Blockierung aufmerksam und bemerkte dazu, dass es von der hinter dem Blockierungsstein liegenden Königsmumie herkommen könnte. Keys vertrat die Ansicht, dass es sich bei dem Schacht nicht um einen hermetisch versiegelten Hohlraum handelte, sondern dass hinter der Blockierung ein Weg in die wahre Sargkammer führe. Daraufhin meldete sich Professor Rainer Stadelmann zu Wort, der von Anfang an die Entdeckung einer Blockierung innerhalb der Pyramide verleugnet hatte:

> *»Es ist allgemein bekannt, dass jeder Schatz in der Pyramide längst ausgeraubt ist.«*

Auch in einem am 16. September 1995 geführten Interview mit Spiegel-TV blieb Stadelmann bei seiner Haltung:

> *»In Ägypten haben Laien, gerade die Pyramidiomanen viel zu viel Unfug hineininterpretiert. Dabei haben sie oft vergessen, dass die Pyramiden Grabmäler waren.«*

Das ist aber nicht ganz richtig! Es mag richtig sein, dass viele Laien eine Leidenschaft für die Pyramiden entwickelt haben und freie Ansichten äußern, um den geheimnisvollen Objekten etwas von ihrer rätselhaften Ausstrahlung zu entlocken. Sicherlich kam es vor, dass dabei die abenteuerlichsten Hypothesen geäußert wurden. Doch gelogen wurde immer nur von offizieller Seite. Unsere Schulwissenschaft konnte alle bisher durchgeführten gravimetrischen oder seismografischen Untersuchungen stets wegdiskutieren, weil sie für Laien nicht überprüfbar waren. Der von Rudolf Gantenbrink aufgezeichnete Videofilm hingegen ist selbst für Analphabeten überprüfbar geworden. Und diese Tatsache scheint die Lehrmeinungsvertreter ganz schön zu ärgern, wie es die Äußerung von Doktor Günther Dreyer (Mitarbeiter von Stadelmann) bei einem Interview mit der »*Times*« unterstreicht:

»*Da ist nichts hinter dieser Steintür, es ist alles nur Einbildung!*«

Zwar hat keiner der Herren bisher einen Blick hinter die Blockierung machen können, doch trotzdem ist man sich sicher, zu wissen, dass sich dahinter nichts befindet.

**Was denken sich die Herren eigentlich dabei, wenn sie solch ein Unsinn verbreiten?**

Es ist doch nun einmal eine Tatsache, dass die Schächte in der Königinnenkammer vor ihrer Untersuchung durch Rudolf Gantenbrink für unvollendete »*Belüftungsschächte*« gehalten wurden, die etwa sechs Meter blind in die Pyramide verlaufen. Die Vertreter der Schulwissenschaft wurden eines besseren belehrt und korrigiert! Somit müsste man sich doch eigentlich nach beiden Seiten öffnen und die Möglichkeit des Vorhandenseins einer weiteren »*Kammer*« nicht kategorisch ablehnen, sondern auch einem »*vielleicht*« eine Chance einräumen. Zumal ja die ganzen Spekulationen über »*Geheime Kammern*« keine Erfindungen von neuzeitlichen Spinnern sind, sondern Überlieferungen alter Chronisten, die heute mit modernster Technik aufgespürt werden.

Meiner Ansicht nach sprechen für die »*Kammertheorie*« auch die Stufen im Schachtverlauf bei 32 Metern sowie bei 50 Metern. David Keys war nämlich noch etwas Kurioses aufgefallen: Der Höhenunterschied von der Königinnenkammer bis zur Königskammer innerhalb der Pyramide beträgt genau 21,5 Meter. Seltsamerweise befindet sich auch die von Gantenbrink entdeckte Blockierung nach ihrer Steigung auf 59,84 Meter exakt in einem Abstand von 21,5 Metern zur Königskammer. In diesem Zusammenhang bekommen auch die Messanalysen von Professor L.W. Alvarez eine neue Bedeutung, wo man 22 Meter über der Hauptkammer der Chephren-Pyramide ein dunkles Schattenfeld registrierte, das später wieder wegdiskutiert wurde. Dabei soll gerade die Große Pyramide, die von den alten Chronisten der Gottheit Thot zugeschrieben wird, über sieben Kammern verfügen. Wenn wir die Große Galerie zu diesen Kammern zuordnen würden, bräuchte man nur noch drei weitere zu lokalisieren, um auf sieben zu kommen. Als mögliche Kammer Nr. 5 könnten wir auf den bereits von Gilles Goidin und Jean-Patrice Dormion nachgewiesenen Hohlraum unmittelbar unter der Königinnenkammer zurückgreifen. Bei den Kammern Nr. 6 und Nr. 7 hingegen, die sich am südlichen Schacht der Königinnenkammer befinden könnten, müssten wir auf die Offenlegung der Blockierung warten. Und das kann dauern (s. Anhang 1)!

Unsere Experten für ägyptische Denkmäler sind sich immerhin dahingehend einig, dass ein derartiger Verschlussstein bis heute in keiner einzigen Pyramide gefunden wurde und dass sie bis zur Öffnung dieser *Kammer* auf keinerlei Spekulationen eingehen möchten. Einige Ägyptologen spekulierten dann doch ein wenig und meinten in dem Block einen *Portikulis* zu erkennen. Das sind Fallblockierungssteine, die uns aus ägyptischen Tempeln oder Gräbern bekannt sind. Allerdings kamen diese Verschlussarten bisher nur in einer waagerechten Ebene vor. Auch Rudolf Gantenbrink ging anfänglich der Portikulis-Theorie nach, doch inzwischen hat er diese Theorie wieder verworfen und sagt:

> *Ich meine heute vielmehr, dass wir die Rückseite von etwas sehen. Das heißt, wenn ich ein Metallteil an einem Stein fixieren will, dann bohre ich zwei Löcher, stecke den Zapfen durch und biege die Enden um. Ich glaube, dass wir hier die umgebogenen Stifte der Rückseite sehen.«*

Das würde bedeuten, dass es hinter dieser Blockierung auf jeden Fall weitergeht. Der ägyptische Direktor des Giseh-Plateaus hingegen, Herr Professor Zahi Hawass, hält von den ganzen Spekulationen um die Blockierung überhaupt nichts und meint:

»*Ich glaube nicht, dass hinter der Blockierung sich etwas befindet. Ich glaube, es handelt sich bei dem Block um ein Werkzeug, womit die alten Ägypter den Schacht geglättet haben. Nachdem der Schacht unvollendet blieb, ließen die alten Ägypter den Block einfach dort liegen.*«

Jetzt müsste mein Buch eigentlich zu Ende sein, denn der Mann ist immerhin Professor und die Antwort ist doch einleuchtend: »*... sie ließen ihn einfach dort liegen!*« Gerade der Ägypter Hawass war es, der unmittelbar nach der Entdeckung der Blockierung mit Spiegel-TV ein Interview führte, wobei er von der größten Entdeckung Ägyptens sprach und hinter dieser Blockierung Aufzeichnungen auf Papyrus über die altägyptische Religion und die Sterne vermutete. Zahi Hawass musste vom Deutschen Archäologischen Institut regelrecht zurückgepfiffen werden. Hinzu kommt, dass lediglich der letzte Schachtabschnitt von etwa 10 Metern geglättet wurde, und diese Arbeit scheint aus südlicher Richtung ausgeführt worden zu sein. Also von der Stelle aus, wo ein 17 Meter breiter Zwischenraum zur Außenwand der Pyramide klafft.

**Was hat es aber nun mit den Schächten auf sich?**

Gehen wir doch noch einmal zu den Schriften der Hermetica, in denen Asklepios, den die Griechen mit Imhotep identifizieren, von Hermes Trismegistos über die düstere Zukunft belehrt wird und die Gottheit ihm das wahre Abbild Ägyptens erklärt:

»*... weißt du nicht, Asklepios, dass Ägypten das Bild des Himmels und das Wiederspiel der ganzen Ordnung der himmlischen Angelegenheiten ist?*«

Dann fährt Hermes Trismegistos fort und erzählt Asklepios, dass alle in Ägypten geführten Gebete und Gottesdienste fruchtlos bleiben werden, weil die Götter Ägypten schon seit langer Zeit verlassen haben und zurück zum Himmel gestiegen sind.

**Was hatte das aber zu bedeuten?**

Der Belgier Robert Bauval und der Brite Adrian Gilbert können uns dazu vielleicht eine Antwort geben. Bauval entdeckte, dass sieben der berühmtesten Pyramiden Ägyptens die Sternenkonstellation des »*Orion*« und der benachbarten »*Hyaden*« auf der Erde als ihre Abbilder darstellen. Und wie es Hermes Trismegistos (Thot) in den Schriften der Hermetica seinem Schüler Asklepios (Imhotep) schildert, entsprach das Pyramiden-Erbe einer ganz besonderen himmlischen Ordnung.

Nach den Untersuchungen des Belgiers entspricht die Knick-Pyramide und die Rote Pyramide dem Sternenhaufen »*Epsilon-Tauri*« und »*Aldebaran*« sowie die Sternenzelt-Pyramide in Abu Roasch und die Bicheris-Pyramide in Zawiyet el-Aryan den Sternen »*Kappaorionis*« und »*Bellatrix*«. Durch diese Entdeckung wird noch einmal unterstrichen, dass die Giseh-Pyramiden schon weit vor allen anderen Pyramiden erbaut wurden. Die Autoren belegen mit Raffinesse, dass der Bauplan des Pyramiden-Komplexes in Giseh dem *Oriongürtel* entspricht. Die Cheops-Pyramide und die Chephren-Pyramide spiegeln sich in *Zita-Orionis* (Al Nitak) und *Epsilon-Orionis* (Al Nilam) im Oriongürtel wieder, und die leicht versetzte Mykerinos-Pyramide entspricht dem leicht versetzten *Delta-Orion* (Mintaka), ebenfalls im Oriongürtel. Darüber hinaus vertritt Bauval die Ansicht, dass die sogenannten »*Belüftungsschächte*« innerhalb der Großen Pyramide »*Sternenschächte*« seien. Der südlich aus der Königskammer ausführende Schacht ist demnach zum Zita-Orionis und der nördliche zum Tuban im Zeichen des Drachen ausgerichtet. Desweiteren würde der südliche Schacht der Königinnenkammer zum Sirius und der nördliche zum Ursa Minor im Kleinen Bär (Kleinen Wagen) zeigen. Es ist interessant, dass gerade der Schacht, in dem sich die Gantenbrink-Blockierung befindet, zum Sirius ausgerichtet ist.

Bauval und Gilbert haben aber auch berechnet, dass der heliakische Aufgang des Oriongürtels und die Ausrichtung der Pyramidenschächte zum Zita-Orionis einige Wochen vor der Sommersonnenwende um 2450 v.u.Z. erfolgte. Daraus und aus anderen Daten, mit denen sie ihren Computer Skyglobe 3.5 fütterten, meinen die Autoren herausgefunden zu haben, dass die Große Pyramide von Pharao Cheops errichtet wurde und in enger Verbindung zur ägyptischen Sternenreligion stand. Um eine Ausrichtung der Pyramiden-Schächte auf den Präzisionszyklus unserer Erde zu berechnen, stellten sie die Theorie auf, dass die Pyramiden von Giseh und der Effekt der Präzision durch die Vermessung des Oriongürtels seine höchste Deklination um 2550 n.u.Z. bei −0,8

Grad und seine niedrigste Deklination bei −48 Grad um 10450 v.u.Z. erreicht war. Allerdings betrug der Präzisionseffekt während der Regierungszeit von König Cheops −15 Grad und ergibt um 2450 v.u.Z. überhaupt keinen Sinn, da die Deklination zu dieser Zeit und somit die Ausrichtung der Pyramidenschächte ohne eine hervorzuhebende Orientierung geblieben wäre. Warum Bauval und Gilbert ihre Theorie über die Errichtung der Großen Pyramide auf den heliakischen Aufgang des Oriongürtels um das Jahr 2450 v.u.Z. stützen und nicht auf die niedrigste Deklination um etwa 10450 v.u.Z. ist nur so zu erklären, dass die Autoren als seriös gelten wollten, um bei ihren Theorien die Anerkennung der Wissenschaft zu ernten. Anfänglich sahen unsere Lehrmeinungsvertreter diesen neuen Theorien auch sehr gelassen entgegen, da König Cheops nicht angegriffen wurde und die Ansichten der Schulwissenschaft relativ unangetastet blieben. Das heißt also, dass man die Ansichten von Bauval und Gilbert durchaus ernsthaft diskutierte. Doch dann erkannten einige Ägyptologen Verknüpfungen zu den ägyptischen Unterweltsbüchern, die bei der Anerkennung einer offiziellen Sternenreligion die ägyptische Glaubensvorstellungen auf den Kopf gestellt hätte. Schon waren unsere Ägyptologen nur noch darum bemüht, die Ansichten von Robert Bauval und Adrian Gilbert wieder wegzudiskutieren.

**Was aber versuchte man zu verheimlichen?**

Die Ägyptologen meinten immer, dass Astronomie für die Ägypter zunächst gar kein Gegenstand wissenschaftlicher Forschung war, sondern eine praktische Orientierungshilfe in der unberechenbaren Zeitflut. Doch das, was Bauval da entdeckte, hat mit Orientierungshilfe nichts zu tun! Zu den »stellaren« und den »solaren« altägyptischen Systemen gehörte stets die Tradition, im Tod nicht das Ende des Lebens zu sehen, sondern einen Augenblick des Übergangs zu einem Ort, wo der Mensch immer seine irdische Individualität behalten konnte. Die in Bild und Schrift dokumentierten Zeremonien, die dem mumifizierten Körper eines Verstorbenen beigemessen wurden zeigen auf, dass das Jenseits vollständig identisch und gleichwertig mit der Wirklichkeit galt. Deshalb gab man dem Verstorbenen Speisen, Getränke, Kleidungsstücke und wohlriechende Duftstoffe für seine Reise mit, weil man sicher war, dass der Tote sie auch wirklich verbrauchen werde.

Gerade der Glaube der Ägypter an die Verbindung zu den Sternen scheint so tief verwurzelt gewesen zu sein, dass sie die Gräber ihrer Ahnen nicht nur mit Speisen und Geräten ausstatteten, sondern sie auch mit Kalendern versahen. Die ältesten erhaltenen ägyptischen Kalender sind eigenartigerweise auf den Innenseiten von Sargdeckeln aufgezeichnet (Zweiwegebuch) und stammen aus dem 23. Jahrhundert v.u.Z.. Hierbei beschreiben Sprüche eine Art Landkarte der Jenseitsregionen, die an die Texte der Wege von »Rosetau« im Amduat (4. und 5. Std.) erinnern, auf die wir noch zurückkommen werden. Diesen Kalendern sind deutliche Hinweise auf Zeitsterne und Sternbilder zu entnehmen. Aus diesen Aufzeichnungen erfahren wir, dass im alten Ägypten eine sechsunddreißigfache Unterteilung der Sternengruppen vorgenommen wurde. Die Griechen nannten diese Unterteilungen in jüngerer Zeit »Dekane« (Unsichtbare).

Der Hauptdekan beziehungsweise Hauptstern war der Sirius. Die nächsten vier Dekane, die auf den Dekanlisten dem Sirius unmittelbar vorangehen, bilden das Sternbild Orion. Demnach erhebt sich der letzte Orion-Stern eine Stunde vor dem Sirius am Himmelsgewölbe. Die Ägyptologen vermuten, dass wegen diesem Umstand das Orionsystem bei den alten Ägyptern zu einer größeren Bedeutung gelangte. Die Ägypter gaben dem Orion den Namen Sah, den unsere Philologen mit Sech umschreiben und aussprechen. In Wirklichkeit kreiste das Denken der alten Ägypter dermaßen um Sirius, dass der ihm vorangegangene Dekan des Orion lediglich immer als eine Art »Sternentor« angesehen wurde. Im Kapitel 6 des Totenbuchs (Spruch 17) heißt es:

»Ich gehe auf dem Wege, den ich kenne, vor der Insel der Gerechten. Ich gelange zu diesem Lande der Verklärten des Himmels. Ich trete durch das prächtige Tor.«

**Was aber war das Sternentor?**

Wenn nicht alles täuscht, ist das Sternentor nach den Berichten der ägyptischen Unterweltsbücher ein direkter Zugang ins Totenreich, dessen Eingang sich westlich vom Orion befindet. Doch schauen wir uns dazu den Orion an: Die meisten Sterne im Orion sind weiß bis bläulich, also relativ jung. Zwischen dem roten Beteigeuze oben und dem blauen Rigel unten führt der Oriongürtel mit drei bläulichen Sternen hindurch. Eine der Besonderheiten des Oriongürtels ist es, dass er sich genau auf dem Himmelsäquator befindet und somit den nördlichen (oben) Sternenhimmel vom südlichen (unten) teilt. Die alten Ägypter nannten den Himmelsäquator *»Mehen«*, was sie in ihren Unterweltbüchern wie folgt beschreiben:

Vers 119
*»›Lebendige‹, öffne deine Windung (des Schlangenleibes)! Ich bin gekommen, damit ich den erleuchte, der der Finsternis vorsteht (Osiris), damit ich dem einen Ruheplatz gebe, der im »Mehen« ist.«*

Wie aus dem Vers zu entnehmen ist, identifizierten die alten Ägypter gerade die auf dem Himmelsäquator befindlichen Gürtelsterne des Orion mit der Gottheit Osiris. Im Vers 120 fällt es sogar noch deutlicher aus: Ra wendet sich an Osiris und nennt ihn *»der im Mehen ist«* sowie *»Dat-Vorsteher«*. Verlängert man diesen Gürtel, dann gelangt man auf der einen Seite zum Aldebaran im Stier und auf der anderen Seite zum Sirius im Großen Hund. In diesem Zusammenhang bekommt auch das Sanskritwort *»Ishustrikanda«* eine neue Bedeutung. Nach Monier Williams bedeutet Ishustrikanda *»dreifacher Pfeil«* und bezeichnete bei den Hindu den Oriongürtel. Weil der Orion von nahezu jedem Punkt der Erde aus sichtbar ist, schrieb der Astronom Patrick Moore folgendes:

*»Der Orion ist als Wegweiser sehr geeignet, denn er ist hell und charakteristisch geformt.«*

**Bildete der Oriongürtel somit eine Art Sternenkarte zum Sirius und zum Aldebaran?**

Die Vorstellungen über das Jenseits haben sich seit dem Alten Reich unentwegt geändert. Während man im Alten Reich das Totenreich noch vorwiegend im Himmel ansiedelte, wurde es bereits in den Sargtexten des Mittleren Reiches in die Unterwelt verlegt. Im Neuen Reich wurde es gänzlich zu religiösen Glaubensvorstellungen verfälscht, mit denen nicht einmal mehr die ägyptischen Priester etwas anfangen konnten. Da diese ganzen Überlieferungen zudem kryptographisch (verschlüsselt) ausgewählt wurden, konnte in diesen Verstexten neben der eigentlichen

Bedeutung stets noch eine weitere Aussage enthalten sein. Auch unsere Philologen stoßen bei dem Versuch, den Informationsgehalt der Bilder in artikulierte Sprache umzusetzen, an eine enge Grenze. Das liegt einmal daran, dass die ganze Wirklichkeit in einem einzigen Bild eingefangen sein kann, aber auch daran, dass die Beschreibung eines Bildes in natürlicher Sprache ein ganzes Buch füllen könnte. Professor Hornung schreibt:

> *Vieles bleibt unsagbar, weil es nur in der Aussage des Bildes vermittelt werden kann.*«

Um bei der Aufklärung dieser immer wieder verfälschten Texte voranzukommen, ist es besonders wichtig, die genaue topographische Lage des Jenseits zu ermitteln.

**Wo also befand sich das Jenseits?**

Wie die Reise von Gantenbrinks UPUAUT lässt sich auch der Weg zum Jenseits verfolgen, der über das Sternentor der Pyramiden führt. Jeder verstorbene Ägypter, der seine Reise zum Jenseits antreten wollte, konnte dieses nur als *Ba*, *Ka* oder *Ach* tun. Diese Begriffe werden von unseren Ägyptologen gerne mit *Seele* übersetzt, doch ohne dass hier wirklich von einer Seelenwanderung die Rede ist. Vielmehr ist es Tatsache, dass unsere Ägyptologen für diese Bezeichnungen gar keine Übersetzungsmöglichkeiten haben. Auch Professor Hornung empfiehlt deshalb:

> *Es empfielt sich daher, keinen der ägyptischen Begriffe wie Ba, Ka oder Ach mit ›Seele‹ zu übersetzen, sondern sie unübersetzt stehen zu lassen.*«

Wenn wir uns die Wege anschauen, die in den Unterweltsbüchern beschrieben werden, lassen sie sich meistens auf Spiegelungen irdischer Wege übertragen. Wie der Nil bei den Ägyptern eine Hauptverkehrsader bildete, so war auch der Weg des »*Unterweltstroms*« (Milchstraße) der Barke stets mit hohen Ufern umschrieben. Auch die wüstenartige Landschaft des Totenreiches, das in den Darstellungen von einem breiten Sandstreifen umgeben ist, wird im »*Höhlenbuch*« als »*Großer Sand*« bezeichnet. Diese lebensfeindliche Umwelt, die das fruchtbare Niltal umschließt, findet sich in den ägyptischen Wüstenregionen wieder. Doch auch das Weltall kann als etwas Lebensbedrohliches angesehen werden, wenn man seine Natur versteht und gekannt hat. Vieles aus den Verstexten spricht jedenfalls dafür und lässt sich auf unsere neuesten Erkenntnisse in der Weltraumforschung übertragen. Meiner Ansicht nach umschreiben die in den Unterweltbüchern aufgeführten Reisewege der alten Ägypter eine ehemals vorhandene »Weltraumodyssee«, die mit der Zeit verfremdet wurde und in Vergessenheit geraten ist.

**Wie abwegig ist aber diese These, die an Sciencefiction erinnert?**

Die ägyptische Schlangenhieroglyphe »tchet« bedeutet sowohl »Schlange« als auch »Körper«. Ebenso verhält es sich bei der Kobra-Hieroglyphe »ârâ«, die sowohl eine einfache »Schlange« bezeichnet, als auch den Begriff »Göttin« (weiblich). Somit könnten in diesen Schlangenbegriffen verschlüsselte Botschaften über die DNS-Stränge enthalten sein, die wir heute auch als schlangenförmige Ketten darstellen. Wie wir bereits in Kapitel 5 erfahren haben, ist der Gedankengang gar nicht so abwegig. Schlangenbezeichnungen spielten bei den Ägyptern aber schon immer eine vordergründige Rolle, wie die Apophis-, Mehen-, und die Wamemti-Schlange, die symbolisch reale Geheimnisse wiederspiegelten. Wie wir gesehen haben, sahen die alten Ägypter in der Mehen-Schlange den Himmelsäquator, der den Südhimmel und den Nordhimmel unterteilte. Aber auch die *Apophis* und *Wamemti* umschreiben verschlüsselte Himmelsereignisse. Doch schauen wir dazu in das Totenbuch Amduat.

(Abb.:096 Sternentor/Sokar)

Das Buch Amduat schildert in der 4. und 5. Stunde, wie der Sonnengott Ra durch das Sternentor stets die irdische Welt (Erde?) betreten konnte. Dabei öffneten Gestalten, die *Torwächter* genannt werden, das Sternentor, durch das nur Befugte hindurchtreten konnten. Unbefugten hingegen war es verboten, dieses Tor zu nutzen, worauf die Wächter einen Einfluss hatten. Hierbei ist von einer kontrollierbaren Handlung die Rede, die je nach Bedarf genutzt werden konnte. Die Verstexte berichten dabei sogar über einen regelrechten Pendelverkehr zwischen dem Totenreich und der irdischen Welt, was an die Reisen vom »*Raumschiff Enterprise*« erinnert. Aber verfolgen wir den Reiseweg, damit sich jeder seine eigene Meinung bilden kann.

Von der Erde aus war der Weg ins Totenreich immer schwieriger zu bewältigen, da Ra stets die Apophis-Schlange überwinden musste.

### Was oder wo war Apophis überhaupt?

Die Apophis bildete einen abgeschlossenen Kreis am Himmel und wurde als schlangenartiger Feind der göttlichen Ordnung angesehen. Meistens ist die Apophis-Schlange so dargestellt, dass sie sich selbst in den Schwanz beißt, womit die Bilder eine Abgeschlossenheit symbolisieren sollen. Sie wurde aber auch zerstückelt dargestellt und als eine Art Sandbank bezeichnet:

Vers 124
»*... Dieser Gott fährt dahin in dieser Stätte im Bild der ›Ringelschlange‹. So ist er beschaffen bei seiner Sandbank, die in der Dat ist. ›Wasserbringende‹ (?) ist der Name dieser Sandbank, 440 Ellen (ist sie) in ihrer Länge, 440 Ellen in ihrer Breite.*«

Ich meine in der Apophis-Schlange unseren Asteroiden-Gürtel zu erkennen, der sich zwischen den Planeten Mars und Jupiter befindet. Für meine Theorie spricht nicht nur die mythologische Umschreibung dieses Gebildes, sondern auch die Reihenfolge, in der die Reise durchgeführt wurde. Der nächste Vers bezeichnet die Apophis als etwas, das ständig in Bewegung war und an dem Ra unter anfänglichen Schwierigkeiten in seiner Barke vorbeiziehen konnte.

Vers 125
»*Seine (des Apophis) Stimme ist es, welche die Götter zu ihm leitet. Er bewegt sich, nachdem dieser Gott diese Stätte betreten*

*hat. Dann verschlingt das ›Fleisch‹ (des Ra) sein Auge in
der Erde, damit er (Ra) an ihm (Apophis) vorbeiziehen
kann ...«*

In den Versen wird darauf hingewiesen, dass während der gesamten Reise nur vegetarische Nahrung zur Verfügung steht. Nach der
Überwindung der Apophis legt Ra in seiner Barke dann 120
göttliche Meilen in Richtung Orion zurück. Um welche Maßeinheit es sich dabei handelte, ist bis heute unbekannt. Doch aus
diversen Beischriften ist zu entnehmen, dass immer von »*Millionen Jahren*« die Rede ist. Nach der Bewältigung von 120 göttlichen Meilen gelangte Ra jedenfalls in das Reich des Gottes Sokar,
was man in den Versen »*Rosetau*« nennt, das sich in der *Duat*
befindet:

Vers 63
*»Die geheimnisvollen Wege von »Rosetau«, die abgeschirmten
Straßen der »Imhet« und die verborgenen Tore im Lande des
Sokars, der auf seinem Sand ist. Gemacht ist dieses Bild, das
gemalt ist, im Verborgenen der Dat, auf der Westseite des ver-
borgenen Raumes. Wer es kennt, ist ein Gerechtfertigter (?),
der die Straßen von »Rosetau« begeht und das Bild in der
»Imhet« schaut.«*

Diesen Ort nennen die alten Texte ›*Messer des Landeplatzes*‹,
was wir heute als einen »*Schnittpunkt*« bezeichnen würden, in
dem sich auch die Wamemti-Schlange befindet. Eine Beischrift
lautet noch: »*Weg, der zu Rosetau gehört. Dieses Tor.*« An diesem
Landeplatz hält die Barke, um die Vorbereitungen für die Bewältigung des zweiten Abschnitts von 309 göttlichen Meilen zu
treffen:

Vers 18
*»Die Majestät dieses Gottes hält an, nachdem sie zu diesem
Torweg gelangt ist. Dann folgen die Anweisungen an die Göt-
ter, die in ihm sind: Öffnet mir eure Tore, macht mir auf eure
Portale! Leuchtet auf für mich, die ich gemacht habe! Geleitet
mich, die ihr aus meinem Leib entstanden seid!«*

Daraufhin antworten die Götter des Torweges zu Ra, was im
nächsten Vers wie folgt beschrieben wird:

Vers 20

*»Geöffnet ist dir das Verborgene, mit den geheimen Gestalten, aufgetan sind dir die Türflügel der größten Stadt! Erleuchtet ist dir das Verfinsterte, dass du atmen lassest die Vernichtungsstätte, dass du dich näherst in deinem Namen »Ra« dem Ort, an dem Osiris-Chontamenti ist.«*

**Besteht vielleicht eine Möglichkeit, aus unserem Weltraum hinauszuschlüpfen und uns auf geheimen Wegen von Raum und Zeit zu bewegen?**

Der englische Schriftsteller John William Cambell hat im Jahre 1934 in seiner Kurzgeschichte *»Das unglaubliche System«* zum erstenmal den Begriff *»Hyperraum«* (Hyperspace) verwendet, was einfach aus seiner Phantasie entsprungen sein soll. Darin wird die Möglichkeit in Erwägung gezogen, sich durch Raumsprünge innerhalb des Universums mit Überlichtgeschwindigkeit zu bewegen. Doch längst haben auch unsere Mathematiker damit begonnen, sich dieser Theorie zu nähern. Die Mathematiker bezeichnen diese Punkte für Raumsprünge als *»isomorphe«* Darstellungen. Bei dieser Theorie gerät man jedoch mit der Relativität und der Kausalität sehr rasch in einen Konflikt.

Allein schon der Gedanke, sich von einem Punkt A nach B zu bewegen, in kürzerer Zeit als ein Lichtstrahl, setzt nur quantenmechanische Wahrscheinlichkeitaussagen voraus. Und diese lassen sich heute zwar berechnen, aber noch nicht beweisen. Somit sollten wir die Hyperraum-Theorie wieder beiseite legen. Dafür garantiere ich Ihnen, dass die ägyptischen Unterweltbücher wesentlich interessantere Tatsachen überliefern, die besser als Sciencefiction sind.

Im Buch Amduat werden 908 Götter aufgelistet, die der Gefolgschaft des Ra angehörten. Bei Gott Nummer 272 handelte es sich um Orion/Osiris, der die Gottheit Ra in einer anderen Barke am Sternentor begleitete, wie es der nächste Vers beschreibt:

Vers 50

*»Dieser große Gott verweilt eine Zeitlang in dieser Stätte, er erteilt Weisungen an Osiris und die, die in seinem Gefolge sind. Es sind diese geheimen Barken, die ihn in diesem Gefilde leiten.«*

Hier ist eindeutig von anderen Barken die Rede, auf die Ra am
»*Messer des Landeplatzes*« trifft, die ihn zum Sternentor leiten.
Aus dem Vers 23 erfahren wir auch etwas über die Eigenschaften
dieses Tores:

> »*Der Name des Tores von dieser Stätte ist ›Allesverschlinger‹.*«

**Was könnte sich aber hinter dieser Bezeichnung verstecken?**

Wenn wir an etwas denken, das sich im Weltall befindet, das
zudem allesverschlingende Eigenschaften besitzen soll, denkt man
sofort an so etwas wie ein »*Schwarzes Loch*«. Schwarze Löcher
sind in der Astronomie die Bezeichnung für kosmische Körper, die
ein so starkes Gravitationsfeld besitzen, dass selbst Lichtstrahlen
sie nicht mehr verlassen können. Albert Einstein (1879–1955) und
Nathan Isaac Rosen entwickelten gemeinsam das Modell über die
Funktion eines Schwarzen Lochs, was man »*Einstein-Rosen-
Brücke*« nennt. Heute gibt es bereits Hypothesen, ob denn in den
nächsten 700 Jahren die Technologie Raumschiffe hervorbringen
könnte, die vielleicht in das Gravitationsfeld eines Schwarzen
Lochs eindringen könnten. Die Einstein-Rosen-Theorie besagt
nämlich, dass das Raum-Zeit-Kontinuum dafür sorgen könnte, an
einem anderen Ort und in einer anderen Zeit hervorzutreten,
wenn die Raumzeit gekrümmt wäre.

**Doch was passiert da eigentlich?**

Sollte ein Raumschiff wirklich ohne Vorbereitung in ein schwarzes
Loch eintreten, dann müsste es durch die »*Singularität*« (Null-
punkt von Raum und Zeit) schlichtweg zerdrückt werden. Ein
Eintreten wäre theoretisch nur dann zu realisieren, wenn man mit
der Rotationsgeschwindigkeit des Schwarzen Lochs dieses betreten könnte. Nach den heutigen Berechnungen liegt diese
Geschwindigkeit bei 200.000 Kilometern pro Sekunde. Wenn das
Raumschiff seine Geschwindigkeit mit dem rotierenden Gravitationsfeld in Übereinstimmung bringen könnte, müsste sich ein etwa
600 Meter hohes, rechteckiges »*Tor*« zu einem anderen Bereich des
Universums öffnen. In dem Augenblick, in dem das Raumschiff
dieses Tor betritt, wird es für einen Beobachter unsichtbar. Diese
zeitlose Passage, die die verschiedenen Bereiche des Universums

verbinden soll, nennt man Einstein-Rosen-Brücke. Seltsam an dieser Theorie ist, dass das Raumschiff in dieser zeitlosen Passage nur rückwärts fliegen kann. Eigenartigerweise werden auch die Barken in den Totenbüchern (Buch von der Erde, Teil A, 2. Szene und Buch Amduat 12. Std.) überwiegend in einer Rückwärtsbewegung dargestellt.

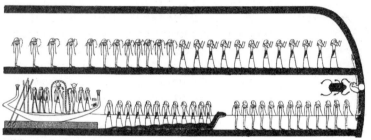
(Abb.:097 Barke rückwärts)

Doch die Astrophysik ist sich heute ziemlich sicher, dass vor dem Orion kein derartiges Schwarzes Loch existiert. Es gibt zwar Theorien darüber, wie man künstlich Schwarze Löcher erzeugen könnte, doch würde dieses zu weit führen.

**Was sagen die ägyptischen Totenbücher?**

Das Bild (5. Std.), in dem das Sternentor dargestellt ist, zeigt die Gottheit Sokar in einem Hohlraum, der wie die ganze Unterwelt eine ovale Form hat. Unter seinen Füssen windet sich die Wamemti-Schlange, die rechts dreiköpfig und links mit einem Menschenkopf dargestellt ist (Abb.:96). Die drei Schlangenköpfe symbolisieren meiner Meinung nach den Oriongürtel, von wo aus westlich das Sternentor ausgeht:

Vers 93–94
»*So ist dieses Bild beschaffen in der Urfinsternis. Erleuchtet wird das Oval, das zu diesem Gott (Sokar) gehört, durch die beiden Augen der Köpfe des größten Gottes (der Schlange). Es leuchten die beiden Füße (des Sokar) in der Windung des Größten Gottes, während er sein Bild hütet. Ein Geräusch wird aus diesem Oval gehört, nachdem dieser große Gott an ihnen vorbeigezogen ist, wie die Donnerstimme des Himmels bei einem Unwetter. Jenseits des Ovals folgt die Schlange Wamemti mit*

der Beischrift: ›Er lebt vom Gluthauch, der in seinem Maul ist. Was er zu tun hat: das Oval zu hüten, ohne dass er fortgeht zu irgendeinem (anderen) Platz der Dat‹.«

Nachdem die Sonnenbarke in das Schlangenreich ›Wamemti‹ eintritt, nimmt sie selbst die Form einer Schlange an. Sie erhält den Namen »*Sonnenbarke, die sich den Weg bahnt*«. Auf diesem zweiten Abschnitt der Reise ins Totenreich sind auch Steuermann und Steuerruder überflüssig und werden daher in den Darstellungen weggelassen. In diesem Zusammenhang bekommt das astronomische Deckengemälde des Architekten der Königin Nofru (elfte Dynastie) eine besondere Bedeutung. Zwar ist der Architekt Senemut bei der Königin in Ungnade gefallen und musste deshalb woanders bestattet werden. Doch obwohl das begonnene Grabmal unfertig blieb, stellen die astronomischen Deckendarstellungen etwas einzigartiges dar. Es ist einer der wenigen Orte, wo Isis und Osiris als Sirius/Sopted und Orion/Sah in personaler Gestalt dargestellt sind. Die Ägyptologen Doktor Otto Neugebauer und Doktor Richard Parker von der Brown Universität in Rhode Island hatten die bisher gründlichsten Untersuchungen dieser Grabanlage vorgenommen und die Gottheiten mit den unvergänglichen Sternen Orion und Sirius identifiziert.

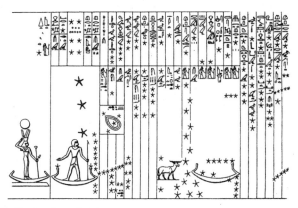

(Abb.:098a Deckendarstellung)

Außer den drei Sternendarstellungen, die sich über dem Kopf von Osiris aneinanderreihen (nach Neugebauer/Parker der Oriongürtel), befinden sich rechts von Osiris vier weitere Sterne, die von einer Spirale umgeben sind und von merkwürdigen Hieroglyphen begleitet werden. Nach unseren Ägyptologen stellt dieses Bild die Hyaden dar, denen Orion/Osiris und Sirius/Isis folgen. Ich hingegen bin anderer Auffassung und meine gerade in dieser Darstellung, den Oriongürtel und das Sternentor der Pyramiden zu erkennen.

(Abb.:098b Großdarstellung)

Wie es die Abbildung 98b zeigt, ist hier auch kein Sternenhaufen (was die Hyaden nun einmal sind) dargestellt, sondern vielmehr Einzelsterne, wie die des Orion. Das Volk der Dogon unterstreicht meine Annahme mit ihrer Darstellung des »*Po Pilu*«, die eine verblüffende Ähnlichkeit mit der astronomischen Darstellung der Ägypter aufweist. Wie bereits in Kapitel 3 erwähnt, wurde der Orion bei den Dogon »*Mitte der Welt*« genannt und galt gleichzeitig als »*Kreuzungspunkt der vier Windrichtungen*«, von dem aus Amma seine Augen auf die Welt richtete. Nach den Überlieferungen der Dogon wird der »*Po Pilu*« mit den »*ersten sieben Bewegungen*« interpretiert. Deutlich ist in der Mitte der Orion mit seinen sieben Sternen zu erkennen, der von einer Spirale umgeben ist und einen rotierenden Körper vor dem Orion erkennen lässt.

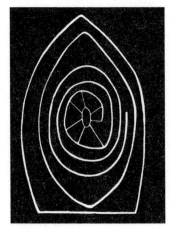

(Abb.:098c Po Pilu)

Da wir außer den Schriften des Amduat nicht sehr viele Überlieferungen zur Verfügung haben, könnten gerade die Darstellungen auf dem astronomischen Deckengemälde des Senemut und die astronomische Darstellung der Dogon die bildhafte Wiedergabe des »*Allesverschlingers*« sein. Der Text im Amduat für die Durchfahrt in der Barke durch den »*Allesverschlinger*« wird im nächsten Vers wie folgt beschrieben:

Vers 69

*»Dieser große Gott fährt an ihnen vorbei in dieser Weise. Die Flammen im Maul seiner Barke sind es, die ihn auf diesen geheimnisvollen Wegen leiten, ohne dass er ihre Bilder sieht. Er ruft zu ihnen in ihrer Nähe, und seine Stimme ist es, die sie hören.«*

Deutlich können wir aus diesem Vers entnehmen, dass Ra an den anderen Barken vorbeizieht und nur noch akustisch wahrgenommen werden kann. Vielleicht ist hier ein Hinweis auf eine befristet mögliche Telekommunikation innerhalb des Wamemti zu sehen. Der nächste Vers wird aber noch deutlicher und beschreibt sogar, wie die Barke für die Beobachter unsichtbar wird, bevor sie zu ihrem Bestimmungsort Wernes verschwindet:

Ver 95

*»Ihr Bild kommt heraus aus ihnen, aus ihrem eigenen Leib. Sie sind hinter diesem großen Gott, unsichtbar und nicht wahrzunehmen.«*

Diese Funktion erinnert sehr an den Mechanismus der Einstein-Rosen-Brücke. Doch unsere Astrophysiker sagen nun einmal, dass es westlich vom Orion keine Schwarzen Löcher geben dürfte.

**Doch wie war dieses Wunder dann möglich?**

Heute gibt es bereits wissenschaftliche Theorien, die sogar viel weiter gehen, als die Idee von J.W. Cambell. Der britische Astrophysiker John Wheeler sagte in den sechziger Jahren, dass in der heutigen Quantenphysik die Bausteine des Universums nichts anderes als Wellen in einem universellen Etwas sind, das die Wissenschaftler als Quantenfeld bezeichnen. Sie bestehen aus Elektronen, Neutronen, Protonen, die alle nichts anderes als Fluktuationen des *»leeren Raumes«* sind, was man Materie nennt. Demnach dürfte der leere Raum keineswegs ein gekrümmtes, glattes Etwas sein, sondern etwas, das durch Energiefluktuationen ständig vibriert und schäumt. Das muss man sich ungefähr so vorstellen, wie die Schaumbildung in der Badewanne. Durch die mit der Handbewegung verursachte Vibration entsteht immer mehr Schaum. In diesem Beispiel soll jedes Schaumbläschen jeweils für einen bestimmen Raumabschnitt im Weltall stehen. Diese schaumähnliche Struktur des Weltraums hätte zur Folge, dass es wahrscheinlich zahllose »Wurmlöcher« gibt, die die verschiedenen Teile des Weltraums durch röhrenförmige Hohlräume miteinander verbinden. Durch diese Gegebenheit lässt sich jeder Raum verlassen, so dass man an irgendeinem entfernten Punkt nach Bedarf ein- und austreten könnte. John Wheeler, der diese Theorie hauptsächlich vertrat, beschreibt die Wurmlöcher so, dass sie durch einen flachen »Superraum« hindurchführen und flächendeckend vorhanden sind.

**Benutzte Ra für seine Reise somit einen Wurmloch, dessen Zugang westlich vom Orion liegt?**

Vieles spricht dafür! Der britische Wissenschaftsautor John Gribbin schreibt in seinem Buch »*Jenseits der Zeit*« über die Wurmlöcher:

> »*Wichtig ist vielmehr die Feststellung, dass nichts in den physikalischen Gesetzen eine Reise durch die Wurmlöcher verbietet. Mindestens theoretisch bieten Verbindungen durch einen Superraum eine Möglichkeit, entlegene Bereiche des Universums aufzusuchen, ohne dass man Jahrtausende durch den normalen Raum mit weniger als Lichtgeschwindigkeit zu tuckern braucht.*«

**Wo aber lag das sogenannte Totenreich – Wernes?**

Um diese Frage zu klären, muss man das Rätsel um die göttlichen Meilen lösen. Dazu empfiehlt es sich, noch einmal zu den Sternen zu schauen. Denn wie wir in den vorangegangenen Kapiteln sehen konnten, spielte das Sirius-System in der mythologischen Weltanschauung der alten Ägypter schon immer eine vordergründige Rolle. Wie wir des weiteren sehen konnten, beträgt die Umlaufzeit von Sirius B um Sirius A exakt 50 Jahre. Die Zahl 50 bildete aber auch sonst einen wichtigen Bestandteil in den Glaubensvorstellungen unserer Ahnen.

**Wohin gelangte Ra nach der Bewältigung von 429 göttlichen Meilen?**

Sollte die Zeitangabe von 50 göttlichen Meilen einem Lichtjahr

(9,46 Billionen Kilometer) entsprechen, so bringt ein einfaches Rechenbeispiel eine erstaunliche Ortsangabe hervor, womit auch das Volk der Dogon Bestätigung findet:

429 : 50 = 8,54.

Dieses Ergebnis entspricht in etwa der Entfernung Erde – Sirius! Dazu muss angemerkt werden, dass die Astronomen die Entfernung des Sirius zwischen 8,4 und 8,7 Lichtjahren unterschiedlich angeben. Somit liegt unserem Ergebnis zum Mittelwert eine Abweichung von lediglich 0,05 Prozent zu den Ergebnissen der Astrophysiker zugrunde.

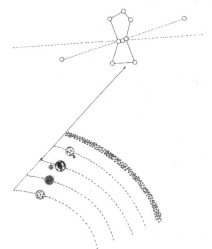

(Abb.:099 Zeichnung)

Zusammenfassend wäre folgendes Szenario rekonstruierbar, was zwar wie Sciencefiction klingt, jedoch keine Sciencefiction ist, sondern vielmehr eine geheime Botschaft über die verborgenen Wege in den Kosmos:

Es kamen 908 Götter vom Sirius auf die Erde, die auch den Menschen schufen, indem sie sich mit den Primaten durch Genmanipulation kreuzten. Wann das war, wollen wir in Kapitel 8 lösen. Die Götter schufen jedenfalls mit der Zeit mehrere Menschenrassen, von denen sie in jüngerer Zeit auch welche zu ihrem Herkunftsort mitnahmen. Das erklärt uns vielleicht auch die Vorstellung der Ägypter, dass sie im Totenreich arbeiten mussten und sich mit Uschebtis ausstatteten, die Erleichterung bieten sollten. Denn wie es uns die Sumerer überliefern, ist der Mensch allein zu Arbeitszwecken erschaffen worden. Vordergründig waren Arbeiten auf der Erde und zu einem späteren Zeitpunkt auch im Sirius-System. Für den ersten Reiseabschnitt mussten die Reisenden in einen Schlafzustand (Ba, Ka) versetzt werden, wobei man in eine Hülle (Ach) gelegt wurde, was sich später im Kult des Mumifizierens wiederfindet. Somit ist der ganze Totenkult der alten Ägypter nur deshalb entstanden, weil die Reise und die Reisevorbereitungen eine unverstandene Technologie darstellten, die in jüngerer Zeit einfach falsch interpretiert worden ist.

Immer wenn der Herr der Erde (Ra) in seinem Raumschiff (Barke) langsam den Erdorbit verlassen wollte, musste er sich an den Asteroidengürtel (Apophis) herantasten, bevor er nach dessen Überwindung auf Höchstgeschwindigkeit beschleunigen konnte. Bis auf die Personen (göttliche Ruderer), die das Schiff bedienten, befand sich der Rest der Besatzung in einer Art Zwischenschlaf. Die Reise führte vorerst in einen 2,4 Lichtjahre (120 göttliche Meilen) entfernten Abschnitt, der westlich vom Oriongürtel lag (Rosetau). Hier befand sich das Reich des Gottes Sokar, der für den Zugang zum Wurmloch (Wamemti) verantwortlich war. Die Ägypter umschrieben diesen Mechanismus in jüngerer Zeit als »Allesverschlinger«. An diesem Schnittpunkt (Messer des Landeplatzes), wo sich auch andere Raumschiffe aufhielten (Vers 50), wurden vor dem Eintritt in das Wurmloch Vorbereitungen getroffen. Ab hier sollte, mit dem Eintritt in das Wurmloch, die gesamte Mannschaft in einen Wachzustand versetzt werden. Die Reise innerhalb des Wurmlochs dauerte zwar weitere 6,14 Lichtjahre (309 göttliche Meilen), doch schien sie schneller als der erste Reiseabschnitt zu gehen, da die Besatzung trotz längerer Fahrt in keinen Schlafzustand versetzt werden musste. Interessant ist auch der Hinweis (Vers 69), dass sich das Raumschiff wie eine Schlange ausdehnte und nicht mehr gesteuert zu werden brauchte. Nach dem Austritt aus dem Wurmloch befand man sich in unmittelbarer Nähe der Planeten (Wernes) des Sirius-Systems. Bevor die Götter die Erde wieder verlassen haben (etwa 11000 v.u.Z.), hinterließen sie eine Sternenkarte in Form der Giseh-Pyramiden, damit die wahren Würdigen in der Lage wären, bei gereifter Zeit dem Geheimnis des Menschen auf die Spur zu kommen, was unsere Abstammung von den Göttern bestätigen sollte.

Somit können wir uns dem letzten Rätsel zuwenden, dem Rätsel um die Geheimnisse der Sphinx.

# 7 Die Geheimnisse der Sphinx

Die letzte große Entdeckung im Land der Pharaonen war 1995 ein labyrinthartiges Grab, wo die Söhne von Ramses II. bestattet wurden. Diese Grabanlage wurde nach mathematischen Gesichtspunkten angelegt, so dass wir ohne große Mühe ihre unmittelbare Bauzeit bestimmen können. Aber auch die Sphinx wurde nach den Regeln der Mathematik konstruiert und errichtet, so dass sie im Gesamtkomplex auf dem Giseh-Plateau ihren ganz bestimmten Ort hat. Die Sphinx ist somit das letzte geheimnisvolle Rätsel auf dem Giseh-Plateau, das eine verständnisvollere Lösung erfordert, als die gegenwärtigen Fehlinterpretationen unserer Ägyptologen. Es gibt so gut wie keine Informationen über die Sphinx, wer sie wann oder warum erbaute. Die Araber nannten sie »*Abu el-Hol*«, was sich mit »*Vater des Schreckens*« übersetzen lässt. Die alten Ägypter hingegen brachten die Sphinx stets mit den Gottheiten Ra und Horus in Verbindung.

Der britische Ägyptologe Battiscombe Gann, der die Sphinx bereits vor über 60 Jahren untersucht hatte, vertrat die Ansicht, dass das griechische Wort »*Sphinx*« sich aus dem ägyptischen »*ssp'nh*« ableitete, was »*Lebendes Bild ...*« bedeutet. Zu dem Begriff gehörte dann noch der Zusatz »*... des Herrn des Weltalls*«. Die Griechen hingegen bezeichneten mit Sphinx immer die Ungeheuer der griechischen Mythologie, die in aller Regel Mischkreaturen aus Tier und Mensch und auch in anderen Kulturen der Antike vorzufinden waren. Im Gegensatz zu den ägyptischen Sphingen, die stets männlich waren, trug bespielsweise die thebanische Sphinx der griechischen Sage einen Frauenkopf. Der Kirchenvater Eusebius berichtet uns über Genmanipulationen der Götter, die einst auf der Erde eine große Anzahl von diesen Mischkreaturen hervorbrachten. In Bezug auf die verlorengegangenen Schriften des ägyptischen Priesters Manetho und des babylonischen Priesters Berossos (Werk *babylonika*) schreibt er im 5. Band seiner Chronologie folgendes:

*»... Und es waren daselbst gewisse andere Untiere, von denen ein Teil selbsterzeugte waren, und mit lebenerzeugenden Formen ausgestattete; und sie (die Götter) hätten erzeugt Menschen, doppelbeflügelte; dazu auch andere mit vier Flügeln und zwei Gesichtern und einem Leib und zwei Köpfen, Frauen und Männer, und Naturen, männlichen und weiblichen; und andere von Pferdegestalt an der Vorderseite, welche der Hippokentauren Formen haben; erzeugt hätten sie auch Stiere, menschenköpfige, und Hunde, vierleibige, deren Schweife nach Art der Fischschwänze rückseits aus den Hinterteilen hervorliefen; auch Pferde mit Hundeköpfen; und Menschen sowie noch andere Ungeheuer, pferdeköpfige und menschenleibige und nach Art der Fische beschwänzte; dazu weiter auch allerlei drachenförmige Unwesen; und Fische und Reptilien und Schlangen und eine Menge von Wunderwesen, ...«*

Im Britischen Museum in London steht ein etwas kleinerer Obelisk, der aus Mesopotamien stammt und uns einiges der Eusebius-Überlieferung bildlich wiedergibt. Es ist eine Hinterlassenschaft des assyrischen Königs Salamasar II., worauf Erich von Däniken bereits in »*Die Augen der Sphinx*« aufmerksam machte. Die Darstellungen zeigen, wie Halbgötter neben einem Elefanten kleinwüchsige Sphingen mit Halsketten an der Leine führen. Dabei ist seltsam, dass eine jüngere Mischkreatur auf den Schultern eines Halbgottes sitzt und wie ein Kleinkind umhergetragen wird. Die ausgewachsenen Sphingen hingegen, die außer einem menschlichen Kopf auch über menschenähnliche Hände verfügen, laufen wie Haustiere eng bei Fuß.

(Abb.:100a assyrische Sphingen)

Unsere Archäologen deuten diese Darstellungen mit einer symbolischen Unterjochung der Feinde des Königs, die nach einem siegreichen Feldzug in Ketten gelegt wurden. Doch aus den Beischriften des Obelisken ist nichts dergleichen zu entnehmen. Nehmen wir aber einmal an, dass unsere Archäologen Recht hätten.

**Warum sollten die Assyrer dann ihre Feinde auf ihren Schultern tragen?**

Zudem ist es nicht ein einmaliges Motiv. Auch auf einem Wandrelief des Königs Salamasar III. sind ähnliche Kreaturen abgebildet, die wiederum über ein Menschengesicht sowie menschliche Hände und Füße verfügen. Hierbei wird auch ganz deutlich, dass die Kreaturen den König in seinem Feldzug gegen den Feind begleiten und keine Gefangenen sind. Auch hierbei wird unsere Lehrmeinung nicht verlegen und präsentiert selbstverständlich eine schnelle Antwort: In diesen Kreaturen sehen unsere Lehrmeinungsvertreter einfach gewöhnliche »*Affen*« dargestellt, obwohl sie uns dabei die menschlichen Züge der Kreaturen nicht weiter erklären.

Man könnte das alles natürlich auch ganz einfach mit prähistorischer Kunst abtun und Berossos und allen anderen Historikern einfach unterstellen, dass sie nur über bereits vorhandene Tempelreliefs und Skulpturen berichteten, die heute noch unsere modernen Künstler inspirieren.

**Doch warum sollte er dann die Zeugung dieser Kreaturen den Göttern zuschreiben?**

Vielleicht weil unsere jetzige Gen-Forschung heute göttlicher ist denn je. Vielleicht waren gerade diese mysteriösen Kreaturen »*Transgene-Geschöpfe*«, an denen wir heute ebenfalls experimentieren. Das wäre so etwas wie ein künstlicher Organspender, der auf Kriegsschauplätzen stets frische Ersatzteile für die Verwundeten zur Verfügung gehabt hätte. Daran arbeitet man heute ebenfalls. Man hat bereits eine Kuh mit dem Namen »*Hermann*« mit menschlichen Genen ausgestattet, so dass sie Milch produzieren kann, die exakt der menschlichen Muttermilch entspricht. Ebenso hat man jetzt festgestellt, dass sich Schweine für die Gewinnung von menschlichem Blut und somit als künstliche Blutspender eignen. Haben Sie schon eine Gänsehaut? Gut, denn das ist noch nicht alles!

Wir stehen nämlich heute nicht nur, wie bereits in Kapitel 5 beschrieben, vor dem entscheidenden Lösungsschritt des Alterungsprozesses der Menschheit, sondern sind auch längst zu Schöpfern geworden. Schon 1990 ist es den Mitarbeitern der Mc Gill-Universität Montreal in Kanada gelungen, die erste künstliche Zelle zu entwickeln. Das war bis zu diesem Zeitpunkt der erste Durchbruch in der Gentechnik. Mit dieser genetisch veränderten Zelle lassen sich ohne große Schwierigkeiten auch menschliche Organe züchten, wodurch Organspender nicht mehr nötig sein werden. Die Genverfahren funktionieren heute schon so, dass man zum Beispiel für eine zerstörte Niere in etwa zehn Jahren eine künstliche nachwachsen lässt. Bei Tierversuchen ist es dem amerikanischen Biochemiker Doktor French Anderson bereits gelungen, neue Organe zu züchten. Das angewendete Verfahren klingt recht einfach: Man gaukelt dem Organismus einfach vor, dass er noch ein Embryo sei, der durch einen erneuten Entwicklungsprozess neue Organe produziert. Dies war aber nur der Anfang in der Bio-Regeneration, denn auch dem Wunsch, dass die Menschen eines Tages keinerlei Prothesen mehr tragen sollen, ist man in den USA schon entschieden näher gekommen. Professor Charles Vancanti von der Unversität Massachusetts gab dazu im Oktober 1995 in der BBC-Fernsehsendung »*Tomorrow's World*« folgende Erklärung:

> »*Menschliche Körperteile aus Knorpelmasse wachsen zu lassen, wird eine enorme medizinische Bedeutung gewinnen. Der größte Vorteil ist die Tatsache, dass der Patient verpflanzte Organe nicht abstoßen wird, weil sie aus den Zellen seines eigenen Körpers entstanden sind ...*«

Damit leitete Vancanti gleich zu einer medizinischen Revolution über. Dem Professor und seinem Team ist es gelungen, die erste Sphinx zu formen, die im 20. Jahrhundert in einem Universitätslaboratorium lebt. Diese Sphinx ist eine gentechnologisch veränderte Maus, der auf ihrem Rücken ein Menschenohr entwächst. Es ist eine Kreatur der Wissenschaft und somit ein Kunst-Wesen aus dem Labor. Hierbei sind jedoch keine Götter am Werk, sondern hochtechnisch ausgebildete Menschen (Wissenschaftler). Für ihr

Zucht-Ohr nahmen die Forscher die natürliche Knorpelmasse eines Menschen und regten damit einfach eine neue Zellbildung an. Dabei wurde ein zu einer Hörmuschel geformter Polymer-Maschendraht benutzt, der aus organischem Stoff bestand. Danach konnten sich die angeregten Wachstumszellen wie Pflanzen um das Polymer-Gestell ranken und innerhalb von vier Wochen sich auf dem Rücken der Labormaus zu der gewünschten Ohrmuschelform ausbilden. Das organische Gestell löst sich dann anschließend auf, so dass das künstliche Ohr vom Rücken der Maus entnommen werden kann, um es dann für spätere Transplantationszwecke zu nutzen.

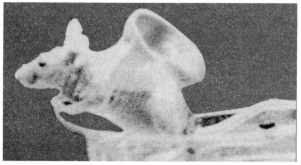

(Abb.:100 Maus)

Die nächsten Schritte sollen amputierte Hände und abgestorbene Zähne wie durch ein Wunder nachwachsen lassen. Aber auch der Zusammensetzung eigenständiger Lebewesen ist man in letzter Zeit näher gekommen. Professor Pier Luigi Luissi von der Eidgenössischen Technischen Universität Zürich in der Schweiz ist es 1995 mit seinem Team gelungen, die von selbst ablaufende Vermehrung künstlich erzeugter »*Zellhüllen*« zu beobachten, womit sich in naher Zukunft Sphingen nach Belieben herstellen lassen können. Was berichtete Eusebius noch über:

»... *menschenköpfige Stiere, Pferde mit Hundeköpfen, doppelbeflügelte Menschen* ...«

... die von den herrschenden Göttern erschaffen wurden? All das wird auch uns in den kommenden Jahren vor keine unlösbaren Probleme stellen. Eins ist aber dann sicher; sollten Archäologen in 5000 Jahren nach den Spuren einer einstmals großartigen Zivilisation suchen, die sich vielleicht selbst zerstörte, wird man bei dem Auffinden des Fotos mit der Labormaus und dem menschlichen Ohr nichts verstehen. Sicherlich wird auch dieses Artefakt dann mit prähistorischer Kunst abgehandelt. Doch wenden wir uns wieder unseren Ägyptenexperten zu.

### Wen oder was versinnbildlicht die Giseh-Sphinx überhaupt nach der Meinung der Ägyptologen?

Weil der Standort der Sphinx unweit zur zweiten Großen Pyramide gelegen ist, haben die Gelehrten für die Versinnbildlichung der Sphinx keine bessere Erklärung gefunden als die von Doktor Kurt Lange in seinem Buch »*Pyramiden, Sphinxe, Pharaonen*«:

> »*Der Erbauer der Sphinx war Pharao Chephren gewesen, dessen Haupt auf einem Löwenkörper seine königliche Macht symbolisierte ...*«

Obwohl sich diese Meinung in unseren Lehrbüchern festgefahren hat, entbehrt die Feststellung jeglicher sachlichen Grundlage. Bereits im Jahre 1904 publizierte der damalige Direktor des Britischen Museums, Doktor Wallis Budge, in seinem *Buch »Die Götter der Ägypter«*, dass das Sphinxdenkmal schon zu Zeiten von König Cheops vorhanden gewesen sein muss oder vielleicht sogar bis in die archaische Periode datiert. Wie es uns die Inventar-Stele bestätigte, war Budge mit seiner Theorie unseren heutigen Ägyptologen schon weit voraus. Doch wenn der Bau der Sphinx sogar älter als die festgesetzte Regierungszeit des König Cheops ist:

### Welchen König stellt sie dann dar?

Auch wenn unsere renommierten Ägyptenforscher inzwischen einen neuen Lösungsvorschlag anstreben und auch das Sphinx-Bauwerk König Cheops zuschreiben, ist die Antwort eigentlich ganz einfach: Die Sphinx stellt überhaupt keinen der ägyptischen Könige dar!

Bevor ich auf die genaue Anordnung der Sphinx eingehe, behaupte ich, dass die Sphinx eine astronomische Bedeutung hat und mit der Sternenkonstellation des Löwen in Zusammenhang steht, was ich schon in meinem Buch »*Das Faktum – Auf der Suche nach dem Ursprung der Menschheit*« zum Ausdruck gebracht habe. Denn auch aus jüngerer Zeit, der Zeit aus der Sternenkonstellation des Widders, existiert zum Beispiel in der ägyptischen Stadt Karnak eine ganze Allee von Sphingen, die mit einem Widderkopf ausgestattet wurden und über 4000 Jahre alt sind. Sie hatten eine Torwächterfunktion und dienten zum Schutz des Einganges des Totenbezirks. Aber auch die biblische Geschichte von Abraham, der *Jahwe* statt seines Sohnes einen Widder opferte, ereignete sich zur Zeit der Sternenkonstellation des Widders. Selbst das Fisch-Symbol war ein Zeichen der Sterne und wurde noch, weit bevor das Kreuz-Symbol die Oberhand nahm, das Wahrzeichen der Christenheit. Es stand mit dem Aufbruch der Christen zu Beginn der Sternenkonstellation der Fische im Zusammenhang, in der wir uns noch etwa 100 Jahre befinden, bevor wir dann zum Wassermann übergehen.

(Abb.:101 Sphinx)

Doch müsste die Sphinx, wenn sie mit der Sternenkonstellation des Löwen im Zusammenhang steht, schon vor etwa 13000 Jahren erbaut oder zumindestens geplant worden sein. Denn bekanntlich war der Beginn der Sternenkonstellation des Löwen um 10817 v.u.Z. und dauerte bis 8664 v.u.Z. Für unsere Ägyptologen ist dieser Hinweis eine unannehmbare Zeitangabe.

## Was wissen wir überhaupt über die Sphinx?

Die große Sphinx in Giseh, die aus einem Stein (Fels) gehauen wurde, hat eine Länge von 57 Metern, wozu noch die 15 Meter langen Vorderpfoten kommen, die höher als ein Menschenkörper sind. Ihre gewaltige Höhe entspricht 20 Metern, und kein Mensch weiß wirklich, warum sie dort erbaut wurde, wo sie heute noch steht. Allein ihr Gesicht ist 4,15 Meter breit, auf dem sich der 2,32 Meter große Mund befindet. Auf ihrer Stirn soll sich einmal eine Uräus-Schlange aus Metall befunden haben, weil man heute noch das Einsatzloch erkennen kann. Auch ein Bart soll die Sphinx einst geziert haben, bevor die Mamelucken ihn gemeinsam mit ihrer Nase abschlugen. Der Historiker Cajus Plinius Secundus berichtet in Kapitel 17 seiner Naturgeschichte als einziger Gelehrter über die Sphinx. Nach Plinius soll die Sphinx ein Grabmal darstellen, wonach unter ihr ein König mit dem Namen »*Harmais*« begraben liege:

> »... *Vor diesen Pyramiden steht die Sphinx, eine Gottheit der dortigen Bewohner, welche noch weit mehr Bewunderung verdient, aber von den Schriftstellern fast mit Stillschweigen behandelt wird. In ihr soll der König Harmais begraben liegen, sie selbst aber anderswoher gebracht worden sein ...*«

In den ägyptischen Königslisten lässt sich ein König mit dem Namen Harmais nicht finden, so dass man mit dem Bericht eigentlich nicht viel anfangen kann. Sollte Harmais jedoch mit der griechischen Gottheit Hermes gleichzustellen sein, so wäre auch dieses Bauwerk auf die ägyptische Gottheit Thot zurückzuführen.

Einer der ersten Reiseberichte ab der Renaissance, die ein Europäer über die große Sphinx veröffentlichte, stammte von dem Deutschen Johannes Helffrich aus dem Jahr 1579. Helffrichs Tagebuchaufzeichnungen berichten folgendes über die große Sphinx in Giseh:

> »... *Am folgenden Tag erhoben wir uns sehr früh, und einige von uns ritten zu den Pyramiden. Das erste, was wir beim Näherkommen sahen, war ein großer, aus Stein gemeißelter Kopf. Im Innern ist er hohl. Man kann aber durch einen ver-*

borgenen unterirdischen und sehr engen Felsengang ein und aus gehen, dessen Eingang weiter entfernt liegt. Es scheint, dass die heidnischen Priester vom Gang aus in den Kopf gelangten und von dort zum Volk sprachen, um es auf diese Weise glauben zu machen, dass die Statue spreche.«

Anscheinend hatte der Reisende nicht die geringsten Vorstellungen darüber, vor welchem Monumentalbauwerk er da überhaubt stand. Denn auch als Napoleon und seine Begleiter die Sphinx vorfanden, war sie immer noch von dem weißen Wüstensand der Sahara bedeckt. Wie uns schon Helffrich berichtete, ragte auch nach 219 Jahren nur der Kopf etwas aus dem Sand heraus. Obwohl die Sphinx von drei Seiten mit einer Schutzmauer umgeben war, hatte der Zangengriff der Wüste nicht nur mit der Sphinx, sondern auch mit den umliegenden Bauten immer ein leichtes Spiel. Schon vor 3500 Jahren war der Pharao Thutmosis IV. mit der gleichen Aufgabe beschäftigt und ließ die Sphinx mühevoll aus den Sandmassen befreien. Wie uns eine Stele, die vor der Sphinx angebracht war, berichtet, ist Thutmosis nach einem Jagdausflug müde geworden und am Fuße der Sphinx eingeschlafen. Dann sprach die Sphinx zu dem jungen König:

»Erhebe die Augen zu mir und sieh mich an, Thutmosis, mein Sohn; ich bin dein Vater, der Gott Harachte-Keper-Re-Atum.
Ich werde dir königliche Macht geben, das Land in seiner ganzen Ausdehnung wird dir gehören.
Die Schätze Ägyptens und die Reichtümer der anderen Länder werden in deinen Händen sein.
Seit vielen Jahren ist mein Blick und mein Herz dir zugewandt.
Der Sand der Wüste aber, auf dem ich ruhe, erdrückt mich. Versprich mir, dass du mein Begehren erfüllen wirst...«

Es wird hier noch einmal deutlich, dass die Sphinx mit der Wüste zu kämpfen hatte, die seit Tausenden von Jahren alles tat, um das Bauwerk zu begraben. Außer König Thutmosis IV. fühlten sich auch Ramses II. sowie andere ägyptische Könige fortwährend für die Sphinx verantwortlich, so dass sie diese entweder restaurieren oder einfach vom Sand befreien ließen. Thutmosis IV. ließ sogar nördlich des Standbildes ein kleines Gebäude aus Ziegeln errichten, das unsere Gelehrten als »Rasthaus« bezeichnen. In jüngerer Zeit haben dann auch die Römer noch einmal die Sphinx von den

Sandverwehungen freilegen lassen. Daran erinnert heute noch der granitene Altar am Fuße der Sphinx.

Mit Beginn der Ägyptenforschung, arbeitete dann der Genuese Giovanni Battista Caviglia ab 1817 als erster an der systematischen Ausgrabung der Sphinx, um sie erneut freizulegen. Dabei wurde nicht nur ein großer Teil des Körpers freigelegt, sondern auch Altäre, Heiligtümer, Tempel und Stelen, die um sie errichtet waren. Unter anderem war es der Genuese, der die sogenannte Traum-Stele von Thutmosis IV. freilegte, die wir schon zitiert haben. Nach Caviglia bemerkte der britische Naturforscher und Hieroglyphenexperte Thomas Young in Zeile dreizehn der Traum-Stele die Silbe »Chef«, was zwar einem Königsnamen ähnelte, aber schon ziemlich abgesplittert war. Der Hieroglyphenexperte fügte bei seinen Übersetzungsarbeiten zu der Silbe »Chef« in Klammern die Silbe »Re« hinzu, woraus nachfolgende Ägyptologen den Hinweis entnahmen, den Bau der Sphinx König Chephren zuzuschreiben. Doch bei dieser Annahme verwundert nicht nur die Tatsache, dass auf der Stele der Name Chephren nicht im vollen Laut vorhanden war, sondern auch die Regelwidrigkeit, dass die Bezeichnung nicht in einer üblichen Königskartusche eingerahmt wurde, wie es seit Jahrtausenden üblich gewesen ist, wenn Königsnamen niedergeschrieben wurden. Das scheint unsere Experten aber bis heute nicht sonderlich zu stören, so dass alle Lehrbücher König Chephren als den Bauherrn der Sphinx angeben.

(Abb.:103 Sphinx)

Außer den Hinweisen auf der Traum-Stele von Thutmosis IV. nehmen unsere Ägyptologen auch die zwei berühmten Diorit-Skulpturen von König Chephren, die heute im Museum von Kairo stehen, als Beweis, dass nur Chephren und kein anderer der Erbauer der Sphinx sein kann. Eine der Plastiken ist zwar enthauptet, doch die andere ist bis auf eine Abbruchstelle am Arm vollständig erhalten, so dass sich die Experten auf das Gesicht der Sphinx und die Gesichtszüge von König Chephren beziehen, wenn sie mit Bestimmtheit den Bau der Sphinx auf die Gesichtszüge von Chephren zurückführen. Dazu muss angemerkt werden, dass die erhaltene Chephren-Skulptur in einem Schacht im Vorraumboden des Taltempels der Chephren-Pyramide entdeckt wurde, wo sie die alten Ägypter aus noch ungeklärtem Gründen versteckten. Die enthauptete Skulptur hingegen lag in unmittelbarer Nähe unter dem Wüstensand vergraben. Man könnte eigentlich daraus schließen, dass Gegner des Chephren etwas gegen sein Haupt hatten und allen freiliegenden Chephren-Skulpturen die Köpfe abgeschlagen haben. Sollte der Sphinx-Kopf wirklich König Chephren dargestellt haben, so hätte er sich förmlich angeboten, auch abgeschlagen zu werden. Deshalb vertrete ich die Ansicht, dass die Sphinx mit König Chephren nichts gemeinsam hatte, bis auf die Tatsache, dass Chephren die Sphinx ebenso als Gott verehrte, wie auch andere ägyptische Könige. Professor Mark Lehner vom Institut für Orientforschung an der Universität von Chicago ist da aber anderer Meinung.

Professor Lehner demonstrierte 1991 nämlich anhand von Computergraphiken den scheinbaren Beweis, dass das Skulpturengesicht von Chephren exakt dem Sphinx-Kopf entspricht. Doch weil die Tatsache des »Photogrammetrie-Verfahrens« es ebenso zulassen würde, dass das Gesicht von »Donald Duck« auf dem Sphinx-Körper seinen Platz einnehmen könnte, veranlasste dies wiederum 1993 eine unabhängige amerikanische Forschergruppe dazu, Lehners Ergebnissen zu trotzen und einen Detektiv zu beauftragen, der nach Kairo flog, um die Sphinx in Giseh erneut zu untersuchen.

Der Detektiv hieß Frank Domingo und war ein ehemaliger Lieutenant der New Yorker Polizei, für die er seit über 20 Jahren Phantombilder von gesuchten Verbrechern angefertigt hatte. Wieder zurück in New York, verbrachte Domingo noch viereinhalb

Monate in seinem Laboratorium, bevor er seine Untersuchungsergebnisse über die ägyptischen Plastiken bekannt gab. Frank Domingo kam nach der Auswertung von Hunderten von Fotografien und Zeichnungen sowie den Vermessungen der Seitenansichten beider Gesichtszüge zu dem Schluss, dass die Skulpturen zwei verschiedene Individuen darstellen. Somit wäre es ebenso möglich gewesen, dass Thutmosis IV. oder Ramses II. oder ein anderer König seinen Kopf auf dem Sphinx-Körper abbilden ließ. Doch auch diese Ergebnisse und Diskussionen befriedigen unsere Gelehrten nicht sonderlich, so dass man sich an die Arbeiten und Resultate von Professor Mark Lehner klammert und sie als gängige Lehrmeinung vertritt. Was soll das?

(Abb.:104 König Chepren)

**Warum gehen die Ägyptologen beim Aufbau einer verbindlichen Lehrmeinung nur auf eine optische Untersuchung ein?**

Caviglia entdeckte bei der Sphinx auch eine Plattform, die sich in östliche Richtung ausdehnte. Nach etwa 30 Metern legte er eine dreißigstufige Treppe frei, an die nach etwa 12 Metern eine weitere dreizehnstufige Treppe anschloss, die in der Höhe des Sphinxkopfes endete. An diesem Punkt waren zwei Säulen errichtet, durch die die Augen der Sphinx in Richtung des Sonnenaufganges hindurchblickten. Doch 1886 war sie schon wieder halb von Sand bedeckt und alles wieder vergessen, so dass sich der Franzose Gaston C.C. Maspéro, der damals Generaldirektor der Ausgrabungen in Ägypten war, die Sphinx erneut vom Sand befreien ließ. Es dauerte allerdings keine 40 Jahre, bis schon wieder

Archäologen damit beschäftigt waren, Sand zu schaufeln. Diesmal mussten jedoch auch Abstützungs- und Restaurierungsarbeiten an der Sphinx in Angriff genommen werden. Die französischen Archäologen, die die Sphinx restaurieren wollten, trugen dabei außer dem Sand auch sämtliche großen Teile vom steinernen Mantel des Bauwerks ab. Bei den Probegrabungen stieß man dann 1926 auf einen Gang, der sich am Rückteil des Denkmals befand. Die Archäologen gingen danach in ihrer Bestrebung, verborgene Gänge und Kammern zu finden, sogar soweit, dass sie selbst am Körper der Sphinx Ausschachtungen vornahmen. Sie entdeckten wahrscheinlich nichts Aufregendes, so dass alle Öffnungen wieder mit Zement verschlossen wurden.

Die alte Archäologengarde legte im Zuge ihrer Arbeiten in der Umgebung der Sphinx auch den bereits erwähnten Taltempel frei. Danach stellte sich heraus, dass der Taltempel in jedem Fall an einem künstlich angelegten Kanal gebaut wurde, der früher einmal über fünf Meter tiefes Wasser geführt haben muss. Dafür sprechen zwei Rampen und ein Podium an der Ostfassade des Tempels, wo sich auch die beiden Eingänge befinden. Vor jedem dieser Eingangstore sollen sich je ein Sphingenpaar befunden haben. Die Tore verfügen auch über Inschriften, wie *»geliebt von Hathor«* (südlich), sowie *»geliebt von Bastet«* (nördlich). Über den vermeintlichen Bauherrn dieser Tempelanlage ist jedoch nichts zu finden. Das bedeutet, dass nirgendwo eine Inschrift existiert, woraus beispielsweise hervorgeht: *»König Chephren ließ diesen Tempel zu Ehren von... dann und dann erbauen.«* Lediglich der aufgefundenen Chephren-Skulptur ist es zu verdanken, dass auch diese Tempelanlage fälschlicherweise König Chephren zugeschrieben wird.

Dieser 44,6 Meter breite Tempel wurde teilweise aus dem anstehenden Fels geschlagen und mit Rosengranit verkleidet. Der Boden ist mit hellen Alabasterplatten bedeckt und wirkt mit den schlicht gebauten Megalithpfeilern nahezu perfekt. Die beiden Torkammern verbindet ein querliegender Korridor, aus dem ein zentrales Portal in Form eines umgekehrten T in die Halle führt. Die im Bauwerk verarbeiteten 200 bis 400 Tonnen schweren Rosengranitpfeiler müssen bereits zu der Zeit verarbeitet worden sein, als die großen Pyramiden errichtet wurden und stammen großenteils aus dem Graben der Sphinx. Auch der nördliche

Nachbartempel, der sogenannte Tempel der Sphinx, scheint einen älteren Ursprung aufzuweisen, als man bisher annahm.

Im Jahre 1980 fanden Archäologen, die bereits in den dreißiger Jahren entdeckten und danach zugefüllten Hohlräume an der Sphinx wieder. Hierauf wurden dann auch die Untersuchungen über die räumliche Anordnung der Sphinx in Beziehung zu allen anderen Bauten auf dem Giseh-Plateau aufgenommen. Dabei wurde eine erstaunliche Entdeckung gemacht. Die Ägyptologen waren früher der Meinung, dass der *»Sphinx-Tempel«* der Anbetung der Sonne gewidmet war und die 24 Säulen der Säulenhalle die 24 Stunden eines Tages darstellten. Es erscheint mir jedoch merkwürdig, dass die Achse des Sphinx-Tempels nicht auf die Sphinx selber zeigt, sondern zur Südseite der Chephren-Pyramide ausgerichtet worden ist. Und genau an diesem Punkt geht die Sonne während der Tagundnachtgleiche unter, wenn man sie vom östlichen Heiligtum des Sphinx-Tempels aus betrachtet. Und zur Sommersonnenwende, wenn die Sonne ihren nördlichsten Punkt auf dem Westhorizont erreicht hat, geht sie, vom Tempel blickend, exakt zwischen den beiden Größten Pyramiden von Giseh unter.

**War diese Mechanik von den Erbauern wirklich geplant?**

Bezüglich dieser Frage will ich noch einmal auf den Hobbyastronomen und Bauingenieur Robert Bauval eingehen, der sich 1993 mit dem Journalisten und Buchautor Graham Hancock zusammengetan hat und gemeinsam im Frühjahr 1996 sein zweites Buch veröffentlichte. In diesem Buch *»Der Schlüssel zur Sphinx«* versuchen die Autoren mit ihrem Computerprogramm Skyglobe 6, den Sternenhimmel auf dem Bildschirm so zurückzuberechnen, dass das Spiegelbild des Himmels sich in den Giseh-Bauwerken auf die Erde überträgt. Bauval und Hancock stimmen zwar mit unserer gängigen Lehrmeinung überein und sagen, dass die Bauwerke um 2500 v.u.Z. errichtet worden sind. Doch ihr Computer spielt verrückt und erzielt nur um 10500 v.u.Z. ein Spiegelbild des Himmels, das der baulichen Anordnug der Pyramiden, der Sphinx und des Nils entspricht. Wie schon in Kapitel 6 erläutert, bedeutet dies, dass die Ausrichtung der Giseh-Bauwerke den Himmelsereignissen von vor 12500 Jahren entsprechen. Selbst die Schlüsselrolle der Sphinx erscheint mit den Berechnungen von Skyglobe 6 einleuchtend. Denn nur um 10500 v.u.Z. ist der Blick der Sphinx exakt zu dem Sternbild des Löwen ausgerichtet. Das erstaunliche hierbei ist der Aufgang des Löwen, der in der Zeitepoche um 10500 v.u.Z. zusammen mit der Sonne in 14° Ostsüdost genau in der Mitte zwischen dem Tag der Wintersonnenwende und dem Frühlingsäquinoktium aufgeht. Dieses Ereignis spielt wiederum eine vordergründige Rolle bei der Auffindung einiger versteckter Geheimkammern.

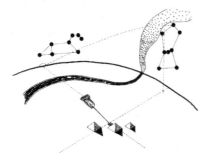

(Abb.:105 Zeichnung)

Die Gegend zwischen der Sphinx und dem Nil war zu Zeiten von Herodot unbewohnt. Heute hingegen ist dort das überfüllte Dorf *Nazlet el-Samman* entstanden. Rings um die drei Großen Pyramiden gibt es noch zahlreiche kleinere Pyramiden, Gräber und Tempel, von denen viele immer noch unter dem Wüstensand begraben liegen. Der heutige Direktor des Giseh-Plateaus, Professor Zahi Hawass, hatte schon 1978 im Norden des Dorfes Ausgrabungen durchgeführt, wo Gegenstände aus dem Mittleren Reich sowie von den Römern zu Tage gefördert wurden. Im April 1978 folgte sogar die Entdeckung eines Felsengrabes aus dem Alten Reich, das allerdings schon von Grabräubern geplündert war. Ohne Interesse ließen die Räuber die Graburnen und einige Skulpturen der Verstorbenen unangetastet zurück, so dass über die Hieroglyphen und einigen Grabbeigaben Rückschlüsse gezogen werden konnten. Aber viel wichtiger als die Deutung dieser Grabfunde ist die Tatsache, dass das Dorf unter sich eine Menge Geheimnisse der alten Ägypter birgt, die nicht ohne weiteres zugänglich sind.

Die astronomische Ausrichtung der Sphinx auf dem Giseh-Plateau wird ganz deutlich, wenn sich die Sonne über dem Wasser des Nils erhebt und anfängt, Schatten zu bilden. Sie wirft einen linearen Schatten genau zwischen die Vorderpfoten der Sphinx und streift dabei über die rechte Pfote, wo sich ein weiterer unterirdischer Gang befinden soll, der bei der Großen Pyramide endet.

(Abb.:106 Sphinx)

**Aber warum wurde die Sphinx dort errichtet, wo sie heute noch steht?**

Der französische Bauingenieur Professor Jean Kérisel behauptet, dass die Sphinx in direkter Verbindung zur Großen Pyramide steht und dass beide Bauwerke durch einen 700 Meter langen Gang unterirdisch verbunden seien. Auch wenn die Sphinx wahrscheinlich berühmter ist als jedes andere Bauwerk der Ägypter, war sie bis ins Jahr 1979 noch nie sorgfältig untersucht oder vermessen worden. Es existierten weder detaillierte Zeichnungen noch vollständige Berichte über ihre Konstruktion. Erst durch die Aufmerksamkeit des amerikanischen Archäologen Mark Lehner, der 1973 über die *»Edgar Cayce Fundation«* (EFC) ein Hochschulstipendium an der amerikanischen Universität in Kairo erhielt, wurde mit Unterstützung des *»America Reserch Center Egypt«* (ARCE) von 1979 bis 1982 eine gründliche Untersuchung der Sphinx vorgenommen. Mark Lehners Vorschlag beinhaltete sowohl Arbeiten an der Sphinx, wie auch am Isis-Tempel, der am Fuße der Großen Pyramide liegt. Das ist die Stelle, wo die Inventar-Stele gefunden wurde, die das Bestehen der Sphinx zu Zeiten der Pyramiden bewies und König Cheops als den angeblichen Erbauer entlastete. Nach der Beendigung des Projektes durch die ARCE erzielte das Vorhaben folgende Resultate:

1) Eine vollständige architektonische Dokumentation der Sphinx
2) Eine geologische Analyse und kartographische Erfassung des Umfeldes der Sphinx

## 3) Eine Diagnose der Verwitterungsursachen der Sphinx

Der Direktor der Geologischen Fakultät an der Universität von Louisville in Kentucky, Doktor Kyle Lal Gauri, untersuchte das Urgestein der Sphinx, indem er es in vier Hauptbestände einteilte. Aufgrund der Untersuchungsergebnisse kam der Geologe zu dem Schlussresultat, das es wasserlösliche Salze waren, die für die Verwitterung des Sphinx-Bauwerks verantwortlich seien, indem sie sich durch ihren Körper nagten. Dann bemerkte Doktor Gauri noch, dass solche Salze ohne Wasser harmlos wären. Daraufhin wurde der Archäologe John Anthony West aufmerksam und wunderte sich:

*»Wasser, in der Wüste!?«*

West kannte Untersuchungsergebnisse des französischen Mathematikers René Aor Schwaller de Lubicz, der zwischen 1937 und 1952 den Tempel von Luxor untersuchte und dabei auf interessante Indizien gestoßen war. Die mathematischen Untersuchungen legten de Lubicz nahe, dass sich die ägyptische Wissenschaft auf einem viel höheren Niveau befunden haben muss, als es unsere gegenwärtigen Ägyptologen vermuten. Gestützt von dem Gedanken einer existierenden älteren ägyptischen Wissenschaft und den Erosionsspuren an der Sphinx, bemühte sich John A. West fortan, dass eine neue geologische Untersuchung über die Wassereinwirkung vorgenommen wird. Denn wenn die Erosionsspuren wirklich durch Wassereinwirkung verursacht wurden, war für ihn alles andere nur noch ein Kinderspiel. West äußerte folgendes:

*»Man muss kein Geologe sein, um zu sehen, was diese Art der Verwitterung verursacht hat. Nur Wasser, das über das Bauwerk wie ein Wasserfall geströmt ist, kann diese Konturen an dem Gestein geformt haben.«*

Unsere gängige Lehrmeinung ist sich ja sicher, dass die Sphinx frühestens um 2500 v.u.Z. errichtet worden sei. Doch seit Beginn der ersten Dynastie hat es in Giseh einfach nicht genug geregnet, um die massiven Wasserschäden, die John A. West am ganzen Körper der Sphinx festgestellt hat, zu verursachen.

**Doch könnte nicht vielleicht eine Nilüberschwemmung das Bauwerk zeitweise unter Wasser gesetzt haben?**

John A. West antwortet bei dieser Frage wie aus der Pistole geschossen: »*Ganz sicher nicht ...*«, und bietet auch gleich seine Erklärung an:

»*Bei einer Überschwemmung durch den Nil hätte das Wasser das Bauwerk von unten angegriffen und ganz andere Erosionsspuren hinterlassen. Die stärkste Verwitterung würde man dann am unteren Ende des Bauwerks erkennen und nicht am oberen. Und es gäbe nicht so viele tiefe Rinnen am Gestein.*«

Das Alter von Steinen ist sehr schwer zu bestimmen. Die Geologen lesen in aller Regel an der Verwitterung des Gesteins die dazu gehörende Geschichte. Es sind Spuren, die Wasser, Winde und der Sand über die Zeitepochen hinweg hinterlassen haben. Dabei werden die weicheren Gesteinsschichten herausgescheuert. West entdeckte die deutlich erkennbaren Erosionsspuren in Giseh, an der Sphinx und an der Seite des Baugrabens. Der Forscher ist sich sicher, dass diese Spuren nur von jahrhundertelangem Regnen verursacht wurde. Das erkennt man an dem eckigen und abgerundeten Profil des Gesteins. Doch die einzige Zeit, zu der in Ägypten ein Klima vorherrschte, das feucht genug war, derartige Zerstörungen zu verursachen, war vor dem Ende der letzten Eiszeit um etwa 10000 v.u.Z. Die Ägypter nennen diese Zeit *Tep Zepi*, die *Erste Zeit* nach der großen Sintflut, als Ägypten von den Göttern aus dem Wasser gezogen wurde. Damals war die Wüste der Sahara noch so ähnlich wie ein Feuchtbiotop. Wälder, Flüsse und unzählige kleine Seen gestalteten das Bild des alten Ägypten, das sich jedoch durch die Klimawanderungen gänzlich veränderte. Nur die Regionen, die dicht am Nil verliefen, haben die Zeit überdauern können. Aber daraus folgt wiederum, dass die Sphinx schon vor etwa 12000 Jahren entstanden sein muss und alles andere als steinzeitlich ist. Sie müsste somit von einer hochentwickelten Kultur erschaffen worden sein. Und genau diese Ansicht vertritt auch John A. West und rekonstruiert folgendes Szenario:

»*Lange bevor sich Ägypten in eine Wüste verwandelte, war das Giseh-Plateau eine fruchtbare Savanne. An ihrem Rand häufte sich im Laufe der Zeit Gestein auf, aus dem unbekann-*

te Steinmetze einen gewaltigen Kopf herausschlugen. Den Kopf einer Gottheit oder eines Löwen.
Als der Kopf fertig war, wurden 100 Tonnen schwere Kalksteinblöcke herausgeschlagen und am Tal-Tempel sowie am Sphinx-Tempel scheinbar mühelos in Position gebracht. Jahrtausende vergingen, und sintflutartige Regenfälle wetzten die Sphinx nahezu auf ihre heutige Größe. Als der Regen endete, wandelte sich die einst fruchtbare Savanne in die Wüste Sahara um. Der Wüstensand begrub die Sphinx bis zum Hals und konservierte somit das Bauwerk und seine Verwitterungsspuren am Körper. Der Kopf der Sphinx schrumpfte hingegen und wurde möglicherweise neu gemeißelt. Die Könige der vierten Dynastie, die Erbauer der Pyramiden um 2500 v.u.Z., gruben die Sphinx aus und restaurierten den Kopf. Auch Pharao Chephren erbaute die Sphinx nicht, sondern ließ sie lediglich restaurieren.«

Doch umso mehr unseren Ägypten-Experten über die Ansichten von John A. West zu Ohren kam, umso mehr wurde der heute 63jährige Archäologe belächelt. Denn man war sich sicher, dass die Erosionen an der Sphinx von dem Schleifeffekt der Sandstürme verursacht wurden, und nicht durch Wasser.

(Abb.:107 Erosion)

Die Theorie über Erosionen durch Windeinflüsse, die den Sand durch die Luft peitschten und an das Denkmal schleuderten, mussten ausgeschlossen werden. Aber dies ging nur, wenn sich ein Felsenerosionsexperte finden würde, der neue, unabhängige Untersuchungen anstellt. Der Geologe Professor Robert Schoch von der Universität Boston erklärte sich bereit und untersuchte die Sphinx und die Wände des Grabens um das Bauwerk herum. Es wurde danach nachgewiesen, dass die Verwitterung der Sphinx und des sie umgebenden Grabens nicht durch Winderosionen hervorgerufen wurde, sondern durch Jahrtausende heftiger Niederschläge. Und das lange Zeit, bevor die vierte Dynastie gegründet wurde. Der Professor gab 1992 auf der Jahresverammlung der »Geological Society of Amerika« seine Untersuchungsergebnisse bekannt und überzeugte auch die anwesenden Kollegen mit seiner These.

### Was nun, liebe Ägyptologen?

Obwohl unsere Ägyptologen sich ungern auf Diskussionen einlassen, machten sie darauf aufmerksam, dass um das Jahr 2200 v.u.Z. am Körper der Sphinx Reparaturen vorgenommen werden mussten, weil das Gestein von einer minderwertigen Qualität gewesen sei. Dazu wurden 60 bis 90 Zentimeter große Ersatzblöcke angefertigt und erneuert. Aber auch für diesen Einwand hatte West eine Erklärung parat, die die Ägyptologen allmählich verstummen ließ:

> »Wäre das Material wirklich so schlecht und die Sphinx vor 4500 Jahren geschaffen worden, dann wäre sie bei diesem Tempo der starken Verwitterung bereits seit 500 Jahren völlig abgetragen. Aber das ist offensichtlich nicht der Fall!«

Es gab aber noch andere Ergebnisse, die schon vor etwa 20 Jahren erzielt wurden und danach wieder unbeachtet blieben. Die Arabische Republik Ägypten, vertreten durch die Ain-Schams Universität von Kairo und die Vereinigten Staaten von Amerika, vertreten durch das Stanford Research Institut (SRI), finanzierten zu Anfang des Jahres 1978 eine archäologische Feldforschung, wobei mit modernsten Radartechniken nach Grabkammern und Gängen auf dem Giseh-Plateau gesucht wurde. Außer Giseh wurden vornehmlich in den antiken Stätten von Alexandria, Daschur, Luxor, Sakkara und Thinis mit der neuen Technik Messungen durchgeführt. Doch weil die Sphinx eigentlich im Forschungsprogramm gar nicht vorgesehen war, wurden nur zum Schluss des Projekts auch einige eilige Tests in der Umgebung der Sphinx durchgeführt. Mit dieser Technologie konnte in den achtziger Jahren ein Meilenstein auf dem Weg zur modernen Archäologie gelegt werden, wobei es tatsächlich gelang, verborgene Kammern zu entdecken. Die neue Methode war unter anderem deshalb so erfolgreich, weil auch ergänzende Techniken wie:

1) Widerstandsmessungen
2) Messungen des Magnetfeldes
3) Luftaufnahmen
4) Infrarotdarstellungen

... zu den Untersuchungen mit herangezogen wurden. Doch für die Suche nach Hohlräumen eignete sich am besten die Widerstandsmessung. Bei einer Widerstandsmessung werden in regelmäßigen Abständen Metallstäbe in den Erdboden getrieben, um den Rückstrom des eingelassenen elektrischen Stroms zu messen. Diese Theorie sagt aus, dass Hohlräume dem zugeführten Strom einen hohen Widerstand entgegensetzen und als Regelwidrigkeiten unter der Erdoberfläche auftreten, wenn die Widerstandswerte auf dem Monitor grafisch dargestellt werden. Das Stanford Research Institut entdeckte bei ihren Forschungsarbeiten fünf Regelwidrigkeiten, wovon zwei direkt unter den Pfoten der Sphinx angegeben werden.

Der Boden vor der Sphinx ist mit Pflastersteinen aus der römischen Zeit bedeckt, und gerade darunter muss sich ein Urgestein befinden, das keine mineralisierten Materialien aufweist. Wenn wir die Umgebung der Sphinx betrachten, scheint das Urgestein nur aus Kalk zu bestehen.

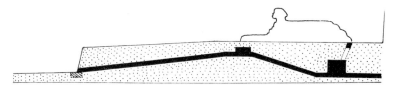

(Abb.:108 Zeichnung)

Bei den Messungen vor den Pfoten des Bauwerks wurden Elektroden im großen Abstand in den Boden gesteckt, wobei sich geräuschvolle Widerstände rückkoppelten. Genau hier vermutete das Forschungsteam des Stanford Research Institus einen Schacht oder eine Höhlung in etwa 10 Metern Tiefe, die wahrscheinlich mit Sand und Geröll aufgefüllt zu sein scheint. Aber auch am Hinterteil und in der Mitte des Bauwerkes befinden sich unterirdische Aushöhlungen. Auf der Südseite der Sphinx verläuft etwa 3 Meter unter der Erdoberfläche ein 30 Zentimeter breiter Schacht, der von Südwesten nach Südosten verläuft. Doch bis 1987 hatte man es dabei belassen und kein Interesse, diese Messergebnisse weiter zu untersuchen. Als die Japaner dann mit einer ausgereifteren Technik in der Umgebung der Sphinx erneut Radarmessungen vornahmen und ebenfalls auf die unterirdischen Hohlräume aufmerksam machten, hielten unsere Ägyptolgen das ganze für einen Werbegag. Doch auch unter der Leitung von Professor Sakuji Joshimura von der Wasseda Universität von Tokyo fand sich in der Nähe der rechten Pfote der Sphinx ein möglicher Gang, der in einer Tiefe von 2,5 bis 3 Metern in östliche Richtung zum Nil verläuft. Die Japaner gingen sogar weiter und vermuteten, dass sich in den Hohlräumen Metall oder Granit befindet, was auf eine künstliche Bebauung des Schachtes rückschließen lässt.

### Doch was hat das alles zu bedeuten?

Die Vertreter unserer Lehrmeinung hatten auch hier wieder eine schnelle Antwort parat: Sie waren der Meinung, dass es sich bei den Aushöhlungen um natürliche Erosionen handele, die durch das Grundwasser hervorgerufen werden können. Selbstverständlich ist diese Art von Erosion möglich. Doch warum wird nicht einfach an dem Verlauf der Aushöhlungen nachgegraben, zumal vor 16 Jahren, eher zufällig, eine besondere Entdeckung gemacht wurde. Denn im September 1980, bei der Bestimmung des Grundwasserspiegels bei Giseh, kam eine erstaunliche Gegebenheit ans Tageslicht. Bei den Bohrungen des Ministeriums für Bewässerung wurde mit einer Bohrsonde etwa 100 Meter nordöstlich der Sphinx ein etwa 17 Meter tiefes Loch gebohrt. Dabei stießen die Bauleute nach 16 Metern weichem Schutt auf eine feste Granitoberfläche. Das wieder hochgezogene Bohrgewinde brachte aus der Tiefe ein beachtliches Stück von rotem Granit herauf. Doch roten Granit gibt es in Ägypten normalerweise nur 600 Kilometer südlich von Giseh, in Assuan.

### Woher stammt aber dieser Koloss?

Hierbei müssen wir vielleicht die ursprüngliche Gestalt der Sphinx in Betracht ziehen. Ursprünglich war das Bauwerk rot gefärbt, was sich heute noch am Kopf der Sphinx feststellen lässt. Vielleicht ist die ursprüngliche Rotfärbung der Sphinx ein Hinweis für den Zusammenhang mit dem roten Assuan-Granit. Denn nicht nur auf der Traum-Stele, sondern auch auf sechs weiteren Stelen wird das Sphinx-Bauwerk stets auf einem Sockel dargestellt. Das kann bedeuten, dass die Sphinx über einem künstlichen Fundament errichtet wurde. Eine dieser Stelen, die man im Louvre in Paris besichtigen kann, zeigt sogar sechs Stufen, die zu einer Tür führen, wodurch man unter das Bauwerk zu gelangen scheint. Unsere Gelehrten versuchen, diese Darstellungen mit einer symbolischen Tür zu den umliegenden Tempelanlagen zu deuten.

Einfallsreich sind sie ja!

Auch bei dem Granitstück ließen unsere Fachexperten auf eine Antwort nicht lange warten. Sie sind der Meinung, dass der rote Granit wahrscheinlich aus einem der Transportschiffe herausgefallen sein könnte, als der Nil durch künstliche Kanäle noch nahe am Giseh-Plateau mündete.

Bravo meine Herren!

### Warum wird nicht einfach nachgegraben?

Es ist nämlich eine Tatsache, dass das Fundament vom Sphinx-Tempel bis zu der mutmaßlichen Bohrungsstelle des Bewässerungsamtes leicht abfallend ist, und somit künstlich angelegt zu sein scheint. Etwa nach 58 Metern in östlicher Richtung kommt sogar ein Steinabfall von etwa 80 Grad, der nach 16,5 Meter unter der Erdoberfläche auf dem ungefähr 7 Meter breiten roten Granitblock verläuft. Selbst diese Kenntnis veranlasst unsere Ägyptologen nicht dazu, an dieser Stelle Ausgrabungen zu tätigen.

### Liegt es womöglich daran, dass unsere Ägyptologen längst wissen, dass sich gerade an dieser Stelle der prähistorische Eingang zur Sphinx befindet?

Bauval und Hancock weisen auf eine Besonderheit hin, wobei die Sterne eine Schlüsselrolle beim Sphinx-Bauwerk spielen. Sie übertragen den Himmel um 10500 v.u.Z., was sie mit Skyglobe 6 berechnet haben, auf die Sphinx und benennen dabei die genaue

Lage der »*Kammer der Aufzeichnungen*«, die sie »*Genesis-Kammer*« nennen. Sie soll sich etwa 40 Meter unter dem Hinterteil der Sphinx befinden und ein Ausmaß von 15 mal 18 Meter haben. Zu dem Schluss gelangen die Autoren, wenn sie die Ekliptik des Sternbildes Löwe und den danach folgenden Sonnenaufgang im Frühlingsäquinoktium um 10500 v.u.Z. auf die Sphinx übertragen. Hierbei kreuzen sich die Bahnen des Löwen und des möglichen Frühlingsäquinoktiums, vom Himmel auf die Erde übertragen, genau vierzig Meter unter der Erdoberfläche am hinteren Teil der Sphinx.

(Abb.:109 Sphinx)

Der in Amerika lebende Geophysiker Doktor Thomas L. Dobecki war einer der letzten Forscher, der mit einer Gruppe von Wissenschaftlern Anfang 1993 die Sphinx in Giseh aufsuchte, um an dem Bauwerk seismographische Untersuchungen vorzunehmen. Mit dem Segen von Doktor Ibrahim Bakr, der Präsident der ägyptischen Altertumsverwaltung war, wurde ein inoffizielles Projekt gestartet, wobei in der Umgebung der Sphinx erneute Tests durchgeführt wurden. Auch Dobecki und sein Team stießen mit ihren modernen Messgeräten auf Regelwidrigkeiten und Hohlräume, die unter den Vorderpfoten und an den Seiten der Sphinx erneut bestätigt wurden. Doktor Thomas L. Dobecki gibt den Hohlraum unter den Vorderpfoten der Sphinx wie folgt an:

»... *Die rechteckige Anomalie unter den Vorderpfoten der Sphinx befindet sich etwa fünf Meter unter der Erdoberfläche*

*und hat eine Höhe von neun Metern und eine Länge von
zwölf Metern. Da dieser Hohlraum eine rechteckige Form
aufweist und ziemlich groß ist, kann er somit möglicherweise
von Menschenhand angelegt worden sein …«*

Doch bevor Dobecki mit seinen Wissenschaftskollegen weitere
Tests, bei denen auch Endoskope angewendet werden sollten,
durchführen konnte, wurde ihm und seinem Team jegliche Weiterarbeit an der Sphinx von Professor Zahi Hawass verboten.

**Aber warum?**

Die letzten Arbeiten an der Sphinx waren die im April 1995 abgeschlossenen Restaurierungsarbeiten. Doch seit 1993 wurden
keinerlei Arbeiten in der Umgebung sowie an der Sphinx selbst
genehmigt. Ich mutmaße, dass Hawass, wenn dort wirklich zu ent-
deckende »Kammern« sind, die Lorbeeren selbst ernten will, wie
im Fall des »Gantenbrink-Schachts« in der Königinnenkammer,
wo auch die Weiterarbeit von einem ägyptischen Technikerteam
fortgesetzt wird, unter Ausschluss von Rudolf Gantenbrink und
der Öffentlichkeit.

In der Forschung ist es wie in der Fußball-Bundesliga. Nicht der
Trainer, der die Mannschaft in ein Finale führt, geht in die Statistik
ein, sondern der Trainer der das entscheidende Spiel gewinnt,
bekommt auch den Titel zugesprochen. Ähnlich ist es auch bei den
verborgenen Kammern. Nicht die Personen, die auf die Kammern
hingwiesen haben, werden Anerkennung ernten, sondern die, die
auch letztendlich die praktische Arbeit verrichten und einen Raum
freilegen. Doch bis dahin müssen wir warten. Vielleicht liefert uns
aber ein mögliches Gegenstück der Sphinx einige Antworten, die
uns das Warten ein wenig erleichtert. Es gibt nämlich ein mögliches Spiegelbild der ägyptischen Sphinx, das sich in unserer unmittelbaren Nähe befindet und das einst wie die Sphinx eine Torwächterfunktion hatte.

# 8 Der Spiegel des Torwächters

Seltsamerweise sind sich unsere Wissenschaftler heute ziemlich sicher, »wo« und »wie« sich unsere Zivilisation entwickelt hat. Doch über das »warum« und »wann« der Entwicklung einer menschlichen Zivilisation ist man sich immer noch unschlüssig. Es gibt nämlich gar keinen schlüssigen Grund, warum gerade die menschliche Spezies im Verlaufe der Evolutionsgeschichte aus der Reihe tanzen sollte, um sich zu einem Kulturwesen zu etablieren. Zumal bei den ganzen Rekonstruktionen über das erste Auftreten der Gattung »Homo« die Zeit immer weiter zurück datiert wird. Erst am 21. November 1996 gaben US-Wissenschaftler bekannt, dass ein bereits 1994 in Äthiopien entdeckter Kieferknochen des »Homohabilis« aufzeige, dass er doch 400.000 Jahre (2,3 Mio.) früher aufgetreten sein muss als bisher angenommen. Deshalb wird es für unsere Wissenschaftler immer schwieriger, einen bestimmten Zeitpunkt für den kulturellen Sprung des Menschen zu benennen. Es sei denn, wir würden uns auf die bisherigen Hinweise stützen, dass die menschlichen Kulturbringer aus dem Sternentor der Pyramiden kamen und unsere Zivilisation somit ihre Hinterlassenschaft ist.

Einige Zeugnisse über diese Hinterlassenschaft bieten uns auch die Hebräer in ihrem »Buch der Jubiläen«. Demnach entsprach ein »Jubiläum« immer einem Zeitraum von 50 Jahren (1 Jahr = 52 Wochen = 364 Tage), den man wiederum in sieben Zeitabschnitte von je sieben Jahren eingeteilt hatte (daher 7 x 7 = 49). Im 50. Jahr feierte man danach stets ein großes Jubiläum, das mit dem in Erscheinung treten der Gottheit Jahwe und den »herab gestiegenen Engeln« in Verbindung stand. Hierbei haben wir ebenfalls eine verschlüsselte Botschaft über den Herkunftsort der Gottheit Jahwe überliefert bekommen. Die 50 steht meiner Meinung nach für nichts anderes als für den ekliptikalen Umlauf von Sirius B um Sirius A. Doch wenn dem so ist, müsste der biblische Gott Jahwe ebenfalls mit einer der ägyptischen Gottheiten zu identifizieren sein.

## Wer also war Jahwe?

Um Jahwe zu identifizieren, empfiehlt es sich, die Bibel selbst und einen fünf Meter langen Papyrus mit dem Namen »*Beatty I.*« heranzuziehen und eventuelle Verknüpfungsmöglichkeiten zu untersuchen. Der umfangreichste Bericht über die Begegnung von Jahwe mit dem Volk der Hebräer wird in den ersten fünf Büchern (Genesis, Exodus, Levitikus, Numeri, Deuterionomium) des Alten Testamens beschrieben. Es ist der Prophet Moses, dem diese Überlieferungen zugeschrieben werden. Die jüdischen Theologen weisen auf die Wörter »*Mascha*« oder »*Mosche*« hin, was »*aus dem Wasser ziehen*« bedeutet, und schließen daraus auf Moses' hebräische Abstammung. Das liegt daran, weil Moses nach der biblischen Legende ein im Nilwasser ausgesetztes hebräisches Findelkind gewesen sein soll, und aus dem Wasser heraus vom ägyptischen Königshaus adoptiert wurde. Wie es allgemein bekannt ist, verbrachte Moses tatsächlich ein Drittel seines Lebens bei den Ägyptern und erhielt dadurch Informationen über das gesamte geheime Wissen der Ägypter, was selbstverständlich die ägyptische Götterwelt mit einschloss. Deshalb ist es viel wahrscheinlicher, dass die Herleitung des Moses-Namen aus den Pharaonennamen Tut-Moses (Thutmosis) oder Ra-Meses (Ramses) abstammte, was bei den Ägyptern im Alltag gebräuchliche Bezeichnungen für »*Sohn*« waren. Daraus kann man schließen, dass Moses eher ein ägyptischer Prinz gewesen ist als ein Hebräer, der allerdings den ägyptischen Gottheiten abgeschworen haben muss. Dieses würde auch das Fehlen des Götternamens erklären, da solch ein Zusatz mit einem ägyptischen Gott im Namen des Moses nicht mehr vorhanden ist. Es gibt aber wirklich eine hebräische Bezeichnung, was uns die Verwandtschaft des Stammwortes »*Moses*« aus der Sicht der alten Hebräer erklären könnte. Denn das hebräische Wort »*Moschel*« bedeutet nichts anderes als »*der, der verwaltet*«. Und genau dieses Amt führte Moses aus, nachdem er ein Bündnis mit der Gottheit Jahwe eingegangen war. Moses war nämlich der Verwalter der vorgegebenen Richtlinien der Gottheit Jahwe. Aber auch die ägyptischen Pharaonen galten immer als die irdischen Verwalter der ägyptischen Gottheiten, die man auch als »*die Söhne der Götter*« bezeichnete. Bezüglich der Bibel gibt es eine Äußerung der Gottheit Jahwe, die er im 3. Mose 25,55 gegenüber den Hebräern macht:

*»Denn mir sind die Söhne Israels Sklaven. Sie sind meine Sklaven, die ich aus dem Land Ägypten herausgeführt habe. Ich bin Jahwe, euer Gott.«*

Aus diesem Bibelvers wird deutlich, dass dieser Gott ein höheres Wesen war, der das Volk der Hebräer nur unter der Bedingung befreit hatte, dass sie sich ihm auch wirklich bedingungslos unterwarfen. Nachdem die Gottheit Jahwe die Hebräer aus dem Land Ägypten herausführt, indem er die ägyptischen Armeen besiegt, spricht er im 2. Mose 19,4 zu seinem Volk:

*»Ihr habt gesehen, was ich mit den Ägyptern getan habe und wie ich euch auf ›Adlerflügeln‹ getragen habe und euch zu mir brachte.«*

Bei der Analyse dieser Texte (2. Mose 15–19) wird es ganz deutlich, dass die erfolgreiche Bekämpfung der Ägypter nur durch eine technische Überlegenheit des Überwesens ermöglicht wurde. Dieses geht aber nicht nur aus der Überlieferung selbst, sondern auch aus falschen Übersetzungen hervor. Unsere Sprachforscher sind sich im Bezug auf das hebräische Wurzelwort *»Néscher«* für *»Adler«* immer noch uneinig. Die einen vertreten die Ansicht, dass das Wort Néscher sich aus dem Stamm *»zerrupfen«* oder *»zerfleischen«* ableitet. Andere betrachten Néscher als lautmalend (onomatopoetisch) und glauben somit in dem Wort ein *»brausendes Geräusch«* oder die Bezeichnung für *»Blitz«* zu erkennen. Unsere Theologen meinen damit den schnellen Sturzflug aus großer Höhe eines Adlers, wobei seine ausgebreiteten Flügelspitzen durch die sausende Luft ein brausendes Geräusch erzeugt.

**Sprachen die Hebräer aber wirklich nur von einem gewöhnlichen Adler oder doch eher von einem technischen Vehikel der Gottheit Jahwe?**

Eins ist klar, die Hebräer wussten ganz genau, wenn sie von einem Fischadler, Habicht oder einem Falken sprachen. Denn der Fischadler wurde von den Hebräern nicht *»Néscher«*, sondern *»Péreß«* genannt, und alle Habicht- sowie Falkenarten, nannte man einfach *»Nez«*. Wie wir bisher sehen konnten, haben unsere Ahnen durchaus Flugapparate gekannt, die stets den Göttern zugeschrieben wurden. Dass mit dem Wort Néscher ebenfalls ein technischer

Flugapparat gemeint war, verdeutlicht ein Vers aus Jesaja 40, 3-5, wo die Hebräer auf die Ankunft von Jahwe warten und ihm dafür eigens eine Flugpiste errichten:

> »Eine Stimme ruft: Bahnt für den Herrn einen Weg durch die Wüste! Baut in der Steppe eine ebene Straße für unseren Gott! Alle Täler sollen erhöht werden, und alle Berge und Hügel sollen erniedrigt werden, und was uneben ist, soll gerade, und was hügelig ist, soll eben werden. Dann offenbart sich die Herrlichkeit des Herrn, alle Sterblichen werden sie sehen.«

Aus diesem Text ist eindeutig die Bauanweisung für eine Landebahn zu entnehmen, die eigens für die Ankunft der Gottheit angefertigt werden musste. Dieser Bericht aus der Bibel erklärt uns vielleicht auch die Pisten der Nazca-Region Südamerikas, wo eine große Anzahl dieser »Götterstraßen« gebaut wurde, die heute immer noch ein ungeklärtes Rätsel darstellen. Vielleicht wurde die arabische Sinai-Region von den Hebräern auch deshalb »Land der Adlerflügel« genannt. Es gibt in der Bibel aber auch eine Anzahl von Hinweisen über göttliche Waffen, womit sich ganze Berge wegsprengen ließen. Auch die Vernichtung der biblischen Städte Sodom und Gomorra ist auf göttliche Waffen zurückzuführen.

(Abb.:109c Nazca)

Immer wenn das Volk der Israelis nicht so wollte, wie es Jahwe bestimmt hatte, demonstrierte die Gottheit ihre Macht, indem sie einige der Menschenkinder einfach umbrachte. Die Bibel ist voll von diesen Tötungen! So auch im 3. Mose 9,24, wo die Söhne von Aaron (Bruder von Moses), Abihu und Nadab beim Betreten der Stiftshütte die Gottheit Jahwe ohne seine göttliche Verkleidung erblicken und daraufhin mit einem »göttlichen Feuerstrahl« getötet werden. Als die anderen diese Machtdemonstration sehen, fallen sie mit ihrem Angesicht zu Boden, wie auch primitive Völker heute, die mit einer höheren Technologie nichts anzufangen wissen. In diesem Zusammenhang ist auch der Name der Gottheit Jahwe interessant, über den der Orientalist Robert K.G. Temple folgendes schreibt:

»... *die Hebräer schrieben den Namen Jahwe zwar JHWH, vokalisierten ihn aber mit a/e-o-a, so dass man eine Mischform erhielt, die durchaus als Jehova gelesen werden kann, was an die JEHUOVAO erinnert.*«

Zwar wird das Wort Jahwe gewöhnlich mit »*mein Herr*« übersetzt, mit dem Hinweis auf das Wort »*Jehuovao*« von Temple jedoch, erhalten wir die Bezeichnung für »*außerordentlich stark*«. Also eine Beschreibung für ein Überwesen, das zwar wie ein Mensch ausgesehen haben muss, sich aber durch seine technologischen Hilfsmittel doch von den Menschen abhob. Im Gegensatz zur Bibel ist der um 1160 v.u.Z. verfasste Papyrus Beatty I. eine literarische Handschrift, die sich an ältere ägyptische Schriften anlehnt. Die ersten 16 Seiten schildern auf 220 Zeilen die mythologische Erzählung von den Streitigkeiten zwischen den Göttern Horus und Seth. In diesem Zusammenhang wird die ägyptische Bezeichnung »*Nechenj*« für die Gottheit Horus interessant, der unter anderem in *Nechen* (Hierakompolis) residierte, das zwischen *Esna* und *Edfu* lag. Nechen ist der Ort, an dem mehrere vordynastische Könige hervorgebracht wurden, die nach Allan H. Gardiner bereits vor 3100 v.u.Z. (das geht auch aus dem Palermo-Stein hervor) mit der Doppelkrone über Ägypten regiert hatten. Gleichzeitig galt Nechen als eines der Zentren der Schemsu-Hor. Die Schemsu-Hor waren die bereits in Kapitel 5 erwähnte »*Gefolgschaft des Horus*«, die nach den Halbgöttern eine 1550 Jahre andauernde Dynastie begründeten und als Bewahrer der göttlichen Weisheit galten. Hierbei muss auch die Spiegelstadt von Nechen, das auf der Ostseite des Nils gelegene *Nechab* erwähnt werden, die von der Geiergöttin »*Nechbet*« regiert wurde. Denn der von Horus benutzte Flugapparat »*Nar*«, den wir bereits im Kapitel 3 behandelt haben, scheint auch mit der Göttin Nechbet in Verbindung gestanden zu haben. Dieser Apparat wurde stets mit einem Adler-, Falken- oder Eulenkopfähnlichen Gesichtsausdruck dargestellt. Und genau diese Art von Flugapparaten benutzte auch die Geiergöttin Nechbet, die auch als »*die Verwalterin der ge-*

*heimen Dinge des Horus-Schreins«* angesehen wurde. Somit ist die Gemeinsamkeit des hebräischen *»Néscher«* und dem ägyptischen *»Nech ...«* für Flugapparat (Adler, Falke, Geier) nicht von der Hand zu weisen. Diese Eigenschaften der Gottheit Horus können wir durchaus als einen Wink für die Verbindung zum biblischen Gott Jahwe ansehen.

## War die ägyptische Gottheit Horus somit mit *Jahwe* identisch?

Auch achtzig Jahre nach dem Tod von Osiris war das Ziel der Streitigkeiten von Seth und Horus immer noch das, welche der Gottheiten der *jwt (jawet)* des Planeten Erde wird. Der Götterrat berät unter der Leitung des Ra darüber, wer denn die Regentschaft über die Erde bekommen soll. Das ägyptische Wort *jawet* bedeutet nichts anderes als *Amt ...*, *Würdenträger...* oder einfach *Verwalter...*, zu denen sich noch die Bezeichnung *... der Erde* gesellt.

## Ist das hebräische *Jahwe* somit mit dem ägyptischen *Jawet* identisch?

Es spricht tatsächlich vieles dafür, dass sich das ägyptische *Jawet* (Verwalter) durchaus mit dem biblischen Begriff *Jahwe* (Herr) gleichstellen lässt. Somit wäre folgende Rekonstruktion möglich: Als die Gottheiten erneut mit den Menschenkindern Begegnungen hatten, müssen die Menschen irgendwie mitbekommen haben, dass das Oberhaupt dieser Götter mit dem Titel *Jahwe* oder *Jawet* angesprochen wurde, was sie dann übernahmen. Jahwe spricht in der Bibel oft genug selbst darüber, dass er der *»Jahwe der Menschen«* sei. Meine Annahme über die Gleichstellung von Jahwe und Jawet findet im Buch Jubiläen 4,15 seine Bestätigung:

> *»Und in der 2. Jahrwoche des 10. Jubiläums nahm sich Malalel die Diana, die Tochter Barakiels, Tochter der Schwester seines Vaters, zum Weibe, und sie gebar ihm ein Sohn in der 3. Jahrwoche in ihrem 6. Jahre und er nannte seinen Namen Jared. Denn in seinen Tagen stiegen die Engel Gottes, welche die Wächter heißen, auf die Erde herab, um die Menschenkinder zu lehren, Recht und Gerechtigkeit auf der Erde zu üben.«*

Demnach lässt sich der Name des biblischen Urvaters *Jared*, mit *»die, die auf die Erde herabstiegen«* übersetzen. Das bedeutet, dass die Götterschaft zur Zeit von *»Jareds«* Geburt (um 3049 v.u.Z.) erneut vom Himmel zur Erde kam, um die Erde zu verwalten. Eigenartigerweise besaß die Geiergöttin Nechbet einen ähnlich klingenden Beinamen. Nechbets Beiname lautete *»Jaret«* und bedeutet, nach dem Philologen Doktor Günther Roeder, *»die zu ihm aufgestiegen ist«* (zu Horus). Zufall? Doch nicht Horus, sondern die Gottheit Seth ist es am Anfang, die die Erde mit dem Segen des Götteroberhauptes Ra verwaltet, während Horus im Himmel residiert. Dazu heißt es bei der Götterkonferenz in Beatty I., Vers 4,4:

> *»... Was mich angeht, so bin ich Seth, groß an Kraft in der Götterschaft. Ich töte den Feind des Ra täglich, während ich an der Spitze der Barke von Millionen stehe, ohne dass irgendein anderer Gott es zu tun vermöchte. Ich will das Jawet des Osiris erhalten. Dann sagten sie:* ›Recht hat Seth, Sohn der Nunet!‹*«*

Auch die *»Schamire«* (Diamantenbohrer, -schneider), die nachweislich beim Bau des Salomon-Tempels und wahrscheinlich auch beim Bau der Pyramiden eingesetzt wurden, scheinen den Hebräern von der Gottheit Seth übergeben worden zu sein. Da Horus die Herrschaft von Seth stets anstreitet, müssen sie viele Kämpfe ausfechten. Bei einem Kampf, den die Gottheiten im Wasser austragen, wird im Beatty I., Vers 13,6 vorher berichtet, wie Seth Steine zerschneiden konnte:

> *»Da erblickte Seth das Schiff des Horus, und er dachte, es wäre Stein. Er ging nach dem Berge, und er schnitt eine Felsspitze des Berges ab, und er baute sich ein Schiff von Stein von 138 Ellen.«*

Ob diese Hinweise für die Gleichstellung von der Gottheit Jawet-Seth (Verwalter der Erde) und dem biblischen Gott Jahwe (Herr der Erde) ausreichend sind und man sie als enträtselt betrachten kann, können Sie selbstverständlich mit entscheiden. Die Hinweise sind zwar bruchstückhaft, doch sind sie in jedem Fall vorhanden und werden von unserer Lehrmeinung zu gern weggeredet. Zum Teil sind die Hinweise unserer Lehrmeinung sogar nicht einmal bekannt!

## Wie sieht es aber um das Geheimnis des Horus aus, der der »Verwalter des Himmels« war?

Auch »*der Torwächter*« oder »*das lebende Abbild des Herrn des Weltalls*«, was wir heute »*Sphinx*« nennen, stellte in den Vorstellungen der Völker aller Jahrhunderte, immer die Verkörperung der ungelösten Geheimnisse der dunklen Wahrheit dar und stand zudem immer mit Horus in Verbindung. Obwohl durch den Massentourismus viel von seinem verborgenen Zauber verschwunden ist, bleibt uns immer noch das Rätsel seines Ursprungs. Denn was es mit der dunklen Wahrheit auch auf sich hatte, die Lösung seines Ursprungs musste im dunklen Weltall zu finden sein. Wenn nicht alles täuscht, gibt uns das jüdische Buch *Zohar* einige wichtige Hinweise auf die Giseh-Pyramiden und die Sphinx wieder, wonach ihre Spiegelbilder sich im Universum befinden sollen. Im Kapitel 5. der großen Versammlung heißt es:

> »*Denn der obere* »*Alte*«, *der der* »*Langmütige*« *oder* »*der große Grund der Schöpfung*« *heißt, wird auch Arich-Anphin, das heißt* »*großes Gesicht*« *genannt. Der andere, der menschliche Gott, die Gestalt des Schattens, der* »*Zornfeurige*«, *das heißt* »*der kleine Grund der Schöpfung*«, *wird auch Seir-Anphin, das heißt* »*kleines Gesicht*« *genannt.*«

Unablässig wird es in diesem Vers deutlich, dass »*Arich-Anphin*« und »*Seir-Anphin*« in einem gewissen Zusammenhang zueinander stehen und der »*Zornfeurige*«, der auch »*die Gestalt des Schattens*« genannt wird, mit der ursprünglichen roten Gestalt der Sphinx in Giseh zu identifizieren zu sein scheint, die im Schatten der Pyramiden liegt.

### Wo aber liegt dann Arich-Anphin (großes Gesicht)?

Am 31. Mai 1975 wurde die ESA (European Space Agency) gegründet, der heute bereits 14 Mitgliedstaaten angehören. Danach wurden seit dem 24. Dezember 1979 von der europäischen Weltraumbasis in Kourou (französisch Guayana) 87 Missionen mit Ariane-Raketen in den sogenannten geostationären Orbit in 36000 Kilometer Höhe geschossen. Der Ariane-Antrieb wird, außer mit einer energiereichen Hauptstufe von flüssigem Wasserstoff und Sauerstoff, noch von zwei seitlich angeordneten Feststoffraketen beschleunigt, deren Bild mehr an das amerikanische Shuttle-System erinnert als an eine klassische Rakete. So kommt es auch dazu, dass seit dem ersten Ariane-Start Forschungsergebnisse nicht nur von den Amerikanern und Russen erzielt werden, sondern eigenständig von den europäischen Verbundstaaten.

Im April 1995 wurde von der Europäischen Weltraum-Organisation ESA eine neue Generation von Satelliten in eine Erdumlaufbahn von 760 Kilometern geschossen. Anders als die Satelliten der Militärs verwendet dieser Satellit auch keine Fotokamera, sondern Radarstrahlen, die unser Planet reflektiert und zu der Sonde wieder zurückschleudert. Daher kann der ERS-2 (Europäischer Radar Satellit 2) auch bei Nacht und Nebel, selbst durch die dicksten Wolken sehen. Des weiteren misst er aus einer Höhe von 760 Kilometern über der Erdoberfläche die Höhe der Meereswellen, die Wassertemperatur und die Windgeschwindigkeit, wobei sein Blick so scharf ist, dass er selbst gesunde Fichtennadeln von kranken unterscheiden kann. Unter anderem hat die DARA (Deutsche Agentur für Raumfahrtangelegenheiten) in Oberpfaffenhofen nahe bei München neueste Satelliten-Bilder von der Oase *Safsah* in Ägypten erhalten, die von dem Geografen Frank Rottinger von der Freien Universität Berlin ausgewertet werden. Die Bilder zeigen auf einer bunten Karte die wahre Erdoberfläche, ohne den Wüstensand der Sahara. Auf dieser Abbildung wimmelt es nur so von dunklen Furchen und Linien, die nichts anderes darstellen, als ehemalige Flussbetten, die vor etwa 9000 Jahren in einer tropischen Landschaft noch Wasser enthielten. Doch die Krönung aller Bilder traf im März 1996 ein und zeigt uns die wahre Form unserer Erde. Demnach entspricht die Form unserer Erde eher der Form einer Backkartoffel als der Form einer Kugel.

Die Kommunikations-Satelliten, wie zum Beispiel der Eutelsat, liegen geostatisch in einer Höhe von etwa 36000 Kilometern. Der ERS-2 dagegen ist mit seinen 760 Kilometern ein Tiefflieger. Durch diese ungewöhnliche Nähe des Satelliten zu unserer Erde konnte die Erkenntnis gewonnen werden, dass die Umrundung unseres Planeten in keiner gleichmäßigen Ellipsenbahn von statten geht, sondern in einem Zick-Zack-Kurs stattfindet. Deshalb muss die bisher angenommene gleichmäßige Ellipsenbahn um eine kreisförmige Erdkugel aus unseren Schulbüchern gestrichen werden.

## Doch warum soll die Erde nicht, wie noch bis März 1996 angenommen, kreisförmig sein?

Hierauf bietet uns vielleicht gerade unser Erdmond und seine Entstehungsgeschichte eine Antwort. Denn über seine Entstehung gibt es derzeit drei Theorien, die unsere Wissenschaftler ernsthaft diskutieren. Die »*Einfang-Theorie*« besagt, dass sich die Erde ihren Nachbarn einfing, als sich unser Trabant eher zufällig in dem Erdanziehungsbereich befunden hatte. Nach Ansicht des Münchener Astrophysikers Professor Harald Lesch ist dieser Vorgang jedoch praktisch undenkbar, da der Mond nur dann von der Erde eingefangen werden könnte, wenn er sich in einer optimalen Geschwindigkeit (extrem langsam) dem Schwerefeld der Erde genähert hätte. Und genau diese Tatsache empfindet der Astrophysiker als sehr unwahrscheinlich.

Die zweite Theorie (*Abspaltungs-Theorie*) besagt, dass sich der Mond bereits während der Flüssigkeitsphase unserer Erdkugel, vor etwa 4,5 Milliarden Jahren, durch die in den Anfängen vorherrschende hohe Fliehkraft aus der Erde ausgerissen wurde und sich somit aus der Kugelform abgespalten hat. Doch gegen diese Theorie spricht die Zusammensetzung des Mondgesteins, das sich zu sehr von der Geologie unserer Erde unterscheidet. Denn mit der am 20. Juli 1969 durchgeführten Mondlandung von Apollo 11 hatten unsere Physiker endlich die Gelegenheit erhalten, die Zusammensetzung des Mondgesteins zu analysieren. Zudem sind 1994 Multispektralaufnahmen der Sonde »*Clementine*« untersucht worden, wodurch sich der Eisengehalt an der Mondoberfläche genauer bestimmen ließ und somit andere Ereignisse zur Ausformung unseres Mondes geführt haben müssen. Deshalb ist die wahrscheinlichste Theorie, die sogenannte *Crash-Theorie*.

Demnach könnte ein Asteroid von der Größe des Mars (etwa ein Zehntel der Erdmasse) mit einer Geschwindigkeit von 100 Kilometersekunden die Erde getroffen haben, wobei durch die entstandene Hitze der Eisenkern des Asteroiden geschmolzen ist. Dann soll die geschmolzene Materie um die Erde geschleudert worden sein und bildete zunächst einen Ring. Danach wurde das Ringmaterial durch die Erdrotation regelrecht zusammengeschoben und zu einer Kugel gebacken. Dazu sagt Professor Lesch:

*»Es ist ein Wunder, dass sich die beiden Stoßpartner nicht gegenseitig zerstört haben.«*

Zwar konnten die geologischen Vorgänge auf der Erde längst alle Spuren dieses möglichen Super-Crashs verwischen, doch nur oberflächlich. Mit der Auswertung der ERS-2-Daten, sind die Verletzungen unserer Erdkugel wieder sichtbar geworden. Diese neue Theorie brachte mich auf eine bereits im Jahre 1976 in *»The twelfth Planet«* von Zecharia Sitchin aufgestellte Aussage, die der Forscher mesopotamischen Keilschrifttexten entnommen hatte.

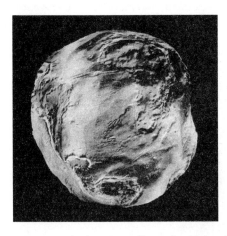

(Abb.:110 Kartoffel)

Das Volk der Sumerer, auf das sich Sitchin dabei bezieht, arbeitete schon vor mindestens 7000 Jahren mit dem Begriff *»Null«*, wobei ihre kosmischen Berechnungen schon fünfzehnstellige Zahlen beinhalteten, während viel jüngere Völker bereits mit vierstelligen Zahlen Schwierigkeiten hatten. Anstatt des Fingersystems mit der Grundlage der Zehn, benutzten sie ein Zwölfersystem (Sexagesimalsystem) mit Sechzigereinheiten. Dieses System benutzen wir heute noch (Sekunden, Minuten, Stunden, Zoll, Dutzend, Winkelgrad), da es sich durch verschiedene Faktoren zum Teilen besser eignet. Auch das astronomische Wissen der Sumerer war so umfangreich, dass sie schon über die Verschiebung der Erdachse Bescheid wussten. Ihre Angaben waren so genau, dass sie von unserer heutigen Berechnung lediglich um vier Zehntel eines Jahres abwichen. Die Sumerer waren auch die ersten, die den Sternbildern des Tierkreises Namen gaben, die wir heute noch benutzen:

| | | |
|---|---|---|
| Widder | KU.MAL (*»Feldbewohner«*) griechisch | Aries |
| Stier | GU.ANNA (*»Stier des Himmels«*) | Taurus |
| Zwillinge | MASCH.TAB.ANNA (*»Fischdoppelwesen«*) | Gemini |

| | | |
|---|---|---|
| Krebs | DUB (»*Kneifzange*«) | Cancer |
| Löwe | UR.GALA (»*Leuchtender Löwe*«) | Leo |
| Jungfrau | AB.SIN (»*ihr Vater war Sin*«) | Vigo |
| Waage | ZI.BA.ANNA (»*Schicksal des Himmels*«) | Libra |
| Skorpion | GIR.TAB (»*Hereinschneidender*«) | Scorpio |
| Schütze | PA.BIL (»*Verteidiger*«) | Sagittarius |
| Steinbock | SUHUR.MASCH (»*Ziegenfisch*«) | Capricon |
| Wassermann | GU (»*Herr des Wassers*«) | Aquarius |
| Fische | SIM.MAH (»*Ausstrahlender*«) | Pisces |

Außer den Sternbildern kannten die Sumerer aber auch alle uns bekannten Planeten in unserem Sonnensystem, denen sie folgende Namen zusprachen:

(Abb.:110a astronomisches Relief)

| | | | |
|---|---|---|---|
| Sonne | = | **Apsu** | »*der von Anfang an da war*« |
| Merkur | = | **Mummu** | »*Apsus Ratgeber und Gesandter*« |
| Venus | = | **Lahamu** | »*Herrin der Schlachten*« |
| Mars | = | **Lahmu** | »*Gott des Krieges*« |
| ? | = | **Tiamat** | »*Jungfrau die Leben gab*« |
| Jupiter | = | **Kischar** | »*Erster des festen Landes*« |
| Saturn | = | **Anschar** | »*Erster des Himmels*« |
| Uranus | = | **Anu** | »*der des Himmels*« |
| Neptun | = | **Nudimmud** | »*Schöpferischer Künstler*« |
| Pluto | = | **Gaga** | »*Ratgeber und Gesandter Anschars*« |

Eigenartigerweise fehlen in dieser Auflistung jedoch die Erde und der Mond. Doch aus weiteren Keilschriftüberlieferungen und dem Schöpfungs-Epos der Sumerer hat Sitchin folgendes Szenario rekonstruiert: Demnach soll der Planet Tiamat durch einen Zusammenstoß mit einem anderen Himmelskörper, der in unser Sonnensystem eingedrungen ist, auseinandergebrochen sein, woraus sich dann »Ki«, die Erde und »Kingu«, der Mond ausformten.

(Abb.:111z Keilschrifttafel)

Die mythologische Umschreibung der Keilschifttexte lautet wie folgt:

»Sie störten Tiamat, als sie hin und her schwankten. Sie stießen an Tiamats Bauch bei ihren Possen in den Himmelswohnungen. Apsu vermochte ihren Lärm zu dämpfen; Tiamat, sprachlos, konnte ihnen nicht ausweichen. Ihr Treiben war widerlich, störend waren ihre Wege.«

Vielleicht ist durch dieses Szenario auch der Asteroiden-Gürtel zwischen den Planeten Mars und Jupiter, den die Sumerer »gehämmerter Armreif« und die Ägypter »Zerstückelte Schlange« (Apophis) nannten, zu erklären. Ein anderer Keilschriftvers verdeutlicht diese Annahme. Denn nachdem Tiamat auseinandergebrochen ist, fangen die Teile an, sich auszuformen:

»Die andere Hälfte hängte er auf als Schirm für den Himmel. Er kettete sie aneinander, als Wächter bestellte er sie. Er bog Tiamats Schwanz, das große gehämmerte Band als Armreif zu formen.«

Die Sumerer umschrieben das Zusammenbrechen von Tiamat auch als ein »Drachenwesen«, das sich in die Gattung der Reptilien einordnen lässt und somit mit dem Schlangensymbol der Ägypter vergleichbar wäre.

(Abb.:111 Kosmische Katastrophe)

Dieses Szenario würde in jedem Fall der gängigen Crash-Theorie entsprechen. Nur mit dem Unterschied, dass es der Planet Tiamat war, der gecrasht wurde, woraus dann die Erde, der Mond und der Asteroiden-Gürtel entstanden sind. Da ich kein Astrophysiker bin, mag ich auch nicht beurteilen, ob nach solch einem Zusammenstoß »*Leben*« seine Grundlagen beibehalten hätte, um überhaupt weiter zu existieren. Doch wenn wir gerade das Aussterben der Dinosaurier betrachten, scheinen diese nach unserer gängigen Theorie irgendwann vor etwa 70 Millionen Jahren ausgestorben zu sein. Auffällig dabei ist es, dass diese Tiere sich bei einem Körpergewicht von bis zu 100 Tonnen anscheinend problemlos an Land bewegten und es ab diesem Zeitpunkt nicht mehr konnten und ausgestorben sind.

**Kann es vielleicht damit zusammenhängen, weil die Dinosaurier ursprünglich auf dem Tiamat beheimatet waren?**

Es ist immer sehr gewagt, solche Gedankengänge in den Raum zu stellen, durch die man sehr schnell als ein »*Phantast*« abgestempelt werden kann. Die Crash-Theorie ist aber nicht ein geistiges Kind von mir, sondern von unserer offiziellen Lehrmeinung. Ebenso verhält es sich mit dem Bericht über den Planeten Tiamat. Nicht ich berichte über kosmische Katastrophen aus der Vergangenheit, sondern sumerische Keilschrifttexte. Ich versuche diese Hinweise lediglich miteinander zu verknüpfen und wie bei einer Schachaufgabe zu einer möglichen Lösung zu gelangen. Hinzu kommt, dass unsere Astronomen sich seit Jahren mit dem Multiplizieren der im Asteroiden-Gürtel umherfliegenden Bruchstücke beschäftigt haben, um auf ein Planetenvolumen zu gelangen. Doch das Ergebnis war für die Grundlage eines Planeten stets zu gering gewesen. Nach der Titius-Bodischen-Theorie müsste an diesem Ort, wo sich der Asteroiden-Gürtel befindet, eigentlich ein Planet befunden haben. Bereits im Jahre 1766 entdeckte der Bischof Johannes Titius unter den bis dahin bekannten Planetenentfernungen unseres Sonnensystems mathematische Beziehungen zueinander. Sechs Jahre später untersuchte unabhängig von Titius auch der Mathematiker und Astronom Johann Bode diese Regelmäßigkeiten und veröffentlichte eine Arbeit darüber. Johann Bode berechnete die Planetenabstände nach der Formel: 0,4 + 0,3 x 2 hoch Reihenfolgenzahl des bestimmbaren Planeten. Wir rechnen heute in astronomischen Einheiten (AE), wobei eine AE mit rund 149 Millionen Kilometern der Entfernung zwischen Erde und Sonne enspricht. Eigenartigerweise entspricht die Titius-Bodische-Theorie in etwa den Ergebnissen unserer modernen Astronomie:

| Moderne Astronomie | | | Titius-Bode-Regel | |
|---|---|---|---|---|
| Merkur | 3,90 | AE | Merkur | 4,00 |
| Venus | 0,72 | AE | Venus | 0,70 |
| Erde | 1,00 | AE | Erde | 1,00 |
| Mars | 1,52 | AE | Mars | 1,60 |
| Asteoridengürtel | 2,90 | AE | Planet X | 2,80 |
| Jupiter | 5,20 | AE | Jupiter | 5,20 |

Wenn wir die Schwankungen der Planetenbahnen berücksichtigen, sind die Ergebnisse von Johann Bode im Vergleich zur modernen Astrophysik sogar ziemlich genau. Ist das somit eine Bestätigung für die ehemalige Existenz des Tiamat (Panet X), worüber unsere Urahnen berichten? Erst mit den ERS-2-Daten kommen wir der Lösung dieser Theorie einen wesentlichen Schritt näher.

**Doch wie kann ein derartiges Wissen über das, was sich vor Millionen von Jahren ereignete, den Sumerern schon bekannt gewesen sein?**

Laut unserer Lehrmeinung besaßen weder die Ägypter noch die Sumerer Fernrohre oder Observatorien, mit denen sie unsere Planeten beobachten konnten. Die ersten wichtigen Entdeckungen mit einem Fernrohr über unsere Planeten wurden zum erstenmal vor etwa 400 Jahren von Galileo Galilei gemacht, der insbesondere vier der Jupitermonde entdeckte. Doch weitere Planeten unseres Sonnensystems waren zu diesem Zeitpunkt noch unbekannt. Der Uranus wurde erst 1781 von Friedrich Wilhelm Herschel und unser letzter Planet Pluto sogar erst 1930 von dem damals erst vierundzwanzigjährigen Clyde Tombaugh entdeckt. Erstaunlicherweise war das, was wir erst 1930 über unser Planetensystem in Erfahrung brachten, nichts neues. Denn die Sumerer kannten alle neun der Planeten unseres Sonnensystems bereits vor 7000 Jahren. Obwohl die technischen Voraussetzungen für ein derartiges Wissen damals nicht gegeben gewesen sein dürften, wurde zumindest das Wissen darüber über Generationen hinweg bewahrt. Wenn wir alle bisher in diesem Buch zusammengetragenen Erkenntnisse Revue passieren lassen, so könnte es durchaus sein, dass es unsere Ur-Väter aus dem Sternentor der Pyramiden gewesen sein könnten, die den Sumerern dieses Wissen vermittelt haben, so dass die Priesterschaft dieses Wissen unverstanden bewahrt hat. Ebenso wäre es aber denkbar, dass wir bereits vor 25000 Jahren eine ähnliche kulturelle Hochstufe wie heute erreicht hatten, die durch erneute Katastrophen wieder ausgelöscht worden ist.

Gerade in diesem Zusammenhang bekommt auch der erdähnlichste Planet in unserem Sonnensystem eine neue Bedeutung: der Mars. Unsere Wissenschaft überlegt seit Jahren, wie der Mars seine heutige Umlaufbahn einnehmen konnte, denn nach den Berechnungen unserer Astronomen soll der Mars einst in einer erdähnlichen Position seine Runden um die Sonne gezogen haben, wie es die Sumerer auch angeben. Heute schwankt die Entfernung vom Mars zu unserer Sonne zwischen 208 bis 249 Millionen Kilometer. Dieser Tatbestand hinterlässt einen direkten Einfluss auf das Klima unseres Nachbarplaneten.

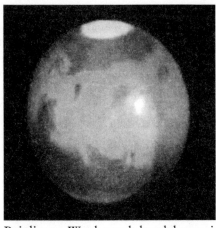

(Abb.:112 Mars)

Es war schon immer von besonderem Interesse, den Mars zu beobachten, da man bis vor kurzem noch angenommen hatte, dass auf ihm Leben existieren könne. Im Jahre 1901 wurde in Frankreich sogar ein Preis für den ersten ausgeschrieben, der Kontakt mit Wesen anderer Welten herstellen würde. Bei diesem Wettbewerb handelte es sich um den mit 100.000 France dotierten Pariser Guzmann-Preis, wobei man ausdrücklich darauf geachtet hat, dass der Planet Mars mit seinen Bewohnern ausgeschlossen wird, weil dies ansonsten zu einfach wäre.

**Doch wie abwegig ist denn der Gedanke unserer Großväter, dass auf dem Planeten Mars einst »Marsianer« lebten?**

Professor Carl Sagan schreibt in seinem Buch *»Nachbarn im Kosmos«*:

> *»... Daher erscheint es vernünftig, die Suche nach extraterrestrischer Intelligenz mit dem Radio anzugehen. Sollten wir voher jedoch nicht auch noch andere Möglichkeiten erwägen – zum Beispiel hier auf der Erde suchen? Würden wir nicht ziemlich dumm dastehen, wenn wir große Anstrengungen darauf verwendeten, Radiobotschaften auf der Suche nach Leben zum Mars schickten – um später festzustellen, dass direkt vor unserer Nase, auf unserer Erde, der Beweis für extraterrestrisches Leben existiert?«*

Zahlreiche Meteoriten, die in den Gegenden der Antarktis gefunden wurden, stehen seit Jahren in der Diskussion, dass sie ursprünglich vom Mars stammten. Das Material soll nach der Auffassung unserer Wissenschaftler aus einer Zeit stammen, als die Planeten unseres Sonnensystems heftigen Bombardements von

Asteoriden ausgesetzt waren. Hierbei sollen Marsgesteine ins Weltall herausgeschleudert worden sein, die später auf die Erde stürzten. Einer dieser Meteoriten ist der EETA 79001 (Elephant Moraine), der mit einer Masse von etwa 8 Kilogramm zu den am häufigsten untersuchten Gesteinsfunden zählt. Man konnte mit diesen Untersuchungen Kohlenstoff-Isotope herausfiltern, die auch in dem Kohlendioxyd-Gehalt einiger organisch gebildeter Kalksteinsorten auf der Erde vorkamen. Doch das Ganze blieb bis zum August 1996 nur Hypothese. Auch ein anderer Meteorit (ALH 84001 Magnetite), der vor 12 Jahren in der Antarktis freigelegt worden ist, enthielt biologische Hinweise, die am 07. August 1996 von der NASA in einer öffentlichen Pressekonferenz freigegeben wurden. Das Weltraumgestein soll nach den Angaben der NASA-Wissenschaftler vor 3,5 Milliarden Jahren von unserem Nachbarplaneten Mars auf die Erde gestürzt sein. Aus den Untersuchungen gingen seltsam geformte farbige Rückstände hervor, die nach der Ansicht der Wissenschaftler nichts als Rückstände biologischer Reaktionen sind.

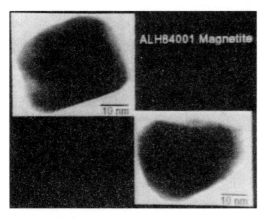

(Abb.:113 ALH 84001)

Das ist sozusagen der Restmüll des Marsbakteriums. Der NASA-Wissenschaftler David McKay gab auf der Pressenkonferenz folgende Erklärung und sorgte damit für eine Sensation:

»... das sind unsere Beweisstränge. Jeder für sich alleine genommen ist unzureichend, aber alle zusammen lassen nur einen Schluss zu – es war Leben!«

Daraufhin präsentierte McKay dann Abbildungen von kleinen Klumpen von Kohlenwasserstoffen und Mikroskopaufnahmen, die die Marsbakterien zeigen und auf die Lebensprozesse hindeuten, die einst auf dem Mars abliefen.

(Abb.:114 Bakterien)

Nur einen Tag nach dieser sensationellen Veröffentlichung trat auch der amerikanische Präsident Bill Clinton vor die Weltpresse. Die Pressemitteilung vom 8. August 1996 war jedoch anders als die sonstigen Pressekonferenzen, die der Präsident bisher geführt hatte. Es ging weder über den Frieden im Nahen Osten, noch um die Hungersnot in Afrika. Auch waren keine innenpolitischen Auseinandersetzungen der Grund für die Rede von Präsident Clinton. Es ging einzig und allein um den ALH 84001 und die Hinweise auf die Möglichkeiten für Lebensformen auf dem Mars, zu denen Bill Clinton folgendes sagte:

»... *Wenn sich das bestätigt, dann haben wir mit Sicherheit eine der überwältigendsten Entdeckungen vor uns, die je gemacht wurden – so weitreichend und Staunen erregend, wie man es sich nur vorstellen kann.*«

**Doch warum war man auf einmal so informationsfreudig?**

Bislang vertraten unsere Wissenschaftler stets die Ansicht, dass der Lebensprozess auf der Erde lediglich auf Zufall beruhe und unsere Existenz nur eine chemische Reaktion war, die ausschließlich auf der Erde stattgefunden habe. Damit meinte man, dass sich Lebensprozesse außerhalb der Erde weder beweisen noch widerlegen ließen. Alle Personen, die bisher einen Zugang zu offiziellen Stellen suchten, um die Frage der Existenz außerirdischer Lebensformen zu klären, wurden entweder abgewiesen oder einfach nur belächelt. Dabei standen nicht nur Wahrscheinlichkeitsberechnungen über mögliche Sonnensysteme, die vielleicht primitives Leben hervorgebracht hatten, in der Diskussion, sondern auch Ablaufmöglichkeiten chemischer Prozesse außerhalb unseres Sonnensystems. Im Bezug auf die Ergebnisse dieser Gespräche hätte man es sich niemals vorstellen können, dass gerade unsere Lehrmeinungsvertreter mit dieser Sensation an die Presse gehen und quasi vor unserer Haustür außerirdische Lebensformen präsentieren. Denn wenn allein schon in unserem Sonnensystem Leben zweimal (Erde, Mars) unabhängig voneinander entstehen konnte, dann musste es im Universum von Lebensformen geradezu wimmeln. Also kann da irgend etwas nicht mit rechten Dingen zugegangen sein! Entweder wollten unsere Experten nur ihre Arbeitsplätze und somit neue Finanzmittel sichern, oder aber uns an Ereignisse heranführen, die bereits seit 12 Jahren diskutiert werden und jetzt aufgeklärt sind.

Mit Beginn der Marsbeobachtungen durch Sonden hatte man ein neues Kapitel in der Weltraumforschung aufgeschlagen, womit es möglich wurde, die ersten genauen Marskarten zu erstellen. Bei Bildauswertungsarbeiten der Mariner 9 und der Viking-Sonden im Jahre 1976 entdeckte der NASA Mitarbeiter Toby Owen in der *»Cydonia Region«* ein 1700 Meter langes Steingebilde, das mit menschlichen Gesichtszügen ausgeformt war. Außer dieser Formation sind zudem im Gebiet von *Trivium Charoutis*, wo sich das *»Elysium Plateau«* befindet, Pyramidenformationen aufgenommen worden, die eindeutig über glatt gearbeitete Seitenflächen verfügen. Dazu gesellen sich Mauergebilde, die in ihrer Struktur an die alten südamerikanischen Inkamauern erinnern und seltsamerweise von der NASA spontan als *»Inka-Stadt«* bezeichnet wurden. Die Marsmauer besteht aus zusammenhängenden rechteckigen Steinblöcken, die bis zu sieben Kilometer lang sind. Allein die Größe spricht eigentlich gegen ein künstliches Gebilde. Man fand aber noch andere Marsgebilde, die sich nicht erklären ließen. Auf dem Mars existieren auch kilometerlange weiße Streifenmarkierungen, die sich als gerade Linien durch die Landschaft erstrecken, wobei sie zum Teil parallel zueinander verlaufen und sich dabei überkreuzen. Von der Erde kennen wir die Nazca-Region Südamerikas, wo ähnliche Linien und Strecken vorhanden sind, die nur aus dem Luftraum erkennbar sind. Seit diesen kuriosen Entdeckungen sind die Diskussionen über eine ehemalige Marszivilisation im Gange, die sich möglicherweise irgendwann selbst vernichtete.

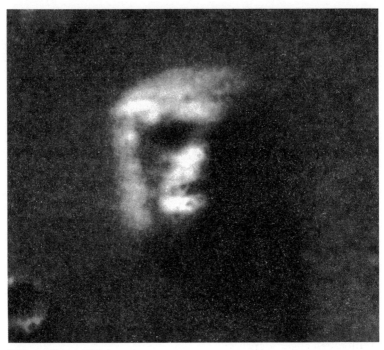

(Abb.:115 Marsgesicht)

1988 starteten dreizehn europäische Länder unter der Leitung der damaligen Sowjetunion das ehrgeizige Projekt *»Phobos-Mission«*. Der Plan des Projektes sah vor, zwei unbemannte Sonden (Phobos 1 und 2) zum Mars zu starten, die 1989 in elliptischen Parkbahnen auf einem der Marsmonde (Phobos) einschwenken sollten, um Landekapseln abzusetzen, die dann systematisch den Mars beobachtet hätten. Die ganze Mission sollte dafür genutzt werden, um im nächsten Jahrhundert bemannte Expeditionen zum Mars zu starten, wofür vorher durch die Sonden ein geeigneter Landeplatz lokalisiert werden sollte. Doch die ganze Mission ging als ein Fehlschlag in die Geschichte der Weltraumforschung ein. Phobos 1 und Phobos 2 verschwanden auf sehr mysteriöse Weise von der Bildfläche. Das wiederum brachte die NASA auf den Plan, am 16. September 1992 ihre eigene Sonde zum Mars zu starteten.

Obwohl der *»Mars-Observer«* mit einer hochempfindlichen Ka-

mera ausgestattet war, weigerte sich die NASA öffentlich, die mysteriösen Marsgebilde nochmals zu kartografieren, die den Spekulationen über eine ehemalige Marszivilisation ein Ende gesetzt hätte.
Der Pressesprecher Charles Redmond gab in einer Ansprache
bekannt, dass die ganzen Marsstrukturen nur auf Winderosionen
zurückzuführen wären und die NASA nicht bereit ist, diese Gebilde
nochmals zu fotografieren. Auf das Drängen des US-Abgeordneten
Robert Adam Roe, der die Marsstrukturen für nicht natürlicher
Herkunft hielt, musste die NASA dann zähneknirschend doch Ein-
geständnisse machen, die Marsstrukturen erneut zu untersuchen.
Doch danach folgt eine Kuriosität der anderen:

1) Am 03. Januar 1991 wird der Kongressabgeordnete R.A. Roe
   versetzt, indem man ihm einen neuen Verantwortungsbereich
   zuteilt.

2) Nach anfänglichen Schwierigkeiten startet Mars-Observer mit
   zweitägiger Verspätung und setzt am 16. September 1992 seinen
   Flug in den Marsorbit an. Nach der Einschwenkung des Mars-
   Observers in die Marsbahn (Ende 1993) gibt die NASA in einer
   Pressemitteilung bekannt, dass der Funkkontakt zur Sonde
   plötzlich abgebrochen sei.

3) Am 07. August 1996 bestätigt die NASA die Existenz von außer-
   irdischen Lebensformen.

4) Am 14. August 1996 veröffentlicht die NASA Bilder von der
   Jupitersonde »Galileo«, die auf dem Jupitermond »Europa« auf
   mögliche Wasservorkommen hindeuten und legt gleich noch
   einen drauf: »Die Bilder erhöhen die Möglichkeit, dass es einen
   Ozean auf dem Jupiter-Trabanten gibt.« Die Sonde nähert sich
   im Dezember 1996 dem Jupitermond auf 600 Kilometer und
   geht auf Tuchfühlung.

5) Am 03. Dezember 1996 bestätigt die NASA die Existenz von
   Wasser auf unserem Erdtrabanten in Eisform, der bei der Kolo-
   nialisierung des Mondes genutzt werden soll.

Von der Erde wissen wir, dass gerade Wasser für die biologischen
Prozesse, die Leben hervorbrachten, unerlässlich und wichtig ist.
Wasser ist somit nicht nur auf unserem Erdmond, dem Mond des

Jupiters Europa, sondern auch auf dem Mars vorhanden. Wir könnten uns jetzt eigentlich fragen, was das alles soll. Zumal zu der Zeit, als die Marsstrukturen ausgewertet wurden, lediglich 60000 Aufnahmen durch die Zensur gingen. Es gab aber noch über 300.000 weitere Bilder, die außer der NASA noch keiner gesehen hat.

**Hatte die NASA den Verlust des Funkkontaktes zum Observer nur vorgetäuscht, so dass die Marsstrukturen jetzt offiziell bestätigt sind?**

Am Anfang sagte die NASA, dass der Mars-Observer verschwunden sei und das Projekt außer den neuen Erkenntnissen aus seiner Entwicklungsphase, bis auf weiteres gescheitert ist. Nach der Amerikanerin Carol Loughton (Astronom) wurde diese Meldung später revidiert und nur auf den Funkkontat, den die Sonde zur Erde übermitteln sollte, eingeschränkt. Das heißt, dass der Observer durchaus seine geplante Position um den Mars eingenommen haben muss und zur Erde die Botschaften wie vorgesehen übermittelt. Wir können sie anscheinend nur nicht enpfangen! Wer sagt uns aber, dass der Funkkontakt zwischenzeitlich von der NASA nicht wieder hergestellt wurde?

Bevor wir anfingen, unsere Sonden zu unseren Nachbarplaneten zu versenden, wussten wir nicht, dass wir auf Strukturen treffen würden, die wir bereits von der Erde kannten. Auch die DARA hat jetzt zwei Werbefilme für den Mars produziert, die sie abendlich im Bayerischen Fernsehen ausstrahlt. Das Eigenartige an einem dieser Filme ist es, dass sie zwei Astronauten vor dem Elysium Plateau und ihren Pyramiden zeigt. Die Pyramiden dieser Computeranimation entsprechen seltsamerweise den Spiegelbildern der großen Giseh-Pyramiden.

In diesem Zusammenhang empfielt es sich, die große Sphinx in Giseh mit dem Marsgesicht zu vergleichen, um mögliche Zusammenhänge festzustellen. Denn einer der interessantesten Aspekte dabei sind wohl die alten Sphinx-Bezeichnungen *Hor-em-Achet* oder *Harachte*. Die in diesen Begriffen enthaltenen Silben *Hor* und *Har* waren ein Zeichen für die Verbindung der Sphinx zu Horus, dem Sohn der Isis und Osiris. Gleichzeitig wurde die Bezeichnung *»Horus«* nach dem britischen Philologen Professor Wallis Budge, im Altägyptischen als »*Heru*« geschrieben, worauf der Orientalist Robert K.G. Tempel hinweist. Die Vokabel »*Heru*« ist demnach gleichzeitig das altägyptische Hauptwort für die Bezeichnung »*Gesicht*«. Somit wäre »*Hor-em-Achet*« oder »*Achet-Horus*« mit »*Das Gebiet des Gesichts*« zu übersetzen.

(Abb.:116 Sphinxkopf)

**War das eine Erinnerung an das Marsgesicht?**

Unsere Ägyptologen vertreten die Ansicht, dass wenn die ägyptischen Gottheiten von einem »*Gesicht*« sprachen, damit stets die Menschen gemeint waren. Vielleicht hatte das etwas damit zu tun, dass die Menschen »*nach dem Bilde der Götter*« geformt wurden. Auch die Marsplastik entspricht der Gesichtsform eines Menschen. In einem Lied, das an Horus und die weiße oberägyptische Krone gerichtet ist, wird erzählt, wie die Gottheit Schu den Horus aufsuchte:

»*Dich preisen die Bewohner des Erhobenen des Schu, die aus dem westlichen Horizont herabgestiegen sind. Dich lassen die Bewohner der Duat erglänzen.*«

Die Gottheit Schu war kein geringerer als Ras ältester Sohn, der während Ras Herrschaft über die Erde, den Himmel regierte. Erst als Ra sich von der Verwaltung der Erde zurückzog, trat Schu seine Nachfolge an und wurde der Jawet der beiden Länder. War hier vielleicht die Erde und der Mars gemeint? Aus einer anderen Lobpreisung an Horus geht nicht nur hervor, dass zwischen der Bezeichnung »*Gesicht*« und »*Menschen*« sehr wohl unterschieden wurde, sondern auch eine Erinnerung an die Marsplastik:

*»Der den Himmel zu Schiff befährt, der die Duat durchschreitet. Der Schu auf jedem Wege, der auf den Gesichtern umherwandert. Jedes Gesicht, ihre Gesichter ruhen auf ihm. Die Menschen und die Götter sind es, die sagen: Willkommen bist du!«*

Hieraus kann man einen Pendelverkehr erkennen, der zwischen den Gesichtern auf der Erde (Sphinx) und dem Mars (Gesicht), einst stattgefunden haben muss. Es gibt über diesen Pendelverkehr noch weitere Hinweise. Die Gottheit Horus wurde im Ägyptischen auch *»Heru-Neb-pat«* (Horus, Herr der Menschen) und außerdem *»Heru-Neb-taui«* (Horus, Herr der beiden Länder) genannt, wie es Schu auch gewesen ist. Vielleicht können uns auch hierbei die Pyramidentexte unterstützen und zu einer Aufklärung verhelfen. In den Pyramidentexten wird nämlich ständig über einen Fährmann (Anti) berichtet, der die Verstorbenen über einen Kanal setzen musste, bevor sie in das Totenreich gelangen konnten:

*»Setz den (König) Pepi auf der Spitze deines Flügels auf jene nördliche Seite des Krummen Kanals.«*

Der Fährmann Anti war jemand, der ständig unter der Kontrolle der Götter stand, weil er nicht jeden überführen durfte. Doch einmal ließ sich Anti mit Gold bestechen und musste sich dann vor den Göttern verantworten:

*»Dann wurde Anti, der Fährmann, vor die Götterschaft gebracht, und riss die Spitzen seiner Füße ab. Da schwor Anti sich gegen Gold bis zu diesem Tage vor der Götterschaft mit den Worten: Gold ist mir der Abscheu meiner Stadt geworden.«*

Es war keine geringere Person als die Göttin Isis, die den Fährmann mit einem goldenen Ring bestochen hatte, damit sie zu ihrem Sohn Horus gelangen konnte. Zwar hatte Horus auch Beinamen, wie *»Heru-Sopted«* (Horus des Sirius), doch war diese Bezeichnung lediglich auf seinen Herkunftsort Sirius bezogen. Der Ort, an dem die Göttin Isis von Anti hinübergesetzt wurde, war meines Erachtens nach der Mars. Unsere Ägyptologen identifizieren *Anti*, allerdings nicht als eine Person, sondern mit dem Mond, weil die häufigsten Umschreibungen des Fährmann, *der hinter sich blickt* oder *der, dessen Gesicht hinter ihm ist* lauten. Darin sehen unsere Ägyptologen das Ab- und Zunehmen der Mondphasen, was sie mit den zwei Gesichtern des Fährmanns erklären. Deshalb steht in den Handbüchern für Hieroglyphen unter dem Begriff *»Fährmann«*, die Bezeichnung *»Rückwärtsblickender«*. Doch wie es der nächste Spruch beweist, kann der Fährmann auch als *»Vorwärtsblickender«* bezeichnet werden:

*»Du, dessen Gesicht bald vorn an ihm ist, du, dessen Gesicht bald hinten an ihm ist.«*

Darin sehe ich eigentlich keinen Ablauf unserer Mondphasen, sondern einen Körper in Drehbewegung, auf dem sich *»das Gebiet des Gesichts«* (Achet-Horus/Arich-Anphin) befunden haben muss. Denn nicht der Fährmann wird hier in Drehbewegung dargestellt, sondern das, worauf er sich befindet. Der nächste Spruch macht diese Annahme sogar noch deutlicher:

*»O du, dessen Hinterkopf an seiner Rückseite ist.«*

Gerade dieser Spruch wird auch von unseren Ägyptologen so interpretiert, dass der Fährmann offentsichtlich jemand war, der sich nicht umsieht, sondern immer nur geradeaus sieht. Also etwas, das in eine Richtung blickt, wie es bei der Mars-Plastik der Fall ist. Außerdem konnten unsere Ägyptologen bis heute keinen praktischen Grund dafür liefern, warum der ekliptikale Streifen der Mondphasen beobachtet werden sollte. Aber auch das am Anfang erwähnte Buch Zohar der Hebräer enthält noch weitere Hinweise, die mit den Göttern und einem verborgenen astronomischen Wissen in Verbindung stehen:

*»Die Gestalt Gottes sendet dreizehn Strahlen aus; vier auf jeder Seite des Dreiecks, in dem wir sie einschließen, und einen von der oberen Spitze des Dreiecks.«*

Obwohl hier von einer dreiseitigen Pyramide die Rede zu sein scheint, ergeht in dem zweiten Vers der Hinweis, dass das Gesuchte bei den Sternen zu finden sei:

*»Zeichnet sie mit euren Gedanken auf den Himmel, zieht ihre*

Linien, indem ihr von Stern zu Stern geht; sie wird dreihundertsechzig Myriaden von Welten umschließen.«

**Was aber stellt die dreiseitige Pyramide dar?**

Um hier zu einer Antwort zu gelangen, kommen wir nicht drumherum noch einmal auf »*Platonische Körper*« einzugehen. Diesmal soll uns allerdings Körper Nr. 5, der Tetraeder, interessieren. Denn in diesem Körper ist genau das dreiseitige Dreieck dargestellt, das auf einer dreieckigen Grundfläche liegt, worüber in dem Buch Zohar berichtet wird. Eines der herausragendsten Konzepte des Altertums war die von Platon beschriebene Planetenbewegung, wobei die Erde im Mittelpunkt des Universums stand; und weil die Planeten nicht wie Fixsterne (Sonnen) stillhalten, nannten sie die alten Griechen die »*Umherschweifenden*« (Planeten). Der Amerikaner Richard C. Hoagland hat in Bezug auf einen Tetraeder und unsere Planeten erstaunliche Ergebnisse erzielt.

(Abb.:117 Tetraeder)

Tetraeder

Nachdem der amerikanische Elektroingenieur Vincent Di Pietro und sein Freund Greogory Molenaar, der Fotoexperte war, sich 1979 entschlossen hatten, die Aufnahmen der Marsstrukturen mit einem technisch komplizierten Computerverfahren (Starbust Interleaving Technique) zu untersuchen, gaben sie 1985 bekannt, dass das Marsgesicht über eine symmetrische Form verfüge. Das bedeutete, dass außer dem sichtbaren, im Sonnenlicht befindlichen (Bild 35A72 und 70A13) Gesichtsteil eine weitere, in der Dunkelheit liegende Gesichtshälfte existierte. Diese neuen Ergebnisse brachten dann R.C. Hoagland auf den Plan, der mit seinen tetraedrischen Ergebnissen Zusammenhänge zu den Marsmonumenten herstellte.

Durch die vielen Fotos, die im Laufe der Jahre von den verschiedenen NASA-Sonden zur Erde gefunkt wurden, erkannten Hoagland und sein wissenschaftliches Team, dass fast alle Planeten und einige Monde Energieausbrüche aufzeigten, die sich alle kurioserweise auf dem 19,5-ten Breitengrad der Körper befanden. Das war je nach Betrachtung bei 19,5 Grad vom Nordpol oder 19,5 Grad vom Südpol immer der Fall. Hoagland erkennt darin nicht nur den

Schlüssel zur Ergründung der Marsmonumente, sondern auch ein völlig neues physikalisches Verständnis des Universums. Der Forscher schreibt in seinem Buch »*Die Mars Connection*«:

> »*Wir fanden heraus, dass alle markanten geophysikalischen »Störungen« unseres Sonnensystems eines gemeinsam haben. Sowohl die geographische Breite der größten Vulkanerhebungen auf der Erde (Hawaii), die Plazierung der beiden größten Vulkankomplexe (Alpha und Beta Regio) auf der Venus, sowie die Position des großen roten Flecks auf dem Jupiter und die Lokalisierung des dunklen Flecks auf dem Neptun, sie alle haben eines gemeinsam: alle liegen auf 19,5 Grad nördlicher oder südlicher Breite – oder manchmal sogar zweiseitig verteilt.*«

Nach den Untersuchungen des Amerikaners wurden alle Marsmonumente zudem nach einer 360 Grad Winkelmessung errichtet, die wir auch für die Erde benutzen. Daraufhin weist Hoagland auf den Amerikaner Stanley Tenens hin, der sich bereits seit 26 Jahren mit der »*eingeschriebenen tetraedrischen Geometrie*« befasst hat und sie in den ägyptischen Hieroglyphen genauso vorfand, wie auch in den griechischen und hebräischen Texten. Über S. Tenens gelangte Hoagland und sein Team schließlich zu den astrophysikalischen Beziehungen zur Geometrie und den Marsmonumenten in der Cydonia-Region.

### Wie sah diese Geometrie aus?

Die wissenschaftlichen Mitarbeiter Joe Mosnier (Physiker) und Bill Beatty (Geologe) vom Stanford Research Institut, haben sich mit den pyramidialen Strukturen des Mars beschäftigt und sind zu dem Schluss gekommen, dass die scharf konturierten Winkel und glatten flachen Oberflächen schwerlich als natürliche Formationen zu erklären sind. Zwar haben sie auch die Idee über kristalline Verformungen berücksichtigt, doch sind Kristalle dieser Größenordnungen (1000 x 3000 Meter) auf der Erde nicht bekannt, so dass keine Vergleichsmöglichkeiten hinzugezogen werden können. Hoagland und seine Mitarbeiter stellten auf den Marsstrukturen jedenfalls wiederholende Segmente in den Abmessungen zu dem marsianischen Poldurchmesser und Winkelbeschreibungen nach unserem 360-Grad-System fest. Aus den gesammelten Daten

Wissenschaftler Beziehungen zum Sonnenaufgang und der Sonnenwende auf dem Mars und den Monumenten errechnen. Richard C. Hoagland und sein Team gelangten zu dem Ergebnis, dass die Bauwerke des Mars vor rund 500.000 Jahren künstlich erschaffen wurden und uns eine Botschaft zu übermitteln scheinen. Des weiteren gelangten die Wissenschaftler zu der Feststellung, dass die Marsmonumente Ähnlichkeiten zu den Giseh-Pyramiden aufweisen und in einem Zusammenhang zueinander stehen. In jedem Fall, so Hoagland, entspreche das Marsgesicht in einer Form dem Spiegelbild der Sphinx (... des Torwächters).

### Wie abwegig sind Hoaglands Ergebnisse?

Vielleicht bietet uns das ägyptische Wort »*Heru*« auch hier noch ein-mal einen Hinweis. Im Altägyptischen waren gerade Laute wie »*r*« oder »*l*« jederzeit vollständig austauschbar. Dazu schreibt Robert K.G. Temple:

> *»Infolgedessen konnte ›Heru‹ ebensogut als ›Helu‹ ausgesprochen werden. Nimmt man aber ›Helu‹ und versieht es mit einer griechischen Endung, so ergibt sich Helios.«*

Dieser Hinweis bringt uns noch einmal auf Platons Atlantis-Bericht, in dem der ägyptische Priester Sonki dem griechischen Gelehrten Solon von einer Marskatastrophe erzählt, die durch die Einwirkung von Helios ausgelöst wurde. Gleichzeitig ergeht auch der Hinweis über die vergangenen Eiszeiten und dass es davon mehrere gab. Wie in Kapitel 5 bereits dargelegt, könnte hier von Ereignissen, die vor 600.000 Jahren stattfanden, die Rede sein. Somit hätten wir eine Basis für die Zeitangabe von R.C. Hoagland. Auch wenn mit dem ALH 84001 ein Beweis für eine vergangene Zeit, gefüllt mit Marsleben, erbracht werden konnte, können wir mit diesen Gedankengängen meistens deshalb nichts anfangen, weil wir den Mars immer als einen toten Roten Planeten ansehen. Dem ist aber nicht so!

Wie unsere Erde verfügt auch der Mars über Wärme und Kälteperioden. In einer Wärmeperiode, so meinen unsere Wissenschaftler, fließt auf dem Mars reichlich Wasser, wodurch sich auch eine menschenfreundlichere Atmosphäre aufbauen müsste. Unsere Forscher nehmen an, dass die jetzige Kälteperiode bereits seit 50.000

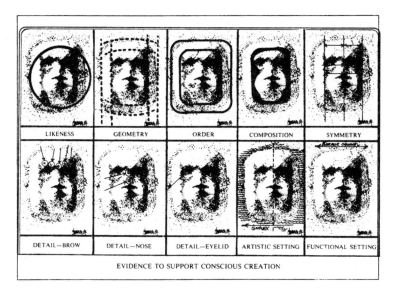

(Abb.:118 Hoaglandzeichnung)

Jahren vorherrscht und die Marswasser deshalb an den Polen in Form von Eis gebunden sind, bis sie sich in einer Warmzeit wieder lösen werden. Als die Viking-Sonden im Juli und September 1976 auf dem Mars landeten, waren sie mit einem ausgeklügelten Laborsystem ausgestattet, an denen sogar drei Meter lange Greifarme angebracht waren, um Bodenproben zu entnehmen und diese zu untersuchen. Es waren drei Experimente vorgesehen, die den Boden des Roten Planeten nach Marsmikroben absuchen sollten. Auf der Suche nach den Mikroben wurde dann bei dem »*Pyrolyse-Experiment*« Marsgestein erhitzt, um Kohlenstoffatome freizusetzen, die möglicherweise von Mikroorganismen angelagert wurden. Dabei wurde tatsächlich »*Kohlenstoff C-14*« nachgewiesen, jedoch konnte das Experiment nur einmal durchgeführt werden, so dass sich das Ergebnis nicht überprüfen ließ. Auch bei dem »*Stoffwechsel-Experiment*« musste der radioaktive Kohlenstoff C-14 in den Mittelpunkt gerückt werden. Eine chemische Nährlösung sollte auf das Marsgestein getröpfelt werden, um sich in C-14 zu verwandeln. Auch bei diesem Experiment wurde Kohlenstoff freigesetzt! Ohne jedoch die Nährlösung aufzubrauchen, hörte die Reaktion auf. Dadurch gelangten unsere Wissenschaftler zu der Meinung, dass ein chemischer Prozess zwar geschehen ist, ein biologischer Vorgang jedoch nicht festgestellt werden konnte. Dazu muss man sagen, dass irdische Mikroorganismen die gesamten Vorräte der Nährlösung aufgebraucht hätten. Diese Resultate hatten den Anschein erweckt, dass der Marsboden organische Stoffe zu enthalten schien, die schon auf unserem Erdmond nachgewiesen werden konnten. Am Südpol des Mondes, konnte sogar mit einer Sonde des US-Verteidigungsministeriums eine Reflexion festgestellt werden, die sich als Wasser herausstellte, das in einem Krater festgefroren ist. Die Experten der NASA vermuten, dass die Wasserreserven unseres Mondes von dem Schweife eines Asteroiden stammen könnten.

(Abb.:118a Mondkrater)

Beim Mars hingegen musste ein drittes, unabhängiges Experiment durchgeführt werden, um bei der Suche nach Leben ganz sicher zu gehen. Mit dem »*Gas-Chromatograph-Massen-Spektrometer*« konnten die Bestandteile des Marsbodens und der Marsatmosphäre bis zur Konzentration eins zu einer Million nachgewiesen werden. Diese Untersuchung ergab jedoch keinerlei Anzeichen für organische Stoffe und somit für Leben. Diese empfindliche Untersuchung war wiederum eine Überraschung, die neue Theorien zu Tage brachte. Entweder ziehen sich die Mikroorganismen wie in der Antarktis ins Gestein zurück, oder sie verzehren sich gegenseitig, so dass keinerlei Rückstände verbleiben.

**Waren das aber wirklich Beweise gegen die Existenz von Lebewesen?**

Von der Erde wissen wir, dass Leben auch ohne die ultraviolette Strahlung der Sonne und sogar unter sehr ungünstigen Bedingungen existieren kann. Der Schweizer Wissenschaftler Auguste Piccard und dessen Sohn Jacques entwarfen den sogenannten Bathyskaph (Tiefseetauchgerät) mit dem Namen »*Trieste*«, um den Meeresgrund zu erforschen. Im Jahre 1960 tauchte dann Jacques bis 11000 Meter zum tiefsten Punkt (Callanger Depth) im Mariannengraben des Pazifiks hinab. Selbst in dieser Tiefe, in der es dunkel und das Wasser eiskalt ist, fand Jacques Piccard noch Leben. Hinzu kommen noch benachbarte Gebiete, wo es die »*Schwarzen Raucher*« gibt. Hier besteht die Umgebung des Pazifiks aus ausströmenden schwefelreichen Gasen, die die Existenz von Leben undenkbar machen. Trotz dieser lebensfeindlichen Umgebung, konnten unsere Wissenschaftler das »*Archeoglobus-fulgidus-Bakterium*«, das von den Schwefelverbindungen lebt, die aus dem unterseeischen Vulkanöffnungen ausströmen, nachweisen. Der Mars besitzt allerdings (zur Zeit) keinen Ozean.

**Könnte sich das Marsleben somit unter die Marsoberfläche verkrochen haben?**

Wie wir erfahren haben, muss der Mars in einer früheren Entwicklungsphase über so viel Wasser verfügt haben, dass sich die heute noch sichtbaren Marscanyons ausbilden konnten. Auf dem Mars ist auch auffällig, dass die Oberfläche in verschiedenen Gegenden eingesackt ist, was auf unterirdische Hohlräume schließen lässt. Von der Erde kennen wir diese Art von Felsauswaschungen ebenfalls. Die größte natürliche Höhle der Erde befindet sich in New Mexico/USA und wird Carlsberg-Tropfsteinhöhle genannt. Sie wurde von einem unterirdischen Fluß auf drei Ebenen ausgehöhlt, von denen die tiefste 400 Meter unter der Erdoberfläche liegt. Die Höhle ist 1250 Meter lang, 200 Meter breit und an manchen Stellen bis zu 100 Meter hoch. Die tiefsten Höhlen auf der Erde sind die Pierre-Saint-Martin-Höhlen an der Grenze zwischen Frankreich und Spanien, die bis zu 1332 Meter unter die Erdoberfläche führen.

**Könnten sich auf dem Mars nicht ähnliche Felsauswaschungen befinden, die auch heute noch aktives Marsleben enthalten?**

1996 sollte das Jahr der Mars-Forschung werden, in dem sich mehrere Sonden auf dem Weg zum Roten Planeten machen sollten. Am 7. November 1996 startete die NASA ihre Sonde »*Mars Global Surveyor*«, auf einer diesmal im Vergleich zu früheren Expeditionen preiswerteren Delta-II-Rakete, die sich in ihre Flugbahn begeben hat und voraussichtlich im September 1997 abbremsen wird, um sich von der Schwerkraft des Planeten einfangen zu lassen. Der »*Mars Global Surveyor*« soll dann durch eine Reihe von komplizierten Manövern in eine kreisrunde Umlaufbahn gebracht werden, so dass er den Mars alle zwei Stunden einmal umkreisen kann. Diese Sonde soll den Mars streifenweise einteilen und fotografieren, wobei die Cydonia-Region genauso Berücksichtigung findet, wie auch das Elysium Plateau. Die europäischen Verbundstaaten und die Russen hatten mit ihrem Gemeinschaftsprojekt »*Mars 96*« weniger Glück. Nach dem Start der Sonde am 17. November 1996 im kasachischen Baikonur vergingen nicht einmal 60 Sekunden, bis das Projekt scheiterte. Obwohl die Russen eine schon bewährte vierstufige Proton-Rakete verwendet hatten, gab es eine Fehlzündung an einer der Raketen-Stufen, so dass die Sonde zwischen Australien und Chile (nahe den Osterinseln) in den Pazifik stürzte. Zwar ist dieses Projekt gescheitert, doch die NASA sandte bereits am 4. Dezember 1996 um 7.58 Uhr (MEZ) ihre zweite Sonde zum Mars.

Das zweite NASA-Projekt nennt sich »*Pathfinder*« und soll den »*Mars Global Surveyor*« 1997 noch überholen, so dass die Sonde am amerikanischen Unabhängigkeitstag (4. Juli) mit luftgepolsterten Auffangkissen und einem riesigen Bremsfallschirm auf dem Mars landen wird. Diese Sonde führt ein 10 Kilogramm schweres kleines, ferngesteuertes Fahrzeug mit sich, das den Marsboden nach Leben untersuchen soll. Der »*Sojourner*« ist nur 28 Zentimeter hoch, 48 Zentimeter breit, 63 Zentimeter lang und wird mit Solarenergie betrieben. Außerdem soll sich das Landemodul automatisch in eine Bodenstation verwandeln, indem sich drei Sonnenkollektoren ausbreiten und eine Schwenkkamera die Umgebung betrachtet. Der sechsrädrige »*Sojourner*« wird zudem aus einem Umkreis von zehn Metern um die Station mit einer vom »*Max-Planck-Institut für Aeronomie*« entwickelten stereoskopischen Kamera dreidimensionale Bilder der Marsoberfläche liefern. Die Bodenstation der NASA wird trotz selbständiger Arbeitsweise des Roboters ständig in einer engen Verbindung zu ihm stehen und das ganze mit 30-minütigen Funksignalen von der Erde aus überwachen. Bis zum Jahre 2003 sind insgesamt noch 16 Mars-Sonden geplant, die auf dem Mars landen sollen. An diesen Projekten sind fast alle Nationen (Amerikaner, Europäer, Russen, Japaner) beteiligt, weil man bis ins Jahr 2003 eine Art »Mars Network« errichten will, indem man auf dem Mars acht verschiedene Mars-Stationen aufbaut, die miteinander verbunden sind. Diese Stationen sollen dann einen direkten Kontakt zur Erde und zur Weltraumstadt »Alpha« pflegen. Zudem hat die NASA bereits angekündigt, dass sie im Jahre 2005 sechs Astronauten zum Mars schicken will.

**Doch wie reagiert der Mensch überhaupt auf die Schwerelosigkeit des Weltraums?**

Ich hatte das Glück, bei der Weltkonferenz der »Ancient Astronaut Society« (AAS) im August 1995 einen Vortrag des inzwischen verstorbenen Astronauten Professor Reinhard Furrer zu hören. Bei diesem Vortrag ging es um nichts anderes als die Reaktion des menschlichen Körpers in der Schwerelosigkeit. Denn bei jedem Aufenthalt unserer Astronauten in der Schwerelosigkeit begleitet sie eine ganz bestimmte Reaktion. Etwa die Hälfte aller Raumfahrer ist schon zu Beginn einer Mission in das Weltall nur eingeschränkt einsatzfähig. Ausgelöst wird diese Raumkrankheit in erster Linie durch den plötzlichen Ausfall des Gleichgewichtsorganes im Innenohr, dem sogenannten »Otolithensystem«. Normalerweise sorgt die Schwerkraft dafür, dass kleine Kalksteine (Otolithen) auf feine Sinneshärchen drücken und so dem Gehirn eine Fehlinformation über die Körperposition liefern.

Ungewohnte optische Eindrücke, wie etwa ein Kollege kopfüber an der Decke des Raumschiffes oder die Erde oberhalb des Astronauten können in der Anfangszeit zur Verstärkung der Raumkrankheit beitragen. Andere Schwierigkeiten ergeben sich aus einer Umverteilung des Blutes innerhalb des Körpers. Normalerweise wird das Blut innerhalb des Körpers durch die Schwerkraft nach unten gezogen und durch die »Barorezeptoren« eine stets ausreichende Menge Blut zum Gehirn gepumpt. Wenn Blut jedoch schwerelos wird, ist dieser empfindliche Kreislauf gestört und das Blut kann sich gleichmäßig im Körper verteilen. Somit kommen aus den Beinpartien bis zu zwei Liter Blut hoch. Dadurch schwellen die Blutgefäße im Kopf an und verleihen den Astronauten ein aufgedunsenes Gesicht; darüberhinaus erscheint die Nase wie bei Erkältung verstopft. Eigenartigerweise hält dieser Zustand nur etwa zwei Wochen an, bis sich der Körper automatisch an die neuen Verhältnisse angepasst hat.

### Warum passt sich der menschliche Körper überhaupt an die Schwerelosigkeit an?

Obwohl Professor Furrer an keine UFOs glaubte, machte er die Bemerkung, dass der Mensch diesen Anpassungsmechanismus an die Schwerelosigkeit seltsamerweise in seinen Genen trägt. Das bedeutet, dass irgend jemand den menschlichen Körper für ein mögliches Raumfahrtunternehmen vorprogrammiert haben muss. Doch die Evolution kann es nicht gewesen sein, da wir auf der Erde keine Schwerelosigkeit benötigen. Zwar gibt es für den menschlichen Körper noch Nebenerscheinungen, wie extremen Muskelabbau und einen Calciumverlust, der zu spröden Knochen führen könnte, doch mit intensivem Muskelaufbautraining und speziellen Weltraummedikamenten lassen sie sich in den Griff bekommen.

Auch wenn es viele immer noch nicht wahrhaben wollen, so ist es doch eine Tatsache, dass der Mensch keine evolutionäre Erscheinung ist, sondern eine Schöpfung der Gottheiten, die aus dem Sternentor der Pyramiden kamen. Deshalb ist es unseren Wissenschaftlern auch bis heute nicht gelungen, das »Fehlende Bindeglied« zwischen dem Menschen und unserer irdischen Tierwelt zu entdecken.

Kein Wunder, dass es so ist!

Obwohl unsere Ahnen uns ein riesiges Puzzle hinterlassen haben, das man nur richtig zusammensetzen muss, versucht unsere Lehrmeinung seit Jahren, ein neues Puzzle zu errichten. Einige (Weltraumforschung) sind jedoch aufgewacht, und ich hoffe, dass die anderen ihnen folgen werden!

# Anhang 1 Rudolf Gantenbrink und Co.

Nachdem dem Münchener Archäotechniker Rudolf Gantenbrink am 22. März 1993 die wohl bedeutenste Entdeckung in der ägyptischen Pyramidenforschung gelungen ist, hatten die offiziellen Stellen des Deutschen Archäologischen Instituts (DAI) nichts besseres im Sinn, als den Entdecker des im Kapitel 6 beschriebenen Blockierungssteins zu verunglimpfen und ihn von weiteren Forschungen auszuschließen.

Erst am 16. April 1993 gab die Institutssprecherin Christel Egorov an die Nachrichtenagentur Reuter über ein Telex die Mitteilung, dass die Entdeckung einer Kammer völliger Quatsch sei. Weiter hieß es, dass ein Miniroboter lediglich für eine Feuchtigkeitsmessung in den Luftschächten eingesetzt wurde und nicht für die Suche von Kammern. Doch mit keinem Wort wurde die Entdeckung einer Blockierung erwähnt, ganz im Gegenteil. Während die internationale Presse bereits über eine sensationelle Entdeckung in der Cheops-Pyramide berichtete, dementierte man aus deutscher Sicht auch noch zwei Tage danach die Nachricht einer Entdeckung, obwohl die Mitarbeiter des DAI darüber in Kenntnis gesetzt waren, dass die von Rudolf Gantenbrink gemachten Videoaufnahmen existieren.

Nachdem es viel über diese Entdeckung zu lesen gab, meldete sich im November 1993 auch der Präsident des Internationalen Ägyptologen Verbandes, Professor Dietrich Wildung zu Wort und sagte in einem SFB-Interview (Sender Freies Berlin), dass die Ägyptologen nicht in der Illusion lebten, mit ihren Entdeckungen alle Welt beglücken zu müssen und eine Archäologie für jedermann Quatsch sei. Auch hier wird die Vorgehensweise unserer Schulwissenschaft bestätigt. Das Wort Archäologe bedeutet sinngemäß *»Ursprungssucher«* und soll eigentlich dem Allgemeinwohl dienen. Deshalb werden die Herrschaften ja auch vom Steuerzahler finanziert und das auch dann, wenn sie nichts entdecken sollten.

Am 27. Juni 1994 veröffentlichte die Deutsche Presseagentur (dpa) dann über den Gantenbrink-Vorfall folgendes:

>*Der Roboterexperte Rudolf Gantenbrink aus München gab die Entdeckung eigenmächtig an die Presse und äußerte die Vermutung, hinter der Türe befinde sich eine Grabkammer.*«

Ich habe in meinem Archiv über 60 DIN A4 Seiten voll von Interviews, die Rudolf Gantenbrink mit der internationalen Presse geführt hat. Dazu gesellen sich sechs Videoaufzeichnungen von deutschen sowie englischen Fernsehanstalten. In keinem der Interviews liest oder hört man Rudolf Gantenbrink von einer »*Grabkammer*« sprechen. Ganz im Gegenteil, Herr Gantenbrink ist stes bemüht, Spekulationen über irgendwelche Grabkammern abzudämpfen und darauf hinzuweisen, dass etwas Konkretes erst nach einer Öffnung der Blockierung gesagt werden kann.

**Warum verbreitet man über den Forscher dann solch einen Unsinn?**

Fakt ist nun einmal, dass Rudolf Gantenbrink um die 400.000 DM private Sponsorengelder in sein Forschungsprojekt einfließen ließ und dem Steuerzahler nicht auf der Tasche gelegen hat, wie es unsere Archäologen praktizieren. Des weiteren war eine derartige Entdeckung, wie sie heute vorliegt, nicht vorhersehbar gewesen, so dass das DAI diesem unabhängigen Forschungsprojekt ohne Bedenken zustimmen konnte. Mit anderen Worten heißt das, dass der Archäotechniker das Risiko einer eventuellen Fehlinvestition ganz alleine getragen hat. Da unsere Wissenschaftler immer der Annahme nachgehen, dass alles Entdeckbare bereits entdeckt sei, staunten sie nicht schlecht, als sie in ihrer Annahme korrigiert wurden. Inzwischen haben die ägyptischen Verantwortlichen der Ägyptischen Altertümer jedoch einen möglichen Kuchen, den Gantenbrinks Forschungsprojekt zu Tage gebracht hatte, in Stückchen aufgeteilt und warten darauf, dass serviert wird. Wer sich im Orient auskennt, der weiß, wie schnell so etwas vonstatten geht.

Ich meine aber, dass diese Entdeckung aus einem der Sieben Weltwunder nicht in der Versenkung verschwinden darf, um unter Profitgeiern aufgeteilt zu werden, sondern der gesamten Menschheit zusteht. Weil ich als Steuerzahler die Gehälter unserer Archäologen mitfinanziere, wollte ich sie auch zu diesen Vorgängen konsultieren und Informationen aus erster Quelle erhalten, um sie meinen Lesern zur Verfügung zu stellen. Wer hätte diese Fragen besser beantworten sollen als die Gilde der Ägyptologen? Also ging ich am 31. Mai 1996 ans Telefon und rief den wissenschaftlichen Mitarbeiter der Staatlichen Museen in Berlin, Herrn Doktor Rolf Krauss, an und stellte mich höflich vor. Doktor Krauss erstaunte mich allerdings, denn der Mann wusste erstens, wer ich war, zweitens, an welchem Buchprojekt ich arbeitete und drittens, dass ich ihn anrufen werde und er meinen Anruf schon erwartet hatte.

## Hatte ich diese Beamten-Gilde etwa unterschätzt?

Natürlich nicht! Nach einem dreiviertelstündigem Telefonat wusste ich, woher Herr Krauss seine Informationen erhalten hatte und wie sich seine Auffassung der Ägyptenforschung darstellte. Obwohl sich Doktor Krauss in Zeitlupe zu bewegen schien, einigten wir uns, dass ich ihm einen Brief mit vier Fragen zusenden würde, die er mir beantworten würde. Daraufhin schrieb ich am 13. Juni 1996 folgenden Brief:

*Sehr geehrter Herr Doktor Krauss,*

*wie Sie wissen, arbeite ich gerade an meinem neuen Buchprojekt »DAS STERNENTOR DER PYRAMIDEN«, für das ich Ihre Unterstützung bezüglich einiger aktueller Geschehnisse benötige. Schon jetzt möchte ich mich für Ihre Mithilfe bedanken.*

*Wie ich Sie in unserem Telefonat vom 31. Mai 1996 schon vorab informierte, erbitte ich die Beantwortung folgender Fragen:*

*1) Bei einer Studienreise der »Ancient Astronaut Society« nach Abydos im Jahre 1990 fotografierte der Österreicher Herbert Regenfelder am Dekenbalken des Tempels von Abydos kuriose Hieroglyphenzeichen, von denen ich Ihnen eine Kopie übersende.*

*Wie interpretieren Sie die Hieroglyphenzeichen als Vertreter unserer offiziellen Lehrmeinung?*

2) Sie haben sich seit Jahren mit den Jenseitsvorstellungen aus den Pyramidentexten der alten Ägypter beschäftigt und dazu astronomische Konzepte erstellt.

Wie erklären Sie sich die Tatsache, dass die Pyramiden vor der fünften Dynastie keinerlei Inschriften enthalten, obwohl die Pyramidentexte, die in der fünften Dynastie eingemeißelt wurden, an ihrer komplexen Struktur bis in die Zeit der Sternenkonstellation des Stieres zurückreichen, was der Zeit um 4350 v.u.Z. entsprechen würde?

3) In seinem neuen Buch »DER SCHLÜSSEL ZUR SPHINX« hat der Belgier Robert Bauval mit einem neuen Computerprogramm »Skyglobe 6« auch die Sphinx in seine astronomischen Berechnungen hineingearbeitet. Demnach soll die Anordnung der drei Giseh-Pyramiden und die Sphinx exakt dem Spiegelbild des Sternenhimmels vor 10500 v.u.Z. mit den Sternzeichen Löwe und Orion entsprechen.

Wie sieht das Deutsche Archäologische Institut diese Theorien?

4) Der römische Gelehrte Cajus Plinius Secundus berichtet im Kapitel 17, 36. Buch seiner Naturgeschichte:

»Im Innern der größten Pyramide befindet sich ein 86 Ellen tiefer Brunnen, durch welchen der Fluß (Nil) hinzugeleitet worden sein soll ...«

Der sogenannte Brunnen, von dem hier die Rede ist, befindet sich in der unvollendeten Kammer der Großen Pyramide, der im vorigen Jahrhundert von dem britischen Pyramiden-Forscher Howard Vyse bis auf 10,40 Meter Tiefe freigelegt wurde, wonach sich die Arbeiter weigerten, weiterzuarbeiten. Bis heute ist das voraussichtliche Ende dieses Schachtes unbekannt geblieben.

Der französische Professor Jean Kérisel, der für den Bau der Kairoer U-Bahn verantwortlich zeichnet, unternahm 1992 seismographische Messungen in der Umgebung der unvollendeten Kammer, wonach er bekannt gab, dass von der Großen Pyramide zur Sphinx eine 700 Meter lange Unterführung existiert, die einst Wasser geführt haben soll.

*Wie abwegig sind die Untersuchungsergebnisse von Professor Kéri-
sel und wann kann man mit Untersuchungen des Deutschen
Archäologischen Instituts rechnen?*

*Ich bedanke mich nochmals für Ihre Bemühungen und ver-
bleibe*

*mit herzlichen Grüßen*

*Erdogan Ercivan*

Am 2. Juli 1996 erhielt ich dann ein Antwortschreiben, das jedoch nichts von dem enthielt, was man als eine sachliche Antwort
interpretieren könnte. Man gewinnt eher den Eindruck, dass Doktor Krauss selber nicht wusste, was er da eigentlich geschrieben
hatte.

Dezidiert schreibt Krauss zwar, dass er wissenschaftlicher Mitarbeiter der Staatlichen Museen zu Berlin und für Öffentlichkeits-
arbeiten zuständig sei, doch aus nicht nachvollziehbaren Gründen
nimmt er an, dass es sich bei meinem Buchvorhaben um ein esote-
risches Buchprojekt handle und dieses daher nicht in seine Zustän-
digkeit falle.

Ich ging natürlich sofort ans Telefon und wollte wissen, wie denn
Herr Krauss darauf kommt, die Fragen in die esoterische Thema-
tik einzustufen, zumal das Wort »esoterisch« aus dem Griechischen
kommt und zu deutsch »*nur für Eingeweihte bestimmte Geheim-
lehre*« bedeutet. Danach erklärte ich, dass wenn er schon griechische Wörter verwendet, für mein Buch doch wohl das Wort
»*exoterisch*« eher zutreffen würde, da es in jeder öffentlichen
Buchhandlung erhältlich ist. Exoterisch bedeutet nämlich »*für die
Öffentlichkeit bestimmt*«. Außerdem fragte ich, was denn der
Deckenbalken vom Sethos-Tempel in Abydos mit Esoterik zu tun
hätte, worauf mir Herr Krauss antwortete:

»*Es ist Unsinn, eine derartige Reliefdarstellung in Ägypten
vorzufinden. So etwas gibt es in Ägypten nicht!*«

Wenn der gute Mann wenigstens gesagt hätte, er kenne ein derartiges Relief nicht, hätte man es sicherlich verstehen können.

Doch dessen Existenz sofort zu bestreiten, zeigt eigentlich, wieviel unsere heutigen Ägyptologen wirklich von Ägyptologie verstehen. Immerhin verwies Doktor Krauss noch auf seine vorsorgliche Entschuldigung im Schlusssatz seines Schreibens, was meiner Meinung nach allerdings keinen Sinn ergab. Entweder war ich ein Esoteriker oder nicht! Danach kam auch heraus, warum ich keine vernünftigen Antworten erhalten hatte: Im Juni 1996 fand das jährliche Ägyptologen-Treffen in Berlin statt, auf dem man entschieden hatte, diese Fragen nicht zu beantworten. Gerne hätte ich den Original-Brief von Doktor Rolf Krauss an dieser Stelle abgedruckt, doch leider erhielt ich von diesem wahren »Esoteriker« am 17.1.1997 erneut ein Schreiben, worin er sich auf § 5 des Urheberrechts bezog und mir die Veröffentlichung seines Briefes untersagte. Selbstverständlich war Doktor Krauss nicht der einzige, den ich mit diesen Fragen konsultiert hatte. In einem eigentlich sehr positiven Gespräch vom 26. April 1996 mit Herrn Professor Rainer Stadelmann in Kairo einigten wir uns ebenfalls auf die Beantwortung von 11 Fragen, die ich ihm dann am 31. Mai 1996 aus Berlin übersandt hatte. Die Fragen waren in einem ähnlichen Wortlaut gestellt wie die Fragen an den Archäotechniker Rudolf Gantenbrink. Doch wie schon Doktor Krauss hatte auch Professor Stadelmann es unterlassen, meine Fragen zu beantworten. Das heißt aber nicht, dass Professor Stadelmann nicht geantwortet hätte, ganz im Gegenteil: Was macht man, wenn man unbequemen Sachen aus dem Weg gehen will? Man erinnert sich einfach nicht mehr! Trotzdem konnte es sich Stadelmann nicht verkneifen, mich darauf hinzuweisen, dass es völlig unnötig wäre, dieses Buch, das Sie bisher gelesen haben, zu publizieren. In Kairo sagte er noch: »Also, was der Bauval da schreibt, ist völliger Unsinn, und sowas wird zum Bestseller...« Natürlich war Professor Stadelmann bei dem Berliner Ägyptologen-Treffen ebenfalls zugegen.

Mich erstaunte aber nicht nur das Schreiben Stadelmanns selbst, sondern auch die Tatsache, dass es bei mir erst am 7. Oktober 1996 eingegangen ist, und obwohl ich am 26. April 1996 mit Herrn Stadelmann gesprochen hatte, er trotzdem in der Lage war, sein Schreiben bereits am 1. April 1996 zu verfassen.

**Habe ich mich geirrt? Ist der gute Mann doch kein Ägyptologe, sondern ein Hellseher?**

Vielleicht wollte er uns aber auch nur eine verschlüsselte Botschaft übermitteln. Dieses Schreiben könnte nämlich auch als ein Wink dafür gedeutet werden, dass die heutige Arbeitsweise unserer Ägyptologen als »*Aprilscherz*« zu werten ist. Entscheiden Sie selbst! Auch den Brief von Professor Stadelmann habe ich vorsorglich auf Grund von §5 des Urheberrechts (auf den sich Stadelmann auch nach Erscheinen dieses Buches berufen könnte) nicht abgedruckt, damit die ersten vom Steuerzahler finanzierten »Esoteriker« unter sich bleiben können. Genug amüsiert! Widmen wir uns doch wieder ernsteren Dingen zu, zum Beispiel dem Interview, das ich mit Rudolf Gantenbrink geführt habe:

1.
Professor Zahi Hawass plant für 1996 mit einem ägyptisch-kanadischen Techniker-Team die Öffnung der von Ihnen im Jahre 1993 entdeckten Blockierung im südlichen Sternen-Schacht der sogenannten Königinnenkammer. Bei unserem Zusammentreffen im Juni 1996 sagten Sie, dass das Forschungs-Team immer noch nicht so weit sei, wie Sie es bereits 1993 waren.

Was für eine plausible Erklärung gibt es dafür, dass man Sie aus dem von Ihnen ins Leben gerufene UPUAUT-Projekt ausgeschlossen hat und Sie auch nicht einmal mehr zu dem Personenkreis gehören, der bei dem Öffnungsversuch der Blockierung im Herbst 1996 anwesend sein darf?

Rudolf Gantenbrink zu 1):

*»Eine plausible Erklärung habe auch ich nicht zu dieser Frage. Sie müssten hier die betroffenen Herrschaften, nämlich Dr. Zahi Hawass und Prof. Stadelmann selbst fragen. Festzuhalten bleibt jedoch, dass eine Fortsetzung der Untersuchung durch mich bereits vor drei Jahren möglich gewesen wäre.«*

2.
Viele Pyramiden-Experten haben bei der von Ihnen entdeckten Blockierung die Portikulis-Theorie (Fallblockierungssteine) aufge-

bracht, wonach sich allerdings hinter dieser sichtbaren Blockierung noch zwei weitere Verschlusssteine befinden könnten. Sie hingegen haben die Portikulis-Theorie wieder verworfen.

Was für einen Verschlussstein haben Sie Ihrer Meinung nach entdeckt, und was befindet sich dahinter, wo immerhin noch 17 Meter Platz für Spekulationen ist?

Rudolf Gantenbrink zu 2):

*»Es ist naturgemäß schwierig, einen Befund zu beurteilen, von dem man nur eine Seite sehen kann. Jeder Versuch dies trotzdem zu tun, bleibt reine Spekulation. Das Vorhandensein eines Hohlraumes kann nach den bisher vorliegenden Erkenntnissen weder ein- noch ausgeschlossen werden, da es zu der von mir entdeckten Anordnung keine parallelen Befunde gibt. Daher sind auch alle Vermutungen von ägyptologischer Seite pure Spekulation.«*

3.
Bei der Architektur des Kammersystems der Cheops-Pyramide vertraten Sie die Ansicht, dass das System entweder eine religiöse oder eine Raumfunktion habe, um irgendwelche Dinge unterzubringen.

Was könnte man Ihrer Meinung nach denn im Kammersystem der Cheops-Pyramide untergebracht haben?

4.
Über die allererste Öffnung der Cheops-Pyramide vertreten Sie die Ansicht von Professor Stadelmann und glauben daran, dass die Öffnung schon seit der ersten Zwischenzeit um 2160–1785 v.u.Z. bestanden haben muss. Die arabischen Chronisten hingegen, die über den Kalifen Abdallah al-Mamun (813–833 n.u.Z.) berichten, werden von Ihnen mit *»blumigen Märchen«* abgehandelt. Doch es existiert eine Überlieferung von dem griechischen Geografen Strabon (um 63 v.u.Z.), wonach er das Innere der Cheops-Pyramide aufsuchte und dabei nur von dem Brunnenschacht und der unvollendeten Kammer berichtet. Das bedeutet, dass die große Galerie und die oberen Kammern zu diesem Zeitpunkt immer

noch unbekannt waren, womit sich meiner Ansicht nach auch die Kammersysteme aller nachfolgenden Pyramiden erklären lassen.

Was halten Sie davon?

Rudolf Gantenbrink zu 3) und 4):

*»Ich bin selbst kein Ägyptologe und mische daher auch nicht in deren Angelegenheiten. Persönlich halte ich die altarabischen Überlieferungen für höchst zweifelhaft, zumal diese erst über eintausend Jahre später aufgezeichnet wurden.«*

5.

Es sind wiederum arabische Chronisten, die im Pyramiden-Kapitel des Hitat einen zweiten östlichen Eingang an der Cheops-Pyramide, und einen zweiten westlichen Eingang an der Chephren-Pyramide erwähnen.

Sind Sie aufgrund ihrer Pyramiden-Forschungen auf Anomalien gestoßen, die das bestätigen könnten?

Rudolf Gantenbrink zu 5):

*»Im Verlauf meiner Arbeiten an der Cheopspyramide konnte ich keinerlei Anzeichen für irgendwelche weiteren Zugänge zur Pyramide feststellen. Ich halte dies auch für ziemlich ausgeschlossen, da der Zugang zu einer Pyramide erhebliche baustatische Gegebenheiten voraussetzt, die bei dem heutigen Zustand der Pyramide, die ja keine Außenverkleidung mehr besitzt, klar erkennbar sein müssten.«*

6.

Der Franzose Professor Jean Kérisel, der für den Bau der Kairoer U-Bahn verantwortlich ist, unternahm 1992 gravimetrische Messungen in der Umgebung der unvollendeten Kammer, wonach er bekanntgab, dass von der Cheops-Pyramide zum Sphinx-Denkmal eine 700 Meter lange Unterführung existiert, die einst Wasser geführt haben soll, was schon von dem römischen Chronisten Cajus Plinius Secundus erwähnt wird.

Wie abwegig sind die Untersuchungsergebnisse von Professor Kérisel und, wie sind sie mit Ihren Untersuchungen in Übereinstimmung zu bringen?

Rudolf Gantenbrink zu 6):

>*Nach den mir vorliegenden Informationen hatte Herr Kérisel im letzten Jahr die Möglichkeit, seine Theorie durch Niederbringen einer Bohrung zu prüfen. Meines Wissens wurde dabei nichts entdeckt, was seine Annahme hätte stützen können.*«

7.

Der Belgier Robert Bauval, den Sie auch persönlich kennen, veröffentlichte zwei Bücher, wonach er nicht nur die Schächte in der Cheops-Pyramide, sondern die gesamte Giseh-Anlage einschließlich der Sphinx mit dem Sternenhimmel und einer in Vergessenheit geratenen Sternenreligion der alten Ägypter in Zusammenhang bringt.

Was halten Sie davon?

Rudolf Gantenbrink zu 7):

>*Die Theorien Robert Bauvals sind ein Kuckuksei im Nest der Ägyptologie, das sich die Ägyptologen selbst zuzuschreiben haben. Obwohl ich Robert Bauval auch persönlich kenne, halte ich seine Theorien für puren Nonsens.*«

8.

Zur Zeit werden an der Technischen Universität in Zürich Radiokarbon-Datierungen über das Alter der Cheops-Pyramide durchgeführt, die wie schon 1986 eine Halbwertzeit von 374 Jahren erwarten lassen, weil man wieder Holzkohlestücke verwendete, die in der Pyramide natürlich vorkommen. Herr George Bonani sagte mir bereits in einem Vorgespräch, dass diese Untersuchung eigentlich sinnlos ist, da man kein organisches Material wie beispielsweise Gerstenkörner oder ähnliches hinzugezogen hat, was eine genauere Datierung ermöglicht hätte.

Wie ist Ihre Meinung dazu?

Rudolf Gantenbrink zu 8):

*»Ich habe von diesen Untersuchungen zwar gehört, aber sie liegen mir nicht vor. Ich kann daher auch keine sachliche Stellungnahme dazu abgeben.«*

9.
Sie haben nicht nur an den ägyptischen Pyramiden Untersuchungen vorgenommen, sondern auch am Sphinx-Denkmal und ihrer Umgebung.

Was halten Sie von den Untersuchungsergebnissen der Geological Society of America, die 7000 bis 12000 Jahre alte Erosionsspuren am Körper und der Umgebung der Sphinx hervorbrachte?

Rudolf Gantenbrink zu 9):

*»An der Sphinx wurden von mir zu keiner Zeit Untersuchungen vorgenommen. Ich habe mich lediglich theoretisch mit ihrem möglichen Alter auseinandergesetzt. Ich bin dabei zu dem Ergebnis gekommen, dass die Sphinx aufgrund logistischer Gegebenheiten des Gesamtareals eindeutig in die Regierungszeit des Chefren zu datieren ist.«*

10.
Herr Gantenbrink, Sie sagten in einem Interview: *»... bei mir entsteht so langsam der Eindruck, dass man eigentlich neue Ergebnisse gar nicht haben will, weil sie ja bestehende Theorien kippen könnten ...«.*

Was meinten Sie damit genau?

Rudolf Gantenbrink zu 10):

*»Dieses völlig aus dem Zusammenhang gerissene Zitat bezieht sich lediglich auf unsere Schachtuntersuchung. Natürlich ist es so, dass verschiedene Wissenschaftler hierzu bereits Theorien veröffentlicht haben, die durch weitere Forschungen widerlegt werden könnten. Die Tatsache, dass man mit diesen Theorien glücklich ist und den vorliegenden Forschungsbedarf auf die lange Bank schiebt, spricht wohl für sich selbst.«*

# ANHANG 2 DIE ÄGYPTISCHEN DYNASTIEN

Wenn wir gerade auf die vordynastische Zeit der alten Ägypter als Ganzes zurückblicken, erweist es sich, dass weder unsere Ägyptologen noch die allgemeinen Archäologen in der Lage sind, mit Bestimmtheit zu sagen, wie lange sie gedauert hat. Auch Petrie war stets bemüht, gerade dieser vordynastischen Zeit der alten Ägypter einige ihrer Geheimnisse zu entlocken. Petrie war in seinen Anschauungen für die Ansichten der heutigen Ägyptologie zu großzügig, weil er einige Funde, die in der Gegend der Oase Faijum gemacht wurden, bereits vor einhundert Jahren auf 9000 v.u.Z. datierte. Ähnlich verhielt es sich auch bei den Badâri-Funden, die von dem Archäologen auf 7471 v.u.Z. datiert wurden. Bei der Gründung der ersten ägyptischen Dynastie durch Menes/Narmer gingen Petries Anschauungen sogar ins Jahr 4326 v.u.Z. zurück, was somit über 1200 Jahre vor den heutigen Rekonstruktionen liegen würde. Der Ägyptologe G.A. Reisner hingegen war zwar mit der Angabe 3100 v.u.Z. für die Gründung der ersten Dynastie ebenfalls nicht einverstanden, im Gegensatz zu Petrie vertrat er jedoch die Ansicht, dass eine vordynastische Zeit nicht länger als 1000 Jahre betragen haben dürfte.

Gerade wenn heute Ägyptologen über die vergangenen ägyptischen Dynastien berichten, handelt es sich meistens um Rekonstruktionsversuche aus den Annalendaten des Palermo-Steins, den Daten der Königslisten von Sakkara, Karnak und Abydos sowie dem Turiner Königspapyrus. Hinzu kommen die Übersetzungen von Eusebius und Africanus, die sich an den Überlieferungen des ägyptischen Priesters Manetho orientierten. All diese Werke berichten uns auch über ein »*Goldenes Zeitalter*«, in dem auf der Erde Götter herrschten, die vom Himmel kamen. Dabei ist es auffällig, dass über eine erste Begegnung mit diesen Göttern aus allen vergangenen Kulturen ebenfalls Berichte vorzufinden sind und darüber auch Zeitangaben gemacht wurden, die bis zu 600.000 Jahre in die Vorzeit zurückreichen, in der es laut unserer Lehrmeinung niemals Zivilisationen gegeben habe. Wenn dem so ist, müssen wir alle alten Chronisten für verrückt erklären und alle existierenden Überlieferungen in den Abfall werfen. Unsere Wissenschaft geht dabei allerdings ein wenig anders vor und selektiert die Überlieferungen. Sie unterscheidet zwischen denen, die vernünftig klingen und denen, die als Märchen abgetan werden. Als Märchen werden beispielsweise gerade die von den Chronisten verwendeten Zahlenangaben angesehen, die uns in aller Regel ein wesentlich früheres Erscheinen des zivilisierten Menschen bescheinigen, als man wahrhaben will. Zwischenzeitlich gelangen selbst Anthropologen, wie der Brite Donald Johanson (der Entdecker des Australopithecus »*Lucy*«), zu dem Entschluss, dass Länder, wie beispielsweise Australien, bereits vor 60000 Jahren durch ein modern anmutendes Volk besiedelt wurden, das schon zu dieser Zeit eine ausgeklügelte Seefahrt betrieben haben muss.

**Warum reagiert dann die heutige Ägyptologie so engstirnig, wenn es um die Bestimmung der ersten Zeit der alten Ägypter geht?**

Ich habe die anfänglich erwähnten Annalendaten noch einmal zu Rate gezogen und einen erneuten Versuch unternommen, die dynastische Geschichte Ägyptens neu zu rekonstruieren, wobei in meiner Arbeit natürlich auch die Zeit vor 3100 v.u.Z. ihre Berücksichtigung findet:

GÖTTERZEIT

**Ptah Dynastie, um 20970 – 11970:** Sowohl im Turiner Königspapyrus wie auch bei Manetho, beginnt der älteste ägyptische Gottkönig mit Ptah (phtha) obwohl in den Pyramidentexten (Spruch 1064) dieses Gedankengut ausdrücklich mit der Theologie von Heliopolis in Verbindung gebracht wird und somit eigentlich die Gottheit Ra am Anfang stehen müsste. Das, was ich hier als Ptah-Dynastie angebe, existierte in den Annalen der Königslisten nicht wirklich als Dynastie. Es ist aber in jedem Fall die Zeit, die von den ägyptischen Chronisten »*Goldenes Zeitalter*« genannt wird, als die mysteriösen Gottheiten auf die Erde kamen. Ptah ist demnach die allererste ägyptische Gottheit, die vorzugsweise in der unterägyptischen Stadt Memphis (etwa 25 Kilometer südlich von Kairo) verehrt wurde und von den Griechen (Hellenen) mit ihrem

Hephaistos gleichgestellt worden ist. Die Gleichstellung von Ptah mit dem griechischen Hephaistos, der der hinkende Gemahl der Aphrodite war, kann sich durchaus als richtig erweisen. Denn, wie Ptah, so war auch Hephaistos »*Herr des Feuers*«, und zudem wurde beiden Göttergestalten die »*Bearbeitung der Metalle*« nachgesagt. Ptah, der von den Ägyptern auch *Nun* genannt wurde, lässt sich ebenso mit dem sumerischen Götteroberhaupt AN.U gleichstellen, der außer seiner Gemahlin AN.TU über sechs Geliebte und 80 Kinder verfügte.

Ptah soll nach einer großen Sintflut Ägypten in einer Moorlandschaft und von Wassern überflutet vorgefunden haben. Auch diese Überlieferung könnte mit den Sieben Weisen und dem geheimnisvollen Verschwinden von Atlantis im Zusammenhang stehen, was ich bereits in Kapitel 5 erwähnt habe. Die Babylonier nannten diese nachsintflutlichen Wissenschaftler »*Apkallu*«, was so etwas ähnliches wie »*Großer, der uns führt*« bedeutet. Die ältere sumerische Bezeichnung dieser Weisen lautete AB.GAL, was »*Meister, der den Weg weist*« bedeutet. Auch die Angabe der Vorherrschaft von 9000 Jahren, in denen Ptah Ägypten zivilisierte, könnte einen Wink auf den Niedergang von Atlantis darstellen, was Platon ebenfalls mit 9000 Jahren angibt. Die Beinamen dieser Personen, die nach einer Sintflut erschienen, lauteten unter anderem »*die Vogelmenschen*«, die in den Tempelreliefs als menschliche Sphingen mit »*Adlerkopf*« dargestellt werden. Auch hierbei könnte der »*Adler*« eine symbolische Wiedergabe der Fähigkeit des Fliegens dieser mysteriösen Gestalten darstellen, was wir bereits in den Kapiteln 3 und 8 behandelt haben.

Die Verbindung dieser prähistorischen »*Meister*« zur ägyptischen Gottheit Ptah wird erst deutlich, wenn wir das Auftreten dieser Gottheit betrachten. Nach einer ägyptischen Legende zog nämlich gerade die Gottheit Ptah Ägypten quasi aus dem Wasser, indem er durch den Bau von Kanal- und Schleusensystemen das Land trockenlegte. Deshalb wird die Gottheit in den Darstellungen auch stets mit dem Nilkreuz und dem Nilmesser abgebildet. Dadurch entwickelte sich der Nilmesser zum Symbol der Beständigkeit, indem er oft auch als Zeichen und Maßstab der Gerechtigkeit galt. Des weiteren hatte Ptah einen überdimensionalen Schädel, wobei seine Körpergröße anscheinend nicht über 140 Zentimeter betragen haben dürfte.

Durch Herodots Beschreibungen von Ptahs Kleinwüchsigkeit, haben auch andere Gelehrte die semitischen Pataiken immer mit Ptah und seinen Kindern identifiziert. Hier bedeutet Ptahs Name unter anderem »*Eröffner des Himmels*«, der zudem als »*der Ordner des Zeitkreises*« verehrt wurde. Gerade auf die Gottheit Ptah ist der Skarabäus-Käfer zurückzuführen, in dessen 30 Zehen, laut unseren Ägyptologen, von den alten Ägyptern die Zahl der Monatstage gesehen wurde. Die 30 Zehen könnten aber genausogut als ein Symbol für den Sirius angesehen werden. Denn auch die Dogon benutzen für ihr Welterneuerungsritual (Sigui-Zeremonie), die biologische Natur der Kauri-Schnecke. Sobald 30 derartige Schnecken zusammengekommen sind, ist es Zeit, das nächste Sigui-Zeremoniell auszurichten.

Dass sich Ptah später wieder zum Sirius zurückgezogen haben muss und ebenso nur über das Sternentor der Pyramiden aufgesucht werden konnte, verdeutlicht eine babylonische Überlieferung, wo der erste vernunftbegabte Mensch Adapa (Adam) bei AN.U vortreten musste. Enki/ Ea (Ra) stattet seinen Zögling Adapa für diese Reise eigens mit einem »*Schem*« (Flugapparat) aus, damit er zu AN.U gelangen kann, um die Unsterblichkeit der Götter zu erhalten:

>*»Er ließ ihn den Weg zum Himmel nehmen, und zum Himmel stieg Adapa auf. Als er zum Himmel aufgestiegen war, näherte er sich Anus Tor. Tammuz und Gizzida standen Wache an Anus Tor.«*

Hier sei mir noch eine Anmerkung zu dem Begriff Schem gestattet. Im Gegensatz zu den Sumerern bezeichneten die Ägypter mit einem ähnlich klingenden Wort, das »*Schen*« lautete, den Begriff für »*über schweben*«.

**Ra Dynastie, um 11970 – 10970:** Die Zeit, in der die Gottheit Ra vorherrschte, dauerte nach den Annalen der Ägypter 1000 Jahre an. Die Hauptstadt seiner Residenz befand sich überwiegend in Heliopolis (jwnw), was die Bibel mit der Bezeichnung *On* angibt. Obwohl die Gottheit Ra im Großen Papyrus Harrys I. als der »*Erbauer des Menschen*« bezeichnet wird, erfahren wir über die genauen Abläufe dieses Schöpfungsaktes erst durch andere Quellen. Durch die Gleichstellung des Ra mit dem griechischen Gott

Zeus und der sumerischen Gottheit Enki wird uns ein ziemlich genauer Einblick ermöglicht.

Hier wird uns auch noch einmal verdeutlicht, dass diese Gottheit jemand in personaler Gestalt gewesen ist, bevor er als Inbegriff der Sonne verfremdet wurde und mit den jüngeren ägyptischen Gottheiten wie Amun, Chnum, Month und Sobek verschmolzen ist. Auch Echnatons Aton-Religion bezieht viele ältere Ra-Elemente aus Heliopolis in ihre Anschauungen ein. In jedem Fall ist es die Gottheit Ra, die dem Thot den Auftrag für die Errichtung der Giseh-Pyramiden erteilt, bevor er sich wie Ptah von der Erde wieder zurückzieht und seinem Sohn Schu die Vorherrschaft überlässt.

Über die Festlichkeit, die zu Ehren von Ra gefeiert wurde, wissen wir heute nur soviel, dass kein Wein getrunken werden durfte und dass alle Teilnehmer an dem Fest kein Gold tragen sollten, um die Gottheit nicht zu verärgern.

Wird Ra in Menschengestalt dargestellt, so verfügt sein Antlitz über einen Bart und einen roten Gesichtsausdruck als Re-Atum. Ebenso existieren Darstellungen mit Falkenkopf und Sonnenscheibe als Re-Harachte. Ra war »*Herr der Welten*« und »*oberster Richter*«.

**Schu Dynastie, um 10970–10270:** Obwohl die Regentschaft des Schu (Schow), den die Griechen Agathodaimon nannten, in den Annalen mit 700 Jahren angegeben wird, spielte sie in anderen ägyptischen Überlieferungen immer eine untergeordnete Rolle. Schu tritt bei der Götterkonferenz einmal für den Anspruch des Horus ein und scheint mit dem 12. unterägyptischen Gau Sebennytos (Zeb-Neter), im Delta, eng verknüpft gewesen zu sein. Bereits als junger Prinz regierte die Gottheit Schu neben seinem Vater Ra, den Himmel. Gleichzeitig galt Schu als symbolische Luftgottheit, womit in jüngerer Zeit die gewöhnliche Luft zum Atmen gemeint war.

Wahrscheinlich wurde Schu deshalb zum Luftgott symbolisiert, weil er bei dem Besuch der Erde stets vom Westhorizont niederstieg. Das hebräische Wort »*Schumájim*« bezeichnet beispielsweise zwar auch nur den »*Himmel*«, leitet sich jedoch von »*hoch sein*«

und »*von oben kommend*« ab. Den gewöhnlichen »*Wolkenhim-mel*« hingegen bezeichneten die Hebräer einfach als »*Scháchaq*«. Hiermit soll verdeutlicht werden, dass die alten Chronisten sehr wohl die Unterschiede zwischen »*Himmel*« und »*Himmel*« (die Himmlischen) machten. Bei der Gottheit Schu verhält es sich ähnlich. Die Urtexte berichten eigentlich nicht von der »*Luft*« zum Atmen, sondern von dem »*Luftigen*«, womit die gekonnte Beherrschung des Luftraumes gemeint war. Schu war wie Ra eine personale Gestalt, die sich durchaus in die Regierungsgeschäfte seines Vaters einmischte und unter anderem als Verwalter des göttlichen Auges des Ra angesehen wurde. Zwar wird dieses Auge von unseren heutigen Ägyptologen mit dem Udjzat-Auge des Horus gleichgestellt, doch ist das meiner Meinung nach ein erneuter Irrtum der Ägyptologen. Bei dem Udjzat-Auge des Horus handelte es sich um eine symbolhafte »*Zahlenverknotung*«, deren Zusammensetzung dem Weisen Thot zugeschrieben wurde. Alle einzelnen Teile des Udjzat-Auges bestehen aus Hieroglyphen für Bruchzahlen, wie 1/2, 1/4, 1/8, 1/16, 1/32, und 1/64. Seltsamerweise erhält man nach einer Addierung dieser Bruchteile nur 63/64, wonach zum Ganzen 1/64 fehlte, weil es für magische Zwecke benutzt worden sein soll. Bei dem göttlichen Auge des Ra hingegen muss es sich um einen technischen, waffenähnlichen Gegenstand gehandelt haben. Das geht aus einer Überlieferung aus dem Totenbuch hervor, wo die Göttin Hathor diesen Gegenstand für die Vernichtung der Menschen einsetzen will, bevor sie von Ra in letzter Sekunde überlistet wird und man ihr das »*göttliche Auge des Ra*« wieder aus der Hand reißt.

**Geb Dynastie, um 10270 – 9770:** Über die Geb-Dynastie, die nach den Annalen 500 Jahre gedauert haben soll, existiert aus ägyptischen Quellen nur dürftiges Material. Man weiß lediglich, dass Geb mit der Himmelsgöttin Nut vermählt war und er selbst, in der jüngeren ägyptischen Theologie, als Sinnbild der Erde symbolisiert wurde. Wenn Geb in personaler Gestalt dargestellt wurde, verfügte er nicht wie Ra, Schu und Seth über ein rotes Anlitz, sondern, wie Ptah und Osiris, wurde auch Geb grün dargestellt.

Die Griechen stellten Geb mit ihrem Gott Kronos gleich und bezeichnen ihn als einen Titanen. Die Titanen waren die sechs Söhne und sechs Töchter der Gottheit Uranus und seiner Gemahlin Gaia, gegen die Zeus (Ra) einst einen Kampf führen musste.

Wenn wir etwas genauer auf den Vater von Kronos blicken, so ist in dem Wort Uranus die Silbe ..anu. auffällig, deren Herleitung auf den Namen des sumerischen Göttervaters AN.U rückschließen lässt, der, wie wir gesehen haben, sich mit der ägyptischen Gottheit Ptah identifizieren lässt. Demnach ließe sich UR.AN.U im Sumerischen mit »*Leuchte Anus*« übersetzen, womit das Sternentor gemeint sein könnte. Wie wir es bereits aus dem Vorwort dieses Buches erfahren haben, war UR.U.ANNA bei den Sumerern die ursprüngliche Bezeichnung für den *Orion*, wo sich das Sternentor der Pyramiden befindet.

In diesem Zusammenhang bekommen auch die Dogon Überlieferungen über die Nommos und deren Herkunftsort eine Besondere Bedeutung. Die Dogon vertraten stets die Ansicht, dass die Nommo durch ihre Landung auf der Erde das Reich des bleichen Fuchses in Besitz nahmen. Was aber meinten sie damit genau? Die Hebräer bezeichneten mit dem Wort »*Schu'ál*« einen *Fuchs* genauso wie auch einen *Schakal*. Diese Bezeichnung war mit Sicherheit kein Zufall, da dessen Herleitung bis in die Zeit von Jahwe und seiner Gefolgschaft zurückgeht, die wie wir gesehen haben, ebenfalls vom Sirius kamen. Auch wir nennen den Sirius heute »*Hundsstern*« und wissen eigentlich nicht warum. Natürlich ist der »*Schakal*« oder der »*Hund*« auch das Symbol des ägyptischen Gottes Anubis (anpu), der von den ägyptischen Theologen ebenso mit Sirius in Verbindung gebracht wurde. Auch in Anubis ist die Silbe »*Anu*« auffällig, was im Sanskrit unter anderem »*winzig*«, »*atomar*« und »*Materie*« bedeutet, worauf R.K.G. Temple hinweist. Gleichzeitig bedeutet das Sanskritwort »*anda*« Ellipse, was uns somit wieder in den Weltraum bringt. Dem britischen Philologen Wallis Budge zufolge entstammen alle Gottheiten einer gemeinsamen Urquelle, was er wie folgt beschreibt:

> »*Die Übereinstimmungen zwischen den Götterwelten Sumers und Ägyptens sind zu eng, um auf bloßem Zufall zu beruhen. Dies zwingt uns zu der Schlussfolgerung, dass sowohl die Sumerer als auch die Bewohner des frühen Ägypten ihre Ur-Götter aus einer gemeinsamen außergewöhnlich alten Quelle bezogen haben müssen.*«

Die Schlussfolgerung von Wallis Budge, die er bereits im Jahre 1904 machte, sollte uns heute nicht mehr sonderlich verwundern, wenn wir den Sirius und die Überlieferungen der Verbindung über das Sternentor der Pyramiden betrachten.

**Osiris Dynastie, um 9770–9320:** Nach dem deutschen Philologen Kurt Sehte könnte der Osiris-Mythos den tragischen Tod eines frühen ägyptischen Königs beschreiben, um den diese Sage entstanden wäre. Doch außer aus den Pyramidentexten und dem Gedankengut der Unterweltsbücher, lässt sich über Osiris nicht die geringste Spur finden. Im Gegensatz zu anderen Gottheiten findet man über Osiris wenig von seinen Taten. Das Einzige, was man immer wieder erfährt, sind nicht etwa kriegerische Leistungen oder allgemeine gute Taten als Gott-König, sondern dass er sich als Herrscher und Richter der Toten etablierte. Somit lässt sich dem Osiris-Mythos für historische Zwecke nur eine verschwommene Erinnerung an einen Kampf entnehmen, in dem wahrscheinlich Unterägypten über Oberägypten den Sieg davon trug.

Im Gegensatz zu Sethe zitiert der amerikanische Orientalist R.K.G. Temple in seinem Buch einen Hinweis aus der koptischen Schrift *»Der Augenstern des Kosmos«* darüber, warum Osiris überhaupt die Erde aufsuchen musste. In der koptischen Schrift ist zu lesen:

> *»Isis und Osiris sind gesandt worden, um der Welt dadurch zu helfen, indem sie der primitiven Menschheit die Künste und die Techniken einer Hochkultur beibringen sollten.«*

Das würde bedeuten, dass Osiris somit einer der Götter aus der Gefolgschaft des Ra war, der mit einem konkreten Auftrag betraut gewesen ist. Bei einer Diskussion mit T.H.A. Fuss über Osiris machte er unabhängig von Temples Zitat die Bemerkung, dass vielleicht irgendwann in unserer Vorzeit jemand den Versuch unternommen haben könnte, den Erdlingen seinen Herkunftsort zu erklären, indem das Wesen auf sich zeigte und danach mit dem Zeigefinger auf einen himmlischen Stern deutete und dabei fortwährend das Wort: Sirius …, Sirius … wiederholte. Da die Erdlinge erkannt hatten, dass es sich bei dem Wesen um eine Gottheit handeln musste, die da vor ihnen stand, beugten sich die Erdlinge sofort auf ihr Angesicht und murmelten dann in einer anbetenden Position fortwährend: »Oh Siris, Oh Siris …«, vor sich hin. Zwar ist diese Rekonstruktion der Phantasie entsprungen, doch wenn man einen ernsthaften Versuch startet, die Herkunft des Wortes »Osiris« zu analysieren, landet man tatsächlich bei der Bezeichnung »Stern« und »Sirius«. Denn das Wort Sirius kommt aus dem Griechischen und bedeutet nichts anderes als Stern. Vermutlich ist das arabische Wort »Sirrah« für Stern mit einer griechischen Endung versehen und übernommen worden. Natürlich könnte es sich auch umgekehrt verhalten.

Aber auch das Meereswesen »Sirene« aus der griechischen Sagenwelt könnte aus dem »Oan« des Eusebius oder dem »Nommo« der Dogon abgeleitet sein, die, wie wir erfahren haben, mit einem alten Wissen der Ägypter und dem Sirius in Verbindung standen. Wenn wir noch einmal auf das ägyptische Wort »Jawet« für »Verwalter« zurückgreifen und es mit dem Griechischen »Okionómos« (Verwalter) verknüpfen, schließt sich der Kreis erneut.

**Seth-Dynastie, um 9320–8970:** Anders als der dritte Sohn Seth von Adam aus dem Schöpfungsbericht des Alten Testaments, der die gute Menschheitslinie repräsentierte, stellt die ägyptische Gottheit Seth, die Personifizierung des Bösen dar. Außer dem Mord an Osiris im Osiris-Mythos, hatte Seth aber auch positive Eigenschaften. Seth, der eigentlich Setech geschrieben werden müsste, war Ra sehr treu ergeben und dadurch stets damit beschäftigt, dem Hauptgott den Rücken freizuhalten und für ihn Kämpfe auszutragen.

Seth galt auch als Schutzgott der Wüsten und Oasen. Des weiteren wurde die Gottheit, wie Ra, »der Rote« genannt. Trotzdem wurde dieser Gott auf Reliefabbildungen überwiegend mit unsympatischen Zügen, wie bespielsweise einem überschlanken knochigen Körper dargestellt. Hinzu kam, dass an der oberägyptischen Krone des Seth seltsamerweise nach syrischer Sitte zwei lange Bänder angebracht waren. Auch seine merkwürdige Tiergestalt war die eines Phantasiewesens aus Antilope, Esel, Nilpferd, Okapi und eines Schweines. Diese Gestalt hat eine krumme Schnauze, Schlitzaugen und aufgeschlitzte, abstehende Ohren. Heute beschreibt man dieses Phantasietier überwiegend als Wildesel, was wir durchaus so stehen lassen können, weil es einen weiteren Hinweis gibt, der für diese Annahme sprechen könnte. Der Orientalist R.K.G. Temple ist bei seinen Recherchen auf ein Kuriosum gestoßen, auf die der Sumerologe Alexander Heidel in dem Werk »The Babylonia Genesis« hinweist, was uns vielleicht die syrische

Sitte und den Wildeselausdruck der Gottheit Seth erklären könnte. Alexander Heidel weist darauf hin, dass in der mesopotamischen Theologie die Gottheit Enlil (Enkis Bruder) als Wildesel und seinen Vater Anu, als Schakal versinnbildlicht wurden, was uns wiederum unsere Anmerkungen bei der Interpretation der Ptah und Geb Dynastie bestätigen.

Weil Seth seit dem Mord an Osiris als brutal und gewalttätig wie die Unwetter galt, nannten ihn die alten Griechen »*Typhon*« (Wirbelwind). Dieses Wort enthält des weiteren die Bezeichnung »*tyhpo*«, was »*brennen*«, »*qualmen*« und »*sengen*« bedeutet. Des weiteren scheinen die Wörter wie »*Taifun*« (deutsch), »*Tufan*« (arabisch) oder »*tai-fung*« (chinesisch) auf die Gottheit Seth zurückzuführen. In jedem Fall bringt das chaldäische Wurzelwort »*ttôf*« Licht in das Dunkel, was »*Überflutung*« bedeutet und sich von der Großen Sintflut herleitet. In der Bibel ist es Jahwe, der die Sintflut über die Menschen bringt. Und gerade diese Überlieferung, findet ihren Ursprung bei den Sumerern, wo der eselköpfige Enlil drei Katastrophen (Dürre/Hunger, durch Feuer, Sintflut) über die Menschen verhängt und Enki/Ea (Ra) als Erretter erscheint und den mesopotamischen Noahs den Bau der Arche empfiehlt.

**Horus Dynastie, um 8970–8670:** Die Griechen setzten ihren Apollon mit dem ägytischen Gott Horus gleich, der die letzte Gottheit über die Menschen darstellte. Auch der Falke genoss in Ägypten seit frühester Zeit ein großes Ansehen, weil er schon immer als Erscheinungsform des Horus angesehen wurde. Horus war in der ägyptischen Mythologie ein Himmelsgott in Gestalt eines Falken, der 300 Jahre über Ägypten regierte. Wie wir es bereits in Kapitel 8 gesehen haben, identifizierte man gerade die Gottheit Horus deshalb mit einem Falken, weil sich der Falke zum symbolischen Sinnbild des Fliegens etabliert hatte. Aus Inschriften auf den Mauern des großen Tempels von Edfu erfahren wir, dass neben dem von Nechbet verwalteten »*Horusschrein*« ein weiteres Gebäude existierte, wo man »*das göttliche Eisen*« verwahrte. Dieses Gebäude wird von unseren Philologen als »*Schmelzhütte*« übersetzt und soll so etwas ähnliches wie eine »*Schmiede-Werkstatt*« gewesen sein. Allerdings geht aus den Inschriften noch hervor, dass die »*geflügelte Scheibe*« stets aus diesem Gebäude herausgekommen sei und zum Himmel aufstieg, was somit auf alles andere als eine »*Schmiede-Werkstatt*« schließen lässt.

Erst nachdem Horus die Gottheit Seth besiegt, bekommt er von den Göttern die Herrschaft über die Erde, was der Papyrus Hunifer wie folgt beschreibt:

*»Horus triumphiert in Anwesenheit aller Götter. Die Herrschaft über die Welt ist ihm gegeben worden, und sie reicht bis zu den äußersten Teilen der Erde.«*

In einem Gespräch will Horus von seiner Mutter wissen, wie es denn geschehen ist, dass die Erde *»Gottes Ausstrahlung empfing?«* Isis antwortet daraufhin:*»Den Menschen ist es nicht gestattet zu erfahren, wie unsterbliche Götter geboren werden.«* Des weiteren berichtet Isis ihrem Sohn Horus über ihren Auftrag, den sie von Ra erhalten hatte und was sie nach der Vollendung ihrer Mission taten:

*»Und als wir all das getan hatten mein Sohn, begriffen Osiris und ich, dass die Welt ganz erfüllt war, und wir wurden daraufhin von jenen wieder zurückgerufen, die im Himmel wohnen ...«*

Auch Horus kehrt zum Himmel zurück und verlässt die Erde und überlässt die Herrschaft dem weisen Gott Thot, der noch einen letzen Auftrag von den Göttern erhält.

**Thot Dynastie, um 8670–7100:** Die 1570 Jahre bestehende Dynastie des Thot, wurde wahrscheinlich nicht nur von dieser Gottheit regiert. Dieser Gott der Weisheit und der Schreibkunst war nicht nur der Kalendermacher, sondern auch der Verfasser der heiligen Bücher Ägyptens, der schon in den Anfängen mit Ra sehr eng verbunden war. Auf jeden Fall war es Thot, der von Ra den Auftrag für den Bau der Giseh-Pyramiden erhielt und diese dann auch erbaut hat. Zu dieser Zeit scheint eine Umbruchstimmung aufgekommen zu sein, indem die meisten Götter die Erde bereits wieder verlassen haben müssen. Bis auf wenige geringere Gottheiten, die eher aus Beziehungen mit Menschen und Göttern hervorgingen, führte Thot seinen letzten Auftrag aus und gründet eine Priesterschaft, die das göttliche Wissen für die späteren Geschlechter bewahren sollte. Nachdem auch Thot die Erde verlässt, regieren vorerst *»die Priester des Thot«* über Ägypten, bevor sie vor 9100 Jahren von den Halbgöttern wieder verdrängt werden.

Dass eine derartige Priesterschaft existiert haben muss, berichten nicht nur die ägyptischen und koptischen Schriften, sondern auch biblische Überlieferungen und das apokryphe Buch der Jubiläen. Bespielsweise heißt es im Buch der Jubiläen 4,17 über Henoch:

*»Dieser nun ist der Erste von den Menschenkindern, von denen, die auf der Erde geboren sind, der Schrift und Wissenschaft und Weisheit lernte und der die Zeichen des Himmels nach der Ordnung ihrer Monate in ein Buch schrieb, damit die Menschenkinder die Zeit der Jahre wüssten nach ihren Ordnungen je nach ihrem Monate.«*

Da außer den biblischen Überlieferungen auch griechische Quellen über einen Thot berichten, den sie Hermes Trismegistos nennen, könnte es durchaus sein, dass es sich gerade hierbei um Personen handelte, die alle nichts anderes darstellten als *»die Priester des Thot«*. Auch die griechische Bezeichnung *»Hermes Trismegistos«* bedeutet nichts geringeres als *»Thot der dreimal große«*. Gerade in dieser Namensgebung könnte das Geheimnis um einen Priester des Thot stecken, der selbst ein Halbgott war und dadurch die Dynastie der Heronen einleitete, was gleichzeitig das Ende, der von Thot gegründeten Priesterschaft bedeutete. Die Bezeichnung *»der dreimal große«* könnte auf die riesenhafte Körpergröße dieser Person zurückzuführen sein.

**Heronen Dynastie, um 7100–5000:** Manetho beschreibt nach den Göttern eine Reihe von Königen, die er als *»Halbgötter«* oder *»Abgeschiedene«* bezeichnet. Um was für Könige es sich dabei gehandelt hatte, wird nicht weiter erklärt. Es ist nur auffällig, dass sie scheinbar im Vergleich zu Menschen, über ungewöhnlich lange Regierungszeiten verfügten. Aus der sumerischen Chronologie kennen wir jedoch, den sagenhaften König Gilgamesch, der ein menschliches und ein göttliches Elternteil besaß und sich deshalb als Halbgott bezeichnete. Auch das Alte Testament berichtet über diese Art von Personen, die *»hannephilim«* genannt werden. Das sind die *»Starken Helden«* (*haggibborin*) der Vorzeit, die sogenannten *»Hochberühmten«*. Diese Mischlinge waren die Nachkommen der im 1. Mose 6,1-4 als *»Nephilim«* beschriebenen Göttersöhne, die geschlechtliche Beziehungen zu den schönsten Töchtern der Menschen unterhielten.

Offensichtlich leitet sich Nephilim aus dem hebräischen Verb »naphál« her, was »fallen« bedeutet. Und tatsächlich wird auch das Plural »Nephilim« von unseren Theologen mit »die zu Fall Gebrachten (oder) ...Bringenden« übersetzt und bezeichnete die Gefolgschaft von Jahwe, die ungehorsam wurde, indem sie mit den Menschen ihr eigenes kleines Reich gründeten. Dieses Ereignis könnte bespielsweise die »Vielgötterei« und die darauf folgenden »Götterkriege« erklären, die einst stattfanden. Im Gegensatz zur ägyptischen Chronologie, die die Vorherrschaft der Halbgötter mit 19 Königen angibt, die 2100 Jahre regierten, erzählt die Bibel über die Ausrottung des Geschlechts durch eine Sintflut. Des weiteren berichtet die Bibel über die überdimensionale Größe dieser Rasse, die deshalb von den Griechen »Gigantes« (Riesen) genannt wurden. Doch, wie es die ägyptische Chronologie verzeichnet hat, scheint diese Rasse noch bis in die zweite Dynastie (König Sethenes) existiert zu haben.

**Schemsu-Hor Dynastie, um 5000–3450:** Im Jahre 1895 stieß der französiche Koptologe Edouard Amélineau in Umm el-Kaâb (Mutter der Töpfe) bei Abydos auf eine Gruppe von Schachtgräbern aus Ziegeln, woraus insgesamt 16 Königsnamen aus der ersten und zweiten Dynastie hervorgingen, die allerdings seltsamerweise in den Überlieferungen des ägyptischen Priesters Manetho namentlich nicht vorkamen. Daraus folgerte Amélineau, dass es sich bei diesen unbekannten Namen um die mysteriösen »Horusverehrer« handeln könnte, die der Turiner Königspapyrus Schemsu-Hor nennt und sie gleichzeitig als die Vorläufer von König Menes/Narmer bezeichnet. Spätere Untersuchungen brachten schließlich hervor, dass es sich bei den geheimnisvollen Namen lediglich um die Horus-Namen dieser Könige handelte. Amélineau lag mit seiner Annahme aber gar nicht so falsch, denn der Ursprung dieser Horus-Namen stand in jedem Fall in engem Zusammenhang mit dieser rätselhaften Schemsu-Hor-Kaste.

Bei dieser Herrscherkaste, die um 5000 v.u.Z. die Halbgötter abgelöst hat, handelte es sich mit höchster Wahrscheinlichkeit erneut um eine Priesterschaft, die das alte Gedankengut der Götter pflegten. Trotzdem müssen während der Vorherrschaft der Schemsu-Hor in Ägypten, viele kleine Königreiche bestanden haben, die eine Vielgötterei praktizierten. Das bedeutet gleichzeitig, dass Ober- und Unterägypten nicht vereint waren, sondern lediglich mit dem Gedankengut dieser Priesterschaft beeinflusst wurden. Die Götter Ra und Seth, waren zu dieser Zeit neben Horus am stärksten vertreten. Deshalb trugen diese Könige außer einem Horus-Titel, auch einen Seth- oder Ra-Titel. Doch um das Jahr 3450 v.u.Z. verfiel der Einfluss dieser Priesterschaft, so dass für etwa 350 Jahre kriegerische Auseinandersetzungen das Bild in Ägypten gestalteten. Aus dem Palermo-Stein geht hervor, dass in dieser Epoche schon mindestens sechs Könige existierten, die Träger der ägyptischen Doppelkrone gewesen sind.

Für den König von Oberägypten stand stets die Hieroglyphe der Binse (nwst), so wie die Hieroglyphe der Biene (bjti) den König von Unterägypten symbolisierte. Neben diesen Titeln gab es für Oberägypten noch einen nebtji-Titel (Horus-Titel) und den edjo-Titel (Schlangen-Titel) für Unterägypten. Obwohl die ägyptischen Könige über Generationen (seit 5000 v.u.Z.) hinweg, neben ihren Königstiteln auch über einen Horus-Titel verfügten, scheint den Sieg dieser kriegerischen Auseinandersetzung Unterägypten davongetragen zu haben. Bei den sechs Königen, die bereits vor König Menes/Narmer Träger der Doppelkrone waren, ist die Schreibweise der Königsnamen auffällig, wo sich die oberägytischen nswt- und nebtji-Titel fortwährend hinter die unterägyptischen Königs-Titel einreihen müssen. Diese Tatsache bestätigt die Übermacht und den Sieg der Unterägypter.

**Erste Dynastie, um 3100–2868:** Manetho bezeichnet den Begründer der ersten Dynastie als einen Thiniten, der nach der Ansicht unserer Ägyptologen zum ersten Mal die Länder Ober- und Unterägypten zu einem Staat vereinigte. Zwar ist das Wort Thinis im Griechischen nicht vorzufinden, es ergibt sich aber aus dem ägyptischen Ortsnamen einer Stadt bei Girga, nördlich von Abydos. Obwohl es laut unseren Ägyptologen während der ersten Dynastie angeblich keine Pyramiden gab, ist auf der Siegestafel des Menes/Narmer die Pyramiden-Hieroglyphe dargestellt. Auch Professor Adolf Erman wies bereits am Anfang unseres Jahrhunderts auf die Existenz einer Pyramiden-Priesterschaft während der ersten Dynastie hin, die es eigentlich ohne Pyramiden nicht gegeben haben dürfte. Und tatsächlich berichtet auch Africanus, gestützt auf die Angaben des ägyptischen Priesters Manetho, über den vierten König *Unephes* und schreibt ihm den Bau der Pyramiden von Kôchôme zu, die er nach einer großen Hungersnot errichten ließ. Insgesamt wurde die erste Dynastie von neun Königen 232 Jahre (nach Manetho 253 Jahre) regiert, wonach sich das vereinigte Ober- und Unterägypten (nach der Amtszeit des fünften Königs) vorerst wieder spaltete:

| | | | |
|---|---|---|---|
| Menes / Narmer | 40 | um | 3100 – 3060 |
| Athothis I./Aha | 28 | um | 3060 – 3032 |
| Kenkenes /Zer | 32 | um | 3032 – 3000 |
| Unephes / Edjo | 30 | um | 3000 – 2970 |
| Usaphais / Den | 20 | um | 2970 – 2950 |
| Miebis /Anjiyeb | 26 | um | 2950 – 2924 |
| Semempses/? | 18 | um | 2924 – 2906 |
| Bieneches /Ka a | 26 | um | 2906 – 2880 |
| Ubienthes /? | 12 | um | 2880 – 2868 |

**Zweite Dynastie, um 2868–2644:** Über die zweite Dynastie ist im Allgemeinen wenig bekannt. Man findet jedoch gerade aus den Annalen der zweiten Dynastie vertraute Überlieferungen, die sich in den Chroniken jüngerer Zeitabschnitte wiederholen. So soll während der Regierungszeit von König Boethos, in Bubastis, sich ein Abgrund geöffnet haben, wo viele Ägypter umkamen. Die Überlieferung erinnert an die Auseinandersetzungen der Gottheit Jahwe, mit den Ägyptern aus 1. Mose 15–19. Gerade in dieser Dynastie wurden die Stiere Apis von Memphis und Mnevis in Heliopolis als Götter verehrt, die ebenfalls an biblische Berichte erinnern: Als nämlich Moses in der Sinai-Region die Zehn Gebote erhielt. Auch unter König Binothris, wurde ein besonderes Gesetz erlassen. Dieser König bestimmte, dass Frauen ebenfalls das Königsamt bekleiden durften.

Über König Sethenes wird berichtet, dass er auffällig groß, wie ein Riese war, was nicht etwa symbolisch gemeint ist. Denn die Chronisten geben seine Körpergröße mit fünf Ellen und drei Handbreiten an, was nach unserem Metermaß 2,85 Meter entsprechen würde. Das erklärt vielleicht die riesigen Sarkophage der Ägypter, die in der Bibel mit fünf Metern angeben werden und heute noch in den Museen vorzufinden sind. Die Bibel berichtet sogar über das Existieren von über vier Millionen Riesen (4,50 Meter Körpergröße), die aus einer Kreuzung zwischen Menschen und Göttern hervorgegangen sein sollen und mit der Sintflut wieder ausgerottet wurden. Mit der Überlieferung über die Körpergröße von König

Sethenes jedoch, widersprechen die ägyptischen Chronisten der Bibel und präsentieren uns einen der letzten Riesen, der auch noch nach der Sintflut gelebt haben soll.

Manetho gibt die Dauer dieser Dynastie zwischen 297 und 302 Jahren an. Ich konnte aus allen Überlieferungen einen Mittelwert von 224 Jahren zusammentragen:

| | | | |
|---|---|---|---|
| Boethos/Bedju | 23 | um | 2868 – 2845 |
| Kaiechos/Kakau | 24 | um | 2845 – 2821 |
| Binothris/Banutjeren | 29 | um | 2821 – 2792 |
| Tlas/Wadjnas | 17 | um | 2792 – 2775 |
| Sethenes/Sendi | 28 | um | 2775 – 2747 |
| Chaires/Aka | 19 | um | 2747 – 2728 |
| Nephercheres/Neferkare | 25 | um | 2728 – 2703 |
| Sesochris/Djaydjay | 32 | um | 2703 – 2671 |
| Chasechemui/Nebka | 27 | um | 2671 – 2644 |

ALTES REICH

**Dritte Dynastie, um 2644–2505:** Die dritte Dynastie wird von den Ägyptologen als *»Altes Reich«* klassifiziert, dem später noch das *»Mittlere Reich«* sowie das *»Neue Reich«* folgen. Auf einem Siegel des Königs Chasechemui (was aus seinem Grab in Abydos freigelegt wurde) geht hervor, dass dieser König mit der Königin Hepenma (Mutter der Königskinder) verheiratet gewesen sein muss. Gerade diese Königin kommt auch auf einem Siegel des Grabes Bêt Challâf bei Abydos vor, was man im vorherigen Jahrhundert als das Grabmal von König Djoser-Za identifizierte. Dazu schreibt der Agyptologe Allan H. Gardiner:

*»Man hat deshalb geglaubt, in Chasechemui und Hepenma die Eltern des Djoser vor sich zu haben. Diese Annahme ist sehr verführerisch; träfe sie zu, so müsste man sich freilich fragen, weshalb gerade an diesem Punkt eine neue Dynastie begonnen haben sollte.«*

Der ägyptische Priester Manetho hatte allerdings über den Gründerkönig der dritten Dynastie eine andere Auffassung und nennt ihn Necherophes mit 28 Regierungsjahren. Doch weil es dem Ägyptologen Ludwig Borchardt im Jahre 1911 gelungen ist, eine

Statue zu entdecken, hat man die Existenz von König Necherophes ausgeschlossen und aus den Annalen verbannt. Merkwürdig ist auch die unbeachtete Tatsache, dass obwohl Djoser-Za von den Ägyptologen als Begründer der Pyramiden betrachtet wird, er trotzdem über ein normales Grab verfügte. Der Priester Imothep war es, welcher das Bauen mit behauenen Steinen einführte. Die Ägyptologen benennen nur drei Könige der dritten Dynastie, die den Versuch unternahmen, eine Pyramide zu erbauen. Die anderen sechs Könige werden kaum erwähnt.

Auf einem Relief in der Stufenpyramide des Djoser ist eine Zeremonie festgehalten, die irgendeine Beziehung zu Letopolis (Ausîm) hat, was einige Kilometer nordwestlich von Kairo lag. Des weiteren lässt sich aus einer Schieferplatte die Auflistung einer großen Anzahl von erbeuteten Rindern entnehmen, woraus wir auf die Existenz einer zahlreichen ägyptischen Bevölkerung schließen können, die Viehzucht betrieb. Wir wissen auch, dass die vielen Gaue des Deltas gegen Ende der dritten Dynastie von einem reichen Adligen namens Metjen verwaltet wurden und die Tradition offensichtlich schon eine lange Geschichte hinter sich hatten. Manetho gibt die dritte Dynastie mit 214 Jahren an, doch trotzdem lässt sich aus allen Annalendaten nur ein Mittelwert von 139 Jahren ermitteln:

| | | | |
|---|---|---|---|
| Djoser-Za/Netjrikhe | 21 | um | 2644 – 2623 |
| Djoser-Teti/Sechemchet | 08 | um | 2623 – 2615 |
| Nebkare/Sedjes | 08 | um | 2615 – 2607 |
| Tureis/? | 07 | um | 2607 – 2600 |
| Mesochris/? | 17 | um | 2600 – 2583 |
| Souphis/Kha'ba | 16 | um | 2583 – 2567 |
| Tosertasis/? | 19 | um | 2567 – 2548 |
| Neferkare/? | 19 | um | 2548 – 2529 |
| Huni/? | 24 | um | 2529 – 2505 |

**Vierte Dynastie, um 2505–2348:** In der vierten Dynastie wurden die Totenzeremonien eigentlich in kleinen Kapellen aus Ziegeln vollzogen, die an die Nordseite der Mastabas angebaut waren. Das Erstaunliche hierbei ist die Tatsache, dass die Wunschvorstellungen der Grabinhaber durchaus auf Steinstelen dargestellt wurden, die zudem über hieroglyphische Schriften verfügten. Des weiteren existieren Verfügungen eines Sohnes des Chephren, bezüglich der

Aufteilung seiner Ländereien, oder eine dankbare Erwähnung der Anteilnahme eines Pharaos an der Errichtung eines Grabes. Doch mit keinem Wort werden in den Überlieferungen der vierten Dynastie die Giseh-Pyramiden und deren Errichtungen erwähnt. Zudem sind weder in den Senofru-Pyramiden noch in den Giseh-Pyramiden hieroglyphische Schriften angebracht worden, obwohl eine schriftliche Tradition bereits existierte. Erst mit der fünften Dynastie kommen schriftliche Berichte sowie bildliche Darstellungen auf.

Gerade die vierte Dynastie der altägyptischen Geschichte ist wegen ihrer kolossalen Pyramiden die berühmteste Epoche Ägyptens, und trotzdem liegt hier immer noch vieles im Dunkeln. Unsere Ägyptologen zitieren stets den griechischen Historiker Herodot, wenn sie mit Bestimmtheit den Bau der Großpyramiden, den Königen dieser Dynastie zuschreiben. Dabei soll nach Herodot gerade König Cheops alles andere als ein frommer und religionsbewusster König gewesen sein. Cheops vernachlässigte nicht nur die berühmten Götter dieser Zeit, sondern verfasste auch ein Buch mit eigenen Ansichten, wovon Herodot ein Exemplar erwerben konnte. Auch wenn die heutigen Ägyptologen den Königen, die als Bauherrn der Pyramiden interpretiert werden, zwischenzeitlich Regierungszeiten von 35 oder 44 Jahren zuschreiben, geht gerade aus den Königslisten nichts dergleichen hervor. Manetho ist der einzige, der den Bauherrn Königsämter von 29 bis 66 Jahren zuspricht. Alle anderen Überlieferungen gehen nicht über 25 Jahre hinaus. Auch wenn Manetho dieser Dynastie eine Dauer von 277 Jahren zuschreibt, gehen meine Recherchen als Mittelwert nicht über 157 Jahre hinaus. Es existiert nämlich ein Bericht eines Hofbeamten aus der vierten Dynastie, der sich damit rühmt, dass er mit der Thronbesteigung des Djedefre, unter sechs weiteren Königen sein Amt ausführen konnte. Diesen Bericht erkennen die Ägyptologen durchaus als historisch verbindlich an. Auch der Glaubwürdigkeit eines königlichen Prinzen ist nicht zu misstrauen, der angibt, dass er ab König Chephren ebenfalls sechs Könige überdauern konnte. Diese Überlieferungen bezeugen uns somit die kürzeren Regierungszeiten aus den Königslisten. Manetho berichtet zudem über die Könige Ratoises und Thamphtis, die während der vierten Dynastie zusammengenommen 24 Jahre regiert haben sollen und seltsamerweise aus den Königslisten unserer heutigen Ägyptologen verschwunden sind:

| | | | |
|---|---|---|---|
| Senofru/Nebmaat | 27 | um | 2505 – 2478 |
| Ratoises/? | 15 | um | 2478 – 2463 |
| Cheops/Medjdu | 25 | um | 2463 – 2438 |
| Djedefre/Cheper | 08 | um | 2438 – 2430 |
| Chephren/Useryeb | 25 | um | 2430 – 2405 |
| Bicheris/Baka | 16 | um | 2405 – 2389 |
| Mykerinos/Kakhe | 25 | um | 2389 – 2364 |
| Schepseskaf/Shepseskhe | 07 | um | 2364 – 2357 |
| Thampthis/? | 09 | um | 2357 – 2348 |

**Fünfte Dynastie, um 2348–2205:** Zwischen den Aufwegen der Chephren und Mykerinos Pyramide brachten Ausgrabungen des 20. Jahrhunderts das Grabmal einer Königsmutter mit dem Namen »*Chentkaus*« hervor, deren Kult sich durch die ganze fünfte Dynastie hindurch gezogen hatte. Sie war eine der drei Frauen der ägyptischen Geschichte, die für sich den Titel »*König von Ober- und Unterägypten*« in Anspruch genommen hatten. Diese Entdeckung steht allerdings im Widerspruch zu der Überlieferung aus dem Westcar Papyrus, wonach die drei ersten Könige der fünften Dynastie Drillingskinder der Frau eines einfachen Priesters des Ra in der Stadt »*Sachebu*« im Delta waren. Welchen Ursprung die fünfte Dynastie auch gehabt haben mag, in jedem Fall war gerade diese Epoche von neuen, individuellen Kulturzügen geprägt.

Aus dem Palermo-Stein ist zu entnehmen, wie rätselhafte Wesen mit der Bezeichnung »*die Seelen von On*« dafür sorgten, dass der alte Ra-Kult plötzlich wieder eine beherrschende Rolle bekommen haben musste. Während in der vierten Dynastie die Ra-Kartuschen der Königsnamen nur in Djedefre, Chephren und Mykerinos vorgekommen waren, wurde es in der fünften Dynastie ein fester Bestandteil aller Königsnamen.

In dieser Epoche kam auch eine völlig neue Art von Baudenkmälern in den Vordergrund – die Sonnentempel. In den Jahren 1898 bis 1901 legte der deutsche Archäologe Ludwig Borchardt im Auftrage der Deutschen Orientgesellschaft eine unter dem Namen »*Pyramide von Righa*« bekannte Erhebung bei Abu Gurâb frei. Unter dieser Erhebung legte Borchardt dann einen großen Sonnentempel frei, den man fürt eine Wiederholung der ursprünglichen Ra-Bauanlage von Heliopolis hielt, wo in der Vorzeit der »*Benben*« (der Strahlende) des Ra aufbewahrt wurde.

Seiner Anlage nach und vom Baustil, war der Sonnentempel den Pyramidenbezirken nachempfunden, jedoch mit dem Unterschied, dass anstelle der Pyramide sich ein breiter, gedrungener Obelisk erhoben hatte. Von sechs der neun Könige dieser Dynastie weiß man, dass sie derartige Sonnenheiligtümer errichtet haben, wovon allerdings bisher nur zwei entdeckt werden konnten.

| | | | |
|---|---|---|---|
| Userkaf/Irmae | 08 | um | 2348 – 2340 |
| Sahure/Nebchau | 12 | um | 2340 – 2328 |
| Neferirkare/Userchau | 19 | um | 2328 – 2309 |
| Schepseskare/? | 07 | um | 2309 – 2302 |
| Cheres/Neferchau | 20 | um | 2302 – 2282 |
| Niuserre/Setibtowe | 11 | um | 2282 – 2271 |
| Mencheres/Menchau | 08 | um | 2271 – 2263 |
| Asosi/Djedchau | 28 | um | 2263 – 2235 |
| Unas/Wadjtowe | 30 | um | 2235 – 2205 |

**Sechste Dynastie, um 2205–2058:** Aus Abbildungen der fünften und sechsten Dynastie geht hervor, dass die alten Ägypter ein fröhliches und lebenslustiges Volk waren, deren Gedankengut nicht nur auf das Leben nach dem Tode sowie die Mumifizierung ausgerichtet war. Jeder Ägyptologe weiß, dass es nie ein anderes Volk gegeben hat, das dem Leben mehr zugetan war, als die Ägypter. Deshalb ergibt ein Totenkult mit einem derartigen Enthusiasmus eigentlich gar keinen Sinn. Vielleicht lag es aber daran, dass die alten Ägypter ihren Aufenthalt auf der Erde als eine Art Zwischenstation, wie die Anhänger des Islam betrachtet haben. Das heißt, dass sie auf der Erde nur eine vorbestimmte Zeitspanne verbringen mussten, die sie selbstverständlich so angenehm wie möglich gestalten wollten. Doch mit der Zeit wurde die anfängliche Praxis zur unverstandenen Tradition, wie, wenn wir heute Feiertagen begegnen, deren Ursprünge nicht mehr gleich feststellbar sind. Dadurch würde ein fehlinterpretierter Totenkult verständlicher, der sich höchstwahrscheinlich nur durch die Nachahmung eines unverstandenen technischen Vorgangs entwickelt haben muss.

Sechs Könige …

| | | | |
|---|---|---|---|
| Teti/Sheteptow | 17 | um | 2205 – 2188 |
| Userkare/? | 18 | um | 2188 – 2170 |
| Phiops I./Merytowe | 18 | um | 2170 – 2152 |

| Merenre I./Anchchau | 18 | um | 2152 – 2134 |
| Phiops II./Netjerchau | 50 | um | 2134 – 2084 |
| Merenre II./Antyemzaef | 19 | um | 2084 – 2065 |
| Nitokerty/? | 05 | um | 2065 – 2060 |

**Siebente bis elfte Dynastie, um 2060–1991:** Manetho gibt die Dauer der siebenten Dynastie mit 70 Tagen an, in der siebzig memphitische Könige für je einen Tag über Ägypten regiert haben sollen. Allerdings sind diese siebzig Könige, so wie sie der ägyptische Priester angibt, nicht nachzuweisen. Da von den Ägyptologen mit Beginn der achten Dynastie die erste Zwischenzeit angesiedelt wird, in der Ägypten eine soziale Revolution und Bürgerkriege durchmachen musste, könnte Manetho auch 70 Jahre gemeint haben, was uns zu einem historisch belegbaren Datum um die Zeit 1991 v.u.Z. führen würde. Auffällig ist nämlich die Tatsache, dass sich Könige der sechsten Dynastie in den Königslisten zwischen der siebenten und elften Dynastie wiederholen. Das kann daran liegen, dass die Gaufürsten immer mehr an Einfluss gewannen und in einem ungeeinigten Ägypten neben den Königen regierten. Deshalb kann die Zeitangabe von 783 Jahre für die siebente bis elfte Dynastie Manethos mit anderen Königslisten in keine Übereinstimmung gebracht werden. Der einzige Grund für diese übertriebenen Zeitangaben lässt sich nur damit erklären, dass hier mehrere Könige parallel nebeneinander regiert haben müssen, wie es auch noch in späteren Dynastien der Fall war.

Schließlich gelingt es einem Gaufürsten (Mentehotep II.), für eine kurze Zeit erneut Ober- und Unterägypten zu vereinigen und es aus Theben zu regieren. Die elfte Dynastie benennt zwar 12 Könige mit den Namen Anjotef und Mentehotep, doch trotzdem können diese Angaben nicht als gesichert betrachtet werden.

MITTLERES REICH

**Zwölfte Dynastie, um 1991–1848:** Zwar beginnt unsere Ägyptologie das »Mittlere Reich« bereits mit Beginn der elften Dynastie (2134 v.u.Z.?), indem sie sich auf den Turiner Königspapyrus stützt und von dem Gründerkönig (Amenemhet I.) der zwölften Dynastie 143 Jahre zurück rechnet, doch in Wirklichkeit ist für diese Datierung innerhalb der Geschichte Ägyptens gar kein Platz vorhanden. Deshalb wäre es nach meiner Auffassung richtiger, das

»*Mittlere Reich*« in das Jahr 1991 v.u.Z. zu verlegen, was ein belegbares und somit gesichertes Datum darstellt.

In der zwölften Dynastie wird die königliche Residenz wieder nach Memphis verlegt, von wo aus Ägypten erneut den Höhepunkt seiner Macht erlebt. Länder wie Palästina im Norden und Nubien (Äthiopien) im Süden werden erobert. Auch der Bauboom blüht wieder auf und es entstehen die Pyramiden von Lischt, Pyramiden in Daschur, Obelisken in Heliopolis, kleine Sphingen in Tanis, das Labyrinth in Hauwâra und die Stadtmauer von el-Kâb. An der Spitze der Religion steht die Gottheit Amun, der nichts anderes als die verjüngte Form von Ra darstellte. In dieser Zeit wurden in Ägypten auch fremde Gottheiten der Nachbarländer toleriert, was wahrscheinlich König Amenemhet I. dazu veranlasste, seinem Sohn Sesostris I. eine pessimistische Weisheitslehre zu schreiben. Zur Beendigung dieser aufblühenden Epoche fällt wahrscheinlich die Eroberung Ägyptens durch die Hyskos, was die zweite Zwischenzeit einleitete.

| Amenemhet I./Shetepibre | 16 | um | 1991 – 1975 |
| Sesostris I./Cheperkare | 40 | um | 1975 – 1935 |
| Amenemhet II./Nubkaure | 30 | um | 1935 – 1905 |
| Sesostris II./Kha'Cheperre | 19 | um | 1905 – 1886 |
| Sesostris III./Nemare | 25 | um | 1886 – 1861 |
| Amenemhet III./Ma'Cherure | 08 | um | 1861 – 1853 |
| Skemiophris/Sebekkare | 05 | um | 1853 – 1848 |

**Dreizehnte und vierzehnte Dynastie, um 1848–1748:** In dieser Epoche sind überwiegend Kleinkönige aus dem Delta bekannt. Die Verbürgerlichung und Verweltlichung der ägyptischen Kultur führte zu einem Verfall des Reiches. Ägypten wird durch die Hyskos erobert, über die einige Archäologen schreiben, dass es Nomadengruppen seien, die mit schnellen Streitwagen über Palästina nach Ägypten vorgedrungen sind. Der Name »*Hyskos*« bedeutet »*Herrscher des Hochlandes*« und bezeichnete einige Hirtenkönige, deren Abstammungslinie vielleicht auf die Hebräer zurückzuführen ist, die sich zu dieser Zeit nachweislich in Ägypten aufgehalten haben.

Es ist jedoch erstaunlich, dass in dieser starken ägyptischen Epoche es gerade einer »*Wandergruppe*« gelungen sein soll, die Macht über die Ägypter zu erlangen, obwohl ihr die zwölfte Dynastie vorausging, die angeblich auf dem Höhepunkt ihrer Macht angelangt war. Aus dieser Zeit existieren auch Funde, wo der syrische Hauptgott Baal als Seth interpretiert wurde. Ebenso existieren aus dieser dunklen Epoche Papyrusdarstellungen über chirugische Eingriffe und Behandlungsmethoden.

**Fünfzehnte bis siebzehnte Dynastie, um 1748–1555:** Gemäß einigen Gelehrten gehörten die Hyskos der dreizehnten bis siebzehnten Dynastie an, wo sie 200 Jahre vorherrschten. Andere Gelehrte wiederum, rechnen die *»Hyskoszeit«* nur zur fünfzehnten bis siebzehnten Dynastie, wo die Herrschaft der Hyskos, sich etwas über ein Jahrhundert erstreckt haben soll. Manetho nannte die Hyskos *»gefangene Hirten«*, die Ägypten ohne ein Schwertstreich in Besitz genommen haben sollen und danach die Heiligtümer der ägyptischen Gottheiten verwüsteten, was auf einen Glaubenskrieg schließen lässt. Später sollen sie auch die Einwohner der Städte niedergemetzelt haben, bevor sich die Ägypter gegen sie erhoben haben und die Hyskos schließlich mit 480.000 Mann in einem schrecklichen Krieg bei Avaris (Hauptstadt der Hyskos in der Deltaregion) besiegten.

Seltsamerweise sollen die Ägypter den Hyskos aufgrund eines Vertrages danach gestattet haben, das Land Ägypten unbeschadet samt ihrer Habe zu verlassen, was an den Auszug der Israeliten unter der Leitung von Moses erinnert, die im Schutze der Gottheit Jahwe Ägypten verlassen hatten. Aus zeitgenössischen Urkunden geht hervor, dass die Israeliten 215 Jahre in der ägyptischen Stadt Gosen verbracht haben.

NEUES REICH

**Achtzehnte Dynastie, um 1555–1305:** Der Gründerkönig dieser Dynastie hieß Amosis I., der bei Avaris die Hyskos vertrieb und ein neues Reich einleitete. Aber erst durch König Thutmosis III. wird Ägypten wieder über ein halbes Jahrtausend zur Großmacht und verwaltet ein riesiges Territorium. Gerade in dieser Epoche kommt auch ein Restaurierungsboom für die alten Bauanlagen auf, die die Verbindung zu den Ur-Göttern darstellten. Es entsteht eine reiche Totenliteratur, die die Jenseitsvorstellungen in einem neuen Gewand erscheinen lassen. Schließlich setzt Echnaton den Monotheismus der Aton-Religion durch und verlegt seine Residenz nach Amarna. Auch berühmte Könige, wie Thutmosis IV. und Tut-Anch-Amun, regieren innerhalb dieser Dynastie.

| | | | | |
|---|---|---|---|---|
| Amosis I./Nebpehtire | 22 | um | 1555 – 1533 |
| Amenophis I./Djeserkare | 21 | um | 1533 – 1512 |
| Thutmosis I./Acheperkare | 04 | um | 1512 – 1508 |
| Thutmosis II./Acheperenkare | 18 | um | 1508 – 1498 |
| Hatschepsut/Makare | 20 | um | 1498 – 1478 |
| Thutmosis III./Mencheperre | 44 | um | 1478 – 1434 |
| Amenophis II./Acheprure | 23 | um | 1434 – 1411 |
| Thutmosis IV./Mencheprure | 08 | um | 1411 – 1403 |
| Amenophis III./Nebmare | 33 | um | 1403 – 1370 |
| Amenophis IV./Nefercheprure (Echnaton) | 20 | um | 1370 – 1350 |
| Semenchkare/Anchcheprure (Nefernefruaton) | 03 | um | 1350 – 1347 |
| Tutanchamun/Nepcheprure (Tutanchaton) | 09 | um | 1338 – 1329 |
| Ay (Eje)/Chepercheprur | 04 | um | 1329 – 1325 |
| Haremhab/Djesercheprure | 20 | um | 1325 – 1305 |

**Neunzehnte Dynastie, um 1305–1193:** Obwohl während dieser Dynastie nur zwei Könige mit dem Namen Ramses regierten, wird diese Epoche wegen ihres berühmten Königs Ramses II., auch *»Zeit der Ramessiden«* genannt. Dieser Pharao ist nicht nur wegen seiner erfolgreichen Eroberungszüge gegen die Hethiter berühmt geworden, sondern deshalb, weil ihm unzählige Bauwerke zugeordnet werden, die er während seiner langen Herrschaft errichtet haben soll. Ramses II. errichtete jedoch nicht alle Bauwerke wirklich, die auch seinen Namen tragen, wie es die Inschrift auf der Chephren-Pyramide beweist.

Unterhalb des dritten Kataraktes des Nils befindet sich die antike Ortschaft Nauri, die etwas besonderes vorzuweisen hat. Dort ist unter König Sethos I. ein Gedenkstein an einem Felsen eingemeißelt worden, der sich etwa einhundert Meter in die Höhe erhebt. Lange Zeit blieb dieser Gedenkstein unbekannt, bevor er erst 1924 festgestellt und unter Schwierigkeiten abgeschrieben werden konnte. Die Entzifferung dieser Abschrift ergab eine aus mehreren Teilen bestehende literarische Komposition, die von dem Verfasser wie auch bei anderen Werken auf Papyrus, unmittelbar aneinander gereiht wurden. Außer den Eintragungen über die guten Beziehungen des Königs zu den Göttern und anderen Lobpreisungen berichtet der Verfasser gerade ab Zeile 5 über den Sethos-Tempel von Abydos, in dem sich, wie wir uns erinnern werden, die kuriosen Hieroglyphen und der Osireion befinden. Dieser Bericht ist insofern ungewöhnlich, weil er im vierten Regierungsjahr von Sethos I. verfasst wurde und bereits von einem fertig errichteten Tempel erzählt, der nach den Ägyptologen zu diesem Zeitpunkt unmöglich schon fertiggestellt sein durfte. Unsere Wissenschaft vertritt sogar die Theorie, dass der Sethos-Tempel von Abydos erst von Ramses II. fertiggestellt wurde, nachdem dessen Vater Sethos I. vorzeitig verstorben war.

Der Gedenkstein ist eigentlich ein dokumentierter Beweis dafür, dass der Sethos-Tempel weder von Sethos I., noch von Ramses II. erbaut wurde, wodurch wir uns somit an die allererste Auffassung von Professor Edouard Naville anlehnen können, der die These vertrat, dass es sich bei dem Tempel (Osireion) um das älteste ägyptische Bauwerk handelte. Unsere heutigen Ägyptologen hingegen vertreten die Ansicht, dass der Verfasser des Gedenksteins das in Planung befindliche Bauvorhaben beschrieben habe, was meiner Meinung nach völliger Quatsch ist. Normalerweise sprachen die alten Ägypter von einem »*per*« (Haus), wenn sie über einen Tempel berichteten. Bei dem Sethos-Tempel hingegen, ist von einem »*het-Neter*« die Rede, was so ähnlich wie »*Gehöft des Gottes*« bedeutet, womit die Gottheit Osiris gemeint war. In keiner der 45 Tempelbestimmungen existieren Berichte darüber, dass Sethos I. der Bauherr dieser Anlage gewesen ist. Das einzige, worauf sich die Ägyptologen beziehen, ist ab Zeile 13 geschrieben, die da lautet: »*Das Herz des Königs Men-Maat-Re ist zufrieden in Abydos*«. Seltsamerweise wird diese sich einigemal wiederholende Zufriedenheit des Königs von unseren Ägyptologen mit »*sein Eigentum*« interpretiert. Dabei geht aus den Zeilen 6-7 ganz etwas anderes hervor:

»*Freudig ist das Herz des Herrn des Friedhofs, wenn er dich auf dem Thron sieht wie Ra, während du auf der Erde bist und die beiden Länder einrichtest und die Tempel festlich*

*machst. Du bist geboren, damit du Abydos wiederum schüt-*
*zest und die sich in ihm befinden, indem sie gedeihen durch*
*das, was du befohlen hast.«*

Unmissverständlich geht aus diesen Zeilen hervor, dass sich in dem
Tempel bereits andere befinden und König Sethos I. diesen himm-
lischen Ort unter seiner Herrschaft erneut schützen soll. In Zeile 7
heißt es weiter, *»du verschönerst Abydos«* und *»du erneuerst den
Tempel des Osiris«*. Das bedeutet, dass König Sethos I. lediglich
Restaurierungen an einer bereits bestehenden Tempelanlage vorge-
nommen hatte. In Zeile 27 wird die falsche Zuordnung dieser
Tempelanlage noch einmal eindeutig widerlegt:

*«Ich (der König!) habe den Tempel des Osiris wieder hergestellt.*
*Ich (der König!) habe das ehrwürdige Gehöft gereinigt Millionen*
*Male.«*

Dieser Textabschnitt ist ein eindeutiger Beweis dafür, dass
der Sethos-Tempel von König Sethos I. und später von Ramses
II. lediglich verschönert wurde, um ihn besser erhalten zu
können.

| | | | | |
|---|---|---|---|---|
| Ramses I./Menpehtire | 02 | um | 1305 – 1303 |
| Sethos I./Menmare | 11 | um | 1303 – 1292 |
| Ramses II./Usimare | 67 | um | 1292 – 1225 |
| Merenptah/Binere | 10 | um | 1225 – 1215 |
| Amenmesse/Menmire | 01 | um | 1215 – 1214 |
| Sethos II./Usichepure | 06 | um | 1214 – 1208 |
| Siptah/Secha | 07 | um | 1208 – 1201 |
| Tewore/Sitre | 08 | um | 1201 – 1193 |

**Zwanzigste Dynastie, um 1193–1090:** Die Ägypter wehren die
Angriffe der Libyer erfolgreich ab. Dann folgen noch Seevölker,
die ebenfalls Ägypten erobern möchten, doch auch sie werden
erfolgreich abgewehrt, wonach eine lange Friedenszeit folgt

Im 19. Regierungsjahr von Ramses XI. maßt sich ein Amun-Priester mit dem Namen Herihor aus Karnak die Königswürde an und
wird vorerst erfolgreich abgewehrt. Doch nur acht Jahre später
wird das Königtum durch die immer stärker werdenden Priester
gestürzt.

| | | | |
|---|---|---|---|
| Sethnachte/Usichaure | 02 | um | 1193 – 1191 |
| Ramses III./Usimare | 32 | um | 1191 – 1159 |
| Ramses IV./Hekamare | 06 | um | 1159 – 1153 |
| Ramses V./Usimare | 04 | um | 1153 – 1149 |
| Ramses VI./Nebmare | 07 | um | 1149 – 1142 |
| Ramses VII./Usimare | 05 | um | 1142 – 1137 |
| Ramses VIII./Usimare | ? | um | 1137 – 1137 |
| Ramses IX./Neferkare | 17 | um | 1137 – 1120 |
| Ramses X./Chepermare | 03 | um | 1120 – 1117 |
| Ramses XI./Menmare | 27 | um | 1117 – 1090 |

SPÄTZEIT

**Einundzwanzigte Dynastie, um 1090–959:** In Oberägypten kommt die Macht in die Hände der Amun-Priester, während die Pharaonen im Delta residieren.

| | | | |
|---|---|---|---|
| Smendes/Hedjcheperre | 26 | um | 1090 – 1064 |
| Psusennes I./Ancheperre | 46 | um | 1064 – 1018 |
| Nephercheres/Neferkare | 04 | um | 1018 – 1014 |
| Amenopthis/Usimare | 09 | um | 1014 – 1005 |
| Osochor/? | 06 | um | 1005 – 999 |
| Siamun/Nutecheperre | 17 | um | 999 – 982 |
| Psinaches/? | 09 | um | 982 – 973 |
| Psusennes II./Titcheprure | 14 | um | 973 – 959 |

**Zweiundzwanzigste Dynastie, um 959–736:** Durch die Harpson Stele kann die Reihenfolge der ersten vier Könige dieser Dynastie als eine gesicherte Aufzeichnung betrachtet werden. Während dieser Epoche tritt der Reichgott in den Hintergrund und die Gaugötter gewinnen immer mehr an Einfluss. Libysche Herrscher vertreiben mit den Bubastiden die Taniten. Scheschonk I. erobert Jerusalem und plündert den Tempel des Salomo.

| | | | |
|---|---|---|---|
| Scheschonk I./Hedjcheperre | 21 | um | 959 – 938 |
| Osorkon I./Sechemcheperre | 36 | um | 938 – 902 |
| Takelot I./Usimare | 23 | um | 902 – 879 |
| Scheschonk II./Usimare | 07 | um | 879 – 872 |
| Osorkon II./Usimare | 29 | um | 872 – 843 |
| Takelot II./Hedjecheperre | 25 | um | 843 – 818 |
| Scheschonk III./Usimare | 39 | um | 818 – 779 |

| Pemu/Usimare | 06 | um | 779 – 773 |
| Scheschonk IV./Ancheperre | 37 | um | 773 – 736 |

**Dreiundzwanzigste bis fünfundzwanzigte Dynastie, um 736–664:** Während dieser Periode wird Ägypten von mehreren Kleinkönigen gleichzeitig regiert. Dann fallen Nubische Eroberer über Ägypten her und dringen nach der Eroberung Oberägyptens sogar bis Memphis vor. Ganz Ägypten gelangt unter die nubische Herrschaft. Der äthiopische König Piankhi hat großes Interesse an der altägyptischen Tradition und lässt den Amun-Kult wieder entstehen. Unter seiner Herrschaft fallen die Assyrer wiederholt ein, bis das Reich zum assyrischen Reich gehört. Aus den Hieroglyphen und der hieratischen Schrift wird die demotische Kursivschrift entwickelt, die dann immer mehr Verwendung findet.

**Sechundzwanzigste Dynastie, um 664–525:** Mit der sechsundzwanzigsten Dynastie beginnt die Saitenzeit. König Psammetichos I. vertreibt die Assyrer und ist der Stadtfürst von Sais, von wo er wieder das geeinigte Ägypten regiert. Es bricht eine Zeit neuen Wohlstandes an. Da griechische Söldner und Kaufleute enge Beziehungen zu den Ägyptern unterhalten, entsteht eine Dolmetscherschule, um die sprachlichen Barrieren auszuräumen. Der grieschiche Gelehrte Solon besucht Ägypten und bringt die Geschichte vom versunkenen Kontinent Atlantis nach Griechenland, die danach von Platon niedergeschrieben wird. Unter König Nechao wird ein Kanal vom Nil zum Roten Meer gegraben.

| Nechao I./? | 08 | | Jahre |
| Psammetichos I./Wahibre | 54 | um | 664 – 610 |
| Nechao II./Wehemibre | 15 | um | 610 – 595 |
| Psammetichos II./Neferibre | 06 | um | 595 – 589 |
| Apries/Haaibre | 19 | um | 589 – 570 |
| Amosis II./Chnemibre (Amasis) | 44 | um | 570 – 526 |
| Psammetichos III./ Anchchaenre | 01 | um | 526 – 525 |

**Siebenundzwanzigste Dynastie, um 525–404:** Diese Dynastie beendet erneut die Macht der Ägypter und geht als die Perserzeit in die Geschichte ein. Der persische König Kambyses erobert Ägypten, das bis ins Jahr 404 v.u.Z. als Satrapie unter ihrer Oberhoheit bleibt. Obwohl persische Könige wie beispielsweise Artaxerxes I. Ägypten nie betreten haben, tauchen in den Königslisten nur ihre Namen auf.

Der griechische Historiker Herodot besucht für drei Monate Ägypten und vergleicht ägyptische Sitten mit denen der Griechen.

| Kambyses | 03 | um 525 – 522 |
|---|---|---|
| Magi | 07 | um 522 – ? |
| Dareios I. | 36 | um ? – 493 |
| Xerxes I. | 21 | um 493 – 472 |
| Artabanos | 01 | um 472 – 472 |
| Artaxerxes I. | 40 | um 472 – 432 |
| Xerxes II. | 02 | um 432 – 430 |
| Sodianos | 07 | um 430 – 423 |
| Dareios II: | 19 | um 423 – 404 |

**Achtundzwanzigste bis Dreißigste Dynastie, um 404–343:** In dieser Zeitepoche ist Ägypten zwar immer noch von fremdländischen Eroberern besetzt, dennoch gelingt es den Ägyptern, sich für eine kurze Zeit Unabhängigkeit zu verschaffen und einige Könige an die Regierung zu stellen, die die 28./29. und die 30. Dynastie begründen. Nach König Amyrtaios, Nektanebos I. und Nektanebos II. entmachten die Perser erneut das ägyptische Königshaus. Trotz der kurzen Amtsherrschaft ägyptischer Könige entstehen in Dendera, auf Philae und Medinet Habu wieder Bauwerke.

| Amyrtaios | 06 | um 404 – 398 |
|---|---|---|
| NepheritesI. | 04 | um 398 – 394 |
| Psammuthis | 01 | um 394 – 393 |
| Achoris | 06 | um 393 – 387 |
| Nepherites II. | 04 | um 387 – 383 |
| Nektanebos I. | 16 | um 383 – 367 |
| Tachos | 02 | um 367 – 365 |
| Nektanebos II. | 18 | um 365 – 347 |

**Einunddreißigste Dynastie, um 343 – 332:** Erneut fallen die Perser über die Ägypter her. Nachdem Artaxerxcs II. 358 v.u.Z. einen Eroberungsfeldzug gegen die Ägypter startet, folgt ihm auch sein Sohn Artaxerxes III. (Ochos) mit entsprechender Verstärkung und erobert 343 v.u.Z. Ägypten. Artaxerxes III. wird im Jahre 338 v.u.z. ermordet, wonach sein Sohn Arses die Macht in Ägypten übernimmt, der bereits zwei Jahre später ebenfalls ermordet wurde. Der letzte Perserkönig ist Dareios III., der 332 v.u.Z. in einem Zug von Alexander dem Großen überwältigt wird und der Herrschaft der Griechen Platz machen musste.

Alexander der Große gründet die Stadt Alexandrien und wird in der Oase Siwa zum Sohn des Amun geweiht. Unter seinen Nachfolgern, den Ptolemäern, wird das Land der Ägypter 300 Jahre lang zum Zentrum griechischer Kunst und Kultur. Der Hellenismus der griechischen Oberschicht dominiert über die ägyptische Kultur, die ägyptischen Götter werden hellenisiert. Obwohl Ägyptens Bild von häufigen Bürgerkriegen gestaltet wurde, werden auch in dieser Epoche großartige Bauwerke errichtet. Die letzte ptolemäische Herrscherin, Cleopatra VII., begeht 30 v.u.Z. Selbstmord, wahrscheinlich weil die Römer mit ihrer Unterstützung in Ägypten immer mehr an Einfluss gewannen. Schließlich beginnt 30 v.u.Z. für 425 Jahre die römische Herrschaft.

# DANKSAGUNG

Der Autor möchte folgenden Personen und Institutionen, die zu diesem Buch Anregungen, Informationen oder Bildermaterial beigesteuert haben, seine Dankbarkeit ausdrücken. Die Erwähnung der Personen besagt aber nicht, dass sie von den in diesem Buch aufgestellten Theorien informiert sind oder sie akzeptieren. Es sei denn, es wird vom Autor ausdrücklich darauf hingewiesen.

Herzlichen Dank an ...

... Erich von Däniken, der mich erst auf die Spur brachte, die menschliche Vergangenheit unter einem anderen Blickwinkel zu betrachten.

... Johannes Fiebag, der bei jeder Anfrage nach Adressmaterial über diverse Kollegen, trotz seiner vielen Arbeit schnell und unkompliziert antwortete.

... Rudolf Gantenbrink, der mich mit Hintergrundinformationen über das UPUAUT-Projekt und das dazu gehörige Bildmaterial versorgte.

... Frank Michael Arndt, vom Zeiss Großplanetarium Berlin, der zu astronomischen Untersuchungszwecken fünf Wochen bei den Dogon in Mali verbrachte und mit seinen gesammelten Daten zu keiner Zeit kleinlich gewesen ist.

... Robert Kyle Grenville Temple, der bereits 1976 eine hervorragende Arbeit zum Sirius Rätsel verfaßt hat, die heute noch unantastbar geblieben ist.

... Robert Bauval, der mich mit dem Hinweis auf den Orion, zum Sternentor der Pyramiden führte.

... Herbert Regenfelder, der trotz gesundheitlicher Beschwerden für eine zügige Unterstützung dieses Buches sorgte.

... die Staatsbibliothek zu Berlin – Preußischer Kulturbesitz (PK) Unter den Linden, sowie am Potsdamer Platz, für die Erhaltung der alten Bücher, die trotz zweier Weltkriege in einem sehr guten Zustand sind. Selbstverständlich gebührt ein großer Dank den

Mitarbeiterinnen und Mitarbeitern der Staatsbibliothek, ohne deren Hilfe ein vernünftiges Arbeiten nicht möglich gewesen wäre.

... Michael Anzenhofer, von der Deutsche Luft- und Raumfahrtgesellschaft (DLR) in 82230 Oberpfaffenhofen (Postfach 1116), für die zur Verfügungstellung von Bild- und Informationsmaterial über den Europäischen Radarsatelliten (ERS 1 und 2), sowie den Kontakt zu Robert Meisner (ebenfalls DLR) für die aktuellen Marsexpeditionen der NASA und ESA.

... Heinrich Grütering, der stets bemüht war, mich mit den aktuellsten Informationen über den Stand der Ägyptenforschung bei Laune zu halten.

... George Bonani, von der Eidgenössischen Technischen Universität Zürich, für das Vertrauen und die Gespräche über den neuesten Forschungsstand bei den Untersuchungen an der Cheops Pyramide.

... Gerald Mackenthun und Wilfried Mommert, von dem dpa – Büro Berlin, Marienstraße 19-20 in 10117 Berlin.

... an meine Frau Heike, für ihre Geduld, ihr Vertrauen und das Verständnis für mein Buchprojekt.

# BILDNACHWEIS

Arndt, Frank-Michael
Däniken, Erich von
Franke, Thomas
Gantenbrink, Rudolf
Geo Forschungszentrum Potsdam (GFZ)
Regenfelder, Herbert
Staatliche Museen zu Berlin – Preußischer Kulturbesitz (PK)

Alle restlichen Bilder vom Autor.

# LITERATURHINWEIS

Al-Makrizi, M., *Topographische und historische Beschreibung Ägyptens*, Berlin 1872
Altenmüller, H., *Grab und Totenreich der alten Ägypter*, Hamburg 1976
Apelt,O., *Platons Dialoge: Timaios und Kritias*, Leipzig 1922
Baumann, H., *Die Völker Afrikas und ihre traditionelle Kultur*, Wiesbaden 1975
Bauval, R.+ Gilbert, A., *Das Geheimnis des Orion*, München 1994
Bauval,R.+ Hancock, G., *Der Schlüssel zur Sphinx*, München 1996
Beltz, W., *Die Schiffe der Götter*, Berlin 1987
Bernardakis, G.N., *Plutarch von Chaironeia*, Leipzig 1870
Bindel, E., *Ägyptische Pyramiden*, Stuttgart 1957
Borchardt, L., *Die Pyramiden*, Berlin 1911
Borchardt, L., *Gegen die Zahlenmystik an der Großen Pyramide in Giseh*, Berlin 1922
Borchardt,L., *Die Entstehung der Pyramide*, Berlin 1928
Breasted, J.H., *Geschichte Ägyptens*, Wien 1936
Brugsch,H., *Die Ägyptologie*, Leipzig 1891
Brunner-Traut, E., *Ägypten*, Stuttgart 1988
Brunton, P., *Geheimnisvolles Ägypten*, Zürich 1951
Buber, M., *Die fünf Bücher der Weissagung*, Selters 1954
Budge, E.A.W., *The Gods of Egyptians*, London 1904
Cajus Plinius Secundus: *Die Naturgeschichte*, Leipzig 1882
Carter, H., *Tut-ench-Amun – Ein ägyptisches Königsgrab*, Leipzig 1927

Ceram, C.W., Götter, *Gräber und Gelehrte*, Reinbek 1995
Cottrell, L., *Das Geheimnis der Königsgräber*,
Baden-Baden 1952
Däniken, E.v., *Die Augen der Sphinx*, München 1989
Deutsche Übersetzung, *Description de l'Egypte*, Köln 1994
Diodor von Sizilien: *Geschichts-Bibliothek*, Stuttgart 1866
Eddington, A., *Das Weltbild der Physik*, Braunschweig 1931
Edwards, I.E.S., *Die ägyptischen Pyramiden*, Wiesbaden 1967
Eisenlohn, A., *Ein mathematisches Handbuch der alten Ägypter*,
Leipzig 1877
Ercivan, E., *Das Faktum – Auf der Suche nach dem Ursprung der
Menschheit*, Berlin 1995,
Erman, A., *Die Märchen des Papyrus Westcar*, Berlin 1890
Erman, A., *Die Hieroglyphen*, Berlin 1912
Erman, A., *Die ägyptische Religion*, Berlin 1911
Erman, A.+Ranke, H., *Ägypten und ägyptisches Leben im Alter-
tum*, Tübingen 1923
Evans, E.C. + Schwarzer, G.C. + Richards, D.G.,
*Mysteries of Atlantis revisited*, San Francisco 1988
Friedel, E., *Kulturgeschichte des Altertums*, Zürich 1936
Gardiner, A. H., *Geschichte des Alten Ägypten*, Augsburg 1994
Gaston, G.C.C., *The Tombs of Harmhabi and
Tanarankhamanon*, London 1912
Gastow, M., *Geschichte der morgenländischen Völker im Alter-
tum*, Leipzig 1877
Goldstein, D., *Jewisch Folklore and Legend*, London 1980
Goyon, G., *Die Cheops-Pyramide – Geheimnis und Geschichte*,
Bergisch-Gladbach 1979
Grapow, H., *Todtenbuch*, Leipzig 1915
Grapow, H., *Ägyptisches Handwörterbuch*, Berlin 1921
Graefe, E., *Das Pyramidenkapitel in Al-Makrizi's »Hitat«*,
Leipzig 1911
Guman, I., *Die Astronomie in der Mythologie der Dogon*, Berlin
1989
Hein, H., *Das Geheimnis der Großen-Pyramide*, Zeitz 1921
Helck, W., *Untersuchungen zu Manetho und den Ägyptischen
Königslisten*, Berlin 1860
Hermann, D.B., *Rätsel um Sirius*, Berlin 1994
Hoagland, R.C., *The Monuments of Mars*, Berkeley 1992
Hoagland, R.C., *Die Mars Connection*, Essen 1994
Hornung, E., *Ägyptisches Totenbuch*, Zürich 1979

Hornung, E., *Die Unterweltsbücher der Ägypter*, Zürich 1992
Hurry, J.B., *Imhotep*, Oxford 1928
International Bibel Students Association, Band I und II, New York 1992
Joshimura, S., *Pyramidenuntersuchungen mit elektromagnetischen Messmethoden ohne zerstörende Wirkung*, Wasseda-Universität Tokio 1987
Junker, H., *Die Götterlehre von Memphis*, Berlin 1930
Karst, J., *Eusebius Werke, Band V. Chronologia*, Leipzig 1911
Katholische Bibelanstalt, *Die Bibel*, Berlin 1915
Kissener, H., *Die Logik der großen Pyramide*, München 1965
Kramer, S.N., *Geschichte beginnt in Sumer*, München 1959
Lepsius, C.R., *Über die manethonische Bestimmung des Umfangs der ägyptischen Geschichte*, Berlin 1857
Lindner, K., *Das Weltall und unsere Erde*, Leipzig 1987
Lockyer, N., *The Dawn of Astronomy*, London 1894
Lüddeckens, E., *Untersuchungen der ägyptischen Totenklagen*, Berlin 1943
National Geographic Society, *Ancient Egypt-Discovering is Splendors*, Washington D.C. 1989
Naville, E., *Das ägyptische Todtenbuch der 18. bis 20.Dynastie*, Berlin 1886
Nestler, J., *Die Kabbala*, Wiesbaden 1994
Mendelsohn, K., *Das Rätsel der Pyramiden*, Bergisch-Gladbach 1974
Miles, F., *Aufbruch zum Mars*, Stuttgart 1988
Moore, P., *Der Große Atlas des Universums*, München 1990
Morenz, S., *Ägyptische Religion*, Stuttgart 1960
Paret, R., *Der Koran*, Stuttgart 1966
Paturi, F.R., *Das Erbe der Deutschen Technik*, Stuttgart 1992
Pessl, H.v., *Das Chronologische System Manethos*, Leipzig 1878
Petrie, W.M.F., *Ten Years digging in Egypt*, London 1892
Petrie, W.M.F., *A History of Egypt*, London 1912
Polyglott Reiseführer »Ägypten«, München 1973
Riessler, P., *Altjüdisches Schrifttentum außerhalb der Bibel*, Rottenburg 1927
Roeder, G., *Ägyptische Mythen und Legenden*, Zürich 1960
Roeder, G., *Die Ägyptische Götterwelt*, Zürich 1959
Sehte, K., *Urgeschichte und älteste Religion der Ägypter*, Leipzig 1930

Schindler, A., *Apokryphen zum Alten und neuen Testament*,
  Zürich 1982
Schliemann, H., *Selbstbiographie*, Wiesbaden 1979
Schüssler, K., *Die ägyptischen Pyramiden*, Köln 1992
Schwab, G., *Sagen des klassischen Altertums*, Erlangen 1983
Sitchin, Z., *Stairway to Heaven*, New York 1980
Sitchin, Z., *Genesis Revisited*, New York 1990
Spiegel, J., *Das Auferstehungsritual der Unas-Pyramide*,
  Wiesbaden 1971
Spiegelberg, W., *Der ägyptische Mythos vom Sonnenauge*,
  Straßburg 1917
Stadelmann, R., *Die ägyptischen Pyramiden*, Darmstadt 1985
Stadelmann, R., *Die Große Pyramide von Giza*, Graz 1991
Steindorff, G., *Die ägyptischen Gaue und ihre politische Entwick-
  lung*, Leipzig 1909
Waitkus, W., *Die Texte in den unteren Krypten von Dendera und
  ihre Aussagen zur Funktion und Bedeutung dieser Räume*,
  Hamburg 1991
West, J. A., *The Traveller's Key to Ancient Egypt*, London 1989
Westendorf, W., *Das Alte Ägypten*, Baden-Baden 1968
Wiedemann, A., *Der Tierkult der alten Ägypter*, Leipzig 1912
Wreszynski, W., *Der Papyrus Ebers*, Leipzig 1913

Bibliographisches Institut & F.A. Brockhaus AG, Mannheim 1989
Bibliothek von Nag Hammadi, Hermetica ,Codex VI, 8, 70-74
übersetzt bei Robinson, Library 300-307
Chronologies du Porche Orient, BAR International Seried 379,
Paris 1987
Papyrus Westcar, P.3033, Papyrus-Sammlung der
Staatlichen Museen zu Berlin

# REGISTER

## A

Abd el-Halim Nur el-Din 88
Abukir 12
Abu Roash 39, 61 fff.
Abspaltungs-Theorie 265
Abusir 141 f., 142
Abydos 92 f., 93 fff., 94 f., 95,
  101 f., 156, 293, 295, 302,
  314, 326, 327
Adam 158, 179, 180 f.
Adams, Walter-Sidney 110
Admiral Lord Nelson 12
Ägyptologen-Treffen 296 f.
Äquinoktialpunkt 26
Äquinoktien 27
Africanus, Julius 40, 156, 302
Aigyptios 19
Aldebaran 192 f., 214, 217
Alexander der Große 40, 331 f.
Alexandria 11, 331
Al-Makrizi, Muhammad 138,
  145, 146
Al-Mamun, Abdallah 130 f.,
  132 f., 138, 298
Al-Raschid, Harun 130
Alte Testament 24, 173, 257,
  313
Alvarez, Luis Walter 201, 202,
  212
Amasis 72
Amduat 36, 93, 191, 216,
  219 f., 222, 224, 226 f.
Amélineau, Edouard 314
Amenophis 94 ff., 169 f.,
  170 ff., 171
America Reserch Center Egypt
  246
Amma 113

Amun 170 f., 171, 306
Ancient Astronaut Society 96,
  289
Anderson, French 234
Anti 280 ffff.
Anubis 32, 33 f., 34, 308
Anunnaki 38, 183
Aphrodite 304
Apollonius 11 f.
Apolodoros 99 f
Apophis 36, 219, 220 ff., 221,
  230, 268
Apophis-Schlange 219, 220 ff.
Apries
Apulejus, Lucius 8
Arbuthnot-Kammer 70
Arche-Noah 100
Archeoglobus-fulgidus-
  Bakterium 287
Argos 36 f.
Aristoteles 163 f.
Asklepios 213 f., 214
Assuan 10, 23, 203, 252
Assuan-Staudamm 23
Asteoriden-Gürtel 220, 269
Atef-Krone 101, 102
Atlantis 163, 166 ff., 304
Atlantis-Bericht 99, 284
Aton 170 ff., 171 ff., 172, 306,
  325
Atra-Hasis 100
Ayan 119


## B

Baal 324
Bandiagara-Plateau 108
Bagdad 84

Bakr, Ibrahim  254
Bauer, Werner  97
Bauval, Robert  65, 157, 193,
213 f., 214, 215 ff., 244, 253,
294, 300 ff., 332
Beatty, Bill  283
Belüftungsschächte  204 f., 205,
214
Belzoni, Giovanni Battista
195, 199
Ben-Ben  105 ff., 115, 320
Berkeley Universität  49, 179
Berlin  102, 264, 293, 295, 332
Berossos  99, 231, 233
Bessel, Friedrich-Wilhelm
110 f.
Bicheris  63 f., 152, 320
Bicheris-Pyramide  64
Birch, Samuel  71, 72, 195
Black, Elizabeth  158
Bode, Johann  270 ff.
Bonani, George  80 f., 81 f.,
300, 333
Borchardt, Ludwig  73, 317
Brandt, Alfred  142
Breasted, James Henry  76 ff.,
77, 193 f.
Brown, Louise  180
Brown, Wesley  179
Brugsch, Emil  189 f., 190, 191
Brugsch, Heinrich  15, 190 f.,
191
Budge, Wallis  118, 236 f., 278,
308 f.
Bunsen, Robert Wilhelm  110

# C

Cajus Plinius Secundus  67,
131, 238, 294, 299

Cambel, John William  222,
227
Campbell-Kammer  70, 72
Cann, Rebecca  179
Carter, Howard  73, 74, 169
Caviglia, Giovanni Battista
68 f, 69, 240, 242
Clark, Alvan Graham  110
Clark, Le Gros  9
Clinton, Bill  274 f.
Censorius  161
Centre National de Recherche
Scientifique  79
Champollion, Jean-Francois
14, 15, 41
Chahin, Muhammad  188, 189
Chentkaus  65
Cheops  35, 55, 56 fff., 59 f.,
60 fff., 61, 62 f., 63, 66 f.,
67 fff., 70, 71, 72 fff., 76, 80,
81, 126, 135, 151 fff., 152 f.,
153 ff., 154 f., 162, 199, 214,
215 f., 236 fff., 319 f., 320
Cheops-Pyramide  66, 81, 121,
126 f., 146, 154, 197, 201, 205,
291, 298 ff., 299 fff., 300 f.
Chephren  60, 62, 63 f., 67 ff.,
76, 162, 199 ff., 236, 240 ff.,
241 ffff., 243 f., 249, 318,
319, 320 ff.
Chephren-Pyramide  67, 146
147, 196, 199, 200, 201 f.
202 fff., 212, 244, 299, 325
Cherubin  38
Chnum  59 f., 203 f., 306
Chontamenti  93, 222
Christen  18, 237
Chromosomen  179 fff., 180 f.
Chruschtschow, Nikita  121
Chufu  59 f., 60 f., 70, 71 ff.,
136

Cook, Robin 193
Crash-Theorie 265, 269 f.
Cromagnon 177 fff., 178 f.

# D

Darwin, Charles 69, 175 f.
Daschur 56 f., 59, 250
Davidovits, Joseph 202, 203
da Vinci, Leonardo 96 f.
Davis, Theodore 169
Davison-Kammer 69
Dawson, Charles 9
Dämonen 31, 32, 33 ff., 34, 37, 38 ff.
Däniken, Erich von 89, 232, 332, 334
Debo-See 115
Dekane 216 f.
della Valle, Pietro 11
Demotisch 13, 14, 15
Dendera 28, 36, 87, 88 f., 89, 330
Denon, Dominique-Vivant de 12 f.
Desoxyribonukleinsäure 159 f., 175, 177, 178
Deutsche Agentur für Raumfahrtangelegenheiten 264
Dieterlen, Germaine 109 f., 111
Diodor von Sizilien 173
Di Pietro, Vincent 282
Dixon, John 207
Dixon, Waynman 206, 207 f.
Djedefre 60, 61 f., 62 f., 63 fff. 86, 152, 162, 319, 320 f.
Djedi 86 ff., 87, 152 fff., 153 f., 154
Djedpfeiler 85, 86 fff., 88, 101

Djoser 45, 203, 317 f., 318 fff.
Djoser-Pyramide 78 f., 79
Dobeki, Thomas L. 254 f., 255
Dogon 108, 109 fff.,112 f., 113, 114 f., 115 ff., 116, 117 ff., 119, 161, 226 ff., 229, 308
Dogon-Priester 112 f.
Domingo, Frank 241 f. 242
Dormion, Jean-Patrice 133, 212
Dreikammertheorie 134
Dreyer, Günther 211
Dropides 163
Drovetti, Bernardino 41
Duat 33, 192

# E

Echnaton 170, 171, 172, 174 f., 306, 324, 325
Edison, Thomas 84
Edfu 46, 119, 168, 260
Edgar Cayce Fundation 80, 246
Edwards, Iorwerth Eiddon Stephen 58, 59, 129
Edwards, Robert 180
Egorov, Christel 291
Egypt Exploration Fund 95
Eidesgenössischen Technischen Hochschule 79, 80
Einfang-Theorie 265
Einstein, Albert 223
Einstein-Rosen-Brücke 223 f., 227
Ekliptik 26, 27 f.
Elektron 84
el- Gayer, Sayed 74
el-Malach, Kamal 35, 125
Enuma Elisch 37

Ermann, Johann Peter Adolf
62, 76, 79, 151, 153 f., 157,
158 f.
Erosionsspuren 247 f., 264
Erzbischof von Cacsarea 40
Etana 149 f.
Europäischer Radar Satellit
264 f., 266, 270
European Space Agency 263,
264
Eusebius 40, 99, 156, 232, 302
Eva 179
Evolutionstheorie 9

# F

Famine-Stele 203
Faijum 20, 39, 69, 302
Felsenkammer 131
Fiebag, Johannes 332
Focke, Heinrich 96
Frankfort, Henry 96
Furrer, Reinhard 289, 290
Fuss, Thomas Heinz Alfred
143, 144 f., 309

# G

Galilei, Galileo 271
Gann, Battiscombe 231
Gantenbrink, Rudolf 62, 72,
205 ffff., 206, 208 f., 209 f.,
210, 211 f., 212 f., 218, 255 f.,
291 ff., 292 fff., 298, 299 f.,
300 f., 301 fff.
Gardinder, Allan Howard
153 f., 260, 317
Garett, George 97
Gaue 31, 35, 93

Gauri, Kyle Lal 247 f.
Gammawerte 49
Geb 18, 307 fff., 311
Geogical Society of Amerika
250
Geometrie 44
geometrische Astronomie 28
Ghoneim, Zakaria 47
Gilbert, Adrian 193 f., 213,
214, 215
Gilgamesch 37 fff., 313
Giseh 11, 142, 162, 250, 252,
263
Giseh-Plateau 39, 60, 67, 129,
231 f., 244, 245 f., 248, 250,
253
Giseh-Pyramiden 52, 188, 193,
194 ffff., 199, 203, 214, 230,
263, 278, 284, 294, 306, 312
Goidin, Gilles 133, 212
Goyon, Georges 52 f.
Graefe, Erich 138
Graffiti 58, 59
Grant, Bill 206, 207
Granger, Tourtecheot 95 f.
Graves, John 10
Gray, Stephen 84
Griaule, Marcel 109 ff., 111,
161
Gribbin, John 228
Greider, Carol 158
Große Galerie 134, 135 ff.
Ground Penetrating Radar 49
Guanchen 24

# H

Haas, Herbert 79, 80
Halle der Wahrheit 32, 33
Hallesche Komet 21

Hammer, Michael 180 f.
Hancock, Graham 244, 253
Haramais 238 ff.
Hassan, Fakri 25
Hatem, Abdul Quader 92
Hathor 36, 87, 307
Hathor-Tempel 87, 88
Hawass, Zahi 212, 213 f., 245,
 255 f., 297
Hebräer 38, 256, 257, 258 fff.,
 259, 281, 307, 308, 323
Heidel, Alexander 310, 311
Helffrich, Johannes 238 f., 239
Heliopolis 19, 46, 86, 102,
 117 f., 119, 152, 153, 154,
 171, 194 f., 303, 305, 306,
 316
Hemisphäre 35
Henoch 149 ffff., 150 ff., 154,
 313
Henoch-Bücher 150 f.
Hera 36
Hermann, Dieter 109
Hermetica 98, 99, 213
Hermes 129, 150, 151, 154,
 238
Hermes-Trismegistos 98 fff.
 99 f., 213 f., 214, 313
Herodot 15 f., 20, 21, 54 ff., 55
 f., 62 f., 66 f., 67 f., 72, 136,
 160 ff., 161, 173, 174, 182,
 245, 305, 319, 330
Heroen 181
Herschel, Friedrich Wilhelm
 145, 271
Herschel, John 145
Herzskarabäus 34 f.
Hesiod 26 f., 38, 181, 182
Hetepheres 58, 59
Hexaeder 128
Hierakonpolis 157, 260

Hieroglyphen 11, 12, 13 ff., 14
 fff., 15 f., 82, 88, 89, 196, 225
Hieroglyphenschrift 41 ff.
Hill, James Richard 69, 70, 74,
 75, 141
Himmelsäquator 186
Hipparch von Alexandria 27
Historien 16 ff., 54 f.
Hitat 138 f., 299
Hoagland, Richard C. 282 ff.,
 283, 284 fff.
Hochfrquenzimpulse 49
Holozän 161 f.
Homer 19, 20
Homohabilis 256
Homo sapiens 181, 183
Hornung, Erik 154 f., 218 f.
Horus 18, 33, 44, 93 f., 99,
 118, 119 f., 231, 260 ff., 261,
 262 ff., 263 f., 278 f.,
 279 ff., 280 ffff., 306, 307 f.,
 311 ffff., 312 fff., 315
Horus-Buch 99
Horus-Falken 90, 91 ff.
Horus-Schrein 261, 311
Huni 58, 59
Hyaden 214, 226 f.
Hydrozephalus-Schädel 175
Hyperraum 222
Hyskos 323 f., 324 fff.

# I

Ideogramme 41
Ideographie 40, 41
Ikosaeder 128
Imhotep 45 f., 46 fff., 213, 214,
 318
Inhapi 94
Intergalazialen 24

Inventar-Stele 75, 76, 153, 154, 246
Ipuwer-Papyrus 20
Isis 36, 44, 86, 89, 93, 105, 153, 192 f., 226, 278, 280, 312 f.
Islam 18, 33, 129, 321
Israeliten 158
Istanbul 102, 103
Isthmus 87
Iwo 36 f.

## J

Jahwe 144, 160, 237, 256 ff. 257 ffff., 258 f., 259 f., 260, 261 ffff., 308, 311, 316, 324
Jenseits 35 f., 38, 215, 217, 218 ff., 224
Jeremia 144
Jesaja 259
Johanson, Donald 303
Jomard, Edme Francois 12
Jones, Michael Peter 74
Joschimura, Sakuji 252
Josef-Legende 129
Jotru 20
Judentum 18

## K

Kabaala 38
Kairo 20, 82, 92, 129, 208, 296, 303
Kammer der Aufzeichnungen 254
Kapitän Bligh 66
Kapp, Uli 208
Katarakte 21
kemet 20

Kérisel, Jean 51 f., 131, 205, 246, 294, 295, 299, 300 f.
Kernbohrungen 141 f.
Keys, David 210 f., 211
Khediv Ismail 188 f.
Kingsland, William 38
Kircher, Athanasius 10
Kirchhoff, Gustav Robert 110
Klemm, Dietrich 143, 203 f.
Knick-Pyramide 56 ff., 57 f. 146,
Kolumbus, Christopher 155
Kom Ahmar 142
Kom Hamada 23
Kom Ombo 23 ff.
König, Wilhelm 84
Königinnen-Pyramiden 60
Königinnenkammer 132
Königspapyrus von Turin 57
Königsverzeichnis von Sakkara 156
Krauss, Rolf 73 f., 101, 293 ffff., 295 ff., 296 ff.
Kramer, Samuel Noah 37, 182
Krietsch, Peter 174

## L

Lange, Kurt 236
Lehmziegelrampen 51
Lehner, Mark 241 f., 242, 246
Lepsius, Carl Richard 15, 78
Lesch, Harald 265 f.
Lesseps, Ferdinand Marie Vicomte 188
Liebig, Justus Freiherr von 147
Lockyer, Norman 118 185 fff., 187 fff.
Lord Carnarvon 169

Lorét, Victor 94
Lougthon, Carol 278
Ludolfsche Zahl 126
Luissi, Pier Luigi 235
Luxor 87, 160, 250

# M

Maat 33
Magan 37 ff.
Magazine 198
Magdalénien 24
Magnetometer 49
Manetho 17 f., 18, 19 f., 40 f.,
    41, 157, 162, 231, 302, 303,
    313, 314, 315 f., 317, 318,
    319, 322
Mariette, Auguste Francois 45,
    75, 95, 188, 189 ff., 190 ff.
Marsbakterien 273
Marsgesicht 276, 278, 279, 282,
    284
Mars Global Surveyor 288 ff.
Mars-Katastrophe 164
Mars-Observer 276, 277, 278
Maspéro, Gaston Camille
    Charles 153, 189, 190 f.,
    191 f., 192 f., 195 f., 242
Mastaba 45 ff., 46
Mastaba el-Faraun 65
Mastaba-Grab 45, 63
Materia hieroglyphica 71 f.
Max-Planck-Institut für Aero-
    nomie 288
McKay, David 273 f.
Medinet Abu 20
Mehen 217 ff., 219
Mehen-Schlange 219
Meidum 56, 58, 59
Melis. Carol 159

Mellars, Paul 179
Meluhha 37 f
Memphis 20, 46 f., 55, 86, 119,
    130 f., 174, 303, 316, 323 329
Menes 18, 19, 39, 40 f., 42 f.,
    77, 78, 156 f., 157
Mendelsohn, Kurt 50, 168,
Mer 42 f., 43 ff.
Meritites 59
Mesopotamien 84, 100, 117,
    232
Messiha, Khalil 91 f., 92, 133,
Meterkonvention 122
Meyer, Reinhold 141
Minare 103, 104
Minutoli, Heinrich Freiherr
    von 78
Misr 19
Mitochondrien 178, 179, 184
Moh, Ahmed 92
Molenaar, Greogory 282
Moore, Patrick 217
Moses 152, 160, 257 ffff., 259
Mosnier, Joe 283
Mumienmacher 30
Mundöffnung 32
Munkar 33
Murray, Margeret 95 f.
Mustermeter 122
Mykerinos 62, 63, 64 ff., 195,
    199 ff., 320 ff.
Mykerinos-Pyramide 64, 195,
    196 f., 199
Myrabo, Leik 116 f.

# N

Nabu 151 f.
Naguib, Kamal 91
Nakir 33

Napoleon 11 f., 12 f., 125, 239
Narmer 42 f., 78, 156 f., 157
Narmer-Stele 42
Nasca-Region 259, 275
National Aeronautics and
    Space Administration 107,
    273 ff., 275 f., 276, 277 ffff.,
    278 fff., 282, 286, 288, 289
National Geographic Society
    25
Naukratis 13
Naval Observatorium 113
Naville, Edouard 95 f., 96, 326
Nazlet el-Samman 245
Neandertaler 176 f., 177 ffff.,
    184
Nebka 151
Nelson-Kammer 69
Nephtys 86, 87
Nessiah, Hishmat 91
Neter 156
Neues Reich 103
Neugebauer, Otto 225 f.
nommos 113, 114 ff., 115, 116,
    117 ffff., 308
Nildelta 13 f., 17, 125 f.
Niuserres 65

# O

Oasen
Obelisken 102, 103 fff. 104,
    105, 113
Obelisken von Philae 14
Oberägypten
Oktaeder 128 fff.
Orion 7, 114, 191 f., 192, 193,
    214, 216 ffff., 217 ff., 221,
    222, 224, 225 f., 226 ffff.,
    227, 228, 308

Orion-Gürtel 191, 214 fff.,
    215, 216, 217 f., 224, 225,
    226, 230
Osireion 93, 94 ff., 95 ff., 326
Osiris 18, 32 f., 33, 38, 44, 86,
    93 ffff., 94 f., 101 f., 102 fff.,
    119, 151, 194, 217 f., 222 ff.,
    225 ff., 226, 261, 262, 278
    307, 309 ffff., 311, 312, 327 f.,
Osirisfigur 85
Osiris-Mythos 93, 101, 309
Owen, Toby 275


# P

Papyrus Beatty I. 257, 260,
    262 f.
Papyrus-Carlsberg I.
Papyrus Harris 168
Papyrus Ipuwer 20
Papyrus Rhind 43, 44
Paradies 33 f.
Parker, Richard 225 f.
Parther 84, 85
Pathfinder 288
Pentagondodekaeder 128
Perring, John Shea 69 f., 70,
    75, 141
Peterskirche 185
Petrie, William Matthew
    Flinders 66 f., 73, 74, 95 f.,
    121, 123, 141, 142, 206,
    302 fff.
Petroglyphen 24
Philemon 139
Phobos-Mission 276
Phonogramme 41
Phönix-Mythos 105
Pilgerort 58
Piktographie 40 f.

Piltdown-Schädel 9
Platon 127, 129, 163, 167 f.
  168 f., 182, 282
Platonische Jahr 27
Platonische-Körper 128, 282
Pleistozän 161, 165
Plejaden 26 f.
Plotin 30
Plutarch 94
Polyvinylchlorid 147 fff.
Pompeji 203
Po Pilu 226 f.
Portikulis 212 f., 297, 298
Präzession 26, 27, 28, 185 f.
Präzessionstechnik 28
Preußische Expedition 15 f.
Primaten 9, 184
Progeria 159
Psammetichos 13, 163 f., 329 ff.
Psenophis
Ptah 18, 19 f., 55, 86, 102, 166,
  173 fff., 174, 182, 303 ff.,
  304 ffff., 305 ff., 306, 307,
  308, 311
Ptolmeaios 13
Pyramiden-Evolution 50
Pyramiden-Priesterschaft 79 f.,
  154
Pyramiden-Technik 48
Pyramidentexte 35, 118, 191 f.,
  194, 280 f., 303, 309
Pyramidologen 68
Pyramis 43
Pythagoreischen Dreieck 199

# Q

Quader 52, 53 ff.
Quadrat 44 f., 128
Qualität 53 f., 250

# R

Ra 18, 35, 102 ffff., 104, 155 f.,
  170, 172 f., 173 fff., 182 f.,
  194, 196 f., 219, 220,
  221 ffff., 223, 227, 228 f.,
  230, 231, 262, 279, 303, 305
  fff., 306 ffff., 307 ffff., 309,
  310, 311, 312 ff., 315 f.,
  320 ff., 326
Ramessu V. 55
Rampsinit 54, 55 f.
Ramses 17, 20, 21, 22 f., 82 f.,
  94 fff., 196 fff., 231, 239, 242,
  257, 325 ff., 326 f.,
  327 ff., 328 ffff.
Redmond, Charles 277
Reisner, George Andrew 59,
  78, 121, 302
Regenfelder, Herbert 96, 293,
  332, 334
Regnault, Henri Victor 147 f.
Renaissance 10
Retorten-Baby 180
Riad, Henry 91
Ritter, Johann Wilhelm 89
Roe, Robert Adam 277 f.
Roeder, Günther 262
Roosevelt, Franklin D. 121
Rosen, Isaac Nathan 223
Rosette 13
Rotationsachse 7
Rote-Pyramide 57 ff.
Rottinger, Frank 264
Römer 10 f., 82, 239, 331

# S

Sagala 112
Sagan, Carl 272

Sahure 65
Said Pascha 188
Sais 163
Sakkara 45, 46, 47, 48 fff., 49,
78 f., 90, 142, 250, 302
Sakral-Elle 122
Salamasar 232, 233
Salomo 143, 328
Salomo-Tempel 143 f.
Sargtexte 35
Saurid 138, 139 f., 149, 199
Schabaka-Stein 119 f.
Schamir 142 f., 144 ff., 262
Schemsu-Hor 156, 157, 260 f.,
314 f.
Schepseskaf 63, 64 f., 65, 320
Schetit 33
Schlangenhieroglyphe 219
Schliemann, Heinrich 166
Schoch, Robert 250 f.
Schu 18, 279 ff., 280 f.
306 ffff., 307 ff.
Schwaler de Lubicz, René Aor
247 f.
Schwarzes Loch 223 f.
Schwemmlandebene 22 f.
Sechemchet 47
Senofru 56 fff., 57 ff., 58 fff.,
59 f., 63 f., 320
Seraphin 38
Seth 18, 93, 101, 119 f., 260
262 ffff., 307, 310 fff., 312,
315
Sethe, Kurt 82, 195, 309
Sethos-Tempel 42, 94, 95, 96
101, 295, 326 fff.
Sexagesimalsystem 266
Shay, Jerry 159
Sicard, Claude 10
Sieben Weise 168 f.
Siegestafel 77

Sintflut 25 f., 161, 166 f., 311
Sitchin, Zecharia 71 ff., 266 f.,
268
Sirigi-Arche 113 f., 114
Sirigi-Symbole 114
Sirius 29 f., 30 f., 36 ff.,
110 ffff., 111 ff., 112 fff., 113,
187, 214, 216, 217 f., 225 f.,
226, 228 f., 229 f., 256 f., 280 f.,
305 f., 308 f., 309 f., 310 f.
Sirius-Aufgang 29 f.
Sirius-Jahr 30
Sirius-System 30, 36, 110 f.,
112, 116, 118, 228, 229, 230
Skarabäus 34 f., 305
Smith, Joseph 97
Smith-Woodward, Arthur 9
Smyth, Charles Peazzy 66,
73 fff., 127 f., 145, 146
Sojourner 288 ff.
Sokar 48, 219, 221, 224 ff.
Solon 163 fff., 164 ff., 182, 284,
329
Sonki 163 ff., 164 f., 165 f., 284
Sonnenreligion 193
Sothis-Periode 29, 161, 162 f.
Sothis-Stern 29 f.
Sphinx 8, 83, 230, 231 ffff.,
234 f., 236 ffff., 237, 238 ffff.,
239 ffff., 240 fff., 241 f., 242 f.,
243 ffff., 244 ffff., 245 f.,
246 ffff., 247 fff., 250 fff.,
252 ff., 253 ffff., 254 ffff.,
255 ff., 263 ff., 278 f., 280,
284, 294 f., 299, 300, 301 fff.
Sphinx-Tempel 244, 249, 253
Spiegelberg, Wilhelm 104
Stadelmann, Rainer 57 f., 65,
72, 136, 197, 201, 205, 206,
210 f., 296 ffff., 297 ff.
Stanford Reserch Institut 202,

348

250, 251 f.
Stein von Palermo 42, 82, 156
Stein von Rosette 13
Steptoe, Patrick 180
Steinmetzmarkierungen 72
Sternbild 245
Sternenkonstellation 237 fff.
Sternenreligion 189, 194, 300
Sternen-Schächte 214
Sternentor 38, 184, 185, 194,
    216 ff., 218, 219, 222, 224,
    226, 290, 293, 308 f., 309
Sternenzelt-Pyramide 62
Strabon 95, 116, 137, 298
Stringer, Christopher 179
Submarine Navigation
    Company 97
Suezkanal 87
Sumerer 25, 84, 85, 166, 183,
    266 f., 267, 268
Sutter, Martin 80

## T

Ta 20
Talmud 143, 144
Tal-Tempel 200, 249
tamehu 162 f.
Taylor, John 126 f., 127 ff.
Telemorase 158
Tell el-Amarna 169
Tempel von Belos 100
Temple, Robert Kyle Grenville
    36, 98 f., 109, 260 f., 279,
    284, 308, 309, 310, 332
Tenens, Stanley 283 f.
Tep Zepi 248
Terrakotavase 84
Tetraeder 128 f., 282 ff.
Tiamat 267, 268 ff., 269 f., 270

Tierkreis 26, 27
Tilmun 37 f.
Titius, Johannes 270 f.
Theben 19, 46, 322
Thinis 19, 250
Thot 18, 31, 33, 90 f., 98 f.,
    129 f., 150 f., 151 ff., 154 ff.,
    171, 199, 212, 214, 238, 306,
    312 ffff., 313 ffff.
Thoun, Allan 176
Thronen 38
Thuban 145 f., 214
Thutmosis 14, 17, 58,
    239 fff., 240, 241, 242,
    257, 325 ffff.
Timaios 163 f.
Tombaugh, Clyde 271
Torwächter 219, 263, 284
Totenbuch 34 f., 36
Totengericht 32 f.,33
Totenkultzeremonien 30, 32,
    38
Totenreich 31 f., 33 f.
Transgene-Geschöpfe 233
Transportmethode 52
Traum-Stele 240 f., 241, 253
Turiner Königspapyrus 41
    150, 156, 157, 302, 303, 322
Tut-Anch-Amun 73, 86, 169,
    170 ff., 325 f.
Tuzu-Arche 115,
Tyhbi

## U

Udjzat-Auge 307 f.
Unas 68, 190
Unas-Pyramide 65, 191
Upuaut 205, 206 fff., 208 fff.,
    209 ff., 218, 297

Uräus-Schlange 238
Uschebtis 34 f., 35 f., 229
Utasch-Napirischa 117

## V

Vancanti, Charles 234 f.
Venture Star 108
Verdi, Giuseppe 188
Verne, Jules 99
Virchow, Rudolf 174
Visierstab 51
Vogelmodelle 92
Volloggia, Michel 61 f., 62
Volta -Säule 89
Vyse, Richard William Howard
68, 69 fffff., 70 fff., 71, 73,
74, 75 f., 131, 141, 145 f.,
153, 195, 206, 207, 294

## W

Wadi-Maghara 70
Waitkus, Wolfgang 89 fff., 90
Wallace, Douglas
Wamemti 219, 224, 225, 227,
230
Wamemti-Schlange 219, 221,
224
Wellington-Kammer 69
Weltbetrug 9
Wernes 33 f., 227, 228, 230
Westcar Papyrus 62, 151 f.
153, 154, 320
West, John Anthony 93 f.,
247 ff., 248 f., 249
Wilbour, Charles Edouard 203
Wildung, Dietrich 291
Wilkinson, John Gardner 71

Williams, Monier 217
Wilson, Allan 179
Wheeler, John 227, 228
Wolf, Walther 170, 171
Wölfli, Willy 79, 80
Wright, Orville und Wilbur 90
Würmeiszeit
Wurmloch 228, 230 f.

## XY

Young, Thomas 14, 240

## Z

Zawiet el-Aryan 64, 214
Zeremonien
Zeugnismaterial 9
Zeus 36 f., 182, 307
Zirkumpolarstern 35
Ziusudra 100
Zodiakus 26, 27, 28
Zoega, Gustav 14
Zohar 143, 263, 281, 282
Zucht-Ohr 235